石油的奇迹

THE MIRACLE OF OIL

数说美国能源独立

王能全 著

石油工业出版社

内 容 提 要

本书由55篇文章组成,既有对宏观层面的美国政府能源政策、美国能源行业环境等的分析和讨论,也有对当前美国能源消费、生产和进出口等微观层面的解析和展示。本书还是一本数据集,从宏观和微观两个角度,多层次分析、探究美国能源行业的方方面面,溯源美国能源行业的过去,预判美国能源行业的未来,使大众对美国能源行业乃至美国社会,有更加全面和细节性的了解和认识。

本书可供政府及企业从事能源经济与管理工作的人员阅读,也可供相关高校及研究机构的人员参考。

图书在版编目(CIP)数据

石油的奇迹:数说美国能源独立 / 王能全著. —北京:石油工业出版社,2020.10
ISBN 978-7-5183-4274-7

Ⅰ.①石… Ⅱ.①王… Ⅲ.①能源政策—研究—美国 Ⅳ.①F471.262

中国版本图书馆CIP数据核字(2020)第197484号

石油的奇迹:数说美国能源独立
王能全 著

出版发行:石油工业出版社
　　　　　(北京市朝阳区安华里二区1号楼 100011)
网　　址:www.petropub.com
编 辑 部:(010)64523714　图书营销中心:(010)64523633
经　　销:全国新华书店
印　　刷:北京晨旭印刷厂

2020年10月第1版　2020年10月第1次印刷
710毫米×1000毫米 开本:1/16 印张:26.5
字数:375千字

定　价:120.00元
(如发现印装质量问题,我社图书营销中心负责调换)
版权所有,翻印必究

知彼知己,……。

——孙子·谋攻

显微镜下的美国能源行业

（代自序）

2019年，美国能源产量62年来首次大于消费量，67年来能源出口量首次大于进口量，成为能源净出口国，实现了能源独立，预计未来30年美国都将保持能源净出口国的地位，这是当前和未来世界能源行业最重大的历史性事件之一；对于作为世界第一大能源消费国和石油天然气进口国的中国来说，也有十分重大和深远的影响。

一、2019年美国实现了能源独立

2019年，美国实现了能源独立，我们认为其主要包括三个层次的内涵：

一是最简单也是最直观的，就是能源产量大于消费量，能源出口量大于进口量，成为能源净出口国。根据美国能源信息署公布的统计数据，2019年美国的能源生产总量为101.038千万亿英热单位，能源消费的总量为100.165千万亿英热单位，能源生产总量大于消费总量0.873千万亿英热单位。因此，2019年是自1957年以来62年首次美国的能源产量大于消费量。2019年，美国能源出口数量为23.519千万亿英热单位，能源进口数量为22.804千万亿英热单位，能源出口数量大于进口数量0.715千万亿英热单位。1952年，美国首次成为能源净进口国，2019年是美国自1952年以来的67年首次能源出口数量大于进口数量，美国实现了能源独立。

现代石油工业于1859年8月诞生于美国，历经19世纪末和20世纪20年代、30年代的两次大繁荣之后，1976年苏联超越美国成为第一大石油生产国，1992年沙特阿拉伯超越俄罗斯和美国夺取第一，2017年美国重新成为世界第一大石油生产国，石油巨人回归。鉴于石油在世界经济政治中的重要地位，昔日的石油巨人于42年后重夺第一的宝座，美国石油地位的这一历史性变化与能源总的形势的逆转，是同等重要、也许是意义更加重大的事件。

二是可再生能源消费量130多年来首次超过煤炭，美国能源消费结构发生了根本性的改变。2019年美国实现的能源独立，不仅体现在数字上，更体现在质量上，可以说2019年美国的能源独立是高质量的能源独立。根据美国能源信息署的统计数据，2019年由地热、太阳能、水力发电、风能和生物质燃料构成的可再生能源，占美国一次能源消费的11.44%，130多年来首次超过煤炭，成为第三大能源消费来源，从而使石油、天然气和可再生能源成为2019年美国三大能源来源，占一次能源消费总量的80.15%，煤炭下降到只占美国一次能源消费总量的11.3%，美国的能源消费结构得到了根本性的优化。

三是大进大出，充分使用国内国际两个市场，使美国能源行业获取最大的经济效益。能源独立，并不意味着不再进口国际市场的能源资源，而与之相反的是，大进大出才是美国能源行业最鲜明的特点。根据美国能源信息署的统计数据，2019年，在进口22.804千万亿英热单位能源资源的同时，美国出口了23.519千万亿英热单位能源资源，其中，进口原油的数量为15.067千万亿英热单位，出口原油的数量为6.204千万亿英热单位；进口成品油的数量为4.523千万亿英热单位，出口成品油的数量为10.1千万亿英热单位；进口天然气的数量为2.81千万亿英热单位，出口天然气的数量为4.697千万亿英热单位；即使一直是美国传统出口能源的煤炭，2019年也进口了0.137千万亿英热单位。正是在这种大进大出之中，在市场和经济最优原则这只看不见的手的指挥下，美国能源行业取得了全球最佳的经济效益，即便是诸如最传统的和竞争最激烈的炼油行业，美国炼厂在保持世界最高开工负荷的同时，也获得了最高的毛利，最终体现和说明的是美国能源行业全球最强的市场竞争能力。

美国能源信息署认为，2019年仅是美国实现能源独立的第一年，美国能源净出口国的地位将一直保持到2050年，其中天然气和石油等将成为美国主要出口的能源产品。

二、美国实现能源独立的三点启示

2019年美国实现了能源独立，当然不是特朗普这一届政府的功劳，而是自20世纪70年代第一次石油危机以来，历届美国政府和能源行业持续努力的结果。研究和分析美国能够实现能源独立的原因，可以写出很多长篇大论的论文和多部大部头的著作，在此，可以将其简单归结为以下三点，这三点就足以高度概括和总结美国能源独立之所以能够实现的根本性原因，也是美国实现能源独立对我们的主要启示：

一是无数中小企业和创业者成了美国页岩革命的主力，成就了美国的能源独立。研究界和行业公认的是，美国的页岩革命是中小企业，特别是在发财梦驱动下的石油个体户推动的，这些石油个体户被戏称为"野猫"。就在美国大石油公司不看好国内市场而将业务重点放在国际市场时，无数个诸如乔治·米切尔这样的"野猫"，在国内四处寻找石油和天然气，一次又一次地改进和革新生产技术，将最新科技成果应用于提高石油天然气产量，从而使概念和理论中的页岩革命成为现实，最终不但扭转了美国石油天然气产量不断下降的势头，而且超越了沙特阿拉伯和俄罗斯，使美国重回世界第一大石油天然气生产国的地位。正是由于这些"野猫"们不竭的创新能力，在经受2014年下半年国际石油价格暴跌的打击下，美国页岩革命不但没有夭折，而且生产成本不断降低，生产效益持续提升，市场竞争能力日益增强，从而面对2020年上半年新冠肺炎疫情导致的史上第四轮油价暴跌，仍然能屹立不倒。

二是对创新的鼓励、宽容，对做假和欺诈的严厉处罚，努力保持市场的干净纯洁。对于绝大多数民众和研究者来说，看到和听到的，可能都是页岩革命成功和光鲜的一面，是少数存活下来的成功者成为亿万富豪，获得了无数终身荣誉等耀眼光环。事实上，20世纪90年代以来的页岩革命中，更多的是无数的失败者，他们当中很多人倾家荡产，不名一文，还有不少人走上了人生绝路。但是，就是在行业内外大部分人看笑话的背景下，很多操古怪口音，被视为乡下人的"野猫"们，还是源源不断地从华尔街等地募集到了巨额的资金，从而使得大量的不同类型的项目在极困难的情况下生存下来，并最终取得了成功，成就了美国的页岩革命。可以说，没有高度宽容的资本市场和鼓励创新、创业并容忍失败的文化，就不可能有页岩革命的成功，美国也就不可能实现能源独立。不过，硬币的另一面是，美国社会绝不容忍做假、欺诈，尤其不容忍行创新之名实为谋求不义之财，其中最有代表性的案例，就是辉煌一时的美国明星企业安然公司做假案。做假案败露后，等待当事人的是家破人亡、人财两空和牢底做穿的毁灭性后果。

乔治·米切尔被称为"页岩气之父"，并于2011年获剑桥能源研究协会终身成就奖，而作为安然公司董事长和创始人的肯尼思·莱在做假败露后心脏病突发暴亡，这两个案例已成为美国社会对创新和欺诈不同态度和结局的最经典案例。

三是清晰法律体系下，政府的可为和不可为，市场发挥主体作用。在新闻报道中，我们经常看到的是，美国不是发布某项政策对某国进行制裁，就是派出航空母舰编队到某一海域示威，在这个世界上似乎没有美国不管的事。但是，非常遗憾的是，对于很多的美国国内事项或经济活动，美国政府反而似乎管不了，石油生产就最有代表性，并且在2020年发生的史上第四轮油价暴跌中表现得最彻底。

2020年3月9日，国际石油价格开始暴跌。3月12日，特朗普对原油价格大幅下跌表示欢迎，称对美国消费者来说是大幅减税。但是，随着油价下跌的幅度越来越大，作为世界第一大石油生产国，美国石油产业首当其冲，受到了巨大的冲击。3月20日，特朗普表示，低油价对原油行业造成了损害，美国政府正在制定计划，准备适时介入油价战，美国将要求沙特阿拉伯恢复原先的较低生产水平。3月30日，特朗普与普京进行了一次"漫长的电话交谈"，双方同意继续承担好在全球能源市场中所扮演的重要角色，同意就油市进行能源部长级磋商。4月9日第9届欧佩克和非欧佩克部长级（特别）会议失败后，特朗普马上与沙特阿拉伯国王萨勒曼和俄罗斯总统普京举行了电话会议，并同墨西哥总统洛佩斯通了电话，以增加美国的减产数量换取墨西哥同意减产。4月12日，沙特阿拉伯和俄罗斯等达成史上最大的石油减产后，特朗普、普京和萨勒曼举行了电话会谈，三方对减产协议表示支持，认为该协议旨在稳定全球石油市场并从整体上确保世界经济的可持续性。据报道，特朗普与普京当天还另外进行了通话，就全球石油市场形势交换意见，双方强调石油减产协议的重大意义，并就战略稳定问题进行了讨论。

就在作为总统的特朗普积极介入沙特阿拉伯和俄罗斯减产行动的同时，也就在3月20日，负责监管美国最大石油生产州油气生产的得克萨斯州铁路委员会，收到了参加欧佩克6月份讨论控制石油产量会议的邀请。4月14日，得克萨斯州铁路委员会举行线上的听证会，讨论是否实施石油生产的强制减产，听证会连续举行了10个小时，3万多人参加，有50多位证人就强制减产的利弊发表了意见。5月5日，得克萨斯州铁路委员会举行视频投票，以2比1的结果，否决了得克萨斯州石油减产20%的提案。

据不完全统计，在国际石油价格最低且WTI出现负油价的4月份和5月份，美国石油产量下降了180万桶/日左右，这些产量的下降都是因为油价过低情况下，石油生产商迫不得已采取的自愿减产，而非美国政府的强制。

三、美国能源独立为中国带来30年宽松的国际能源市场环境和可资借鉴的参考

2009年，中国超过美国成为世界第一大能源消费国；2017年，中国超过美国成为世界第一大石油进口国；2018年，中国超过日本成为世界第一大天然气进口国。当今的中国，已是全球能源市场最重要的参与者，石油和天然气对进口的依赖分别超过70%和45%，国际能源市场任何风吹草动，都必然会对中国的能源进口和经济社会的稳定产生较大的影响。行业内基本一致的看法是，从目前至2050年前后，是中国实现第二个一百年奋斗目标的关键时期。

中国的能源,包括石油和天然气消费仍将在未来相当长时间保持一定的增长速度。作为世界上两个最大的经济体和能源消费、生产大国,美国实现能源独立并保持较长时间的能源出口国地位,有可能为中国带来30年宽松的国际能源市场环境。

一是消除中美两国因能源资源的争夺而起冲突的可能。20世纪90年代和21世纪初,中国经济高速增长,带来了能源,尤其是石油消费和进口量的迅速增加。从2000年至2017年的统计数据看,中国石油消费的增长速度是十分惊人的,石油消费增加了810.2万桶/日,增长了2.7249倍,年均增长速度为15.14%,是世界同期的10倍,世界石油消费增加量的37.89%,也即超过三分之一以上来源于中国一个国家。正是在这一背景下,国际上"中国能源威胁论"或"中国石油威胁论"兴起,核心的内容是中国无止境的能源和石油需求将对世界构成威胁,中美有可能因石油而发生战争。2004年2月2日,美国全球安全分析学会执行主任拉夫特在《洛杉矶时报》发表的一篇文章就认为,中国可能会像67年前的日本一样为了获得石油而扩张,从而引发美中冲突。历史证明在对匮缺的资源展开竞争之际,那些超级大国往往会发现彼此难以共存。2005年6月底,在新奥尔良市举行的第6届中美油气工业论坛上,美方代表表示,由于美国国内的油气产量已经达到顶峰,2025—2035年,美国油气消费只能依靠进口,当时已规划要建设十多个LNG接收站,将从世界市场大量进口LNG。当时会场上的气氛相当凝重,似乎世界上两个最大的能源消费国,将立即开展LNG资源的激烈争夺。2017年夏天,美国哈佛大学格雷厄姆·艾利森出版的《注定开战:美国和中国能否逃脱修昔底德陷阱》,2017年9月伯纳德·科尔出版的《中国的强国之路》,都谈到石油有可能成为中美之间爆发冲突的导火索。

与10多年前美国专家和政府官员预测完全相反的是,今天的美国已经成为能源净出口国,虽然仍在大量进口石油和天然气,但更多的是基于最优资源配置的市场行为,而非对进口能源资源的刚性需求,近两年美国学界和政府更因为不再依靠中东石油,而有从中东撤军的想法并采取了部分实际行动。因此，美国成为能源净出口国，消除了中美两国因在国际市场争夺石油资源而爆发冲突的可能，西方学者担心并渲染的中美因石油而战将失去推演的理由和存在的事实基础。

二是能源贸易有可能成为减缓中美两国贸易争端，使中国油气进口有更充足的资源保障和更广泛的市场选择的有效手段之一。近年来，贸易争端是中美两国经济领域最重大的事件之一，其影响是广泛和深远的。与10多年前学者们的担心和渲染完全相反的是，今天的中美两国不但没有在世界各地争夺石油、天然气等能源资源，没有因能源问题兵戎相见，相反我们看到的现实却是，2018年5月19日中美两国发表双边经贸磋商联合声明，2020年1月15日中美两国签署第一阶段经贸协议，扩大中国从美国进口更多的石油、天然气和煤炭等能源产品。美国实现能源独立后，越来越多的石油、天然气和煤炭等出口资源，需要国际市场，尤其是作为国际能源市场的后来者，更需要占有一定的市场份额，中国庞大的能源进口市场必然成为美国生产商的目标，中美两国之间的能源贸易存在现实的基础，扩大两国之间的能源贸易也就成为两国政府自然的选择。对于中国来说，除了农产品外，进口一定规模的石油、天然气等能源资源，既有国内市场的现实需要，也是最有效的平衡中美两国贸易的手段。

作为世界第一大石油和天然气进口国，中国对某些国家的进口油气资源已形成了事实上的依赖。与此同时，由于沙特阿拉伯、俄罗斯等世界主要石油天然气出口国，基本上都是国家主导的模式，中国从这些国家进口的油气资源，无论是价格还是贸易方式，选择都十分有限，更多的是被动，从而出现价格大大高于市场、合同很难修改等现象。与这些国家不同的是，美国的油气生产商都是中小企业，追求的是尽快销售石油天然气资源，将能源资源变为眼前的财富，具有很强的价格优势且作价方式灵活。因此，美国成为能源净出口国后，中国从国际市场进口石油和天然气等能源资源，就有了更广泛的选择，可以减少对某些国家的进口依赖，价格上也可能有更加经济的选择。

三是为中国实现能源独立、改善能源消费结构并提升经济竞争实力，提供难得的30年战略机遇。要实现第二个一百年的奋斗目标，中国必须有充足、经济和安全的能源资源保障，作为国民经济基础产业和支柱产业之一的能源行业，也必须具有强大的国际市场竞争能力。因此，美国作为能源净出口国的30年，在消除中美两国可能因能源资源的争夺而发生冲突的同时，我们应充分利用这一难得的战略机遇期，集中精力改善能源消费结构、提升经济竞争实力。

解决不断攀升的过高油气对外依存度，最根本的办法就是中国各类能源企业要持续加大国内油气资源的开发投入，在扭转中国石油产量下降的同时，尽最大可能不断提高国内的石油和天然气产量。为此，我们应该充分借鉴和学习美国能源独立的成功经验，政府更多地创造纯洁的市场环境和法制的氛围，在发挥国有油气企业主导地位的同时，要尽快向各种类型的所有制企业开放国内的油气勘探开发领域，形成高度竞争的市场，调动各类市场主体的积极性并充分发挥它们的创造力，使中国国内石油天然气产量能稳定地增长，减少对进口油气的过度依赖，并在实践中探讨开展中国的页岩革命、实现能源独立的可能性。

近年来，虽然中国的能源消费结构出现了很大的改善，但近60%的能源消费还依赖煤炭，这不但带来了环境问题，也限制了中国经济的国际竞争能力。在保障能源安全的同时，持续改善中国的能源消费结构，使中国的能源消费努力向清洁、绿色和低碳方向转变，是未来相当长时间中国能源政策和能源行业都必须着力做的一项工作。因此，在努力更加清洁地使用中国现有能源资源的同时，我们应该紧紧抓住美国作为能源净出口国的30年，尽最大可能充分利用国际国内两个市场一切可能使用的清洁、绿色和低碳能源资源，持续地改善中国的能源消费结构，使得我们建成的社会主义现代化强国有清洁和可持续的能源基础保障。

能源资源不仅要有稳定的供应保障，而且也必须是最经济和最具有国际市场竞争力的，只有这样中国的经济才具有全球竞争能力，中国才能真正成为社会主义现代化强国。因此，政府在解决眼前困难和实现短期目标的同时，要坚持长远追求的目标,要努力保持中国国内能源市场的高度竞争性和开放性,来自世界各地的所有参与企业都应该是自主的市场主体,最大限度地调动这些市场主体的积极性,最大限度地发挥这些市场主体的创造性,只有这样才能不断增大国内石油天然气产量,才能持续改善中国的能源消费结构,才能使作为全球市场一部分的中国国内能源市场具有国际竞争力,从而保证并促进中国经济的国际市场竞争力。要做到这一点,可能需要很长的时间,政府、企业和社会都有大量的工作要做,美国作为能源净出口国的30年,应该成为我们努力做好这些工作难得的时间窗口期。

作为专门分析和研究美国能源现状的书籍,本书由55篇文章组成,既有对宏观层面的美国能源政策、美国能源行业环境等的分析和讨论,也有对当前美国能源消费、生产和进出口等微观层面的解析和展示,其中第二编全部文章和其他编的部分文章更是尽可能细分到了美国能源行业,甚至是民众生活用能的方方面面。本书55篇文章的资料和数据均主要来源于美国能源部所属的美国能源信息署,作为美国政府的官方机构,美国能源信息署提供数量众多的美国能源生产、消费、进出口贸易等数据,这些数据不但及时,而且系统性非常好,自1949年至今已逾70年,某些数据的时间甚至更长,更难能可贵的是这些数据全部公开,这在当今很多国家还将行业和经济数据视为国家机密的情况下,十分罕见。在这些及时、全面和成系统数据的基础之上,本书像是一架高倍数的显微镜,观察并分析美国能源行业的方方面面,将美国的能源行业放在阳光下,展现在读者面前。

如同任何一门预测未来趋势的学科一样,国际能源和石油问题的研究也具有很大的不确定性,在过往的历史中,对国际石油价格的分析和预测大都落空,对某些国家乃至全球性能源形势的分析及研判或与实际差距较大,或完全相反。对美国能源形势的分析和研判,也犯过很多错误,甚至是方向性的错误。让我记忆最深刻的,也是我亲身参与的,就是2005年6月底,在美国新奥尔良举行的第6届中美油气工业论坛,美方代表表示,由于美国国内的油气产量已经达到顶峰,2025—2035年美国油气消费只能依靠进口。从事后美国能源形势的发展看，美方代表的看法到 2008 年都是准确的，就在会议举行的当年美国天然气产量下降到了阶段性最低点，2008 年美国石油产量也下降到了阶段性最低点。但是，自此之后美国的石油和天然气产量就不断增长，美国能源形势的发展与预测完全相反，现在看来 2025—2035 年美国的油气消费不仅不再依靠进口，而且可以向国际市场提供大量的油气资源。

2019 年美国实现的能源独立，能否如同美国能源信息署预测的那样，可以保持到 2050 年，持续时间长达 30 年，对于行业内外人士来说，当然都会打上问号，专业研究人员更应该如此。不过，基于美国能源信息署过去、当前大量行业统计数据和未来可能更加丰富的数据，我们相信，只要我们能及时跟踪研究，对当前及未来美国和世界能源形势的分析和研判，应该不会犯太大的错误，或者能及时修正可能犯下的错误，从而得到尽可能准确的结论。

鉴于中美两国相互之间的重要性，以及中美两国对当今和未来世界的重要性，无论我们认为美国是天使还是魔鬼，是朋友还是敌人，喜欢它还是反感它，我们都应该尽可能深入地认识它、研究它并把握它，本书研究的虽然仅是能源一个行业，但本书的意义也正在于此！

目　录

第1编　美国的能源独立与能源政策 …………… 1

见证美国的能源独立 ……………………………… 3
2019年美国实现了能源独立 ……………………… 5
2019年美国可再生能源消费130多年来首次超过煤炭 ……… 14
非化石能源已占2019年美国能源消费的20% ……………… 20
美国能源行业正在进入"黄金时代"或"能源新时代" ……… 26
2018年美国一次能源消费出现恢复性增长 ……………… 31
2018年美国原油产量创历史纪录 ……………………… 38
2018年美国天然气行业的现状及其未来趋势 …………… 45
持续提升的美国石油天然气生产效率 …………………… 53
美国已成为世界第三大液化天然气出口国 ……………… 61
美国正在成为世界主要乙烷生产和出口国 ……………… 70
今天的美国炼油行业会成为我们的明天吗？ …………… 77
2018年是美国油气生产商最赚钱的年份 ………………… 83
从平民到总统都闹心的美国汽油价格 …………………… 89
从普通汽油价格，看迈向能源独立背景下的美国油气产业 ……… 95
从天然气价格，看迈向能源独立背景下的美国油气产业 ……… 102
市场之手使世界天然气市场发生巨变 …………………… 110

苏基的创富故事和疯狂的美国液化天然气出口项目建设 …… 113
曾经的辉煌都已荡然无存 …………………………………… 120
得克萨斯州铁路委员会调控美国石油产量，那是近百年前的
　故事！ ……………………………………………………… 127
日益清晰的特朗普能源政策及其广泛而深远的影响 ……… 136

第2编　美国能源知多少 …………………… 145

应尽可能深入地了解美国能源行业的细节 ……………… 147
美国的能源消费 …………………………………………… 149
美国的石油消费和生产 …………………………………… 156
美国的天然气生产和消费 ………………………………… 163
美国的烃类气体液生产和消费 …………………………… 170
迅速增长的美国烃类气体液产量 ………………………… 179
美国有多少口油气生产井？ ……………………………… 189
2018年美国原油和天然气探明储量创新的纪录 ………… 193
美国库欣石油枢纽概况 …………………………………… 198

美国战略石油储备的概况 …… 204
美国战略石油储备2028年将下降到4.1亿桶 …… 210
美国炼油工业的基本情况 …… 214
美国的煤炭生产和消费 …… 220
美国的民用核能概况 …… 227
高度对外依赖的美国民用核燃料供应 …… 233
美国的可再生能源概况 …… 241
美国燃料乙醇和生物柴油的生产及消费 …… 250
美国的电力生产和消费 …… 273
2016年美国的能源支出概况 …… 282
美国联邦政府消耗了多少能源？能源支出几许？ …… 287
美国家庭烹饪每年要花多少钱？ …… 292
2019年美国能源流动树之一：石油 …… 296
2019年美国能源流动树之二：天然气 …… 302
2019年美国能源流动树之三：煤炭 …… 307
2019年美国能源流动树之四：电力 …… 313
2019年美国能源流动树之五：一次能源 …… 319

第 3 编　美国的能源贸易 ································· 325

大进大出充分利用国内国际两个能源市场 ················ 327

美国的能源进出口情况及其启示 ······················ 329

美国进口的石油来源于哪些国家？ ···················· 335

2018 年上半年美国的石油天然气出口创历史纪录 ·········· 338

美国从欧佩克进口原油降到 30 年来最低水平 ············· 344

区域能源市场的现实：美国与加拿大和墨西哥的能源贸易 ··· 349

互为最大能源贸易伙伴的美国和加拿大 ················ 355

中美能源议题：短期平衡贸易但更要有长远战略考量 ······ 366

超越数字，扩大中美能源贸易带给我们的战略思考 ········ 375

美国到底向中国出口了多少能源资源？ ················ 383

中美能源贸易：数字和困扰 ························· 389

后记 ··· 399

第1编
美国的能源独立与能源政策

见证美国的能源独立

从美国官方的统计数据看，2019年，美国自1957年以来62年首次能源产量大于消费量；同时，2019年也是美国自1952年以来67年首次能源出口量大于进口量，成为能源净出口国，美国实现了能源独立。与此同时，也是在2019年，130多年来首次，可再生能源的消费量首次超过煤炭，成为美国第三大能源消费来源，美国的能源消费结构发生了根本性的改善。

美国是现代石油工业的诞生地，历史上有过两次石油大繁荣。发端于20世纪90年代中后期的页岩革命，在21世纪第二个10年的后期加速，时隔42年之后的2017年，美国重新夺取了世界第一大石油生产国的宝座，昔日的石油巨人再次回归。

通过统计数据的对比分析，我们得出了美国已经实现能源独立的结论。比单一的，尤其是枯燥的统计数据更有趣和更精彩的是，美国的能源独立还有更丰富的内容，不仅是美国的石油天然气产业重现辉煌，更有美国正在成为世界第三大液化天然气出口国和世界主要的乙烷出口国，美国的能源全产业链都正在迈入"黄金时代"。与这些可喜成绩相一致的，是美国的普通民众通过国内低廉的油品和天然气价格，享受到了美国能源独立的福利；美国众多的油气和能源企业在创造出行业奇迹的同时，也为投资人和自身带来了丰厚的利润和可喜的经营业绩。在已经经历两轮大规模开发的基础上，美国的页岩革命之所以成功，并创造出美国石油天然气产业第三轮的辉煌，在于这个行业中无数人永无止境地追求财富的动力和不竭的创新精神，当然还有美国社会对罪恶的毫不手软。实现能源独立的美国,已经并将继续对世界能源形势产生重大的影响,这些影响将不会因某个人或某些人的变化而改变。

  本编选取的 20 篇文章,依据美国官方统计数据,分析并说明 2019 年美国实现能源独立和能源消费结构的变化;对实现能源独立过程中,近年来美国油气和能源行业的发展变化进行了分析,对美国某些油气产业不断增大的全球影响进行了深入的剖析,解释并说明了技术进步在美国能源独立过程中所起的作用;通过具体数据,说明并展示了能源独立过程中,美国油气和能源企业自身的经营成绩,美国普通民众享受到的福利和好处。本编选取了 4 篇(第 16~19 篇)看似与美国能源独立话题无关的文章,主要目的在于说明页岩革命为什么会在美国取得成功,美国社会对于创新和不择手段谋取财富截然不同的态度,美国政府对石油行业到底有多大的权力。美国能源独立,当然不是特朗普一个任期实现和取得的,是 20 世纪 70 年代第一次石油危机后,历届美国政府持续努力并推动的结果,但从特朗普的能源政策中,我们可以看到或分析出,实现能源独立之后当前和未来相当长时间,美国政府的能源或经济、外交政策及其越来越大的全球影响力。

2019年美国实现了能源独立

2019年,美国62年来首次能源产量大于消费量,67年来首次能源出口量大于进口量,成为能源净出口国,从统计意义上看,美国已经实现了能源独立。

美国什么时候能够实现能源独立,一直是很长时间以来,能源和国际政治、经济研究界十分关心的话题,尤其自2017年1月上任以来,美国总统特朗普一直将实现能源独立作为自己的主要政绩之一,更加重了这一话题的标志性意义。

根据2020年4月27日出版的《月度能源评论》,美国能源信息署认为,2019年美国的能源产量大于消费量,能源出口数量大于能源进口数量,美国已经成为能源净出口国。因此,从数据统计意义上看,2019年美国已经实现了能源独立。根据这份报告,本文将简要地介绍2019年美国的能源生产、消费和贸易情况。

一、2019年美国能源生产总量62年来首次大于消费总量

根据美国能源信息署编制的2020年4月份《月度能源评论》,2019年,美国的能源生产总量为101.038千万亿英热单位(quadrillion British thermal units, quads),比2018年增加5.422千万亿英热单位,增长了5.67%。

2019年,美国能源消费的总量为100.165千万亿英热单位,比2018年减少0.92千万亿英热单位,下降了0.91%。

从上述两组数字的对比看,2019年美国的能源生产总量大于消费总量0.873

千万亿英热单位,这是自 1957 年以来,62 年来美国首次能源生产总量超过了能源消费总量(图 1-1)。

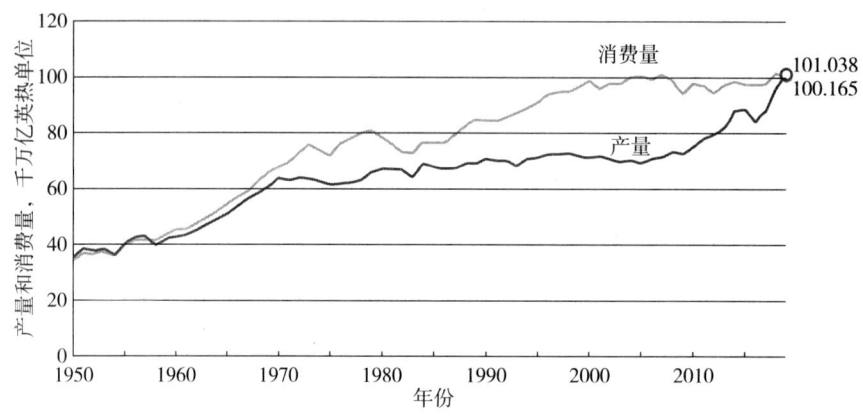

图 1-1　1950—2019 年美国的能源产量和消费量
资料来源:美国能源信息署,2020 年 4 月 27 日。

2019 年和 1957 年(美国能源生产超过能源消费的最后一年),化石燃料都稳定地占据了美国能源生产的绝大部分。其中,煤炭在美国能源生产中的份额,已经从 1957 年的 30% 下降到 2019 年的 14%;原油和烃类气体液的产量份额,从 38% 下降到 31%;天然气在美国能源生产中所占的份额从 25% 上升到 35%;可再生能源的份额从 1957 年的 6%,上升到 2019 年的 12%。1957 年是美国开始使用核能发电的第一年,当时核能几乎不占美国能源生产的任何份额,但此后一直稳定地增长,2019 年核能占美国能源产量的 8%。

过去 10 多年来,美国国内能源产量大幅度增长,这一增长主要来源于水力压裂和水平钻井技术大幅度提高了原油和天然气产量。2019 年,美国原油和烃类气体液的产量为 31.8 千万亿英热单位,天然气产量为 34.9 千万亿英热单位,两者均创下了历史新高,超过它们在 2018 年创下的历史纪录(图 1-2)。

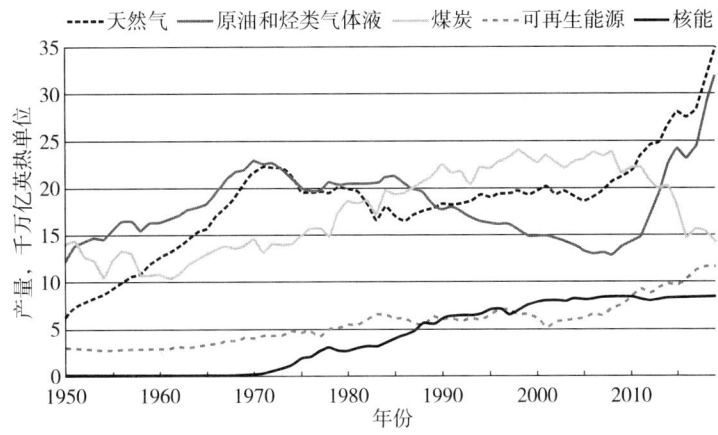

图1-2　1950—2019年美国分类能源产量

资料来源：美国能源信息署，2020年4月27日。

美国可再生能源产量在2018年至2019年间保持了相对稳定，增长了约0.1千万亿英热单位。相比之下，美国的煤炭产量则连续第三年下降，下降了1.1千万亿英热单位，至14.3千万亿英热单位，为1974年以来的最低水平。过去的20年里，美国的核发电量一直稳定在约8千万亿英热单位。

美国的能源消费总量在过去的20年里，一直保持在一个相对较小的区间范围内波动，区间为96千万亿~102千万亿英热单位。虽然比2005年的峰值水平下降了近9%，但自1950年以来，石油在美国能源消费中所占的比重一直排名第一。自2008年以来，美国的煤炭消费量下降了近50%，主要原因是电力行业的天然气和可再生能源取代了很多煤炭的消费。

自2000年以来，美国的天然气消费量增长了约35%，并在2019年达到历史最高水平。包括可再生能源发电、生物燃料和生物质能在内的可再生能源消费，同一时期增长了88%，2019年其所占的消费份额几乎与煤炭持平（图1-3）。

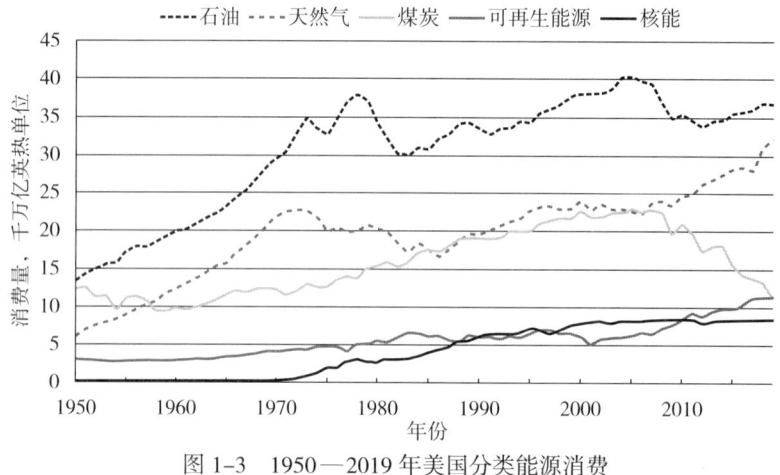

图1-3 1950—2019年美国分类能源消费

资料来源：美国能源信息署，2020年4月27日。

在过去的62年里，美国能源消费的来源与能源生产的趋势大致相同。石油仍是美国最大的能源消耗来源，但其份额已从1957年的43%下降到2019年的37%；天然气占美国能源消费的比重从24%上升到32%。与1957年相比，可再生能源和核能在消费中所占的份额也有所增加，但煤炭的份额则从那时的26%下降到了11%（图1-4）。

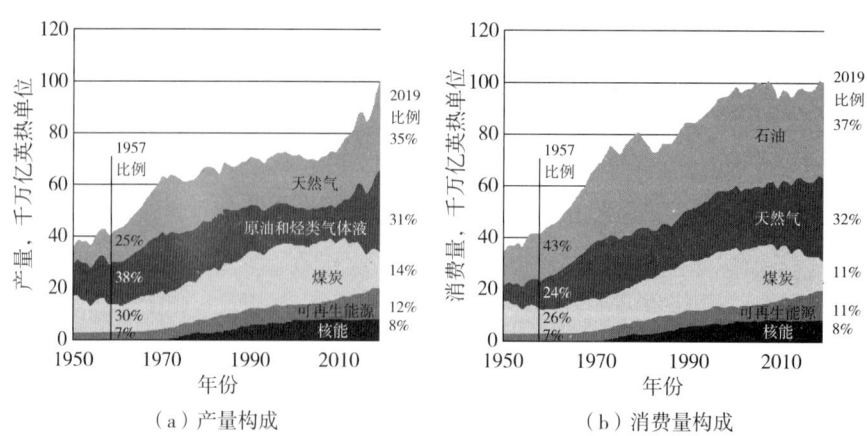

（a）产量构成　　　　　　　　（b）消费量构成

图1-4 1950—2019年美国一次能源产量和消费量构成

资料来源：美国能源信息署，2020年4月27日。

2018年，美国能源生产总量为95.616千万亿英热单位，而消费总量为101.085千万亿英热单位，这就是说当年美国国内生产的能源仍不能满足国内消费的需要，仍需从国外进口能源。

根据美国商务部公布的数据，2019年美国的国内生产总值（GDP）为21.7万亿美元，国内生产总值的增长速度为2.3%，人均国内生产总值为6.615万美元。这也就是说，在支撑国内生产总值增长2.3%的同时，2019年美国能源消费不但没有增长，反而下降了0.91%，能源消费弹性系数为负值。

二、2019年美国能源出口量67年首次大于进口量

根据上述引用的《月度能源评论》，2019年，美国能源出口数量达到创纪录的23.519千万亿英热单位，而能源进口数量为22.804千万亿英热单位，能源出口大于进口0.715千万亿英热单位（图1-5）。

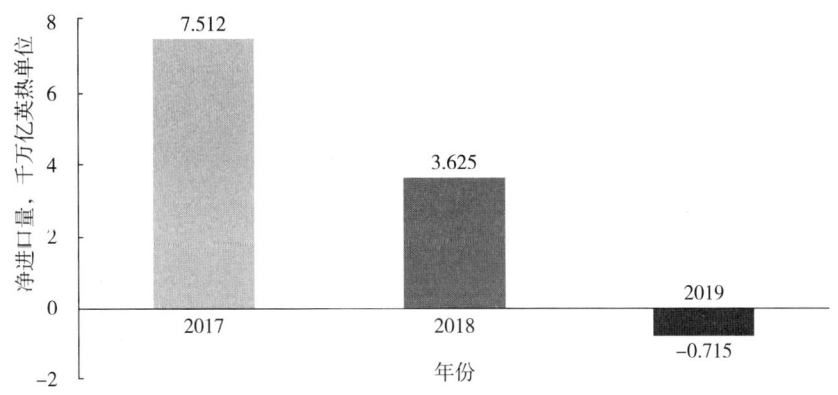

图1-5 2017—2019年美国能源净进口数量

资料来源：美国能源信息署，月度能源评论，2020年4月27日。

2018年，美国能源出口的数量为21.208千万亿英热单位，而能源进口数量为24.833千万亿英热单位，能源净进口量为3.625千万亿英热单位。

1952年，美国首次成为能源净进口国。因此，2019年是自1952年以来的67年美国首次能源出口数量大于进口数量（图1-6）。

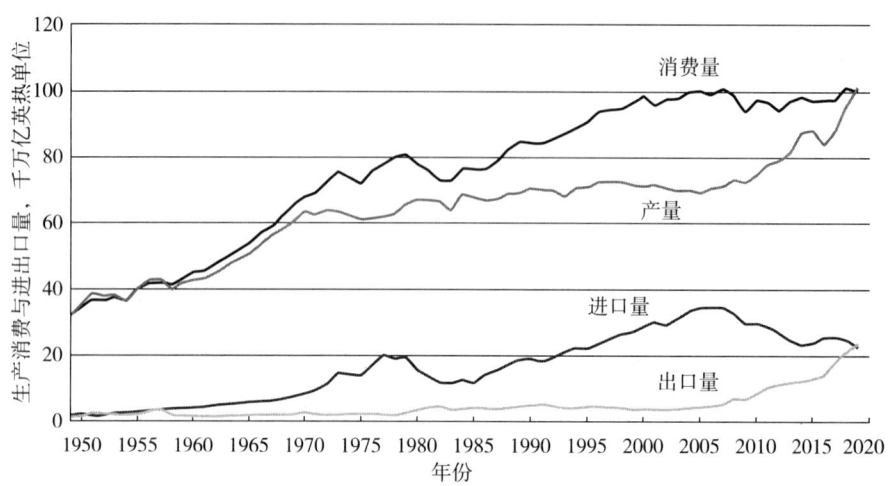

图1-6 1949—2019年美国能源生产消费和进出口量
资料来源：美国能源信息署，月度能源评论，2020年4月27日。

2005年，美国能源净进口量达到顶峰，为30千万亿英热单位，自此之后就逐年下降。2019年，美国能源进口数量为1952年以来的最低水平，这一年也是自1980年以来美国能源贸易发生最大变化的一年，2018年美国能源净进口量为3.625千万亿英热单位，2019年变成为能源净出口0.714千万亿英热单位（图1-7）。

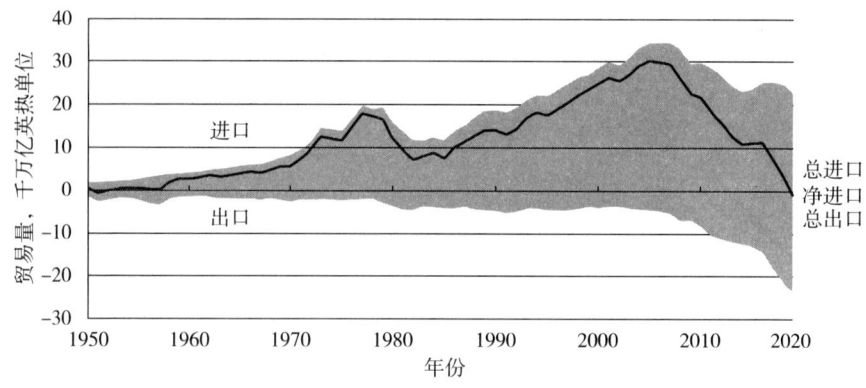

图1-7 1950—2019年美国能源贸易量
资料来源：美国能源信息署，2020年4月20日。

三、2019 年美国分类能源进出口概况

2019 年,美国能源贸易状况之所以发生如此大的变化,主要是由于原油净进口量的下降和天然气净出口量的增长,不过其他能源产品的净贸易保持了 2018 年的水平。2019 年,虽然美国仍是原油净进口国,但却是煤炭、焦煤、天然气、油品和生物质燃料的净出口国(图 1-8)。

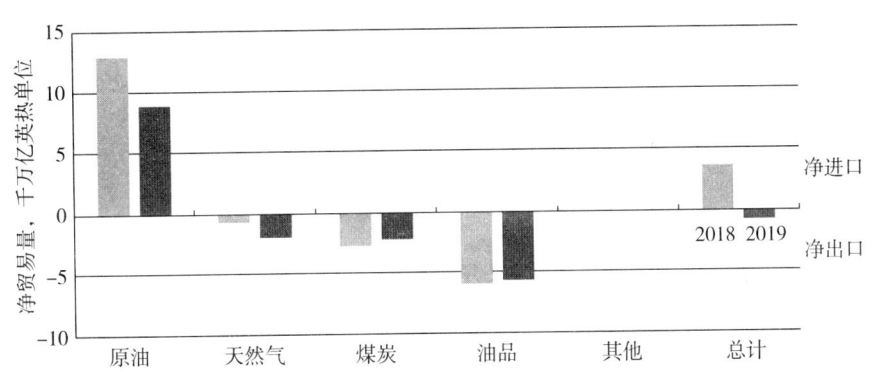

图 1-8　2018 年和 2019 年美国分类能源净贸易量
资料来源:美国能源信息署,2020 年 4 月 20 日。

原油:2019 年美国仍是原油的净进口国,其中原油出口数量为 6.204 千万亿英热单位,进口数量为 15.067 千万亿英热单位,原油净进口量为 8.863 千万亿英热单位,当年美国原油净进口量比 2018 年下降了 31%,减少的量为 4.1 千万亿英热单位,相当于 190 万桶/日,占当年美国能源净贸易量的一半。

如按石油行业通用的计量单位,2019 年美国原油出口数量为 297.8 万桶/日,原油进口数量为 679.5 万桶/日,原油净进口量为 381.7 万桶/日。

2019 年,美国原油进口下降,但出口增长。自 1949 年美国能源信息署有能源贸易统计数据以来,美国一直是原油的净进口国。

2019 年,加拿大既是美国最大的原油进口来源国,同时也是美国最大的原油出口目的地国。

油品:油品是美国最大的能源出口产品,2019 年美国油品的出口总量为 10.1 千万亿英热单位,占全部能源出口 23.588 千万亿英热单位的 42.82%,而

油品进口的数量为 4.523 千万亿英热单位,即 2019 年美国油品净出口的数量为 5.577 千万亿英热单位。

2018 年,美国油品净出口的数量为 5.849 千万亿英热单位,达到创纪录的水平,而 2019 年与 2018 年相比,美国油品的净出口数量下降了 0.272 千万亿英热单位(图 1-9)。

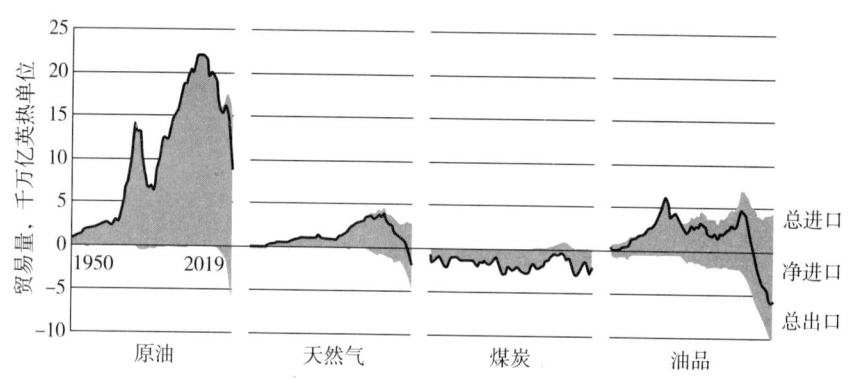

图 1-9　1950—2019 年美国分类能源贸易
资料来源:美国能源信息署,2020 年 4 月 20 日。

自 2011 年以来,美国一直是油品的净出口国。2019 年,加拿大是美国最大的油品进口来源国,墨西哥则是美国最大的油品出口目的地国。

2019 年,美国从加拿大进口石油的数量为 442 万桶/日,出口石油的数量为 100.9 万桶/日。此外,2019 年,美国向中国出口石油的数量为 19.4 万桶/日,而 2017 年和 2018 年分别为 44.7 万桶/日、37.4 万桶/日。

天然气:2019 年,美国天然气出口总量达到创纪录的 4.697 千万亿英热单位,约 128 亿立方英尺/日,比 2018 年增长了 29%,连续五年保持增长;美国天然气的总进口量为 2.81 千万亿英热单位,与上一年相比,下降了 5%。因此,2019 年美国天然气的净出口量为 1.887 千万亿英热单位,是 2018 年净出口量 0.679 千万亿英热单位的 2.78 倍。

自 2017 年以来,美国一直是天然气的净出口国,2017 年和 2018 年美国天然气的净出口数量分别为 0.073 千万亿英热单位、0.679 千万亿英热单位。

2019年，加拿大是美国天然气最大的进口来源国，而墨西哥是美国天然气最大的出口目的地国。

煤炭：2019年，美国煤炭的出口数量为2.256千万亿英热单位，而煤炭的进口数量为0.137千万亿英热单位，煤炭净出口数量为2.119千万亿英热单位。

与2018年相比，2019年美国煤炭的出口数量下降了20%，进口量增长了12%。至少自1949年以来，美国一直是煤炭的净出口国。

2019年，印度是美国最大的煤炭出口目的地国。

本文撰写于2020年4月，修改更新于2020年9月

2019年美国可再生能源消费130多年来首次超过煤炭

可再生能源首次超过煤炭,成为第三大能源来源,这是继67年来首次成为能源净出口国之后,2019年美国能源行业第二大标志性事件。

2019年,对于美国能源产业来说,有两大标志性事件,一是67年来首次成为能源净出口国,实现了能源独立;二是130多年来首次可再生能源消费超过煤炭,成为美国第三大能源消费来源,美国能源消费的结构进一步优化。

依据美国能源信息署的资料,本文将介绍2019年美国一次能源消费概况,重点是美国能源消费的构成和可再生能源消费的情况,以便对美国当前的能源形势,尤其是其背后所说明的经济竞争能力,有更加清晰和全面的了解。

一、2019年美国一次能源消费概况

依据美国能源信息署2020年5月26日出版的2020年第5期《月度能源评论》,2019年美国一次能源消费总量为100.165千万亿英热单位,比2018年的101.085千万亿英热单位,减少0.92千万亿英热单位,下降了0.91%。

在2019年的美国一次能源消费中,石油、天然气、煤炭等为主体的化石能源的消费总量为80.11千万亿英热单位,占比79.98%,是绝对的美国一次能源消费来源的主力。

进一步细分,2019年美国一次能源消费中,石油是第一大来源,总量为36.718千万亿英热单位,占比为36.66%;天然气第二,总量为32.098千万亿英热单位,占比32.05%;可再生能源第三,总量为11.46千万亿英热单位,占

比11.44%；煤炭第四，总量为11.315千万亿英热单位，占比11.30%；核能第五，总量为8.462千万亿英热单位，占比8.45%（图1-10）。

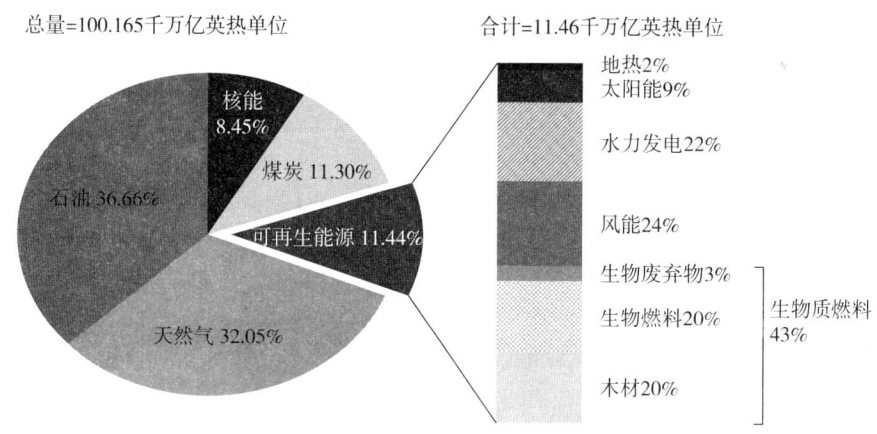

图1-10　2019年美国一次能源消费构成

注：由于统计误差，合计数不等于100%。
资料来源：美国能源信息署，月度能源评论，2020年5月26日。

自1950年以来，石油一直就是美国最大的能源消费来源，2005年占一次能源消费总量的比重最高，为40.18%，当年美国石油消费的数量为40.217千万亿英热单位，或2080.2万桶/日。自此之后，美国的石油消费数量处于持续下降之中，一直都没有超过2005年的数量，2019年美国石油消费的数量为2046.4万桶/日。

根据美国商务部公布的数据，2019年美国国内生产总值（GDP）增长2.3%，但是当年美国一次能源消费总量不但没有增长，反而下降了0.91%，能源消费弹性系数为负值，其背后所反映的是美国经济的竞争能力不断增强。一是从人均一次能源消耗数量看，从2000年的350百万英热单位，下降到2019年的305百万英热单位，减少45百万英热单位，下降了12.85%；二是从单位国内生产总值一次能源消耗看，从2000年的7520英热单位，下降到2019年的5250英热单位，减少2270英热单位，下降了30.19%（图1-11）。

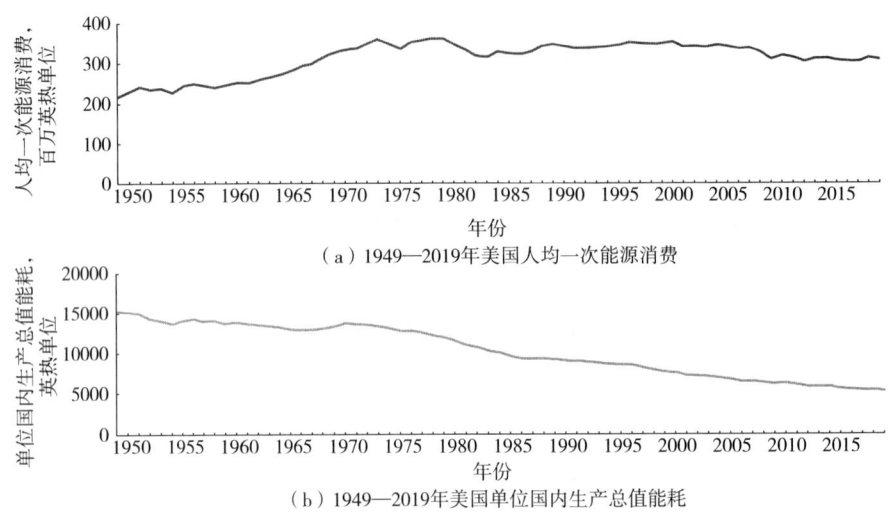

图 1-11　1949—2019 年美国人均一次能源消费及单位国内生产总值能耗
资料来源：美国能源信息署，月度能源评论，2020 年 5 月 26 日。

二、130 多年来美国可再生能源的消费首次超过煤炭

根据美国能源信息署的定义，可再生能源包括水电、地热、太阳能、风能和生物质燃料五大类型，其中生物质燃料主要包括木材、生物燃料和生物废弃物三大类。

根据美国能源信息署的统计，与 2018 年相比，2019 年美国煤炭消费量下降了 15%，而可再生能源消费增长了 1%。正是得益于这一变化，2019 年美国一次能源消费总量中，自 1885 年以来可再生能源首次超过了煤炭，成为第三大能源来源，其主要推动因素是过去 10 多年里，使用煤炭发电的数量持续下降，而以风能、太阳能等为主的可再生能源发电量持续增长（图 1-12 和图 1-13）。

从历史看，直至 19 世纪初期，木材一直是美国主要能源消费来源，而且直至 19 世纪 80 年代第一座水电站开始发电前，木材也是唯一的美国商业化的可再生能源来源。在 19 世纪初期，煤炭主要作为蒸汽机燃料，推动轮船和火车，也用于炼钢，19 世纪 80 年代晚期开始用于发电。美国能源信息署对美国能源消费开始评估的年代，最早始于 1635 年，当时唯一的能源来源就是木材。

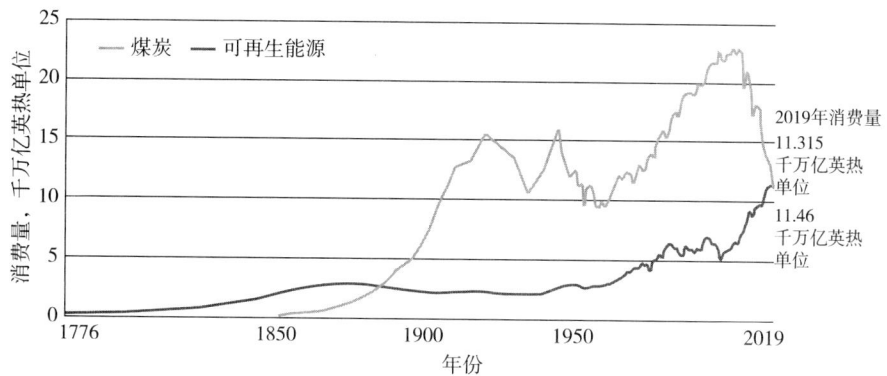

图1-12 1776—2019年美国煤炭和可再生能源消费

资料来源：美国能源信息署，2020年5月28日。

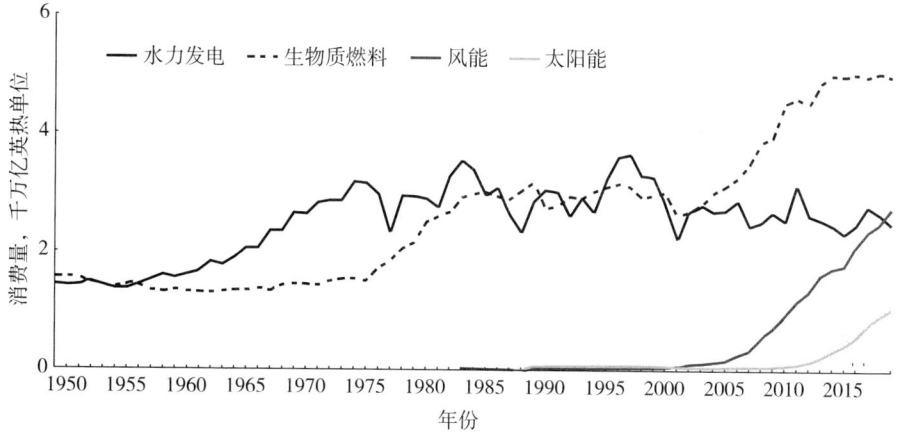

图1-13 1949—2019年美国可再生能源消费

资料来源：美国能源信息署，月度能源评论，2020年5月26日。

2019年，美国的煤炭消费连续第6年下降，全年只有11.315千万亿英热单位，是1964年以来的最低水平。与此同时，发电用煤在过去10多年显著下降，2019年下降到42年来的最低水平。近年来，天然气发电持续增长，取代了大部分退役的燃煤电站。

与石油完全一样的是，2005年美国的煤炭消费量也是历史最高水平，为22.797千万亿英热单位，或11.26亿短吨[①]，占美国一次能源消费总量的比重

---

① 1短吨=907.185千克。

也是历史最高,为22.77%。自此之后,美国的煤炭消费就一路下降,2019年只有5.87亿短吨,比2005年几近减少一半,仅为2005年的52.13%(图1-14)。

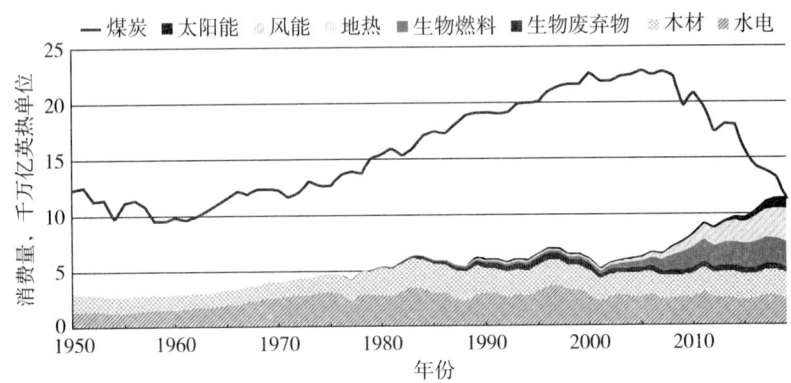

图1-14 1950—2019年美国煤炭和可再生能源消费来源

资料来源:美国能源信息署,2020年5月28日。

2019年,美国可再生能源消费连续4年增长,达到了创纪录的11.46千万亿英热单位。自2015年以来,美国可再生能源的增长,几乎全部来源于发电行业的风能和太阳能。2019年,来源于风能的发电量首次超过水电,从年度数据看,风能目前已成为美国发电行业使用最多的可再生能源,其中风能占当年美国发电量的比重为7.3%,水电为6.6%。

煤炭曾经普遍使用于美国的工业、运输、民用和商业部门,但是今天绝大部分用于发电。2019年,美国90%的煤炭消费用于发电,剩余的几乎全部用于工业部门(图1-15)。

与之相反的是,今天可再生能源几乎用于美国的所有行业,其中56%的可再生能源用于发电,主要是风能和水电,22%用于工业部门,12%用于运输行业,7%用于民用,2%用于商业部门。

由木材、生物废弃物和生物燃料为主构成的生物质燃料,用于美国的每一个行业。木材以及生物燃料的下脚料、副产品是工业部门使用的主要可再生能源,而燃料乙醇、生物柴油和可再生柴油等生物燃料则主要用于运输部门,木

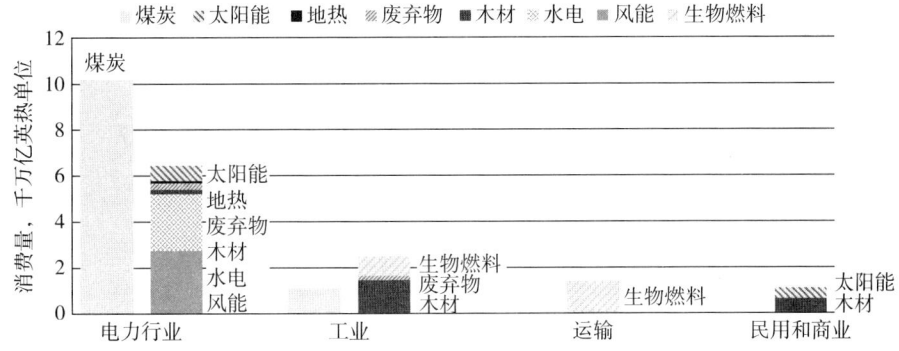

图 1-15 2019 年美国煤炭和可再生能源消费部门

资料来源：美国能源信息署，2020 年 5 月 28 日。

材、生物废弃物、太阳能和地热是直接用于民用和商业部门的最常见的可再生能源。

不过，这里需要特别指出的是，虽然从总量上，2019 年美国可再生能源的消费超过了煤炭，成为第三大能源消费来源，但是，从发电用能源来源的比例看，包括水电在内的可再生能源仅能占到第四位，占比为 17%，排在天然气（38%）、煤炭（23%）和核能（20%）之后。此外，目前美国还在用石油发电，2019 年石油发电占美国总发电量的比重为 1%。

本文撰写于 2020 年 6 月

非化石能源已占2019年美国能源消费的20%

新增发电能力主要来源于可再生能源和天然气，加之风能发电量首次超过了水力，从而使得可再生能源2019年成为美国第三大能源来源。

2019年，美国能源形势的两大标志性事件之一，就是可再生能源130多年来首次超越煤炭，成为美国第三大能源消费来源，美国能源消费的结构得到了进一步的优化。依据美国能源信息署的资料和统计数据，在简要介绍2019年美国一次能源消费结构变化的基础上，本文将重点介绍2019年美国发电行业能源来源的变化，以便对2019年美国能源消费结构得到优化的这一标志性事件有更加细致和深入的了解。

一、2019年美国一次能源消费结构的标志性变化

2019年美国一次能源消费总量为100.165千万亿英热单位，比创纪录的2018年略低，是有史以来第三高的年度能源消耗水平，其中20%来源于非化石能源。

随着煤炭、石油和天然气的开发，美国非化石能源的比重从19世纪中期的100%下降到20世纪60年代的6%，此后随着核能、水力发电、风能、生物燃料和太阳能消耗量的增长，这一比例逐渐回升。2007年，美国化石燃料消耗量达到了86千万亿英热单位的峰值，自此之后就不断下降，2019年减少到80千万亿英热单位，下降了7%。核能和可再生能源消费的增长，使得非化石能源在2019年占了美国一次能源消费总量的20%（图1-16）。

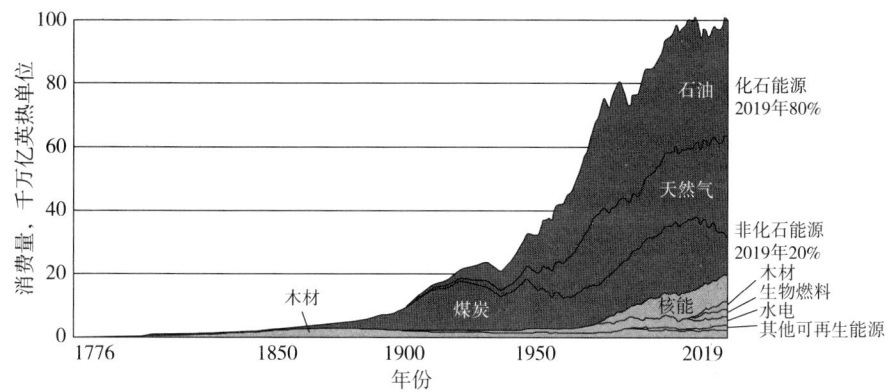

图 1-16　1776—2019 年美国的能源消费

资料来源：美国能源信息署，2020 年 7 月 1 日。

自 1950 年超过煤炭以来，石油一直是美国消耗最多的能源资源。2019 年，美国的石油消费量约为 36.7 千万亿英热单位，低于 2005 年的峰值水平（图 1-17）。

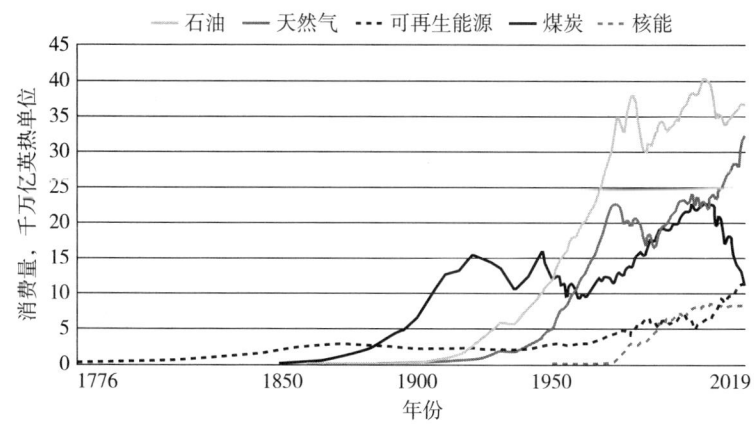

图 1-17　1776—2019 年美国的能源消费分类

资料来源：美国能源信息署，2020 年 7 月 1 日。

2019 年，美国天然气的消费量达到创纪录的 32.1 千万亿英热单位。近年来，美国天然气消费的增长，很大程度上是由于电力行业使用量增加而推动的，在过去 5 年中，电力行业的天然气消费量有 4 年超过其他任何行业。

2019年，美国的煤炭消费量下降了15%，在所有能源资源消耗中，年度降幅最大。自2005年达到峰值以来，美国的煤炭消耗量已经下降了一半以上，这在很大程度上是由于电力行业煤炭使用量减少导致的。2019年，美国煤炭消费量降至5.87亿短吨，为20世纪70年代以来的最低水平。

2019年，核能为美国能源消耗贡献了创纪录的8.5千万亿英热单位，即8.09亿兆瓦。尽管马萨诸塞州的朝圣者和宾夕法尼亚州的三里岛两座核电站退役，但核电站的运营水平创下了历史新高，这使得2019年美国的核电发电量超过了2018年的水平。

2019年，美国可再生能源消耗达到11.46千万亿英热单位，130多年来首次超过煤炭的消耗。过去十多年中，可再生能源增长最快的是太阳能和风能发电。

2019年，风能超过水力发电，成为美国最大的可再生能源消费来源，当年风能产生的能源量为2.7千万亿英热单位，与19世纪中后期消耗木材所产生的能源量几乎相同，当时煤炭和石油尚未大规模使用，木材是美国的主要能源来源（图1-18）。

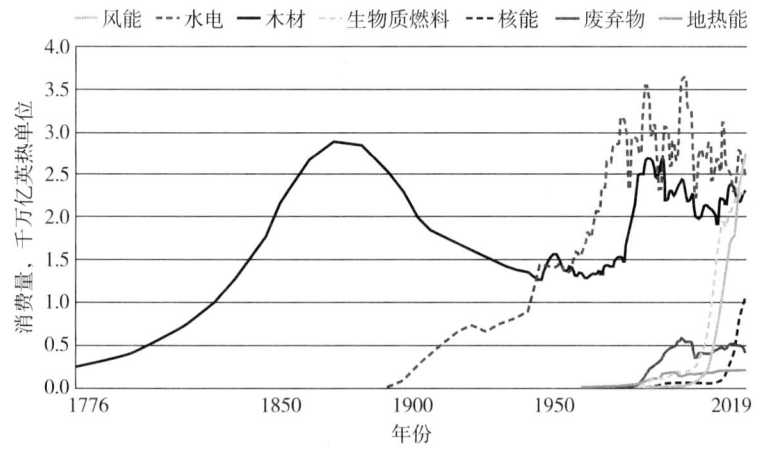

图1-18　1776—2019年美国非化石能源消费
资料来源：美国能源信息署，2020年7月1日。

二、2019年美国新增发电能力主要来源于可再生能源和天然气

2019年,美国电力行业预计新增装机总容量为23.7千兆瓦(GW),退役装机容量为8.3千兆瓦。

新增的规模以上发电能力,主要由风能(46%)、天然气(34%)和太阳能光伏(18%)构成,剩下的2%主要来源于其他可再生能源和电池储能(图1-19)。

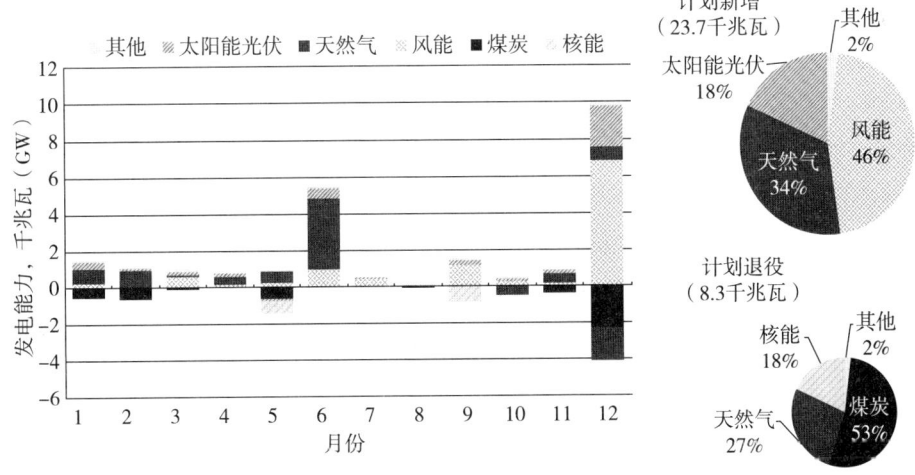

图1-19 2019年美国计划新增和退役的发电能力

资料来源:美国能源信息署,2019年1月10日。

风能:2019年将有10.9千兆瓦的风电装机容量上线,大部分产能要到年底才能投入使用,其中新增风电装机容量一半以上集中在得克萨斯州、爱荷华州和伊利诺伊州。

天然气:计划增加的天然气发电能力主要是联合循环电厂(6.1千兆瓦)和燃气轮机电厂(1.4千兆瓦),大部分在2019年6月前上线,以应对夏季的高峰需求。计划新增的天然气发电能力中,60%集中在宾夕法尼亚州、佛罗里达州和路易斯安那州。

太阳能光伏发电：太阳能光伏发电装机容量计划增加 4.3 千兆瓦，其中近一半位于得克萨斯州、加利福尼亚州和北卡罗来纳州。除电力部门外，住宅和商业等部门，也安装太阳能光伏，例如分布式光伏或屋顶光伏系统。除规模以上发电能力外，预计到 2019 年年底，美国还有 3.90 千兆瓦小型太阳能光伏发电能力投入使用。

2019 年，美国计划退役的发电装机容量，主要包括煤炭（53%）、天然气（27%）和核能（18%），华盛顿州的一座水电站、其他较小的可再生能源和燃油发电装机容量占剩下的 2%。

煤炭：2019 年，美国预计将退役 4.5 千兆瓦燃煤发电能力，其中大部分将在 2019 年年底完成。20 世纪 70 年代首次投入使用的亚利桑那州纳瓦霍电厂，就占了当年计划退役能力的一半。2018 年，美国退役了 13.7 千兆瓦燃煤发电能力，是年度燃煤发电能力退役第二高的年份。

天然气：2019 年，美国计划退役的天然气发电能力为 2.2 千兆瓦，其中燃气轮机为 2 千兆瓦。计划退役的天然气燃气轮机，都是 20 世纪 50 年代或 60 年代投入使用的老机组，其中装机容量 1.6 千兆瓦的燃气轮机电厂位于加利福尼亚州。

核能：2019 年，美国共有两座合计 1.5 千兆瓦的核电站退役。其中，位于马萨诸塞州的朝圣者核电站将于 5 月退役，位于宾夕法尼亚州的三里岛核电站将于 9 月退役。

三、2019 年风能超过水力成为美国使用最多的可再生能源电力来源

2019 年，美国风力发电量首次超过水力发电量，风能成为美国最大的可再生能源发电来源，而这一地位之前是水力发电（图 1-20）。

2019 年，美国全年风力发电总量达到 3 亿兆瓦时（MW·h），比水力发电多 2600 万兆瓦时。在过去的十多年里，水力发电的年发电量在 2.5 亿兆瓦时和 3.2 亿兆瓦时之间波动，反映的是稳定的发电能力和变化不定的年降水量。

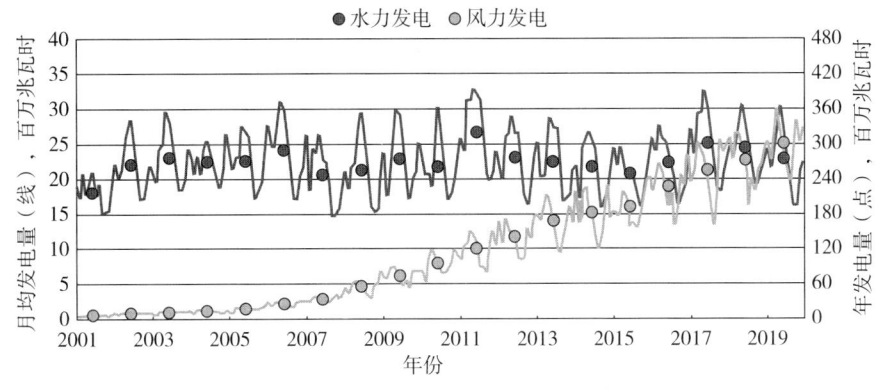

图1-20 2001—2019年美国水力和风力发电量

资料来源：美国能源信息署，2020年2月26日。

水力发电量的年变化，主要是由年降水模式和径流变化引起的。虽然天气模式也会影响不同地区的风力发电，但容量增长一直是风力发电年度变化的主要驱动因素。水力发电和风力发电都遵循季节模式。水力发电通常在春季最为频繁，因为此时降水和积雪融化增加了径流量。而风力发电的季节模式在全国各地有所不同，但通常在春季和秋季最大。

风力发电装机容量通常会在每年的第四季度开始增加，主要原因是税收优惠。2019年，美国新增风电装机容量总计为10千兆瓦（其中第四季度新增装机3.8千兆瓦），使2019年成为风电装机容量第二高的年份，仅次于2012年。

截至2019年年底，美国风电装机总容量为103千兆瓦，其中77%是在过去十多年里安装的。美国拥有的水力发电能力为80千兆瓦，其中大部分已经运行了几十年。在过去的十多年里，水电装机容量只增加了2千兆瓦，而其中一些新增装机容量是改造以前没有发电设施的水坝而来。

虽然2016年美国的风电装机总容量就超过了水电装机总容量，但直到2019年，风力发电量才超过水力发电量。2009年至2019年，美国水力发电机组的年平均容量系数为35%～43%，而风电机组的年平均容量系数较低，为28%～35%。容量系数指的是，发电机组在规定时间内产生的电能与同期连续满功率运行时可能产生的电能之比。

本文撰写于2020年7月

美国能源行业正在进入"黄金时代"或"能源新时代"

2018年,美国能源生产和消费都出现了强劲的增长,所有的能源产业都出现了喜人的形势,应该说美国的能源行业正在迈入"黄金时代"。

在竞选期间和上台执政后,美国总统特朗普一再宣称,美国本届政府将采取一系列措施,把美国能源产业带入"黄金时代"。特朗普认为,繁荣的天然气、煤炭和石油出口,将推动美国能源行业进入"黄金时代"。2017年1月就任后不久,白宫网站列出特朗普政府将要优先处理的6大"头号问题",其中第一条就是"美国第一能源计划"。2017年3月28日,在20多名煤矿工人和一些政府官员的见证下,特朗普签署"能源独立"的行政命令,解除对美国能源生产的限制、废除政府的干涉。

2018年,是特朗普上台执政的第二年,对比2017年而言是一个完整的执政年,特朗普能源政策的效果如何?虽然我们不清楚美国能源行业进入"黄金时代"的量化标准是什么,不过近日,美国能源信息署发布报告,回顾并总结了2018年美国能源行业取得的成就。依据这份报告,我们将简要地看一看2018年美国能源行业的现状。

一、2018年美国的能源消费和生产概况

2018年,美国一次能源消费总量为101.268千万亿英热单位,比2017年增长了4%,不但超过2007年美国历史上最高的一次能源消费总量,而且还增长了0.3%。

2018 年，美国一次能源生产总量为 96 千万亿英热单位，比 2017 年增长 8%，创历史最高纪录，且一次能源生产总量增长速度比一次能源消费增长速度高了 4%。

正是在这种情况下，2018 年美国一次能源出口增长 18%，达到 21 千万亿英热单位，从而使得美国能源净进口下降到只有 3.611 千万亿英热单位，占一次能源消费总量的 3.57%，为 54 年来最低的水平。

从各类能源资源看（图 1-21），2018 年，石油和天然气占美国一次能源生产总量的 57%，分别比 2017 年增长 17% 和 12%。此外，2018 年，美国烃类气体液产量也比 2017 年增长了 14%；可再生能源比 2017 年增长了 4%，其中太阳能增长了 22%，风能增长了 8%，生物质能增长了 2%。

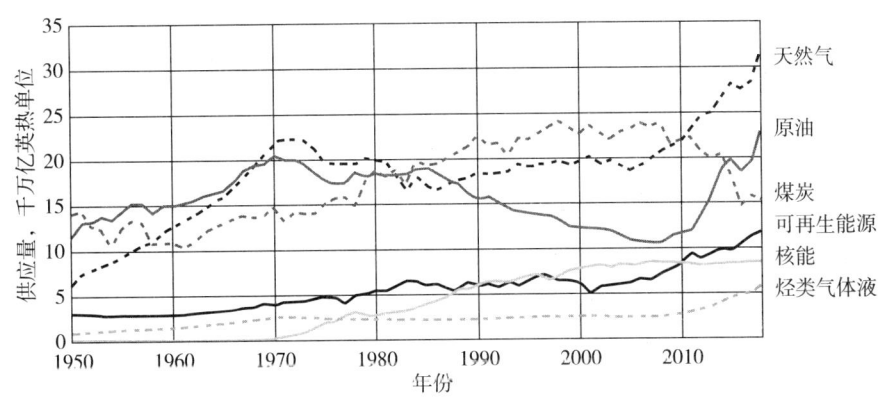

图 1-21　1950—2018 年美国一次能源供应构成

资料来源：美国能源信息署，2019 年 5 月 8 日。

与 2017 年相比，2018 年美国核发电量没有发生变化。

煤炭是 2018 年美国能源生产中产量唯一下降的能源资源，比 2017 年下降了 2%。

二、石油和天然气成为美国主要出口能源资源

2018 年，美国一次能源消费虽然也有增长，但增长速度低于生产。从能源分类看，2018 年石油产量的增长速度大大高于消费的增长，其中原油产量

增长了17%,但国内石油消费仅增长2%,从而带来了原油出口比2017年大涨73%,成品油出口大涨6%。

原油和成品油出口,占2018年美国一次能源出口总量的68%。2018年美国一次能源出口增长的部分,基本全部来源于原油和成品油,其中成品油出口量高达10.2千万亿英热单位,折合约560万桶/日;原油出口量几近翻番,为4.2千万亿英热单位,折合约200万桶/日,超过煤炭和天然气的出口总量,成为美国第二大出口的能源资源(图1-22)。

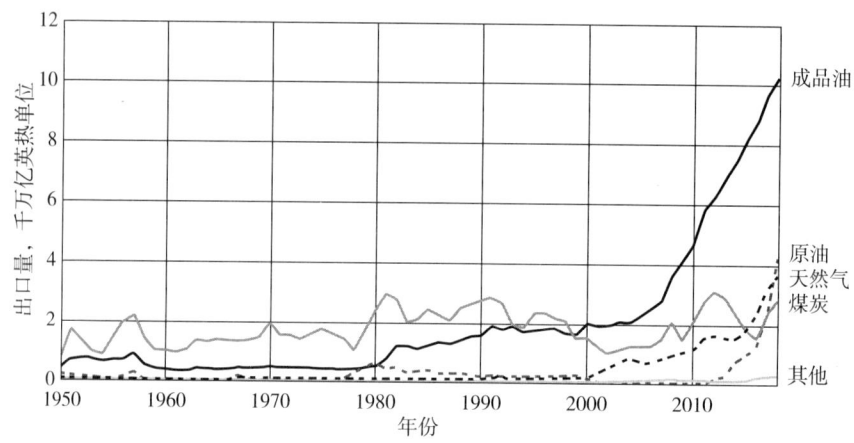

图1-22　1950—2018年美国一次能源出口构成

资料来源:美国能源信息署,2019年5月8日。

2018年,美国天然气和生物质能(乙醇)出口也创下了纪录,煤炭出口量也创下了2013年以来的最高水平。

2018年,美国煤炭出口量为1.16亿短吨,占煤炭产量的15%,创5年来的最高水平,其中动力煤为5400万吨,炼焦煤为6200万吨(图1-23)。2018年美国出口的煤炭中,动力煤出口的平均价格为59美元/吨,炼焦煤为138美元/吨。

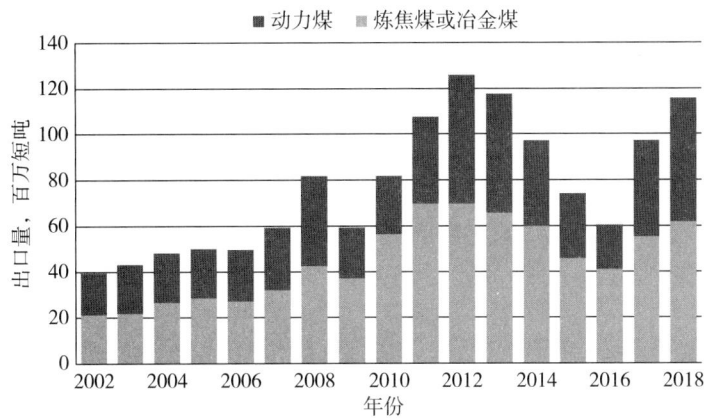

图 1-23　2002—2018 年美国煤炭出口

资料来源：美国能源信息署，2019 年 3 月 27 日。

三、2018 年美国仍是原油净进口国

与 2017 年相比，由于创纪录的能源出口数量，2018 年美国能源进口下降了 2%，从而使得 2018 年美国的能源进口数量是 1964 年以来的最低水平。2018 年，美国是煤炭、焦炭、成品油、天然气和生物质能的净出口国。

不过，自 1944 年以来，美国就一直净进口原油，虽然 2018 年美国原油的净进口数量已下降到 1991 年以来的最低水平，但当前美国仍是原油净进口国（图 1-24）。

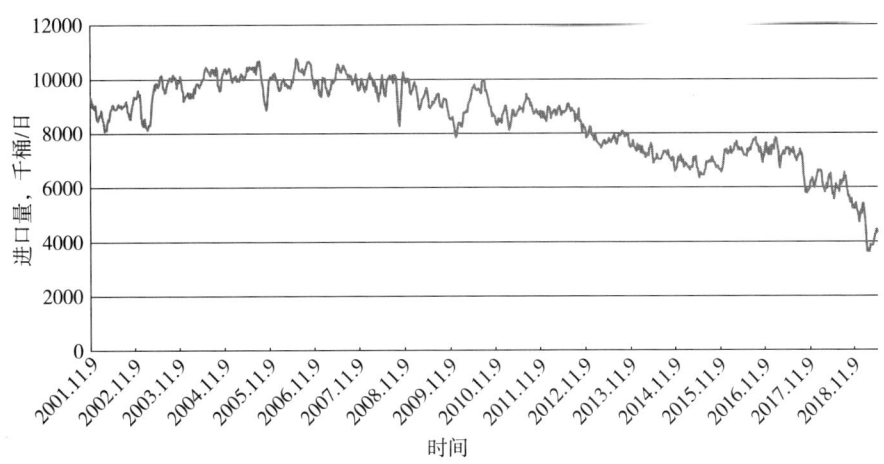

图 1-24　2001 年 11 月以来美国净进口原油的数量

资料来源：美国能源信息署，2019 年 5 月 22 日。

以 2018 年 12 月 28 日为例，美国净进口原油的数量为 501.5 万桶/日，而 2019 年 5 月 17 日为 402.1 万桶/日。

2018 年 3 月 7 日，在美国休斯敦举行的第 37 届剑桥能源周上，美国能源部长里克·佩里发表主旨演讲，称"20 世纪 70 年代，国内有学派主张美国的能源生产已达顶峰，并将随着时间的推移而下降，导致永久的能源短缺，然而，事实证明，这些能源悲观主义者可能预测失误，因为从来就没有能源短缺，有的只是想象力和对创新能力信心的短缺。"在这次演讲中，里克·佩里提出了"新能源现实主义"，即美国今后的能源政策将回归到"现实主义"的政策上来，更多地依靠国内能源，更多依靠技术创新来解决能源安全问题，同时不是要去除化石能源，而是能更清洁、更高效地利用化石能源，要让能源产业成为美国经济增长的主力，解决更多就业问题。

2019 年 3 月 13 日，在第 38 届剑桥能源周上，里克·佩里认为，美国正在进入"能源新时代"。他表示，对美国来说，能源独立已经不再只是一个响亮的口号，而是一个已经实现的事实，美国拥有涵盖传统化石能源、可再生能源和核能等多种形式的丰富能源资源，这些资源实力正在引领美国进入一个能源发展的新时代。正是由于创新的力量，美国才能将在 2020 年成为能源净出口国，并有希望在未来 30 年中始终保持能源净出口国的地位。

如上所述，由于缺少量化的具体标准，我们无法把握美国能源行业是否正在进入"黄金时代"，但认真分析 2018 年美国能源行业的数据，对照里克·佩里的讲话，我们认为，2018 年美国正在进入"能源新时代"的表述，应该更加符合美国能源行业当前的实际，其核心内容就是美国正在迈向"能源独立"。

本文撰写于 2019 年 5 月

2018年美国一次能源消费出现恢复性增长

自2007年以来,美国于2018年首次出现一次能源消费恢复性增长并创出了历史新高,其背后所反映的是当年美国强劲的经济增长。

2018年,对世界能源行业来说,一个重要的事件是,作为全球能源消费第二大国的美国,一次能源消费出现了恢复性增长并创出了历史最高纪录。

自2009年以来,中国就是世界能源消费第一大国。虽然从一次能源消费总量看,2018年美国与中国相比仍有较大的差距,但当年美国的一次能源消费增长速度已超过中国。作为世界第二大能源消费国,美国能源消费形势的变化,将对全球能源形势产生巨大而深远的影响。2018年美国一次能源消费的恢复性增长,是一个偶发现象还是一个长增长周期的开始?应引起能源行业和研究界高度关注。

一、近10年来美国能源消费首次出现恢复性增长,对外依存度降到个位数水平

2018年,美国一次能源消费总量达到创纪录的101.268千万亿英热单位,比2017年增长了4%。无论从绝对值还是百分比来看,2018年美国一次能源消费的增长都是自2010年以来最大的增长速度。

根据美国能源信息署的统计,在2018年之前,2007年是美国一次能源消费总量最高的年份,为100.971千万亿英热单位,自此之后的10年间,美国一次能源消费总量都没有超过2007年。

与 2007 年创出的前一纪录对比，2018 年美国一次能源消费总量不但创造了新的纪录，而且还增长了 0.3%（图 1-25）。

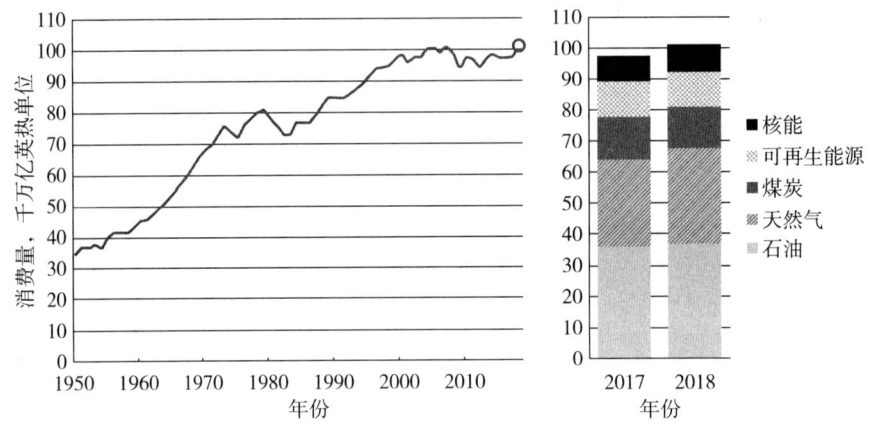

图 1-25　1950—2018 年美国一次能源消费
资料来源：美国能源信息署，月度能源评论，2019 年 3 月 26 日。

1953 年，美国成为能源净进口国，能源净进口量为 0.447 千万亿英热单位，仅占能源消费总量的 1.19%。自此之后，美国净进口能源的数量就不断增长，2005 年达到峰值，能源净进口的数量为 30.197 千万亿英热单位，能源对外依存度为 30.15%（图 1-26）。

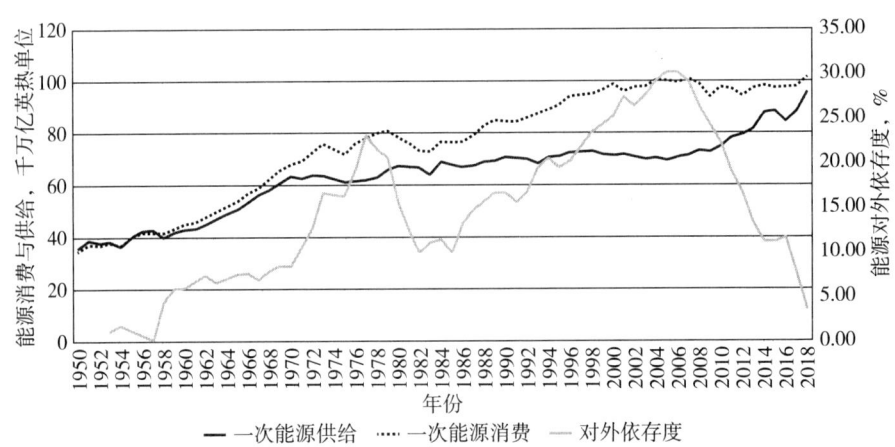

图 1-26　1950—2018 年美国能源消费、供给与对外依存度
资料来源：美国能源信息署，月度能源评论，2019 年 3 月 26 日。

2018年,美国仍是能源净进口国,净进口的能源数量为3.611千万亿英热单位,能源对外依存度已下降到只有3.57%。

二、传统化石能源是美国能源消费的主体且创出历史纪录

石油、天然气和煤炭三大化石能源,是美国能源消费的主体,占2018年美国一次能源消费总量的80%,合计增长了4%。与2017年相比,2018年美国天然气消费增长了10%,也创了历史纪录。2018年,美国煤炭消费下降了4%,但由于天然气消费的高速增长,加之石油、可再生能源和核能的小幅增长,弥补了煤炭消费的下降(图1-27)。

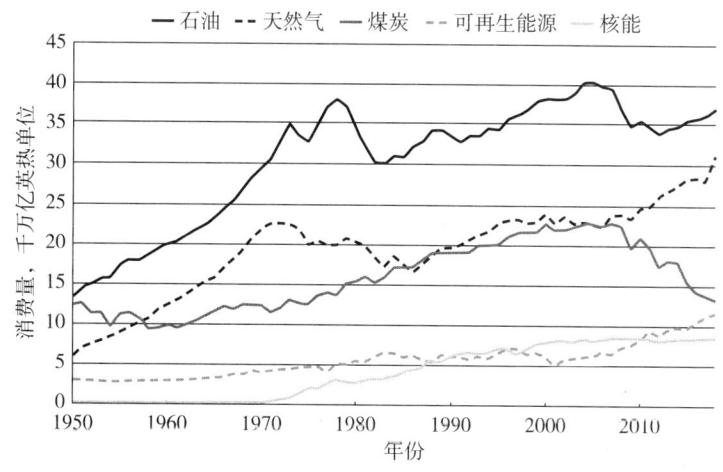

图1-27　1950—2018年美国一次能源消费构成
资料来源:美国能源信息署,月度能源评论,2019年3月26日。

2018年,美国石油消费达到2050万桶/日,等于37千万亿英热单位,创2005年以来的最高水平,比2017年增长了50万桶/日。2018年美国石油消费的增长,主要来源于工业部门,增加了20万桶/日;由于柴油和航空燃料需求的增长,2018年美国运输部门的石油消费增长了14万桶/日(图1-28)。

美国天然气消费也在2018年创下了最高纪录,为831亿立方英尺/日,等于31千万亿英热单位,约为8583.81亿立方米/年。2018年,美国各行业的天然气使用量都有所增加,主要是受天气相关因素的影响,冬季供暖和夏季

空调制冷需求的增加。随着越来越多的天然气发电厂投入使用，现有天然气发电厂的使用频率越来越高，电力部门的天然气消耗量与2017年相比增加了15%，达到291亿立方英尺/日。2018年，住宅、商业和工业部门的天然气消耗量也有所增长，与2017年相比，分别增长了13%、10%和4%。

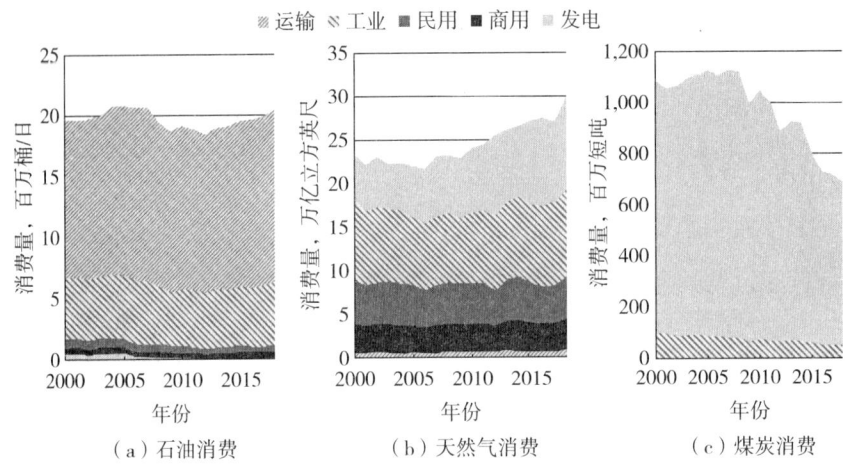

图1-28 2000—2018年美国分类化石能源消费

资料来源：美国能源信息署，月度能源评论，2019年3月26日。

2018年，美国煤炭消费量为6.88亿短吨，等于13千万亿英热单位，是连续第五个年头下降。与2017年相比，2018年美国煤炭消费下降了4%，基本全部来源于发电用煤的下降。燃煤发电厂继续被更清洁、效率更高的天然气和可再生能源取代。2018年，淘汰燃煤发电能力12.9千兆瓦，新增天然气净发电能力14.6千兆瓦。

与2017年相比，2018年美国可再生能源消费增长了3%，达到创纪录的11.5千万亿英热单位，绝大部分是由新增的风力和太阳能发电推动的，其中风力发电增长了8%，而太阳能发电大幅增长了22%。

生物质能消费主要用于运输燃料，如燃料乙醇和生物柴油，占2018年可再生能源消费总量的45%，比2017年增长1%。

2018年，美国水电消费减少了3%，风能、太阳能和生物质能消费的增加弥补了这一部分的减少（图1-29）。

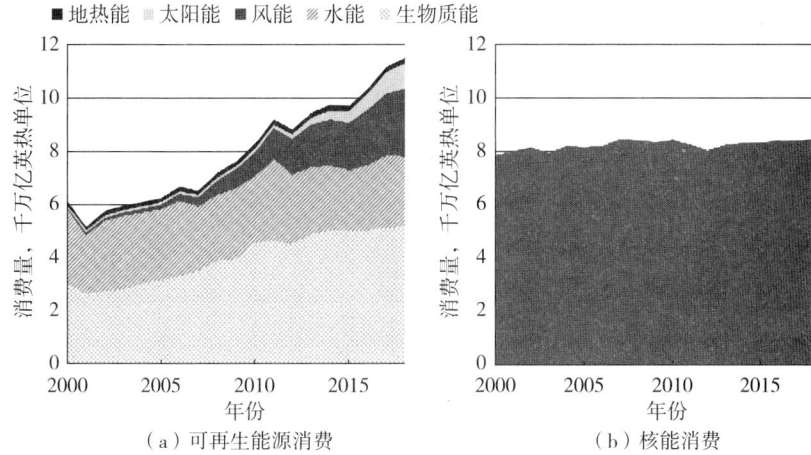

图 1-29　2000—2018 年美国非化石能源消费

资料来源：美国能源信息署，月度能源评论，2019 年第 3 期。

与 2017 年相比，2018 年美国核能的增长不到 1%，但仍创下了历史纪录。2018 年 9 月，新泽西州的牡蛎溪核电站退役后，美国运行的核电站数量下降到 98 座。不过，反映核电站使用效率的年均核电站能力因子 2018 年为 92.6%，略高于 2017 年的 92.2%。

三、2018 年美国能源消费的恢复性增长会持续吗？

2009 年之前，美国一直是世界能源消费第一大国，在这一年被中国超越，自此之后一直保持世界能源消费第二大国的位置，2018 年两国的座次虽然没有改变，但增长速度已经发生了变化。

根据国际能源署的统计，2018 年，中国一次能源消费总量为 31.55 亿吨油当量，增长速度为 3.5%，同期美国一次能源消费总量为 22.27 亿吨油当量，增长速度为 3.7%。而根据中国国家统计局公布的数据，2018 年中国一次能源消费总量为 46.4 亿吨标准煤，比上年增长 3.3%。本文中引用的美国能源信息署的数据，2018 年美国一次能源消费增长的速度为 4%。

2009 年中国之所以超越美国成为世界第一大能源消费国，主要原因包括：一方面，进入 21 世纪以来，中国经济的高速增长，带来了能源消费迅速增加；

更为重要的另一方面是，虽然这一期间美国经济维持了一定的增长速度，但由于能源效率的提高等多方面的原因，美国一次能源消费总量和石油消费总量都在下降。例如，2007年美国一次能源消费达到峰值后，能源消费总量稳步下降；2005年美国石油消费达到峰值9.384亿吨，此后虽然有波动但一直稳定在9亿吨之下，最低的石油消费量出现在2012年，为8.17亿吨。

基本的常识是，一个国家的经济保持一定的增长速度，尤其是制造业在经济活动中占有一定的比重，一般来说会带来能源消费和石油消费的增长，至少不可能再持续下降。在拙著《石油的时代》第14章"周期性波动是未来国际石油市场的常态"中，讨论国际石油市场形势时，对于美国未来一段时间能源、石油消费可能的趋势，我的基本看法是，再工业化和制造业回归，使美国有可能成为未来世界能源、石油消费的一匹黑马。主要的依据包括：早在奥巴马时代，美国就出台了一系列以平衡增长为背景的经济复苏提振政策，最具标志性的当属2010年8月11日生效的《美国制造业振兴法案》，旨在帮助美国制造业降低生产成本，增强国际竞争力，提振实体制造业，创造更多就业岗位。而在竞选期间和执政后，特朗普将推动再工业化，引导美国实体经济复苏，作为其执政的主要经济政策，要重建美国，让美国再次强大，主要举措包括"制造业回流"、投资基建、减税致富和公平贸易等。具体到能源行业，自2017年1月份上台执政以来，特朗普就表示，繁荣的天然气、煤炭和石油出口，将使美国能源业迎来"黄金时代"。

2018年，美国国内生产总值（GDP）增速为2.9%，虽然没有达到特朗普提出的3.0%的水平，但已是2015年以来的最高增长速度，GDP总量为20.494万亿美元，是世界上首个GDP总量超20万亿美元的国家。而从能源行业看，2018年无论是石油还是天然气产量，美国都创出了历史最高纪录，美国能源行业重回"黄金时代"正在变为现实。正是在这一背景下，2018年，美国一次能源消费扭转了10年来的下降趋势，出现了恢复性增长并创出了历史最高纪录。

2018年美国能源消费增长的势头会持续吗？在2019年1月份发布的《2019年度能源展望》报告中，基于2018年至2050年美国国内生产总值年均增长为 1.9% 的前提假设，美国能源信息署认为，从目前至 2050 年美国一次能源消费总量将保持低速增长。从 2019 年开始的约 20 年时间里，除 2019 年、2020 年和 2021 年三年外，美国一次能源消费总量都将维持在 100 千万亿英热单位之下的水平。2038 年，美国一次能源消费总量将重新回到 100.37 千万亿英热单位。2038 年至 2050 年，美国一次能源消费将低速增长，2050 年为 106.55 千万亿英热单位。这就是说，2018 年至 2050 年的 33 年间，美国一次能源消费总量仅增加 6.42 千万亿英热单位，年均仅增长 0.1945 千万亿英热单位，年均增长率低到仅为 0.19%（图 1-30）。

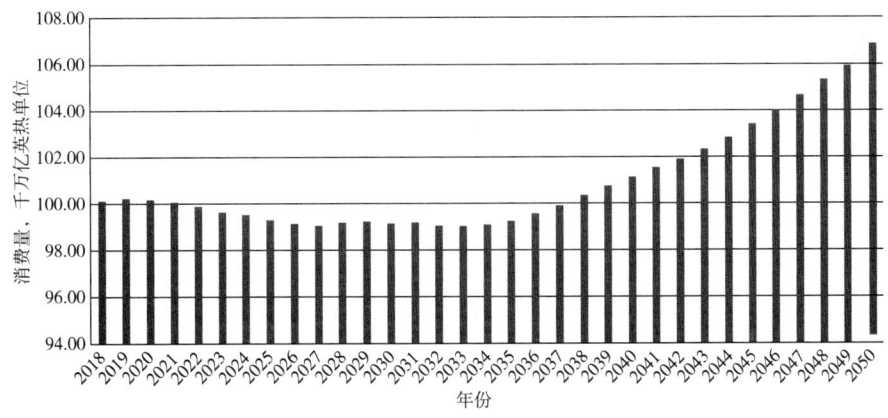

图 1-30　2018—2050 年美国一次能源消费趋势预测

资料来源：美国能源信息署，2019 年度能源展望，2019 年 1 月。

基于对未来 30 多年美国能源生产和消费的对比分析，美国能源信息署得出的一个重要结论是，自 20 世纪 50 年代以来，2020 年美国能源生产总量将首次大于消费总量，美国将成为能源净出口国，且这一势头将一直保持到 2050 年。

因此，依据美国能源信息署的这一预测，2018 年美国一次能源消费的恢复性增长，应是偶发现象，不会持续，从现在至 2050 年的 30 多年时间里，美国一次能源消费仅会维持非常低的增长速度。

对未来的预测是有风险的，尤其是长达 30 多年时间周期的预测。未来 30 多年美国能源消费形势的变化，会如同美国能源信息署所做的预测那样吗？让我们拭目以待吧！

本文撰写于 2019 年 4 月

2018年美国原油产量创历史纪录

自2017年成为世界第一大石油生产国之后，2018年的美国原油产量再次创出了历史新高，并向世界42个国家和地区出口高品质的原油。

美国是当今世界第一大原油和石油生产国。2018年，美国原油产量创历史纪录，出口量也大增。依据美国能源信息署的最新统计资料，本文将简要介绍2018年美国原油生产和向中国等国的石油出口基本情况。

一、石油和原油的基本概念

一般从行业惯例来说，谈世界石油供给数量，有石油、原油两种概念和统计口径。

国际能源署（IEA）和欧佩克（OPEC）的月度统计报告中，除特别说明外，大部分情况下的世界石油供给指的是广义的石油概念，其中包括原油、天然气生产中产生的烃类气体液、乙醇和生物柴油等生物燃料及炼油加工所得等。例如，国际能源署的统计数据是，2017年美国的石油产量为1327万桶/日，2018年增长到1548万桶/日，这一数据指的就是广义的石油概念。

除广义的石油概念外，还有原油的概念。在欧佩克统计的成员国石油产量中，就分为原油、凝析油及其他非常规石油两个口径。多年来，欧佩克减产配额分配中，仅涉及原油，不包括凝析油和其他非常规石油，后者可以完全自主生产和出口，不受减产配额的限制。因此，欧佩克关于成员国原油和凝析油产量统计中，凝析油和非常规石油的产量不分国别，只有一个总的量，但原油产量则非常严格,各成员国都有逐月的统计数据,并根据数据来源分为直接沟通所得和二手信源两大类。

与此相一致的是,美国能源信息署(EIA)统计的美国石油和原油产量也是两个口径,其中原油产量仅为油田生产的原油和凝析油,不包括天然气生产中产生的烃类气体液、乙醇等生物质燃料和炼油加工所得等。因此,本文介绍的美国原油产量,仅指严格意义上的油田生产的原油和凝析油。

二、2018年美国原油产量创历史纪录

2018年,美国原油产量达到创纪录的1096.2万桶/日,是美国有石油生产历史以来的最高产量,比2017年增加了161.2万桶/日,增长了17%(图1-31)。其中,12月份美国原油产量达到1196万桶/日,为美国历史上原油产量最高纪录。过去的10年里,美国原油产量大幅度增加,主要是由水平钻井和水力压裂技术带来的致密岩层石油产量推动的。

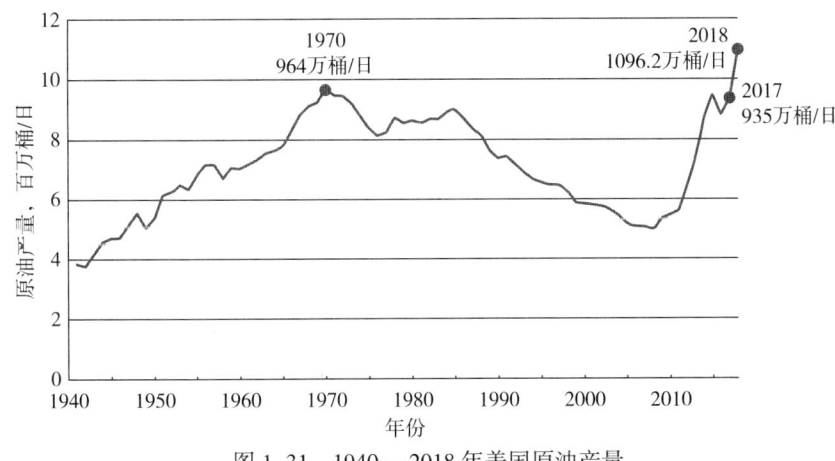

图1-31 1940—2018年美国原油产量

资料来源:美国能源信息署,2019年4月9日。

得克萨斯州是美国原油生产第一大州,占2018年美国原油产量的40%。自1970年以来,得克萨斯州基本上是美国原油产量最大的州,期间仅1988年被阿拉斯加州超越,1999—2011年联邦政府拥有的墨西哥湾海上原油产量也曾高于得克萨斯州。

2018年，得克萨斯州原油产量为日均440万桶，12月份曾达到创纪录的490万桶/日。2018年，得克萨斯州原油产量增加了95万桶/日，占当年美国原油产量增量的60%，主要来源于得克萨斯州西部二叠纪地区。

美国其他几个州或地区的原油产量也在2018年创造了纪录。二叠纪地区横跨得克萨斯州和新墨西哥州，其在新墨西哥州地区的原油产量2018年增加了21.5万桶/日，从而使新墨西哥州2018年原油产量增长了45%，创造了新的年度产量纪录，成为美国2018年原油产量增量第二大州，占当年美国原油产量增量的13%。

2016年以来新投产和扩建的项目，使2018年联邦政府拥有的墨西哥湾海上地区原油产量大增。2018年，这一地区有11个新的石油和天然气生产项目投入生产，还有8个以上的项目将在2019年投入生产。2018年，联邦政府拥有的墨西哥湾海上原油产量达到创纪录的174万桶/日，增加了6.1万桶/日，是当年美国第二大原油生产地区。

2017—2018年，科罗拉多州、俄克拉荷马州和北达科他州的原油日产量分别增长了95万桶以上，其中科罗拉多州和北达科他州2018年的原油产量都创造了历史纪录。科罗拉多州原油产量的增长，是由奈厄布拉勒页岩提供的，而巴肯地区的持续增产推动了北达科他州原油产量的增加。2018年，俄克拉荷马州原油产量还没有超过1967年创纪录的63.2万桶/日水平。图1-32为2010—2018年美国分州原油产量。

上述州和地区原油产量的增长足以抵消其他地区产量的下降。2018年，阿拉斯加州原油产量下降了1.6万桶/日，加利福尼亚州产量下降了1.3万桶/日，这是该州连续第四年原油产量下降。

根据美国能源信息署的统计，2018年美国石油产量为1647.8万桶/日，除1096.2万桶/日的原油外，还有天然气生产中产生的434.9万桶/日烃类气体液，116.7万桶/日的乙醇和生物柴油。

美国能源信息署预测，2019年和2020年，美国原油产量将继续增长，分别将达到1230万桶/日和1300万桶/日。

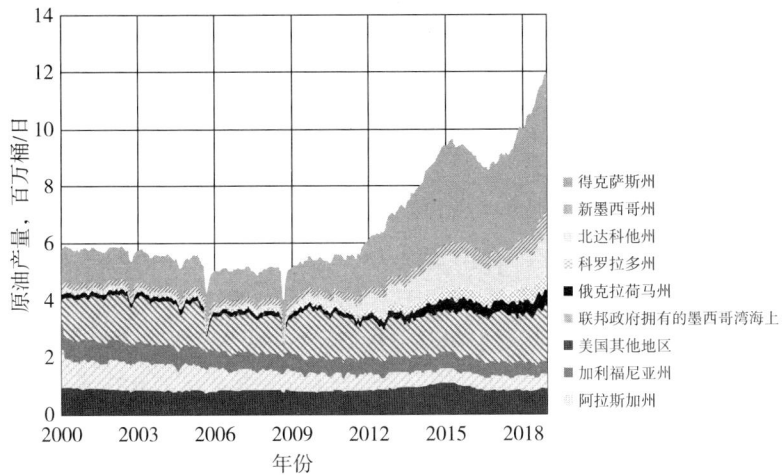

图 1-32　2010—2018 年美国分州原油产量

资料来源：美国能源信息署，2019 年 4 月 9 日。

三、美国生产的原油约 80% 是高品质的轻质原油

近年来，包括原油在内的美国石油产量之所以能够迅速增长，主要得益于页岩革命的成功。除不断增加的产量外，页岩革命还给美国石油生产带来另外一个益处，即美国生产的原油和由天然气生产过程中产生的烃类气体液，绝大部分是高品质的轻质和低硫油品，具体可参见图 1-33。

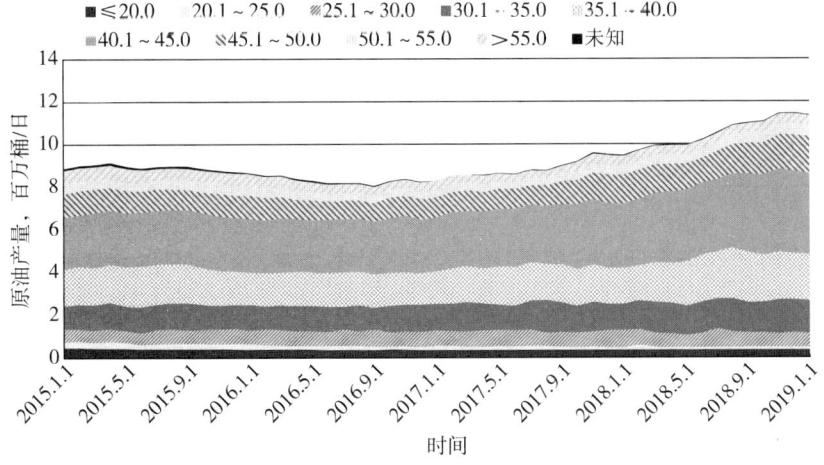

图 1-33　2015 年 1 月至 2019 年 1 月美国生产原油的 API 度构成

资料来源：美国能源信息署，2019 年 3 月 29 日。

从统计数据看，2015 年 1 月份以来，美国生产的原油中，API 度在 35 以上的轻质原油所占比重一直保持在高位。2015 年 1 月，API 度在 35 以上的轻质原油占原油总产量的比重为 72.43%，2018 年 1 月为 73.58%，2019 年 1 月上升到 77.08%。

四、2018 年美国向世界 42 个国家和地区出口了原油

2018 年，美国原油出口量为 200 万桶/日，几近 2017 年 120 万桶/日的 2 倍（图 1-34）。在数量增长的同时，2018 年美国原油出口目的地也发生了很大的变化，出口到中国的原油数量下降，而出口到韩国、中国台湾地区和加拿大的原油数量增加。

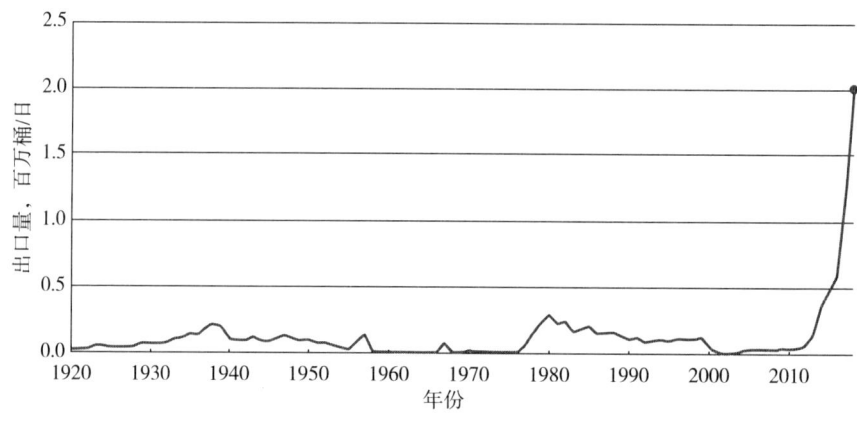

图 1-34　1920—2018 年美国原油出口量

资料来源：美国能源信息署，2019 年 4 月 15 日。

美国 2018 年原油出口数量大增，主要来源于原油产量的不断增长和出口基础设施的完善。美国出口的原油主要是轻质的低硫原油，而墨西哥湾周边炼厂设计时大部分处理的是重质含硫原油。正是由于生产的原油品质与炼油设计用原油的失配，导致很多美国生产的原油被用来出口。从地域上看，墨西哥湾周边州的原油产量达到 710 万桶/日，而这一地区占了美国原油出口数量 90% 以上。

2018年年初,路易斯安那州位于墨西哥湾的海上石油终端(LOOP)被改造用于出口,这是美国目前唯一一个可以接收满载200万桶超级油轮(VLCC)的出口码头终端。

路易斯安那州位于墨西哥湾的海上石油出口终端改造完成后,美国原油出口数量迅速增长。2018年,美国有25周时间原油出口数量超过200万桶/日,而2017年仅为一周。除这个出口终端外,得克萨斯州休斯敦和科珀斯克里斯蒂周边的其他出口终端也正在建设中,将用于扩大美国原油的出口规模。

亚洲是2018年美国原油出口数量最大的目的地,欧洲第二。从国家来说,加拿大是美国原油最大的出口目的地国,2018年接收了37.8万桶/日美国的出口原油,占比19%。韩国超过中国,位居第二,数量为23.6万桶/日。中国排第三位,为22.9万桶/日。图1-35为2018年1—12月美国月均原油出口情况。

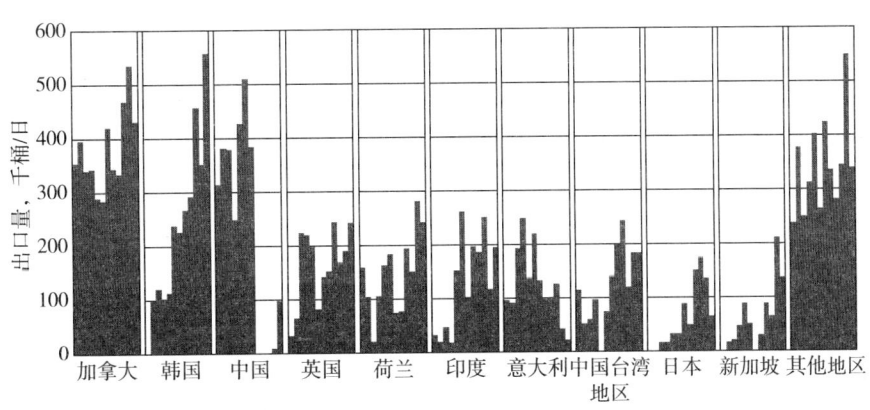

图1-35 2018年1—12月美国月均原油出口目的地

资料来源:美国能源信息署,2019年4月15日。

2018年夏天,作为中美两国贸易谈判的一部分,中国临时提高了包括原油在内的从美国进口商品的关税。正是在这一期间,作为国际市场标杆原油的布伦特与WTI期货价格收窄。2018年6月份,布伦特与WTI的价差为9美元/桶,而7月份下降到只有6美元/桶。

美国原油对国际原油价格折扣迅速收窄,加上进口关税可能提高,导致中国进口美国原油放缓。在这一背景下,美国原油出口到韩国、中国台湾地区、加拿大和印度的数量迅速上升。2018年下半年,美国出口原油的数量达到220万桶/日,高于上半年的180万桶/日的水平。

2018年,美国共向世界上42个国家和地区出口了原油。

五、2017年和2018年美国向中国出口的原油和石油数量

2018年上半年和下半年,美国原油出口的目的地发生了很大的变化。2018年上半年,中国是美国原油出口最大目的地国,为37.6万桶/日。2018年8月、9月和10月三个月,美国向中国出口原油的数量降为零,最后两个月虽然恢复了出口但数量很小。平均下来,2018年下半年美国向中国出口原油的数量仅为8.3万桶/日。

表1-1 2017—2018年美国向中国出口的石油和原油数量

类别	年份	1月	2月	3月	4月	5月	6月	7月	8月	9月	10月	11月	12月	月均	合计
石油	2017	333	611	387	452	384	272	208	354	531	773	499	576	448.33	2241.50
	2018	508	608	594	426	568	679	545	130	72	102	71	205	375.67	1878.50
原油	2017	82	325	134	280	141	153	81	145	268	447	333	281	222.50	1112.50
	2018	313	382	380	248	427	510	384	0	0	0	8	97	229.08	1145.00

注:单位合计为万吨/年,其余为千桶/日。
资料来源:美国能源信息署,2019年3月29日。

2018年全年,美国向中国出口的原油数量为22.9万桶/日,约合1145.0万吨,比2017年的1112.5万吨略有增加。

如从石油的口径看,2018年全年,美国向中国出口的石油数量为37.57万桶/日,约合1878.5万吨,比2017年的2241.5万吨,减少了363万吨。

本文撰写于2019年4月

2018年美国天然气行业的现状及其未来趋势

产量创出新高的同时，2018年美国天然气消费大增，全年天然气价格也持续上涨，液化天然气出口设施加速建设中，正在向天然气出口大国迈进。

美国是世界第一大天然气生产国和消费国，并正在成为世界重要的天然气出口国。2018年，美国天然气产量、消费量均创历史纪录，价格虽然经常发生季节性波动，但总体保持在低位。2019年和2020年，美国天然气产量和消费量仍将持续增长，出口量，尤其是液化天然气的出口量将有较大幅度的增加，天然气价格会继续走低。

2018年，中国超越日本成为世界第一大天然气进口国，美国已成为中国天然气重要进口来源国。美国天然气的产销和出口形势，将对中国天然气消费和进口产生较大的影响；更为重要的是，美国有关天然气的消费政策，也可为迅速发展的中国天然气市场提供一定的借鉴。

一、美国天然气的生产、消费和出口

2018年，美国天然气的产量创历史纪录，市场销售的天然气产量为9264.79亿立方米（896.4亿立方英尺/日），比2017年增长12.06%；其中，干气产量为8614.89亿立方米（833.5亿立方英尺/日）（图1-36）。美国能源信息署预测，2019年和2020年，美国天然气产量将会再创新的纪录。2019年，美国市场销售的天然气产量将上升到10086.46亿立方米（975.9亿立方英尺/日），其中干气产量将上升到9377.45亿立方米（907.3亿立方英尺/日）；

2020年，美国市场销售的天然气产量将上升到10251.83亿立方米（991.9亿立方英尺/日），接近1000亿立方英尺/日的水平，其中干气产量将上升到9510.77亿立方米（920.2亿立方英尺/日）。

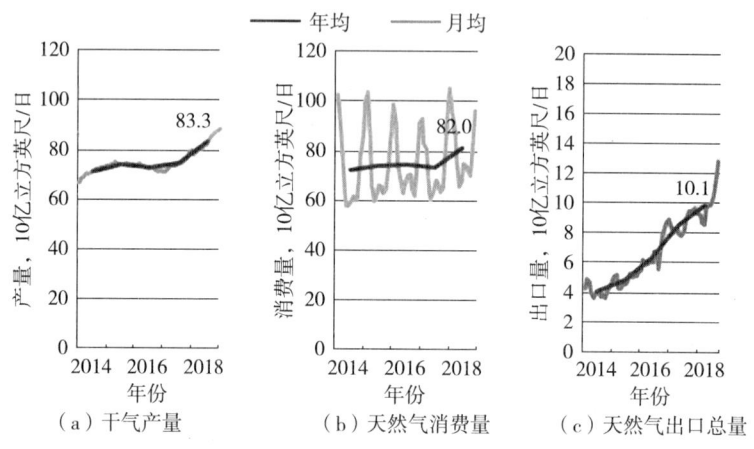

图1-36　2014—2018年美国天然气行业关键指标

资料来源：美国能源信息署，2019年1月7日。

当前和未来美国天然气产量的增长，主要来自东北部的阿巴拉契亚盆地、得克萨斯州西部和新墨西哥州的二叠纪盆地以及得克萨斯州和路易斯安那州的海恩斯维尔页岩。从技术层面来看，支撑美国天然气产量不断增长的主要原因包括钻井效率的不断提升、钻井和完井成本的持续下降以及从阿巴拉契亚盆地和二叠纪盆地产区管道外输能力的不断扩大。

2018年，美国天然气的消费量也大增，全年天然气的消费总量为8481.35亿立方米（820.6亿立方英尺/日）。美国能源信息署预测，未来美国天然气消费将在2018年基础上稳定增长，2019年增长率为1.3%，2020年增长率为1.1%，其中2019年天然气消费量为8637.42亿立方米（835.7亿立方英尺/日），2020年为8648.79亿立方米（836.8亿立方英尺/日）。

天然气仅次于石油，是美国第二大能源消费来源，约占2017年美国一次能源消费总量的29%。2017年，美国天然气主要消费在五个行业中：工业，占比35%；发电，占比34%；民用，占比16%；商业，占比12%；运输，占比3%（图1-37）。

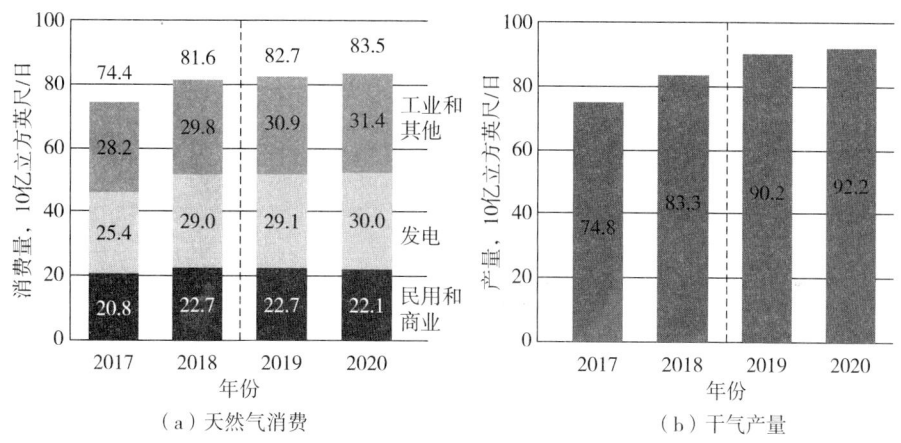

图 1-37 2017—2020 年美国天然气消费和产量

资料来源：美国能源信息署，2019 年 1 月 17 日。

近年来，美国天然气消费构成中，居民和商业天然气消费显著下降，主要原因是根据美国国家海洋和大气管理局的预测，未来温暖的天气将减少冬天取暖和夏天空调的能源消费。不过，这两个部门天然气消费的下降，将被发电和工业部门天然气消费的增长所弥补，发电和工业部门都正在更新设备扩大产能，从而将带来更多的天然气消费。

2018 年至 2020 年，由于天然气发电站在持续取代燃煤发电站，美国电力部门的天然气消费将不断增长。2019 年，美国天然气发电能力将增加 7.5 吉瓦，4.5 吉瓦的燃煤电站将关闭。天然气作为美国发电第一大能源来源，将从 2018 年的 35% 上升到 2020 年的 37%。与此同时，燃煤电站将从 28% 下降到 24%。

美国工业部门的天然气消费也将增长，预计 2019 年增长 2%，2020 年增长 1%，主要原因是使用天然气作为原料的甲醇项目在 2019 年和 2020 年会不断投产。

未来两年，随着产量的增长大于国内天然气消费的增长，预计美国将出口更多的天然气。2018 年，路易斯安那州萨宾帕斯液化天然气出口设施的产能增加以及马里兰州凹点液化天然气设施开始商业运营，使美国液化天然气的出口规模持续扩大。随着墨西哥湾沿岸的卡梅伦液化天然气、自由港液化天然气和佐治亚州的埃尔巴岛液化天然气设施的投产，液化天然气将成为美国天然气出口的重要组成部分。2018 年，美国液化天然气的出口量为 306.79 亿立方米

（29.7亿立方英尺/日）。美国能源信息署预测，2019年美国液化天然气的出口量将上升到526.8亿立方米（51亿立方英尺/日），2020年将上升到702.41亿立方米（68亿立方英尺/日），是2018年出口量的2倍以上（图1-38）。

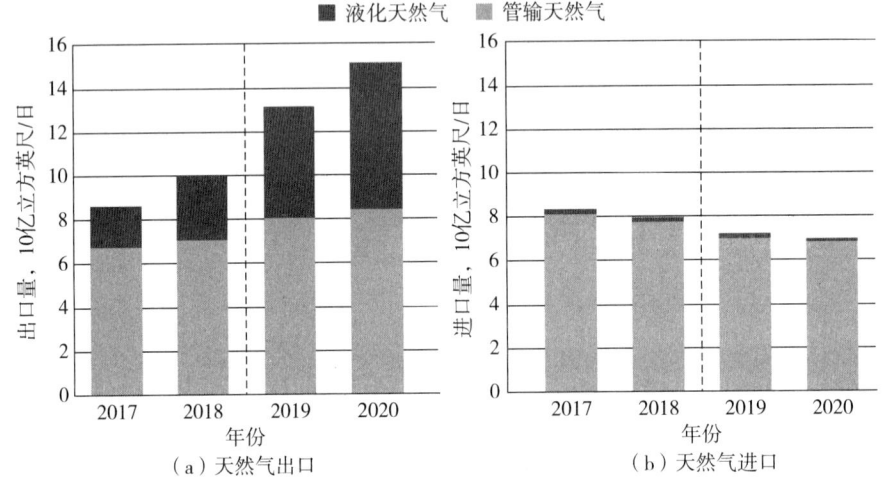

图1-38　2017—2020年美国天然气贸易

资料来源：美国能源信息署，2019年1月17日。

2018年，美国管输天然气的出口量为728.23亿立方米（70.5亿立方英尺/日）。美国能源信息署预计，2019年美国管输天然气的出口将上升到836.69亿立方米（81亿立方英尺/日），2020年将上升到867.69亿立方米（84亿立方英尺/日），比2018年增长19%。美国管输天然气出口，主要是墨西哥天然气需求的增加和2020年年底流向墨西哥管输天然气管道输送能力的扩大。2018年7月，美国向墨西哥管输天然气的出口量超过1.42亿立方米/日（50亿立方英尺/日）。

2018年，美国液化天然气的进口量为20.66亿立方米（2亿立方英尺/日），管输天然气的进口量为800.54亿立方米（77.5亿立方英尺/日）。美国能源信息署预测，2019年和2020年，美国液化天然气的进口将持平，均为22.72亿立方米（2.2亿立方英尺/日），管输天然气的进口量将下降到724.1亿立方米（70.1亿立方英尺/日）和702.41亿立方米（68亿立方英尺/日），主要原因是阿巴拉契亚盆地天然气产量的增加，管输能力的扩大也会取代美国中西部市场从加拿大进口的天然气。

在天然气产量不断增长的同时，得益于技术的进步，近年来美国天然气资源储量也在不断增长。2017年，美国天然气探明储量增长了36.1%，增加了123.2万亿立方英尺，达到464.3万亿立方英尺，创下了2014年以来新的纪录。2014年，美国天然气探明储量为388.8万亿立方英尺。在2017年美国新增的天然气探明储量中，宾夕法尼亚州新增的天然气探明储量最多，为28.1万亿立方英尺；排在第二的是得克萨斯州，为26.9万亿立方英尺；路易斯安那州第三，为18.4万亿立方英尺。

二、2018年美国天然气价格的波动和未来趋势

2018年，美国亨利中心年度天然气平均现货价格为3.15美元/百万英热单位，比2017年上涨了15美分。2018年的大部分时间，美国天然气价格都在上涨，其中10月和11月份涨幅尤大，但在12月末下跌（图1-39）。

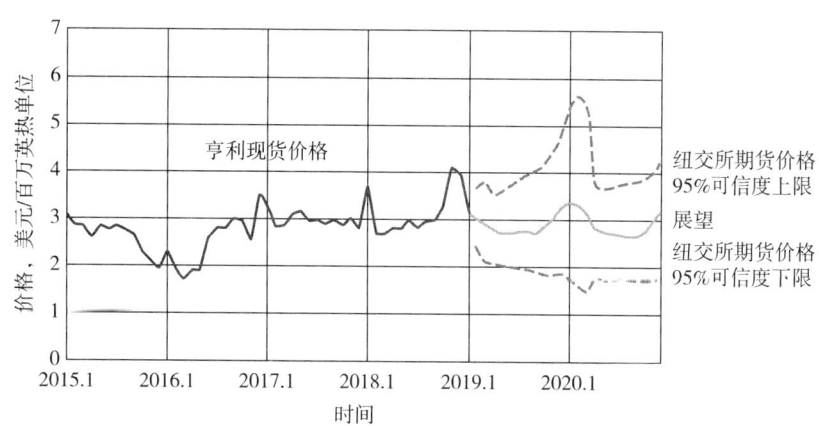

图1-39　2015—2020年亨利月度天然气价格和纽交所期货价格可信区间
资料来源：美国能源信息署，2019年1月17日。

2018年1月，由于冬季寒冷的天气影响了美国东部地区，导致了美国东北地区天然气现货价格飙升。1月，服务于波士顿地区的阿尔冈昆城市门站和服务于纽约市的纽约六区转运枢纽，天然气现货平均价格分别达到15.52美元/百万英热单位和17.67美元/百万英热单位（图1-40）。1月5日，阿尔冈昆城市门站的日天然气价格涨到125美元/百万英热单位，纽约六区转运枢纽涨到

175美元/百万英热单位。由于取暖用天然气需求的急剧增长,使美国天然气库存的动用创造了周最高纪录,1月5日当周动用的天然气库存量为3590亿立方英尺。

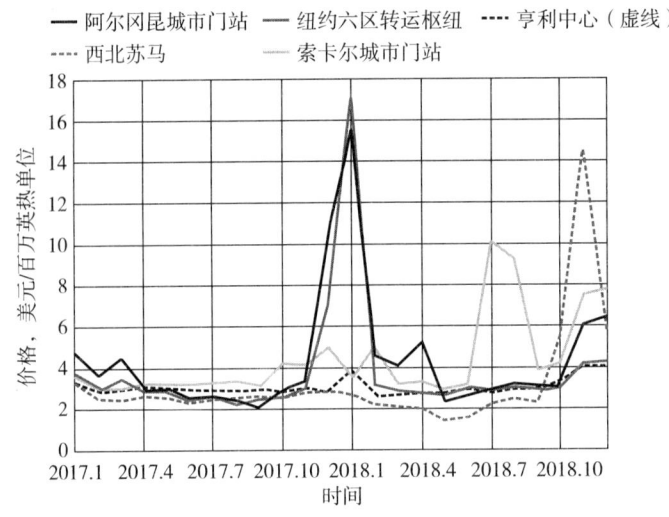

图1-40　2017—2018年美国主要交易中心月均天然气现货价格
资料来源:美国能源信息署,2019年1月7日。

2018年11月,由于冬季气温低于常年,美国很多地区的天然气价格又开始上涨。11月中旬连续数周动用库存,给价格带来了很大的压力,亨利中心价格上涨到4.7美元/百万英热单位,比2017年同期上涨了1.65美元/百万英热单位。12月,亨利中心价格开始回落,2019年1月为3.13美元/百万英热单位,比12月低91美分。

2018年,美国本土48州其他地区,也经历了天然气价格的飙升。由于管道输送能力有限,加利福尼亚南部的索卡尔城市门站,2018年全年都经历了天然气现货价格每天的大幅波动。此外,10月9日,加拿大不列颠哥伦比亚省管道公司每天输送能力为29亿立方英尺的管道破裂,使得美国从加拿大进口的天然气大减,导致了太平洋西北部地区天然气供应的减少,带来了西北苏马贸易中心天然气价格的上涨。

自2014年以来,由于向其他地区输送天然气的管道能力有限,阿巴拉契亚地区的天然气现货价格都是在亨利中心价格的基础上折扣销售。2018年，路易斯安那亨利中心与阿巴拉契亚地区的天然气现货价格价差开始收窄，原因是阿巴拉契亚地区的管道能力建设，可以将天然气输入区外需求地区，从而拉低了两个地区的价差。

美国能源信息署估计，2019年亨利天然气现货均价为2.83美元/百万英热单位，比2018年均价低32美分。2020年，为2.92美元/百万英热单位。对未来两年天然气价格的预测，其前提是美国天然气产量的增长与出口增长相一致。美国能源信息署认为，截至2019年1月10日的5天纽约商业交易所的交易表明，1.85~4.80美元/百万英热单位的价格区间，作为至2019年12月底的亨利价格预期，有95%的可信度。

三、消费者选择应成为中国天然气市场未来的发展方向

除9月份为零外，2018年其余11个月中国共从美国进口液化天然气约26.52亿立方米（936.49亿立方英尺），占当年美国液化天然气出口总量的8.64%，中国天然气进口总量的2.11%。2017年，中国从美国进口液化天然气的数量为29.28亿立方米（1034.1亿立方英尺）。对比2017年，2018年中国从美国进口的液化天然气下降了9.44%。

一般人的观念里，美国的能源价格，特别是汽油和天然气价格是较为低廉的。2017年，美国天然气平均城市门站价为4.16美元/千立方英尺，而送到用户的平均价格为：居民，10.91美元/千立方英尺；商业，7.88美元/千立方英尺；工业，4.1美元/千立方英尺；发电，3.52美元/千立方英尺。其中，夏威夷州居民天然气价格最高，为38.88美元/千立方英尺；爱达荷州最低，为7.62美元/千立方英尺。

美国天然气价格主要由生产成本、运输配送成本和各种税、费组成，各个州和城市之间的天然气零售价格差距较大，主要受以下6个因素的影响：到天然气产地的距离，管道运输、储存等费用，消费者消费的数量和性质（如消费天然气的时间和消费量的波动等），配送成本、税和各种收费，州的规定，供

应商的竞争。

美国普通的天然气消费者，可以通过多种办法降低天然气消费的开支，例如，参与社区天然气使用年度计划，天然气设备能效行动，参与联邦政府的低收入家庭能源援助项目和天然气援助项目等，其中消费者选择项目最为著名。

天然气消费者选择项目（Customer Choice Programs），指的是天然气的消费者可以选择从天然气的供应商、营销商或地方天然气公用企业购买天然气，从而可以形成天然气供应的竞争，使地方天然气公用企业无法形成垄断，借以调动天然气供应商和营销商的积极性。如果消费者选择从天然气供应商购买天然气，由供应商将天然气配送到地方天然气公用企业（一般为地方配送公司），地方天然气公用企业只能收取到消费者的运输和配送费用，不能赚取销售天然气的利润，而天然气供应商不受州政府监管的影响，可以赚取天然气的销售利润。

从20世纪90年代开始，天然气消费者选择项目，对美国形成天然气市场的竞争环境起到了很好的促进作用，使普通消费者和天然气消费大户得到了较大的实惠。到2017年12月，美国23个州和哥伦比亚特区实施了天然气消费者选择项目。2017年，由地方天然气公用企业为供应商配送天然气比例最高的5个州分别是：佐治亚州，88%；俄亥俄州，82%；怀俄明州，28%；纽约州，27%；马里兰州，25%。从这一数字中，我们可以看出美国天然气消费者已有很大的供应商自主选择权。

2018年，中国已经超过了日本，成为世界第一大天然气进口国，其中中国天然气进口总量为9039万吨，日本为8280万吨。如何为广大的天然气消费者提供优质且价格有竞争力的服务，是社会大众普遍关心的话题，也应成为中国油气体制改革的重要内容之一。由于体制等多方面的原因，目前中国广大的天然气消费者，无论对于供应商还是天然气价格，基本都没有可选择的余地。我们相信，随着中国油气行业市场化改革的不断推进，美国天然气行业消费者选择项目应成为中国可资借鉴的方向，中国广大的天然气消费者未来应该也必将会得到包括有竞争力价格等在内的更好的、可选择的服务。

本文撰写于2019年3月

持续提升的美国石油天然气生产效率

在生产井不断减少的同时，石油和天然气的产量却在连续增长，背后反映的是10多年来美国油气生产效率的持续提升，竞争力不断增强。

作为世界第一大石油和天然气生产国，2019年美国原油产量超过1220万桶/日，天然气产量超过1115亿立方英尺/日，均双双创下历史纪录。在产量持续增长的同时，自2014年油气生产井数量达到最高峰后，就一直在持续减少，其背后所反映的是随着技术的不断进步，美国石油和天然气的生产效率在不断提升。

依据美国能源信息署的有关资料和数据，通过分析油气生产井数据的变化，本文将重点介绍近年来美国油气生产效率的提升情况，以便对美国石油天然气行业的竞争力有一个全面和准确的了解，同时也为对未来国际石油形势的分析和预判提供更加坚实的基础。

一、2018年美国油气生产井概况

2014年，是近年来美国石油和天然气生产井数量最多的一年，为103.5万口，自此以后就不断减少，2018年下降到98.2万口（图1-41）。

近年来，在油气生产井数量不断减少的同时，美国的油气生产井类型在不断地发生着变化。2008年至2018年的10年间，水平井占美国油气生产井的比重，从3%增加到14%，水平井的数量从2014年的9.9万口，增加到2018年的近14万口（图1-42）；同期，垂直井数量由93.5万口，下降到84.2万口。

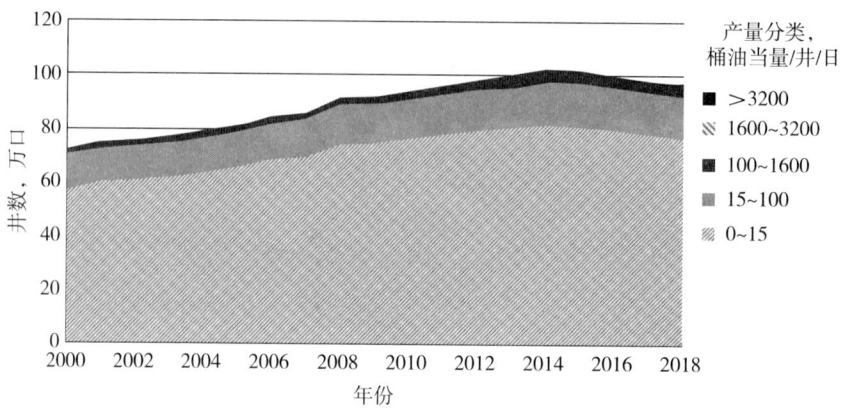

图 1-41　2000—2018 年美国油气生产井产量分类
资料来源：美国能源信息署，2019 年 12 月 20 日。

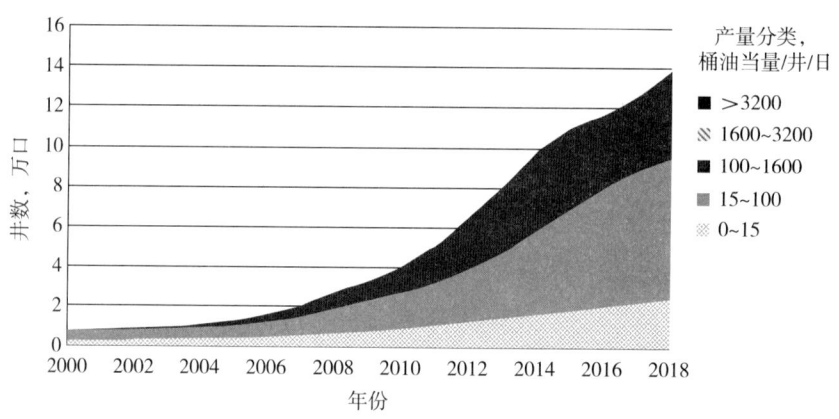

图 1-42　2000—2018 年美国油气水平生产井产量分类
资料来源：美国能源信息署，2019 年 12 月 20 日。

2008 年至 2018 年间，每天产量少于 15 桶油当量的井数，占美国全部油气生产井的 80%，而美国石油和天然气产量的绝大部分来源于 100～3200 桶油当量/日的生产井。

2018 年，只有 1% 的垂直井每天至少生产 100 桶原油，但 32% 的水平井每天至少生产 100 桶原油。随着水平井变得越来越普遍，美国油气产量随着井数的下降反而在持续增长。美国大部分的石油和天然气产量，来自 50 桶油当量/日至 1600 桶油当量/日之间的生产井，2018 年这一范围的井虽然只占生产井总量的 9%，但这些生产井的产量占原油总产量的 66%，天然气总产量的 62%。

二、2019 年美国的钻井效率创下了新的纪录

钻井效率的提高，推动了美国原油和天然气产量在 2019 年分别创下 1220 万桶/日和 1115 亿立方英尺/日的新纪录。图 1-43 为 1975—2019 年美国原油天然气产量和钻机及生产井数。

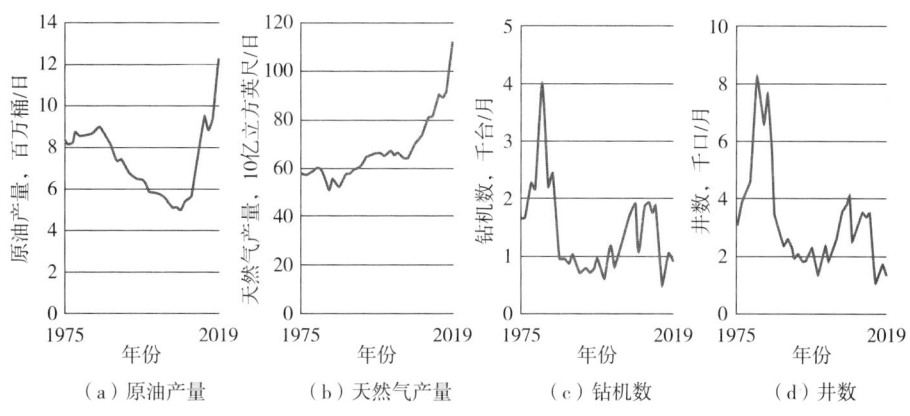

图 1-43　1975—2019 年美国原油天然气产量和钻机及生产井数
资料来源：美国能源信息署，2020 年 6 月 25 日。

2019 年，美国月均活跃钻机数量为 943 台，每月新钻井的平均数量为 1400 口，是过去 45 年来的最低水平，但却推动了美国油气产量创下了新的纪录，主要原因是水平井能钻到更多的油层。

1986 年，美国每台活跃钻机每月钻 3.6 口井，达到了行业的峰值。自此之后，美国的石油和天然气钻井数量不断下降，2019 年一台钻机月均钻 1.5 口井（图 1-44）。通过大幅增加井的水平长度，在使用更少的钻机和钻井更少的情况下，美国油气生产商仍然提高了油气产量。

21 世纪初，美国水平井的平均横向长度约为 1 万英尺，但 2019 年平均为 1.8 万英尺（图 1-45）。由于水平井在新井中所占的比例越来越高，同一时期每口井的平均线性进尺从 6000 英尺增加到 15000 英尺。

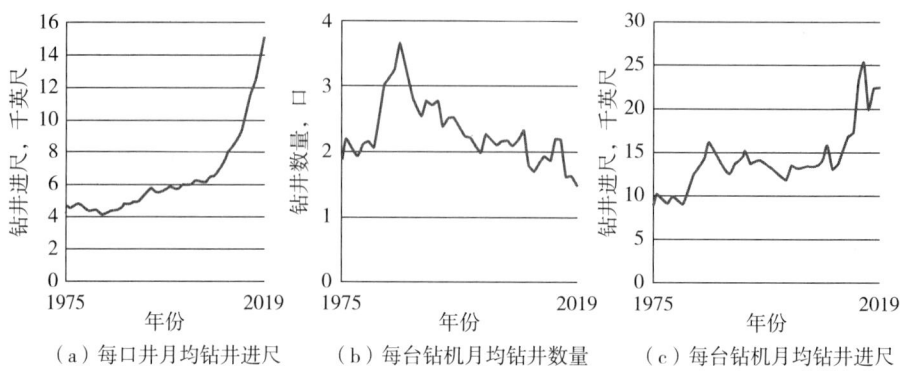

（a）每口井月均钻井进尺　　（b）每台钻机月均钻井数量　　（c）每台钻机月均钻井进尺

图1-44　1975—2019年美国月均钻井指标

资料来源：美国能源信息署，2020年6月25日。

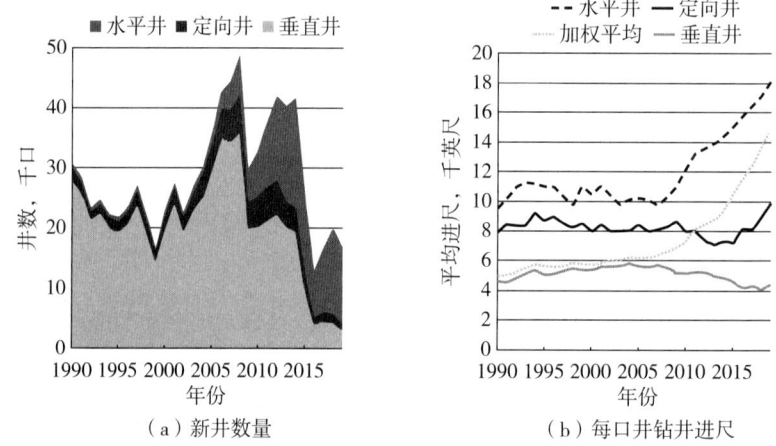

（a）新井数量　　（b）每口井钻井进尺

图1-45　1990—2019年美国新井数量和每口井的平均进尺

资料来源：美国能源信息署，2020年6月25日。

水平长度较长的生产井产能的提高，抵消了钻机钻井减少的影响。与直井相比，水平井有更多的井眼，穿过了更多的油层，增加了原油或天然气的可采量。2019年，钻井平台平均每月钻18000英尺至27000英尺，几乎是21世纪初钻井平台的两倍。

水平钻井在页岩和致密地层中尤为普遍，占钻井总数的比例从1990年的约2%，上升到2019年的75%。自2008年达到峰值以后，新钻的垂直井数量就在持续下降。

2015年，水平井的数量首次超过垂直井和定向井的总和，成为美国石油和天然气的主要钻井方式。2019年，75%的新钻井为水平井，平均长度为18000英尺，而定向井平均长度为10000英尺，直井平均长度为4500英尺。

三、2019年美国石油天然气生产效率持续提升

根据美国能源信息署的统计，虽然原油和天然气的生产井数量都在继续减少，但2019年美国原油和天然气总产量都创下了新的纪录。

（一）更少的油井却生产了更多的原油

2019年，美国致密地层石油产量增加，占美国原油总产量的64%。由于2019年投产的新井产能不断提高，这一比例持续上升。尽管2015年至2016年油价的下跌，导致钻井活动放缓，但来自致密地层不断增长的初始产量，使得美国这两年的石油产量持续增加。自2017年以来，油价回升和新油井的高效产量，帮助生产商弥补了钻井、生产和新技术开发的成本。

美国能源信息署《钻井产能报告》跟踪地区的平均新井产量，2019年超过了这些地区前几年钻探的油井的产量，这种趋势已经持续了10多年（图1-46）。更有效的钻井技术，包括水力压裂和水平钻井的日益普及，有助于提高这些油井的初始产量。特别要提到的是，由于在水力压裂过程中注入了更多

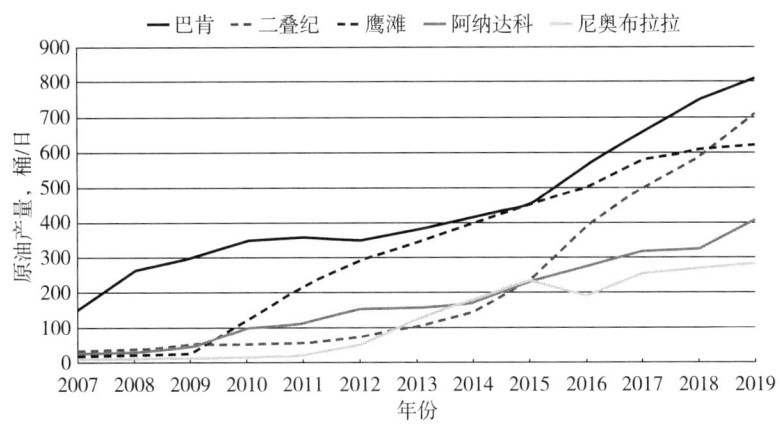

图1-46　2009—2019年美国每口新井首月原油产量
资料来源：美国能源信息署，2020年1月24日。

的支撑剂,并且能够钻更长的水平段(也称为水平井)和更多的射孔,从而提高了油井的产能。

即使是在2015年油价下跌、钻机数量减少的年份,油井产能的提高也支撑了美国原油产量。2016年,钻机数量继续急剧下降,美国原油总产量10年来首次出现下降。虽然钻井数量减少,然而由于钻井更快,而且位于更多产的地区,从而使每口井的产量增加。

美国能源信息署《钻井产能报告》跟踪地区的钻机数量,2019年有所波动,其中前11个月钻井平台总数下降了16%(图1-47)。当年,尽管钻机数量减少,但生产商仍有能力以更快的速度钻出更高效的油井,从而保持了美国原油产量的增长。

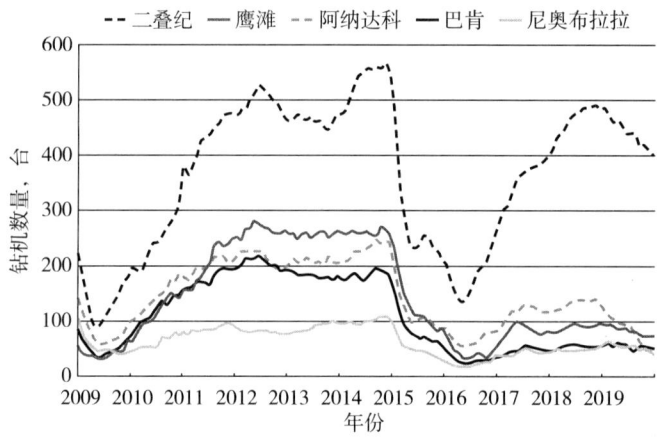

图1-47 2009年1月至2019年12月美国月均钻机数量
资料来源:美国能源信息署,2020年1月24日。

近年来,油气生产商越来越多地瞄准二叠纪地区,该地区横跨得克萨斯州西部和新墨西哥州东部的部分地区。二叠纪地区地质构造比其他地区复杂,油气生产企业在该地区推进钻井完井技术需要更多的时间,但是二叠纪地区比其他地区更大,有更大的石油生产潜力。二叠纪地区油气总产量和单井产量,连续13年增长。美国能源信息署《钻井产能报告》跟踪的其他四个地区,由于低油价,2016年至2017年石油产量下降了,其中鹰滩2019年的石油产量也低于2015年的峰值水平。

（二）天然气初始产量连续 13 年增长

对天然气井效率的基础数据分析显示，2019 年美国天然气产量增长，部分原因是页岩和致密地层新钻的气井产能提高。至少自 2007 年以来，美国能源信息署《钻井产能报告》跟踪的七个地区，新井的天然气初始产量总体上都有所提高（图 1-48）。

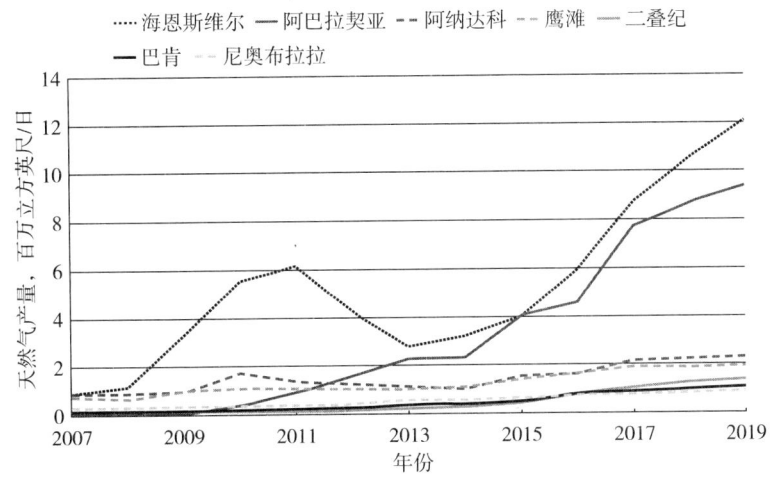

图 1-48 2007—2019 年美国每口新井首月天然气产量
资料来源：美国能源信息署，2020 年 6 月 17 日。

2019 年，海恩斯维尔、二叠纪、鹰滩、尼奥布拉拉和巴肯地区新井的平均天然气产量，超过了这些地区往年的产量。除了海恩斯维尔地区之外，这一趋势在美国能源信息署《钻井产能报告》跟踪的所有地区，已经持续了 13 年。2013 年至 2015 年之间，海恩斯维尔地区曾出现过短暂的生产率下降（图 1-49）。

自 2007 年以来，来自阿巴拉契亚和海恩斯维尔地区的天然气总产量，以年均 20% 的速度增长。除了这些产区的天然气产量快速增长之外，二叠纪、鹰滩、巴肯、尼奥布拉拉和阿纳达科等油气产区的伴生天然气产量也非常高，占所有美国能源信息署《钻井产能报告》跟踪地区天然气产量的 46%。

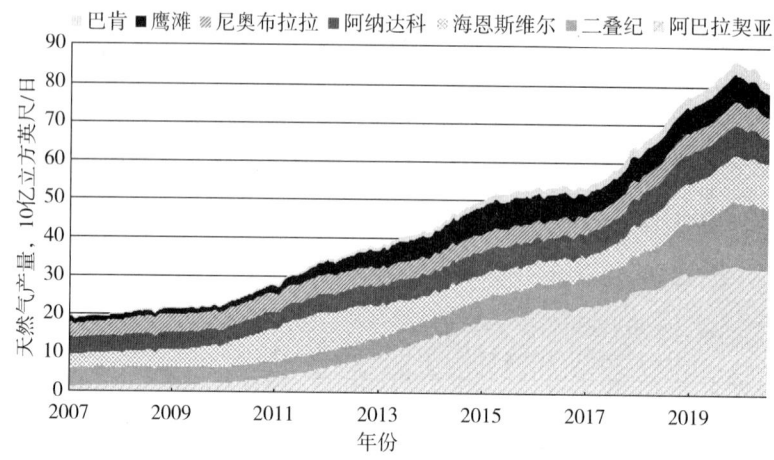

图 1-49　2007—2019 年美国有关地区月均天然气产量

资料来源：美国能源信息署，2020 年 6 月 17 日。

近年来，在国际石油价格的大幅波动中，美国的石油天然气产量却在持续增长，从以上数据我们可以看出，这其中技术的进步发挥了主要的作用，这才是美国页岩革命对世界油气产业的重要贡献。我们相信，随着这些高效油气生产技术在世界各地的进一步推广，全球油气行业肯定会迎来更大的繁荣。

本文撰写于 2020 年 7 月

美国已成为世界第三大液化天然气出口国

目前，美国共有 4 个液化天然气项目、9 条生产线投运。2019 年 5 月，美国已成为世界第三大液化天然气出口国，预计 2025 年将成为世界第一。

美国是世界最大的天然气生产和消费国，2017 年成为天然气净出口国。2018 年，美国天然气产量和消费量分别为 8318 亿立方米、8171 亿立方米，天然气的净出口量为 166 亿立方米，其中液化天然气的出口量为 284 亿立方米，位居世界第四，排名卡塔尔、澳大利亚和马来西亚之后。

近年来，美国液化天然气项目建设进展迅速。2019 年 5 月，美国已经超越马来西亚，成为世界第三大液化天然气出口国，预计 2025 年将超越卡塔尔和澳大利亚，成为世界第一大液化天然气出口国。依据美国能源信息署的有关资料，本文将简要介绍当前及未来美国液化天然气各项目建设和出口的情况。

一、卡梅伦液化天然气项目开始出货

2019 年 5 月 31 日，卡梅伦液化天然气出口项目的大股东，桑普拉能源公司宣布，该项目的首批出口液化天然气已经出运，从而使卡梅伦液化天然气项目成为 2016 年 2 月以来，美国第 4 个投入使用的液化天然气项目。

卡梅伦液化天然气项目第一阶段投入生产后，美国液化天然气的生产能力增加至 48 亿立方英尺 / 日（约为 3500 万吨 / 年）。

卡梅伦液化天然气出口项目位于路易斯安那州的哈克贝里，紧邻桑普拉能源公司现有的液化天然气进口码头。该项目的第一阶段包括 3 条液化生产线，设计能力为每年出口 1200 万吨液化天然气，约为 17 亿立方英尺 / 日。

1 号生产线目前正在试生产液化天然气，第一批液化天然气由日本三菱重工长崎造船厂生产的、2019 年 3 月刚刚交付使用的最新一代液化天然气船"漫威克莱恩"号（Marvel Crane）运载。在获得美国联邦能源监管委员会批准开始进行商业生产之前，卡梅伦液化天然气出口项目 1 号生产线只能继续出运试生产的液化天然气。试生产的液化天然气指的是，1 号生产线试生产期间生产的货物，在此期间生产和出口设备仍在进行最后的测试和检查。根据桑普拉能源公司 2019 年第 1 季度财报电话会议的消息，卡梅伦液化天然气出口项目 2 号和 3 号生产线，预计将于 2020 年第 1 季度和第 2 季度投入运营。

卡梅伦液化天然气出口项目已获得监管部门的批准，再通过两个阶段的扩建扩大生产和出口能力，其中包括建设另外 2 条液化生产线，液化天然气的产能将提高到约 35 亿立方英尺 / 日。不过，这两个阶段的项目建设，目前仍没有做出最终的投资决定。

卡梅伦液化天然气项目获得了美国能源部的授权，可以向与美国签署了自由贸易协定的国家（FTA 国家）和没有与美国签署自由贸易协定的国家（非 FTA 国家）出口液化天然气。预计，卡梅伦液化天然气项目中的相当一大部分液化天然气，将通过长期合同销往亚洲，与墨西哥湾地区的其他液化天然气出口项目类似。

二、美国已经成为世界第三大液化天然气出口国

2016 年和 2017 年，萨宾帕斯液化天然气出口设施生产线投入使用，美国开始出口液化天然气；2018 年，随着凹点和科珀斯克里斯蒂液化天然气生产线投产，美国液化天然气出口规模继续增长。2019 年 1 月，美国液化天然气月度出口数量，首次超过 40 亿立方英尺 / 日。

2019 年 5 月，美国液化天然气出口稳步增长，达到了创纪录的 47 亿立方英尺 / 日。2019 年前 5 个月，美国液化天然气日均出口达到 42 亿立方英尺（约为 3110 万吨 / 年），超过马来西亚的日均 36 亿立方英尺（约为 2667 万吨 / 年），

成为世界第三大液化天然气出口国。预计2019—2020年间，美国将位居澳大利亚和卡塔尔之后，成为世界第三大液化天然气出口国。

2019年7月，美国用于加工液化天然气的原料，即液化天然气厂的天然气交付量，创下了历史最高纪录，达到日均60亿立方英尺，为美国天然气干气产量的7%。2019年前7个月，美国天然气终端消费中，用于加工出口的液化天然气原料的天然气增长最快（图1-50）。

图1-50　2016年1月至2019年7月美国月度天然气原料和液化天然气出口
资料来源：美国能源信息署，2019年8月19日。

2019年7月，输往墨西哥的管输天然气和美国液化天然气出口设施的天然气，日均达到109亿立方英尺，前7个月日均为100亿立方英尺，比2018年同期增长了30%。

根据装船数据，美国能源信息署估计，2019年6月、7月，美国液化天然气的出口分别达到创纪录的日均48亿立方英尺和52亿立方英尺；同期，进入液化天然气加工设施用作原料的天然气分别为日均55亿立方英尺和60亿立方英尺，这意味着大约15%的天然气被用于液化加工过程的燃料。

2019年上半年，美国有两条液化天然气生产线投入运营，分别为：路易斯安那州的卡梅伦液化天然气项目1号生产线，5月投产；得克萨斯州的科珀斯克里斯蒂液化天然气项目2号生产线，6月投产。图1-51为2016年1月至2019年7月美国进入液化天然气出口设施的天然气原料。

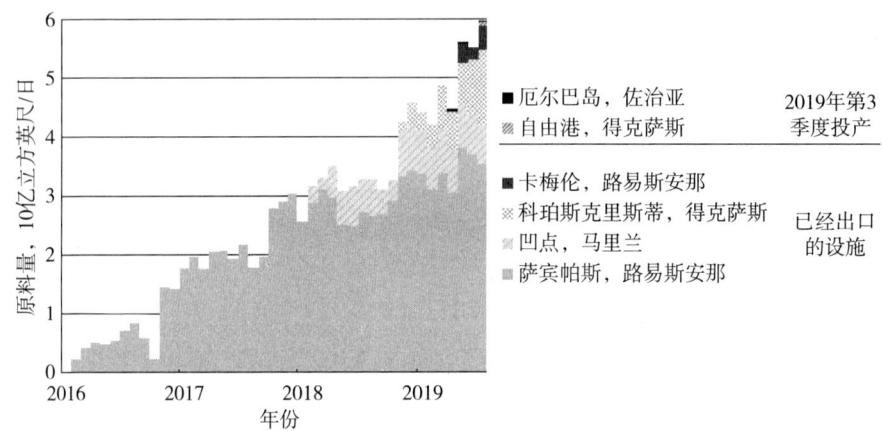

图1-51　2016年1月至2019年7月美国进入LNG出口设施的天然气原料
资料来源：美国能源信息署，2019年8月19日。

图1-52为2016年1月至2019年3月美国液化天然气出口量。截至2019年8月，美国共有4个液化天然气项目、9条生产线投入运营，液化天然气合计出口能力为54亿立方英尺/日（约为4000万吨/年）。

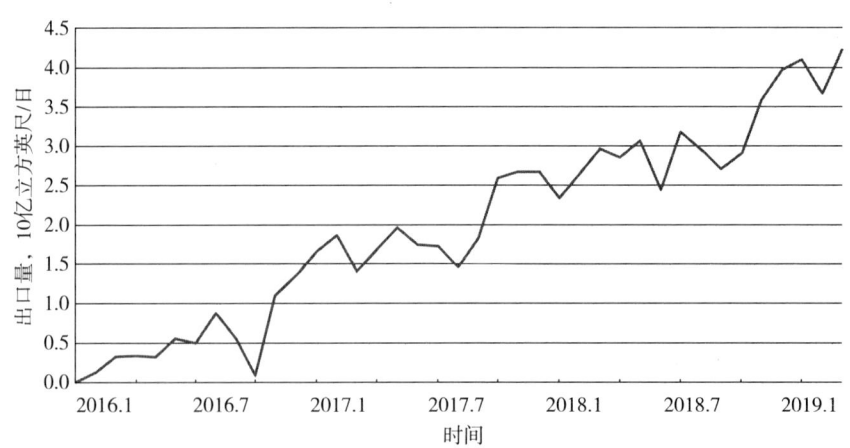

图1-52　2016年1月至2019年3月美国液化天然气出口
资料来源：美国能源信息署，2019年6月11日。

未来两个月内，美国有两个新的液化天然气出口项目将投入使用，即佐治亚州的厄尔巴岛液化天然气项目1号生产线和得克萨斯州的自由港液化天然气项目1号生产线。自2019年7月以来，这两个项目都已接收了少量的天然气，为液化加工做准备。

厄尔巴岛液化天然气项目，采用了新的技术，由10条可移动模块化液化生产线（MMLS）组成，每条液化生产线的产能为0.3亿立方英尺/日。其中，1号生产线预计2019年5月投产，但由于可移动模块化液化系统的低温不均匀问题，导致了项目投产被推迟。目前，厄尔巴岛液化天然气项目的10条可移动模块化液化生产线中的4条已经完工。预计，该项目的1号生产线将于2019年第3季度投入生产，其余9条生产线将在接下来的几个月里陆续投入运营。

自由港液化天然气项目，由3条液化生产线组成，总的设计能力为20亿立方英尺/日，其中1号生产线计划于2019年9月投入生产，其余两条生产线计划分别在2020年第2季度和第3季度投运。

根据建设计划，2020年和2021年，厄尔巴岛、科珀斯克里斯蒂和卡梅伦液化天然气项目将完成建设工作，正式投入生产运营。

三、美国液化天然气已出口到世界33个国家和地区

根据美国能源部的最新统计数据，从2016年2月开始至2019年6月，美国共向世界上33个国家和地区，累计出口了840船、2.75万亿立方英尺（约为780亿立方米）的液化天然气（表1-2）。

表1-2　2016年2月至2019年6月美国液化天然气出口目的地

目的地	船货	数量	百分比
韩国	144	496.8	18.10%
墨西哥	125	425.1	15.50%
日本	74	256.9	9.40%
中国	65	221.7	8.10%
智利	46	143.9	5.20%

石油的奇迹 数说美国能源独立

续表

目的地	船货	数量	百分比
印度	41	140.8	5.10%
约旦	31	107	3.90%
西班牙	33	104.6	3.80%
阿根廷	33	85.8	3.10%
巴西	34	85.2	3.10%
土耳其	23	76.1	2.80%
英国	22	72.5	2.60%
法国	21	70.2	2.60%
葡萄牙	18	60.1	2.20%
意大利	18	57.5	2.10%
荷兰	17	56.1	2.00%
科威特	12	40.8	1.50%
中国台湾地区	11	35.4	1.30%
阿拉伯联合酋长国	9	30.7	1.10%
新加坡	8	24.7	0.90%
波兰	7	23.5	0.90%
巴基斯坦	7	22.8	0.80%
多米尼加	9	21.5	0.80%
埃及	5	16.9	0.60%
巴拿马	6	16.5	0.60%
哥伦比亚	6	11	0.40%
希腊	3	10.6	0.40%
拉脱维亚	2	6.8	0.20%
牙买加	3	6.5	0.20%
泰国	2	6.5	0.20%
马耳他	3	4.2	0.20%
比利时	1	3.4	0.10%
以色列	1	3.3	0.10%
合计	840	2745.9	100%

注：1. 船货为条，其中拆分的船货既算作单独的一条，也计作目的地的船数；
 2. 数量为10亿立方英尺；
 3. 不包括通过集装箱出口到巴巴多斯、巴哈马群岛和海地的液化天然气。
资料来源：美国能源部石油天然气办公室，液化天然气月报，2019年8月。

亚太地区是美国液化天然气最大的出口市场，占截至2019年6月出口总量的37.9%；拉丁美洲和加勒比地区位居第二，为29%；欧洲和中亚地区位居第三，为19.9%。此外，美国的液化天然气还出口到中东和南亚地区。

尽管亚洲国家继续占据美国液化天然气出口很大的市场份额，但自2018年10月以来，美国对欧洲的液化天然气出口大幅增长，2019年前5个月欧洲已占美国液化天然气出口的近40%（图1-53）。2019年1月，美国对欧洲出口的液化天然气，首次超过了亚洲。

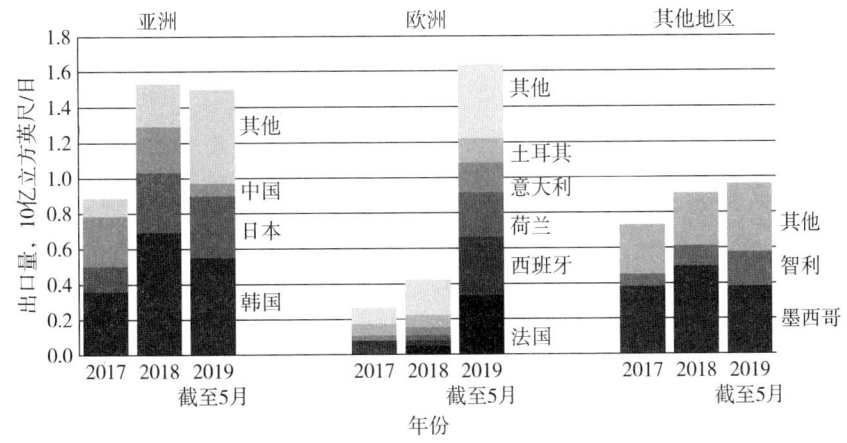

图1-53　2017年1月至2019年5月美国液化天然气出口
资料来源：美国能源信息署，2019年7月29日。

亚洲暖冬，加上欧洲和亚洲天然气现货价格差异不断缩小，导致美国向欧洲的液化天然气出口量不断增加。2018—2019年冬季，欧洲液化天然气进口总量平均为102亿立方英尺/日，比前两个冬季高出60%，至少是2013年以来的最高水平。近年来，欧洲的液化天然气进口量一直相对较低，但随着新的液化天然气供应的增加，以及作为其脱碳计划的一部分，欧洲国家将继续增加天然气的消费量，预计未来欧洲的液化天然气进口量将出现增长。

作为全球最大的三个液化天然气市场，由于暖冬，加之日本重启了核电站，从2019年2月开始，日本、中国和韩国的液化天然气进口总量开始下降。2017年，中国超过韩国，成为全球第二大液化天然气进口国；2018年，中国超过日本和德国，成为全球最大的天然气进口国。随着中国持续扩大液化天然气进口能力，积极推进煤改气政策，2019年前5个月，与上一年的同期相比，中国液化天然气进口量增长了20%（13亿立方英尺/日）。

2018年上半年，来自美国的液化天然气占中国液化天然气进口总量的7%。2018年9月，中国对从美国进口的液化天然气征收10%的关税，此后的几个月（2018年10月至2019年5月），美国液化天然气只占中国液化天然气进口的1%。由于美国液化天然气供应商和中国买家之间不存在长期合同，美国的液化天然气按现货供应中国。现货液化天然气的发货，是基于当前全球现货液化天然气和天然气的价格，中国加税降低了美国向中国出口液化天然气的竞争力。

最近，包括英国的国家平衡点（NBP）和荷兰的天然气虚拟交易中心（TTF）的欧洲基准价格，与包括日本液化天然气现货价格的亚洲现货液化天然气价格价差的下降，影响了美国液化天然气出口的灵活性，美国液化天然气合同中没有指定固定的目的地。

从美国墨西哥湾沿岸到欧洲往返的运输成本，比到亚洲市场大约低1.50美元/百万英热单位。因此，欧洲和亚洲之间天然气/液化天然气现货价格只要下降到一定的空间，就将使美国液化天然气的出口商将欧洲作为首选目的地。2018年12月和2019年1月，日本现货液化天然气和NBP/TTF之间的价差约为1.00美元/百万英热单位，4月触及0.60美元/百万英热单位的低点，这使得美国生产商大量向欧洲出口液化天然气。

美国能源信息署预计，随着两条1号液化天然气生产线（得克萨斯州的自由港液化天然气项目和佐治亚州的厄尔巴岛液化天然气项目）将在未来几个月投产，2019年美国液化天然气出口将继续增长。在其最新的短期能源展望中，美国能源信息署预测，未来18个月里，随着卡梅伦、自由港和厄尔巴岛启用新的液化天然气生产线，2019年美国液化天然气出口将增长到日均48亿立方英尺，2020年将增长到日均69亿立方英尺（约为5100万吨/年）。

2021年，美国6个液化天然气项目预计将全部投产。2019年新开工的两个液化项目，即得克萨斯州的戈登帕斯和路易斯安那州的加尔卡修帕斯，预计将于 2025 年投产。美国能源信息署预计，2025 年美国液化天然气生产能力为 153.9 亿立方英尺 / 日（约为 1.14 亿吨 / 年），届时美国将超过卡塔尔和澳大利亚，成为全球最大的液化天然气出口国。

本文撰写于 2019 年 9 月

美国正在成为世界主要乙烷生产和出口国

世界第一的天然气产量，在使美国成为世界主要乙烷出口国的同时，也正在改变着世界化工行业的格局和竞争方式，其意义和影响巨大。

乙烷是重要的化工原料，主要用途是通过裂解生产乙烯，来源于油田气、天然气和炼厂气。

随着页岩革命成功后美国乙烷产量的不断增长，包括中国在内的大量企业投资乙烷制烯烃项目，美国乙烷生产、消费和出口形势，引起了石油化工行业的高度关注。为此，本文将简要介绍当前和未来一段时间美国的乙烷生产、消费和出口情况。

一、美国乙烷的产量正在持续增长

美国生产的页岩气中富含乙烷，含量往往在10%以上，贝肯盆地等部分产区的页岩气中乙烷含量甚至达到25%。

2000年1月至2013年3月的大部分时间里，除个别月份超过100万桶/日外，美国油气田生产的乙烷产量在70万桶/日上下，炼厂生产的乙烷在2万桶/日左右。

从2013年开始，美国乙烷产量快速上升。2013年9月，美国从油气田中生产的乙烷产量超过100万桶/日，为103.2万桶/日。2015年11月超过120万桶/日，2016年3月超过130万桶/日，2017年10月超过150万桶/日。

2018年第1季度，美国乙烷的产量比2017年第1季度增长了26万桶/日。

2018年1—10月，美国乙烷产量从2012年的日均100万桶增加到日均170万桶，增长了74%。2018年11月，美国的乙烷产量为180.2万桶/日。

美国能源信息署预测，2018年第1季度至2019年第4季度，美国乙烷的产量仍将增长44万桶/日，占同期美国烃类气体液产量增长的52%。2019年，美国乙烷的产量将达到198万桶/日，2020年将上升到219万桶/日。

二、美国国内大项裂解装置是乙烷的消费主体

由于供应充足和价格低廉，大量化工企业不断扩大现有装置的产能并建设新的裂解装置，美国的乙烷主要在国内消费，墨西哥湾沿岸是乙烷的主要消费地。

近年来，有约2000亿美元的新增投资，投入到美国以乙烷作为原料的化工行业。2011年和2012年，陶氏化学、埃克森美孚、雪佛龙菲利浦化学、氧化学/墨西哥化学、台塑、萨索尔6个大型石化项目宣布在美国开始建设。加上现有项目的扩建，这6个新建项目将使美国乙烯产量增加40%，达到3700多万吨，超过当前全球乙烯生产能力（约1.5亿吨）的五分之一。

2013年至2016年，由于现有石油化工项目的扩建，美国乙烷的消费增长了17万桶/日。2014年至2018年，新建和扩建的化工项目，预计将使美国乙烷的消费增长60万桶/日。从2013年第1季度至2018年第4季度，随着新建项目投入运营，美国乙烷的消费增长了31万桶/日（26%）。2017年，在得克萨斯州墨西哥湾沿岸，建成了3个乙烷裂解装置，使美国乙烷的消费能力增加了21万桶/日。到2018年年中，随着6个新建乙烷加工项目的完工和一个项目的重新启用，使美国国内乙烷的消费增加45万桶/日，这些新建的项目以乙烷为唯一原料来源，不能进行原料的切换。

2017年第1季度至2018年第1季度，美国国内乙烷消费从90万桶/日增加到150万桶/日。2018年11月，美国乙烷国内消费为150.5万桶/日。美国能源信息署预计，随着美国国内新建大型石化装置的投产和逐渐达产，美国乙烷的消费将从2017年的120万桶/日，增长到2018年的147万桶/日，2019

年将达166万桶/日，2020年将达182万桶/日（图1-54）。

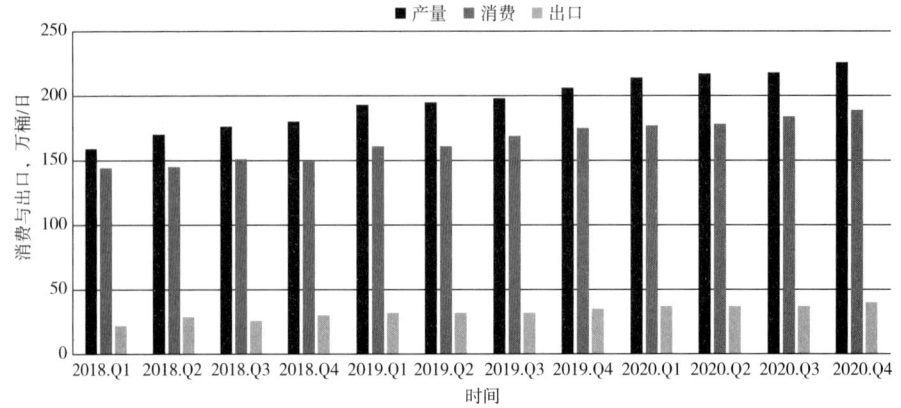

图1-54　2018—2020年美国乙烷生产消费和出口形势
注：Q1、Q2、Q3、Q4分别代表第1季度、第2季度、第3季度、第4季度。
资料来源：美国能源信息署，短期能源展望，2019年2月12日。

三、美国的乙烷已出口到世界10多个国家

2000年1月至2001年12月，美国是乙烷的净进口国，最高净进口量为2000年8月的3.8万桶/日。

从2002年1月开始，美国不再进口乙烷，乙烷实现了自给自足。2002年1月直至2013年12月，美国既不进口也不出口乙烷。2013年12月，水手西部管道项目完工，从而可以将美国生产的乙烷从宾夕法尼亚州西南部经俄亥俄州和密歇根州输送到加拿大的安大略省，美国的乙烷首次具备出口到加拿大的能力。2014年5月2日，美国第一次通过管道向加拿大出口乙烷，拉开了美国乙烷出口的序幕，美国由此成为乙烷净出口国。

2015年之前，挪威是世界主要乙烷出口国。2015年，美国超过挪威，成为世界主要乙烷出口国（图1-55）。2014和2015年，美国生产的乙烷仅能通过管道出口到加拿大，但随着2016年年初两个海上出口码头终端的完工，2016年第四季度，美国乙烷出口能力扩大到13万桶/日，美国的乙烷可以通过船运出口到世界各地。

图 1-55　世界主要乙烷出口国乙烷出口数量
注：1998 年、1999 年及 2006 年英国的乙烷出口量，参照坐标轴右轴。
资料来源：联合国能源统计数据库，2019 年 1 月 28 日。

美国第一个乙烷出口码头终端，在宾夕法尼亚州的马库斯胡克，位于费城西南约 20 英里，出口能力为 3.5 万桶/日，2016 年 3 月 9 日装运第一批乙烷输往欧洲。第二个出口码头位于得克萨斯州的摩根点，出口能力为 20 万桶/日，是墨西哥湾地区第一个乙烷出口码头终端，具体地点位于休斯敦港的河道中，2016 年 9 月装运第一批乙烷运往挪威。摩根点终端出口能力的 90% 已经签署了合同，明确了买家。从 2016 年 12 月开始，摩根点终端向印度发货，乙烷是用两艘新建的超大型乙烷运输船（VLEC）运输的，装载数量是现有乙烷运输船的 3 倍，它们仅是印度信实工业公司将墨西哥湾沿岸乙烷运输至印度石化工厂六艘 VLEC 中的前两艘。

2018 年，美国乙烷已出口到加拿大、英国、挪威、瑞典、印度和巴西等世界上 10 多个国家。2018 年 1—10 月，美国日均乙烷出口规模已达 26 万桶（图 1-56），占同期美国烃类气体液出口量的 1/6。

目前，美国乙烷的出口能力为 45 万桶/日，主要通过管道向加拿大出口和通过马库斯胡克、摩根点码头终端装船出口。近期完工的从俄亥俄州到安大略省的乌托邦管道，将大幅提升美国向加拿大出口乙烷的能力。随着加拿大在安大略省萨尼亚地区新建的乙烷裂解装置能力不断扩大，美国向加拿大出口乙烷的数量将持续增加。正在建设的水手东部 2 号管道完工后，从马库斯胡克出

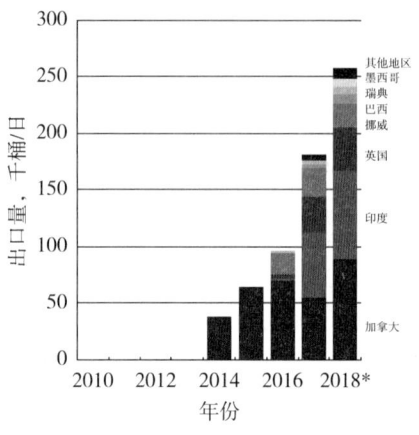

图 1-56　美国乙烷出口目的国

注：美国 2018 年为 1—10 月数据。
资料来源：美国能源信息署，2019 年 2 月 5 日。

口的乙烷数量也将大幅增加。

除现有设施外，美国有两个大型乙烷出口终端正在建设。一是美国能源运输公司位于得克萨斯州奈德兰的第二个墨西哥湾码头出口终端，即轨道乙烷出口终端，将于 2020 年年底建成，出口能力为 17.5 万桶/日，其中 15 万桶/日出口能力已与中国的浙江卫星石化公司签署了出口合同，用于该公司新建的两套裂解装置。二是，2019 年 1 月 14 日，由俄罗斯资本和得克萨斯州马丁中游合伙人公司合资的美国乙烷公司，在得克萨斯州博蒙特的内切斯河建设的 48 万桶/日出口能力的乙烷码头终端，已破土动工，目标市场是中国目前正在等待政府批准建设的乙烷裂解项目，预计 3 年后码头出口终端能正式投运。

美国能源信息署估计，随着产量的持续增加和出口设施的日益完善，美国乙烷出口数量将继续增长，日均出口量从 2017 年的 18 万桶增加到 2018 年的 29 万桶/日、2019 年的 33 万桶/日和 2020 年的 38 万桶/日。

美国能源信息署认为，2019 年年底，随着中国新建的乙烷裂解装置投产运营，美国的乙烷将出口到中国市场。

四、中国将成为美国乙烷出口主要目的地

据不完全统计，目前中国有 23 个乙烷制烯烃意向项目申报有关政府部门等待核准，产能合计约为 3500 万吨 / 年，每年消耗的乙烷原料资源约为 4600 万吨，除少量国产乙烷外，绝大部分需进口。

中国最早投产并从美国进口的乙烷制烯烃项目，应该是新浦化学位于江苏泰兴的 110 万吨 / 年轻烃综合利用项目，预计 2019 年 4 月全部建成，项目所需乙烷由英力士集团从美国供应。

目前，美国乙烷公司是中国主要乙烷供应商，2017 年 11 月以来该公司与中国有关企业签署了多份乙烷销售协议、备忘录或投资协议。2017 年 11 月 9 日，美国乙烷公司与南山集团签署了 20 年每年 260 万吨乙烷供应协议；2017 年 12 月 20 日，美国乙烷公司与聚能重工集团签署锦州 200 万吨乙烷制乙烯项目供应协议，每年供应 260 万吨乙烷；2018 年 2 月 1 日，美国乙烷公司与阳煤集团青岛恒源化工有限公司签署青岛董家口 200 万吨 / 年乙烷综合利用项目供应协议。仅上述三份协议，美国乙烷公司向中国出口乙烷数量将达 720 万吨 / 年。

2018 年 5 月 17 日，美国乙烷公司与永荣控股集团就莆田石门澳 150 万吨乙烷制乙烯项目，签署投资合作协议，双方相互投资乙烷的供应和加工业务，项目预计 2020 年建成投产。

2018 年 3 月 15 日，浙江卫星石化股份有限公司与美国能源运输公司、英国航海家气体运输公司签署乙烷供应协议、乙烷运输谅解备忘录，浙江卫星石化股份有限公司每年从美国能源运输公司进口约 300 万吨乙烷，英国航海家气体运输公司提供运输服务。项目所需乙烷的出口，已列入正在建设的美国得克萨斯州轨道乙烷出口终端计划。

除乙烷贸易外，中美两国企业还在乙烷相关业务方面也开展了合作。2018 年 4 月 8 日，美国乙烷公司、中国天然气运输（控股）公司（CLNG）、中国船舶工业贸易公司和沪东中华造船（集团）有限公司，在上海举行关于液体乙烷运输船的合作备忘录签约仪式，由沪东造船厂建造 9 万立方米级的远洋大型低温乙

烷运输船（VLEC）。

近日，有媒体报道，在中美贸易谈判中，美方将美国乙烷公司与中国企业签署的三个具有约束力的乙烷合作协议，作为中美贸易谈判的重要内容之一，合同总金额超过 600 亿美元。

本文撰写于 2019 年 2 月

今天的美国炼油行业会成为我们的明天吗？

美国炼油行业规模世界第一，竞争能力和盈利水平世界第一，完全市场化并充分利用国内国外两个市场，是美国炼油行业的竞争力之所在。

近年来，行业内外很多人士一直在忧虑国内炼油行业。从关键数据和指标看，2018年，中国原油加工能力约为8.4亿吨，世界第二，但是当年全国炼厂开工率仅为72.9%，低于世界平均水平，而且是自2013年以来的最低开工率。更有机构认为，2018年中国炼厂的产能利用率不足70%。因此，当前行业内外的基本看法是，中国炼油行业已经处于较为严重的过剩阶段，而且随着数个2000万吨级规模的炼油项目在2019年内投产，过剩的情况将更加严重。

作为世界石油消费最大的国家，美国的炼油能力世界第一，2018年无论是开工率或是炼油毛利都处于世界最高水平，成品油更是美国出口最多的能源资源。依据美国能源信息署等机构的最新资料，本文将简要地介绍当前美国炼油行业的基本情况。

一、行业惯用说法和统计口径

为了避免误解和不必要的争论，这里先简要介绍一下有关炼油行业的惯用说法及其统计口径。

一般来说，谈到一个国家或炼油企业的原油加工能力时，常用的有一次加工能力和二次加工能力两个名词。其中，一次加工能力，指的是原油的常压蒸馏或常减压蒸馏能力，代表的是一个国家或企业的原油加工规模；二次加工能力，指的是一次加工后产品的再加工，具体有将重质馏分油、渣油经过各种裂化生产轻质油品和轻质油品的精制过程，包括催化裂化、热裂化、石油焦化、加氢裂化、催化重整等。

从统计口径看，炼油厂的产能有两种衡量方法：日历日的每天加工桶数和生产日的每天加工桶数。考虑到计划内和计划外的维护，每个日历日的加工桶数，反映的是蒸馏装置在正常的操作条件下，24小时内可以处理的加工量；而炼油厂生产日的每天加工桶数，反映的是蒸馏设备在不考虑停机时间的情况下，在最佳原油和产品构成条件下满负荷运行24小时内能够处理的最大原油加工量。

美国能源信息署认为，通常来看，美国炼油厂生产日处理能力，比日历日的处理能力高出6%左右。

二、2018年美国炼油能力达到历史最高水平且关键指标世界最好

根据美国能源信息署统计，2019年1月1日，美国可以运营的常压原油蒸馏能力为1880万桶/日（日历日），比2018年同期增加1.1%，创下了历史最高纪录（图1-57）。美国上一次可以运营的常压原油蒸馏能力的纪录，是

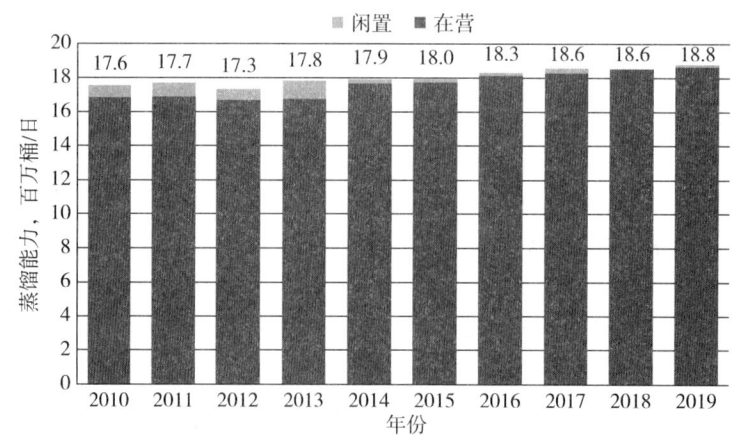

图1-57　2010—2019年美国常压原油蒸馏能力

注：图中所示常压原油蒸馏能力为每年1月1日（日历日）的蒸馏能力。
资料来源：美国能源信息署，2019年6月28日。

1981年年初创下的，为1860万桶/日。过去7年的6年时间里，美国年度可以运营的原油蒸馏装置产能都在持续增长。这里所称的可以运营的常压原油蒸馏能力，包括闲置能力和正在运营的能力。

2018年，美国原油产量和炼厂的原油加工量均创了历史纪录，其中，原油产量平均为1100万桶/日，自2009年以来翻了一番多；炼厂的原油加工量平均为1700万桶/日，而2009年为1430万桶/日。

2009年以来，美国可以运营的原油蒸馏能力提高了120万桶/日（日历日），炼厂开工率从2009年的83%提高到2018年的93%，使得原油日加工量增加了260万桶。同期，美国原油进口减少了130万桶/日，原油出口增加了200万桶/日，美国原油净进口减少了330万桶/日（图1-58）。

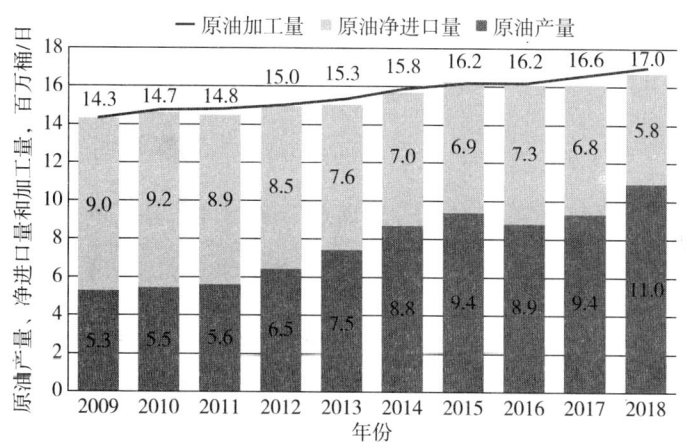

图1-58　2009—2018年美国原油产量、净进口量和原油加工量
资料来源：美国能源信息署，2019年6月28日。

根据欧佩克的统计，美国炼厂的开工率和炼油毛利，均处于世界最高水平。2018年1月，美国炼厂的开工率为91.7%，2月和3月下跌到90%以下，4月又回升到92.33%，6月上升到96.91%，8月上升到97.21%，为2018年最高水平，10月跌破90%，为89.14%，12月为95.74%（图1-59）。

从炼油毛利看，2018年1月，以WTI计价的美国炼厂炼油毛利为10.3美元/桶，按月增长0.19美元/桶，按年增长2.5美元/桶；5月份为18.5美元/桶，达到全年最高位水平；11月份下降到15.75美元/桶，12月份下降到13.53美元/桶。这也就是说，从2018年1月至12月，美国炼厂的毛利增长了3.23美元/桶，按最高值则增长了8.2美元/桶。

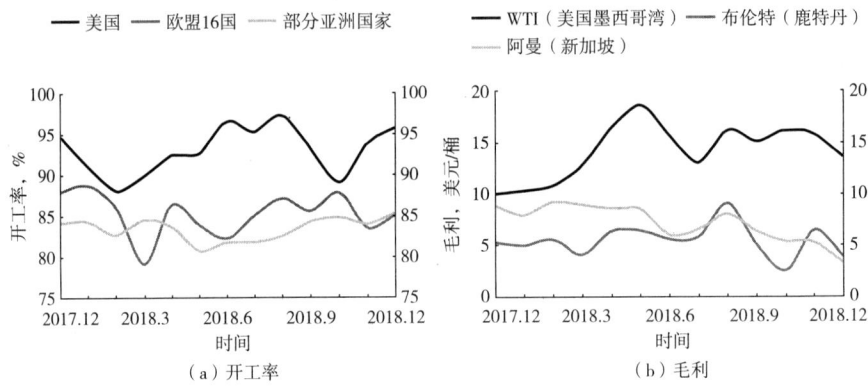

图1-59　2018年世界主要炼油地区开工率和毛利

注：部分亚洲国家包括日本、中国、印度和新加坡。
资料来源：欧佩克，月度石油市场报告，2019年1月17日。

2019年1月1日，美国可以运营的炼油厂数量为135座，其中正在运营的132座，闲置的3座（表1-3）。2018年，美国4家独立的炼油厂被合并为两家，特索罗石油公司旗下位于加利福尼亚州的卡森和威尔明顿的炼厂（现在

表1-3　2019年1月1日美国炼油厂数量和规模

一、可运营的炼油厂	135
正在运营	132
闲置	3
二、常压原油蒸馏能力	
1. 日历日	18802435
正常运营	18692335
闲置	110100
2. 生产日	19960558
正常运营	19833258
闲置	127300

注：运营炼油厂数量为座，常压原油蒸馏能力为桶。
资料来源：美国能源信息署，2019年6月21日。

由马拉松石油公司控股）合并运营，位于夏威夷卡波雷的泛夏威夷和环岛能源服务炼厂也合并运营。2019年，澳大利亚塔尔加资源公司在得克萨斯州的钱纳尔维尤新投产了一家凝析油分离厂，年初处于闲置状态，但在第1季度开始运营。加拿大森科尔能源公司将其位于科罗拉多州商业城东部和西部的炼厂，一分为二。

2018年，马拉松石油公司从安迪沃尔收购了10家炼油厂，成为美国最大的炼油企业。目前，马拉松石油公司的炼油产能总计略高于300万桶/日，占美国炼油总产能的16%，比第二大炼油企业瓦莱罗能源公司的产能高出约80万桶/日。

2019年，美国炼油加工能力没有新增计划。2019年6月21日，美国东海岸最大的炼油企业，费城的能源解决方案公司炼油厂发生火灾，导致该炼油厂宣布关闭。

三、成品油已成为美国最大的能源出口资源

2018年，美国仍是能源净进口国，不过净进口的能源数量仅为3.611千万亿英热单位，能源对外依存度已下降到只有3.57%，为54年来最低，而同年美国出口了21千万亿英热单位的能源，其中原油的出口数量为4.2千万亿英热单位，占能源出口的20%；成品油出口数量为10.2千万亿英热单位，占能源出口的48.57%，是2018年美国能源出口最大的品种。

2018年，美国成品油出口日均为560万桶，比2017年增加36.6万桶/日，创下了新的历史纪录，其中三大出口油品分别为中间馏分油、丙烷和车用汽油（包括调和组分）。2018年，美国出口的车用汽油、丙烷历史最高，中间馏分油为历史第二高，仅次于2017年。

中间馏分油是2018年美国出口数量最多的成品油油品，为日均130万桶，占美国炼油企业净产品的25%。2018年，美国向世界28个国家和地区出口了中间馏分油，其中：墨西哥位居第一，从美国日均进口29.8万桶，占美国出口的23%；巴西位居第二，进口量为15.1万桶/日，占美国出口的12%。智利、

秘鲁和荷兰，是2018年美国中间馏分油出口前五位的余下三国。

2018年美国丙烷出口数量为97.2万桶/日，位居成品油出口量的第二位。与其他成品油不同的是，美国丙烷主要出口到亚洲市场，前五大出口目的地国中有三个国家位于亚洲，而其他成品油主要出口到西半球。亚洲国家进口美国的丙烷，用作生产乙烯和丙烯的原料。日本是2018年美国丙烷出口最大目的地国，日均进口量为25.8万桶，占美国丙烷出口的26.5%；墨西哥第二，日均进口13.1万桶。2018年，美国对韩国和荷兰出口的丙烷分别增加了2.5万桶/日、2.1万桶/日，而对中国出口大降6.2万桶/日，同比下降49%。

2018年美国车用汽油出口量为95.1万桶/日，比2017年增加12.6万桶/日，出口目的地有44个。车用汽油出口创历史纪录的背景是，当年美国国内汽油消费量高达930万桶/日，仅次于2017年创下的美国国内汽油消费最高纪录。目前，美国炼厂和调和厂车用汽油的生产能力为1010万桶/日。2018年美国车用汽油出口的五大目的地均在美洲，其中墨西哥最大，进口量为52.9万桶/日，占美国出口的55.6%；加拿大第二，进口量为6.2万桶/日，占美国出口的6.5%。

根据英国石油公司2019年版《世界能源统计评论》，2018年美国石油消费为2045.6万桶/日，炼油能力为1876.2万桶/日，分别占世界的20.5%和18.8%；中国石油消费为1352.5万桶/日，炼油能力为1565.5万桶/日，分别占世界的13.5%和15.6%。2019年，美国没有新增炼油能力计划，中国2019年和未来一段时间至少有1.2亿吨新增炼油能力将投产。从数量上看，中美两国炼油能力的差距正在迅速缩小，但是什么时候中国炼油行业的开工率和毛利水平等关键运营指标，能接近或赶上美国的水平，还有待于国家政策和炼油全行业做出更大、更艰苦的努力。

本文撰写于2019年7月

2018年是美国油气生产商最赚钱的年份

美国的能源行业高度市场化，数量众多的中小企业发起并支撑了美国的页岩革命，2018年经营数据说明的是这些企业极强的市场竞争力。

2019年5月初，世界石油工业发生了史上第四大并购案，西方石油公司在股神巴菲特100亿美元的支持下，以380亿美元的报价，赶走了体量远远大于自己并报价330亿美元的雪佛龙，对世界最大的独立石油公司之一阿纳达科石油公司进行要约收购。一时间，这起并购案成了国际石油市场的头条新闻。

巴菲特的伯克希尔·哈撒韦公司之所以会耗资100亿美元的现金并另外支付100亿美元的承诺，支持西方石油公司要约收购阿纳达科，主要原因除后者拥有的全美页岩油上市公司排名第三、高达14.7亿桶油当量石油储量、美国得克萨斯州部分管道和油气处理厂等优质资产外，还有一个重要的原因，即随着页岩革命的不断深入，美国油气公司的效率和收益越来越好，投资价值越来越大。

2019年4月，美国能源信息署发布报告称，2018年是自2013年以来美国油气生产商最赚钱的年份，以下我们将简要介绍这份报告的主要内容。事实上，从行业研究来看，这份报告还可以从另外一个侧面，说明为什么2018年美国的原油产量能创造新的历史纪录，并在一定程度上预示着美国油气生产行业未来的趋势。

一、43家油气生产企业的背景

美国能源信息署在其报告中指出，其所选择的43家油气生产商，都是在美国证券市场公开上市的企业。作为公众企业，它们必须向美国证券交易委员会提交财务报告。正因为如此，可以有完备的财务资料，对这43家油气生产企业进行全方位的分析。

从规模来看，2018年第4季度，这43家企业的石油产量占了当期美国原油和烃类气体液产量的三分之一。这43家油气生产企业，绝大多数在美国陆上的盆地开展生产运营，部分企业在墨西哥湾联邦政府拥有的海上和阿拉斯加运营，部分企业在全球其他地区运营。

由于2018年发生的兼并重组，美国能源信息署分析的企业数量由2017年的46家减少到目前的43家。

二、2018年是美国油气生产企业最赚钱的年份

2018年，美国43家石油和天然气生产商的净收入达到5年来的最高水平，合计为280亿美元。这样，虽然由于第4季度价格暴跌了40%，2018年WTI原油价格与2013年相比下跌了33美元/桶，但对这43家企业来说，2018年是自2013年以来最赚钱的年份。图1-60为2013—2018年美国石油生产商石油、天然气产量变化和股本回报。

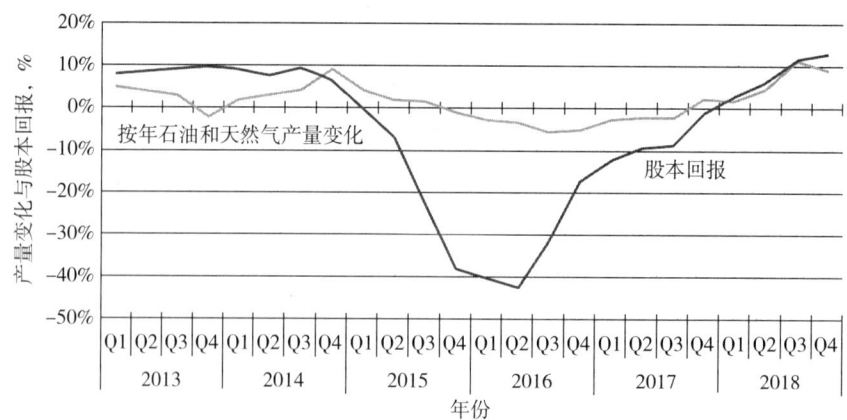

图1-60 2013—2018年美国石油生产商石油、天然气产量变化和股本回报
注：Q1、Q2、Q3、Q4分别代表第1季度、第2季度、第3季度、第4季度，下同。
资料来源：美国能源信息署，2019年5月10日。

2018年，43家美国油气生产商之所以产生了非常高的净收入，主要原因是由于较高的油气产量带来了较高的销售收入。与此同时，与2013年相比，2018年每桶生产成本的增长相对较小，抵消了较低的石油价格。

2018年第4季度，43家油气生产商原油和天然气液的产量为620万桶/日。与2017年第4季度相比，这些企业2018年第4季度的石油和天然气产量增长了9%，是2013—2018年间第二个按年增长最大的产量变化，从而使得2018年全年油气产量创了历史新高。

从43家企业综合损益表中的上游生产费用，我们可以发现美国石油生产商成本控制的趋势。对石油生产来说，虽然每桶成本通常与原油价格相关，但与价格上涨相比，2018年美国石油生产商的成本上涨幅度较小。与2017年相比，2018年WTI价格年均增长了28%，达到65.06美元/桶，但43家企业与上游生产活动直接相关的支出仅增长16%，即23.60美元/桶油当量。图1-61为43家美国石油公司的支出构成。

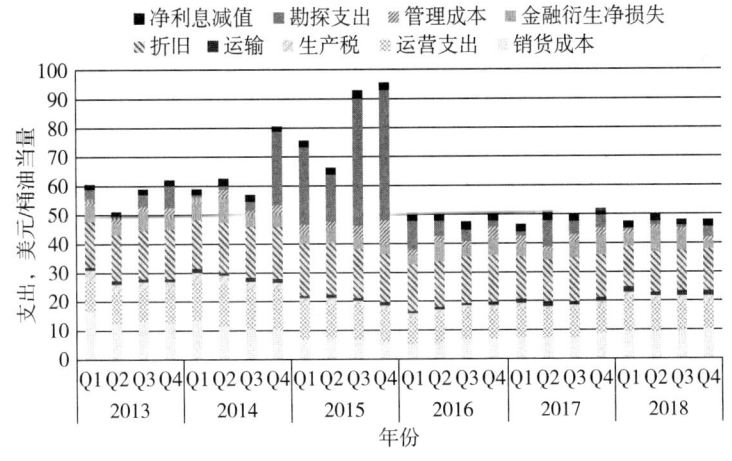

图1-61　43家美国石油公司支出构成

资料来源：美国能源信息署，2019年4月17日。

综合考虑包括折旧、减值和其他与上游生产活动无关的成本，2018年43家油气生产商年均上游支出为48.30美元/桶油当量，是2013—2018年期间的最低水平。

与2017—2018年间的生产支出相比，2018年43家美国油气生产商的上游收入增长了31%，达到47.64美元/桶油当量，主要来源于油价和产量的增长。

由于原油价格的下跌，2018年第3季度至第4季度，43家美国油气生产商的上游收入下降了11%，两个季度相比平均下降了14%。不过，由于这些油气生产商中的部分公司，将2018年第4季度产量的近1/3以50美元/桶的中间价格进行了财务对冲，从而抵消了截至年底WTI价格低于50美元/桶时的收入下降。图1-62为43家美国石油公司的收入构成。

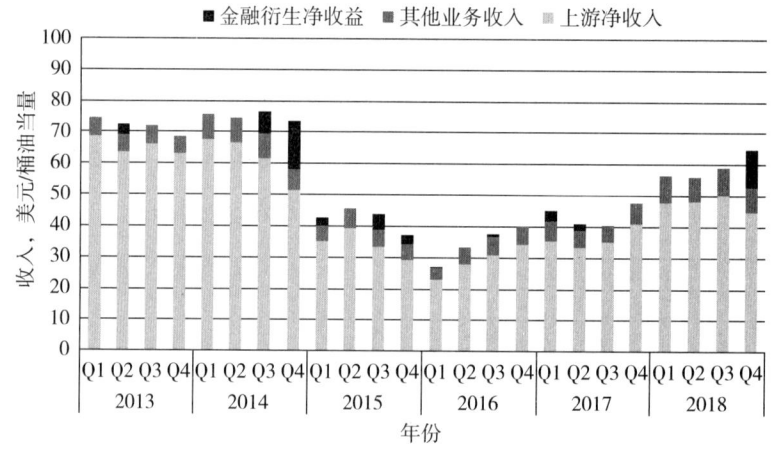

图1-62　43家美国石油公司收入构成

资料来源：美国能源信息署，2019年4月17日。

正是由于金融衍生工具的运用和产生的收益，即使2018年第4季度的上游收入下降了，但2018年全年这43家油气生产商的整体收入都上升了。自2014年第4季度以来，虽然油价下降，但由于衍生工具对冲对收入的贡献，使得这43家油气生产商每一季度的价值增长都达到了最高水平。

三、美国油气生产商的财务状况正在变好

以280亿美元的净收入为基础去计算平均股东权益，由于较低的每桶油当量生产成本和更高的产量，2018年第4季度这43家公司产生了最高的股本回报率，高于2013—2018年间任何一个季度。2018年第4季度，43家美国油气

生产商的股本回报率高达13%,是2013—2018年间最高的季度股本回报。

美国能源信息署认为,由于净收入的不断增加,2018年美国越来越多的油气生产公司,通过经营活动产生的现金为投资提供资金,这意味着这些生产商新勘探和开发项目对外部资本的依赖越来越小。

近年来,投资者评价油气生产公司的一个重要指标,就是这家公司从经营活动中获得的现金比其资本支出更多。通常情况下,运营现金与资本支出的比率越高,公司的融资缺口就越小,或者公司为投资提供资金所需的债务或股本金额也越小。

美国能源信息署对43家油气生产公司的现金流量表分析后发现,经营活动产生的现金流量与资本支出的比率大幅上升,这些美国油气生产公司通常在提高产量的同时,也提高了这一比率,也就是说,它们更多地利用经营现金流进行投资,而不是负债或股本。

美国能源信息署通过对比发现,2013年,只有7家公司的运营现金与资本支出的比率大于1.0,26家公司的运营现金与资本支出的比率大于0.5。但是,2018年,9家公司的运营现金与资本支出比率大于1.0,35家公司的运营现金与资本支出比率大于0.5。在这两年中,生产水平较高的公司倾向于拥有较高的比率,而生产增长率较高但生产水平相对较低的公司倾向于拥有较低的比率。图1-63为43家石油公司经营活动现金流与资本支出比率及产量。

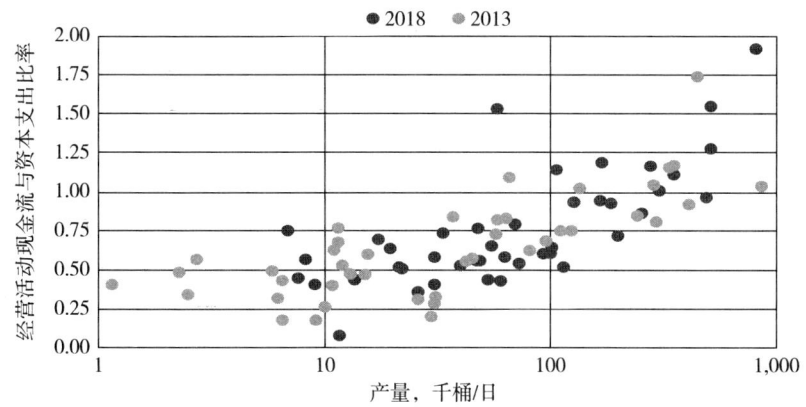

图1-63　43家石油公司经营活动现金流与资本支出比率及产量

资料来源:美国能源信息署,2019年4月17日。

自页岩革命发生以来，我们不时从媒体上看到，有专家和机构认为，美国页岩革命是一个典型的庞氏骗局，主要依据是虽然油气产量不断增长，但绝大多数页岩油气生产企业自身并没有产生相应的利润，主要靠资本市场的输血来维持企业的生存和正常运转。虽然我们无法推测美国能源信息署推出这份报告背后的原因，但报告所展示的数据、巴菲特支持西方石油公司巨资收购阿纳达科的举动和不断创新高的油气产量，说明美国本轮的油气行业繁荣应该有其行业内在的动力和逻辑，同时对于资本市场来说，也应该是一个非常难得的投资机会。

本文撰写于 2019 年 5 月

从平民到总统都闹心的美国汽油价格

车用燃料是美国第一大石油消耗品，汽油价格的变化影响巨大，2018年美国总统特朗普的推特中，最核心的话题就是油价。

再过四天，就是国人最重要的节日春节了。目前，大批民众正在千里迢迢赶回家乡与亲人团聚的路上，这其中有很大一部分人会自驾车回乡，汽油价格和支出不可避免是社会大众关心的主要话题之一。

作为汽车轮子上的国家，美国是世界第一大石油消费国。与我们相比，美国民众更加关心汽油价格的涨跌，2018年美国总统特朗普最操心的事情之一，就是不断上涨的国际石油价格和由此导致的美国国内汽油价格的大涨。

一、汽油消费量大，原油成本占了汽油价格的大头

2018年，美国石油消费总量为2046万桶/日，约相当于年消费石油10.23亿吨，是当今世界第一大石油消费国。

目前，美国汽车保有量约3亿辆，每1.25人拥有一辆汽车，被称为汽车轮子上的国家。在美国全部石油消费中，汽油的消费量排名第一。2018年第3季度，美国车用汽油的消费量为951万桶/日，占全部石油消费的46.1%。交通支出排在住房之后，是美国家庭第二大支出，占16%左右。正因为如此，汽油价格在美国是社会大众普遍关心的话题，政界人士直到美国总统也必须给予高度关注。

美国汽油分为三个档次，分别为普通（Regular）、中级（Midgrade）和高

级（Premium），也有将其中的中级汽油叫作次高级（Plus）汽油，相应的三个档次汽油标号分别为85~88号、88~90号和大于90号，最常用的是87号、89号和91号，其中华盛顿地区为87号、89号和93号。与中国一样，美国汽油标号数字越大，说明汽油的品质越好，价格也就越贵。

美国消费量最多的汽油，就是普通的87号汽油，超过全美汽油消费总量的90%。

美国与中国汽油标号标示的不同，来源于两国对汽油标号测定的方法不同。中国和欧洲国家采用的是研究法（RON）来测定汽油的抗爆性能，也就是常说的辛烷值。美国和加拿大采用的是抗爆指数法（AKI），即把油品用研究法得出的辛烷值和马达法（MON）得出的结果加起来再除以2。美国87号汽油，用研究法测定的辛烷值为91~92，也即相当于中国的92号汽油。

目前，美国销售的汽油都掺混大约10%的乙醇（E10）。2010年10月，美国环境保护署规定，2007年以后较新型号的汽车和轻型卡车可以使用E15(含15%乙醇的汽油)。E85是一种含有51%~83%乙醇的汽油，主要在中西部地区和特定的季节销售，大约有3300座加油站可以销售E85汽油。

美国汽油的价格，主要由四个部分构成：原油成本、炼油成本、零售及市场营销成本、联邦和州及地方税，其中原油成本占了一半以上的比重。以2018年11月普通汽油为例，当月美国普通汽油的平均零售价格为2.65美元/加仑，其中：原油成本占54%（1.431美元/加仑）、炼油成本占6%（0.159美元/加仑）、零售及营销成本占22%（0.583美元/加仑），联邦、州及地方税约占18%（0.477美元/加仑）。

二、2018年美国汽油价格波动大，总统特朗普操碎了心

2018年1月1日，美国普通汽油平均零售价为2.50美元/加仑；5月28日，上涨到了全年最高水平，为2.962美元/加仑。从5月29日至10月1日，一直维持在2.80美元/加仑以上，10月8日又涨到了2.903美元/加仑。自此之后，美国普通汽油价格就一路下跌，12月31日跌到了2.266美元/加仑，也是一

年之中的最低水平。

从具体因素看，2018年1月至5月，不断攀升的原油价格和需求的持续增长，使得美国汽油价格快速升高。在原油价格大跌之前的6月至10月，美国汽油价格保持了相对稳定。10月至12月，高位的库存和汽油需求的稳定，使得美国普通汽油平均零售价格下跌了50美分/加仑。2018年年底，美国汽油价格连续下跌了12周，是2014年10月至2015年1月连续17周下跌以来的第二个最长下跌周期。

2018年全年，美国普通汽油平均零售价格为2.72美元/加仑，比2017年高30美分（13%），比2016年高57美分。美国能源信息署每周收集数据的10个城市中，至少有5个城市的普通汽油零售价格2018年超过了3美元/加仑。

从2018年10月开始，国际原油价格大幅度下降，从而使得2018年成为美国自2015年以来，首个年底普通汽油平均价格低于年初的一年。图1-64为2013—2018年普通汽油周零售价。

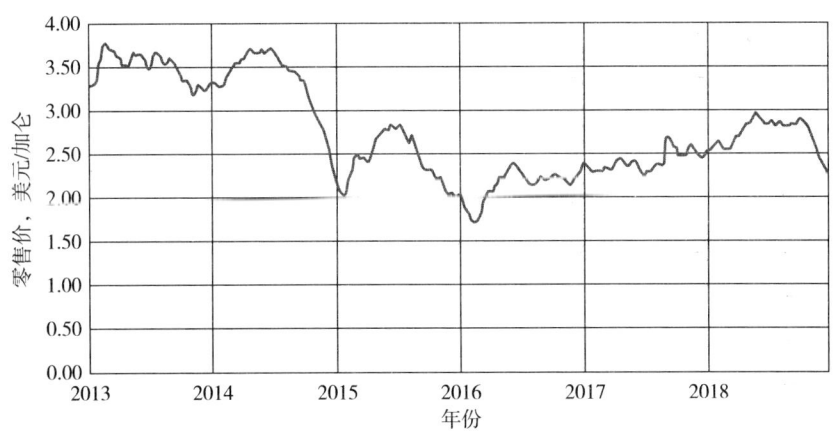

图1-64　2013—2018年美国普通汽油周零售价
资料来源：美国能源信息署，2019年1月4日。

2018年国际石油市场一个十分有趣的现象，就是美国总统特朗普十分关心石油价格的变化。据不完全统计，2018年特朗普代表性的推文有：4月20日，指责欧佩克人为炒高油价，不可接受。6月13日，油价太高了，欧佩克又在忙了，不是好事。6月22日，希望欧佩克增产，让油价降下来。7月4日，称欧佩克是垄断组织，马上降价。11月21日，油价下跌，很棒！就像给美国和全世界大减税。12月5日，希望欧佩克保持当前水平供应，不限产，世界不希望看到油价高企，也不需要高油价。

三、地区汽油价格差异大，各地百姓苦乐不均

2019年1月21日，美国普通汽油的全美平均零售价为2.251美元/加仑。与中国基本全国一刀切政策不同的是，美国各个地区的汽油价格差别很大，反映的是美国国内能源市场高度的市场化和鲜明的地域特点。

东海岸（波士顿、纽约和迈阿密）：纽约和迈阿密，12月份的普通汽油零售价格最低，但波士顿1月份最低。5月份，在夏季驾驶季开始时，纽约和波士顿的普通汽油零售价格处于最高水平。2018年，美国东海岸普通汽油平均零售价格在2.25美元/加仑至2.91美元/加仑之间变动。

中西部（芝加哥和克利夫兰）：2018年，芝加哥普通汽油平均零售价格，每周都高于克利夫兰和中西部的其他地区。美国能源信息署收集数据的10个城市中，有25周时间，克利夫兰的普通汽油零售价格处于第二低的水平，有2周时间是最低的。

墨西哥湾地区（休斯敦）：全美普通汽油零售价最低的地区。墨西哥湾地区有美国一半以上的炼油能力，所生产的汽油远远大于本地区的消费。墨西哥地区的汽油税，也是全美最低的。2018年，美国能源信息署收集数据的10个城市中，休斯敦的普通汽油零售价格有50周是最低的。2018年12月31日当周，休斯敦的普通汽油零售价格出现了1.95美元/加仑的最低水平。

落基山脉地区（丹佛）：高山、大片荒原和农村地区，与汽油供应地有较长的距离，汽油需求中心非常分散，这些因素导致了该地区的普通零售汽油价格相对较高。2018年，有38周时间，落基山脉地区的普通零售汽油价格是全美第二高的地区。由于邻近炼油厂并有数条管线，2018年有20周时间，丹佛市的普通汽油零售价格是收集数据的10个城市中第二低的。2018年，落基山

脉地区的普通汽油零售价格在 2.42 美元/加仑至 3.01 美元/加仑之间变动。

西海岸（洛杉矶、旧金山和西雅图）：由于加利福尼亚州对汽油品质的严格要求，加之与其他地区市场的隔离、较高的州和地方税收，西海岸是全美普通零售汽油价格较高的地区。2018 年 10 月 9 日，乔治王子城附近的加拿大管道公司天然气管道破裂，华盛顿州的一些炼厂停产，因为该管道输送的是用于这些炼厂生产所需的天然气。10 月 15 日，管道破裂后的周一，西雅图的普通汽油零售价格比上周上涨了 9 美分/加仑，自 2015 年年中以来西雅图普通汽油零售价格最大的一周涨幅。图 1-65 为 2018 年美国收集数据的 10 个城市的普通汽油零售价格。

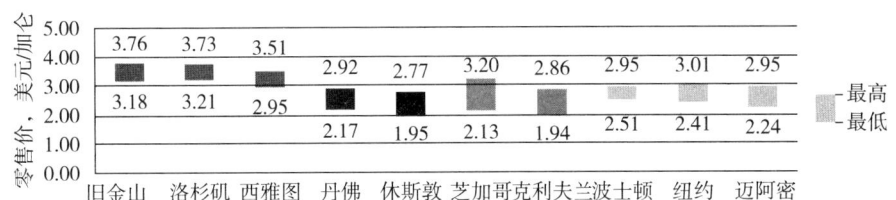

图 1-65　2018 年美国 10 城市普通汽油零售价
资料来源：美国能源信息署，2019 年 1 月 4 日。

美国能源信息署收集数据的 10 个城市中，2018 年旧金山的普通零售汽油价格是全美最高的。不过，2018 年的前 14 周，洛杉矶的普通零售汽油价格高过旧金山。2018 年 10 月，旧金山的普通零售汽油价格达到顶峰，为每加仑 3.76 美元。

新的一年，特朗普当然没有忘记油价。2019 年 1 月 1 日新年之际，特朗普连发了两条推文。第一条推文称，汽油价格很低，预计 2019 年还会下跌！第二条推文称，你们以为汽油价格如此之低，而且还在下跌，只是运气好吗？低油价就像又一次减税。这一条推文显得有点沾沾自喜了！如同 2018 年一样，特朗普已经将 2019 年油价可能下跌的功劳揽到了自己身上。2019 年美国的汽油价格，更大范围地看，国际石油价格会如何变化？让我们拭目以待吧！

以 2019 年 1 月 21 日为例，美国普通汽油的全美平均零售价为 2.251 美元/加仑，按当日人民币与美元汇率 6.80 折算，为 15.3068 元人民币/加仑，约相当于中国 92 号汽油 4.044 元人民币/升。2019 年 1 月 14 日价格调涨后，北京地区 92 号汽油的零售价为 6.53 元/升。

就在 2019 年春节即将到来的 1 月 29 日，中国油价迎来新的一轮调升，92 号汽油调涨 0.19 元/升。衷心希望回乡路上的各位亲们，不要关心油价的这次小涨，谨慎驾驶，安全到家，平平安安与家人欢度春节才是天底下最重要的事！

本文撰写于 2019 年 1 月

从普通汽油价格，看迈向能源独立背景下的美国油气产业

——2019年美国普通汽油零售价低于2018年

除9月中旬沙特阿拉伯石油设施遭袭期间的部分地区短暂上涨外，2019年全年普通汽油的价格低于2018年，美国民众享受到了能源独立的好处。

当前，美国正在迈向能源独立。2019年，美国是天然气和煤炭的净出口国，石油的净进口量约为50万桶/日。美国能源信息署预计，2020年美国将成为石油的净出口国，净出口石油的数量为80万桶/日。自1953年成为能源净进口国之后的第67个年头里，美国将成为能源的净出口国，实现能源独立。

对于学界和媒体来说，能源独立往往是一个宏大的话题，与安全和战略等高大上的名词联系在一起。对于一般民众来说，能源是否独立似乎是国家层面的事，与自己的日常生活还有一段距离。油品和天然气，是能源两大终端商品，对于现代社会的发展和百姓生活而言都必不可少。对于一个市场化国家来说，这两大能源终端商品的价格，一方面反映的是这个国家的能源供需状况，更为重要的另一方面，反映的是石油天然气行业给这个国家国民带来的实实在在的好处。依据美国能源信息署的有关报告和统计数据，我们组织了两篇文章，分别为2019年美国普通汽油和天然气两大终端能源商品价格情况，从终端消费的角度，来看一看正在迈向能源独立的美国石油天然气行业现状及其对于普通百姓的意义。本文是第一篇，讨论和分析的是2019年美国普通汽油零售价格的变化情况。

一、美国是世界第一大石油生产和消费国

美国是世界第一大石油生产国和消费国，石油产量占全球的16%以上，

石油消费量占全球的20%以上。2019年12月27日当周，美国原油产量为1290万桶/日，烃类气体液的产量约为480万桶/日，合计为1770万桶/日，约为8.85亿吨/年，世界第一；石油的消费量为2034.8万桶/日，约为10.17亿吨/年。

美国被称为汽车轮子上的国家，汽车保有量约有3亿辆，千人汽车保有量为797辆，世界第一。2019年12月27日当周，美国车用汽油的消费量为913.9万桶/日，约为4.57亿吨，占油品消费总量的44.91%，是石油消费中的第一大产品。

正是由于汽油消费量巨大，交通支出排在住房之后，是美国家庭第二大支出，占16%左右。因此，汽油价格在美国是社会大众普遍关心的话题，一旦汽油供应出现问题并导致汽油价格上涨幅度较大，就会成为全国性新闻，美国总统都必须直接面对，特朗普经常发推文谈论油价即来源于此。

二、2019年全美普通汽油零售价格变化走势

目前，美国的汽油分为三个档次，分别为普通（Regular）、中级（Midgrade）和高级（Premium），相应的三个档次汽油标号分别为85～88号、88～90号和大于90号，最常用的是87号、89号和91号。美国消费量最多的汽油，是普通的87号汽油，超过全美汽油消费总量的90%。

美国能源价格完全市场化。每周一，美国能源信息署收集并公布美国5个地区、9个州、10个城市和全美的汽油、柴油零售价。由于每一个地区的汽油标准不一样，州和地方政府的税收存在差异，本地市场的供给和需求平衡也不一样，因此全美的汽油价格差异较大。

2019年1月7日，美国所有种类的普通汽油平均零售价为2.24美元/加仑，12月30日为2.57美元/加仑。全年平均，2019年全美普通汽油平均零售价为2.6美元/加仑，比2018年低11美分/加仑，下降了4%。

从第1季度开始，2019年美国汽油价格稳步上升，1月7日为2.24美元/加仑，5月6日上升到2.9美元/加仑，达到最高点，自此之后直至年底都在持续下跌。图1-66为2014—2019年美国普通汽油平均周零售价。

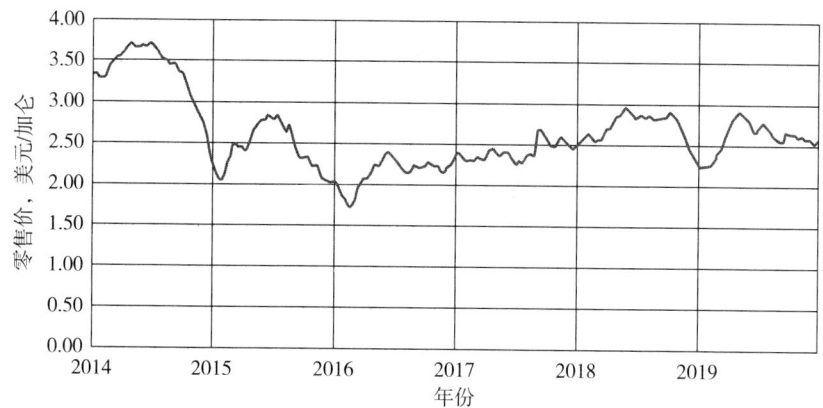

图 1-66　2014—2019 年美国普通汽油平均周零售价
资料来源：美国能源信息署，2020 年 1 月 8 日。

感恩节是美国最重要的节日之一，因为合家团圆等原因，有大量的美国人会驾车旅行，这一节日期间的汽油价格也是全美全年汽油价格的标志之一。据美国汽车协会（AAA）和咨询公司 IHS Markit 估计，2019 年感恩节期间，美国有超过 5500 万人驾车，行驶距离至少超过 50 英里以上，比 2018 年感恩节多出了 160 万人，是 2005 年以来人数最多的一年，为连续增长的第 11 个年头。

2019 年 11 月 25 日，周一，全美普通汽油平均零售价为 2.58 美元 / 加仑，与 2018 年感恩节前周一的 2.61 美元 / 加仑和 2017 年的 2.57 美元 / 加仑，基本持平（图 1-67）。

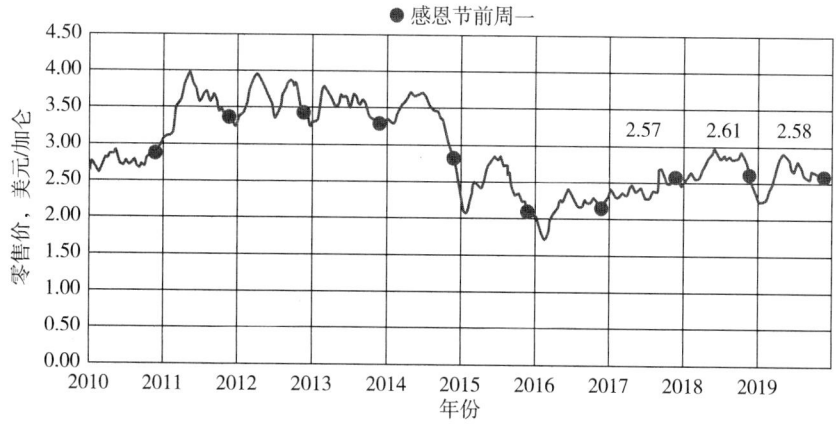

图 1-67　2010—2019 年感恩节前美国普通汽油平均零售价
资料来源：美国能源信息署，20190 年 11 月 27 日。

从统计资料看，原油成本占美国汽油最终零售成本的52%，因此一般来说，美国的汽油价格随着原油价格的变化而变化，2019年两者走出了相似的价格曲线（图1-68）。

图1-68　2017—2019年布伦特原油价格与美国普通汽油平均零售价
资料来源：美国能源信息署，20190年11月27日。

自5月份达到全年高点后，全美普通汽油平均零售价不断下降，主要原因是原油价格的下跌所致。影响美国汽油价格的，主要是北海布伦特原油的价格。2019年11月25日，布伦特原油价格为62.62美元/桶，比5月份的高位下降了16%。与此同时，2019年11月25日，美国普通汽油平均零售价比5份平均价下跌了10%，其中西海岸普通汽油平均零售价为3.47美元/加仑，比全美平均零售价高0.89美分/加仑；而墨西哥湾地区为2.24美元/加仑，比全美平均水平低0.34美分/加仑。

三、2019年美国分地区普通汽油零售价格情况

东海岸（波士顿、纽约和迈阿密）：2019年，东海岸汽油价格在2.22美元/加仑和2.79美元/加仑之间波动。由于季节性因素的影响，入夏时候的5月6日，波士顿、纽约的汽油价格分别达到2.84美元/加仑和2.93美元/加仑的顶点。2019年，纽约市的汽油平均价为2.62美元/加仑，波士顿为2.59美元/加仑，迈阿密为2.47美元/加仑。除4月和5月两个月时间外，迈阿密的汽油价格通

常都低于纽约和波士顿（图 1-69）。

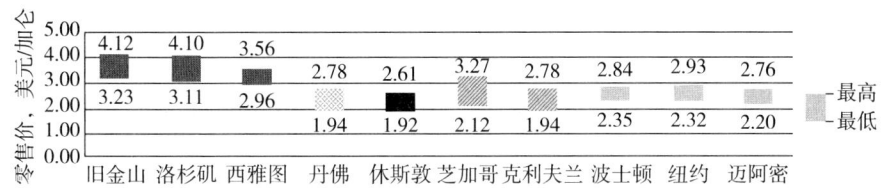

图 1-69　2019 年美国 10 城市普通汽油零售价
资料来源：美国能源信息署，2020 年 1 月 8 日。

中西部（芝加哥和克利夫兰）：中西部包括美国广阔的地理区域，这一地区也和很多其他市场联系在一起，并且分布着很多炼油中心。2019 年 52 周的 44 周期间，芝加哥的汽油价格都高于克利夫兰和中西部地区的平均值。2019 年，中西部地区汽油价格的平均值为 2.49 美元/加仑，比全美平均水平低 12 美分/加仑。2019 年，中西部地区的平均汽油价格在 2 美元/加仑和 2.77 美元/加仑之间波动。

墨西哥湾地区（休斯敦）：墨西哥湾地区是全美普通汽油零售价最低的地区，过去 20 年里，这里的汽油价格每年都是最低的。一半以上的美国炼油能力，都位于墨西哥湾地区，这里所生产的汽油远远大于消费量。2019 年，有 45 周时间，在美国能源信息署收集数据的 10 个城市中，休斯敦的汽油零售价是最低的。2019 年，墨西哥湾地区的平均汽油价格在 1.89 美元/加仑和 2.58 美元/加仑之间波动。

落基山脉地区（丹佛）：落基山脉地区有高山、大片荒原和农村地区，与汽油供应地有较长的距离，这一地区的汽油需求中心也非常分散，从而导致了该地区的普通零售汽油价格相对较高。2019 年，有 39 周时间这一地区的平均汽油零售价是全美第二高的地区，但也有 9 周时间是全美第二低的地区，这一情况反映的是这一地区相对低的汽油消费量和明显的区域差异性。2019 年，落基山脉地区平均汽油零售价在 2.17 美元/加仑至 2.98 美元/加仑之间波动。

西海岸（洛杉矶、旧金山和西雅图）：西海岸的汽油价格高于全美其他地区，主要原因包括：远离其他主要炼油中心，特殊的汽油品质要求使得生产成本增加。由于以上原因，过去20年里，西海岸的平均汽油零售价格在全美是最高的。

由于当地炼油厂停产和沙特阿拉伯石油设施遭到袭击，2019年西海岸汽油价格上涨较多。由于这些事件，导致自2014年以来，加利福尼亚州的平均汽油零售价格历史性地第二次超过4美元/加仑。除3周时间外，旧金山是2019年美国能源信息署收集数据的10个城市中，汽油零售价格最高的城市。2019年，西海岸平均汽油零售价在2.91美元/加仑至3.71美元/加仑之间波动。

2019年10月7日，加利福尼亚州普通汽油平均零售价超过4美元/加仑，为2014年以来第二次，自此以后的3周时间里，都维持在4美元/加仑之上。2019年10月14日，加利福尼亚州普通汽油平均零售价比全美高出了1.46美元/加仑，是2000年5月以来的最大价差。2019年9月30日，加利福尼亚州普通汽油平均零售价与全美的价差为1.31美元/加仑，超过2015年托兰斯炼油厂停产时的1.1美元/加仑，也超过了2019年年初炼厂停产时的1.11美元/加仑。2019年10月28日，随着加利福尼亚州炼厂恢复生产和汽油供应的增加，价差下降到1.35美元/加仑，10月28日和11月4日价格下降到3.95美元/加仑（图1-70）。

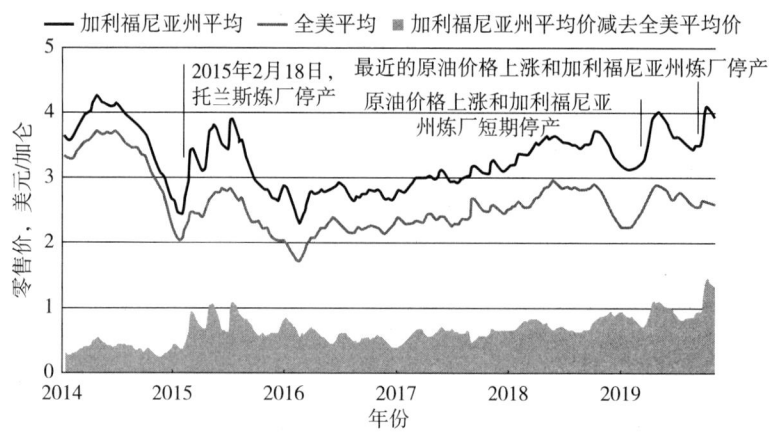

图1-70　2014年1月至2019年11月加利福尼亚州与美国普通汽油平均零售价
资料来源：美国能源信息署，20190年11月5日。

上一次加利福尼亚州普通汽油平均零售价达到 4 美元/加仑的时间，是 2019 年 5 月，原因是加利福尼亚州地区炼厂计划和非计划的停产所致。因为缺少与美国其他地区连接的石油基础设施，加利福尼亚州石油市场是一个独立的市场，炼厂的非计划停产对成品油价格的影响，比美国其他地区都大。此外，加利福尼亚州的汽油标准高于全美其他地区，也使供应受到了限制。

本文撰写于 2020 年 2 月

从天然气价格，看迈向能源独立背景下的美国油气产业

——2019年美国天然气价格三年最低

低廉的价格，使得天然气成为美国第二大能源消费来源和最主要的能源出口产品，并对改善2019年美国能源消费结构起到主要推动作用。

如前一篇文章所述，美国正在迈向能源独立。依据美国能源信息署的有关报告和统计数据，我们组织了两篇文章，分别为2019年美国普通汽油和天然气两大终端能源商品价格情况，从终端消费的角度，来看一看正在迈向能源独立的美国石油天然气行业现状及其对于普通百姓的意义。本文是第二篇，讨论和分析的是2019年美国天然气价格的变化情况。

一、美国是世界第一大天然气生产和消费国

美国是世界第一大天然气生产和消费国，无论是产量还是消费量，一个国家就占全球的20%以上。根据2020年2月11日出版的《短期能源展望》，美国能源信息署初步统计，2019年美国天然气干气的产量为921.5亿立方英尺/日（约合9524.28亿立方米/年），天然气的消费量为849.1亿立方英尺/日（约合8775.99亿立方米/年）。图1-71为2016—2019年美国天然气产量、消费量和净进口量。

天然气是美国第二大能源消费来源，2018年占一次能源消费总量的30.6%，仅次于石油。发电，是美国第一大天然气消费用处，占当年天然气消费总量的35%；工业消费第二，占33%；民用消费第三，占比17%；商业第四，占比12%；交通运输第五，占比3%。

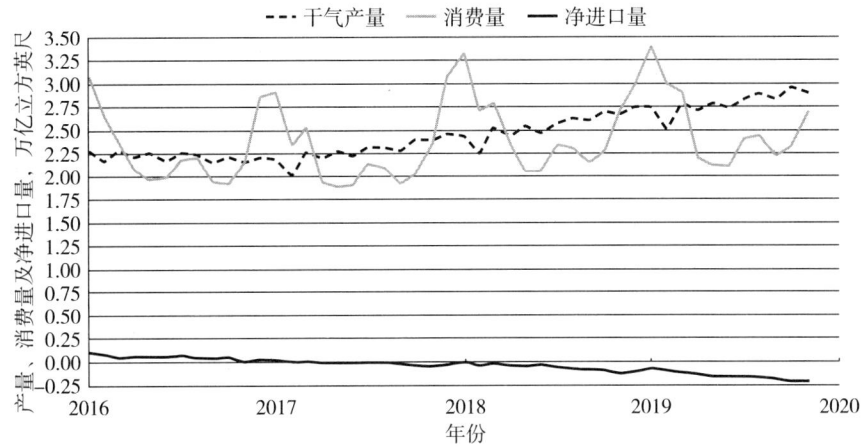

图 1-71　2016—2019 年美国天然气产量、消费量和净进口量
资料来源：美国能源信息署，天然气月报，2020 年 1 月。

自 2016 年以来，美国天然气干气产量年年增加。在 2018 年创纪录水平之后，2019 年前 10 个月，美国天然气干气产量每天增长了 75 亿立方英尺（9%）。

与 2018 年相比，2019 年美国民用和商用天然气消费增长了 2%。2019 年 7 月和 8 月，中西部和东北部炎热的天气，使得燃气电站发电达到了创纪录的水平，美国发电用天然气的消费也显著增加。

由于库存的不断动用，到 2019 年 3 月底，全美天然气库存处于 2014 年以来的最低水平。不过，随着 4 月至 10 月大量天然气被用于补充库存，到 2019 年 10 月库存补充结束时，全美的天然气库存又恢复到 2014 年以来第二高的水平。

2019 年，中南部和东北部有几条新的管道投入使用，增加了二叠纪和阿巴拉契亚天然气产地的外输能力，支撑了不断增大的液化天然气出口、对墨西哥管输的出口和国内发电用天然气的消费。

2019 年，美国管输天然气和液化天然气出口持续增长。其中，通过管输出口到墨西哥的天然气，前 10 个月平均每天为 51 亿立方英尺，比 2018 年增加了 4 亿立方英尺 / 日。由于墨西哥国内几条新建天然气管道的延期，虽然美国跨境天然气管输能力不断增长，但还是影响了美国对墨西哥天然气出口数量的增加。

2019年5月，美国液化天然气出口量稳步增长，达到了创纪录的47亿立方英尺/日，超过马来西亚，成为仅次于澳大利亚和卡塔尔的世界第三大液化天然气出口国。2019年全年，美国液化天然气出口创了新的纪录，达到每天50亿立方英尺，比2018年大涨69%。2019年，美国有数个液化天然气设施投入使用。5月，路易斯安那州卡梅伦项目第一条生产线投入生产；9月，得克萨斯州自由港项目1号生产线出货，12月，2号生产线也出货；7月，得克萨斯州的科珀斯克里斯蒂液化天然气项目2号生产线投入生产；12月，佐治亚州的厄尔巴岛液化天然气项目首批3个移动式液化模块系统投入生产，并出口了第一批液化天然气。

通过管道和液化天然气，美国向加拿大、墨西哥和世界30多个国家出口天然气，但同时也进口天然气。以2019年10月为例，美国出口的天然气总量为4248.66亿立方英尺；从加拿大和墨西哥进口了2049.77亿立方英尺天然气，从特立尼达和多巴哥进口了55.32亿立方英尺液化天然气，从加拿大进口了2800万立方英尺压缩天然气，合计天然气进口总量为2105.37亿立方英尺。

自2017年开始，美国就成为天然气的净出口国。2019年，美国天然气的净出口量为53亿立方英尺/日（约547.79亿立方米/年）。

二、2019年和2020年2月美国天然气价格的变化

2018年，美国天然气平均城市门站价格为4.23美元/千立方英尺。其中，民用价格最高，为10.50美元/千立方英尺；商业次之，为7.78美元/千立方英尺；工业为4.21美元/千立方英尺；发电最便宜，仅为3.68美元/千立方英尺。

2019年前11个月，按年平均，美国天然气平均城市门站价格为3.84美元/千立方英尺。其中，民用价格仍然最高，为10.80美元/千立方英尺；商业次之，为7.70美元/千立方英尺；工业为3.91美元/千立方英尺；发电最便宜，仅为2.98美元/千立方英尺。图1-72为2016—2019年美国天然气城市门站和消费平均价格。

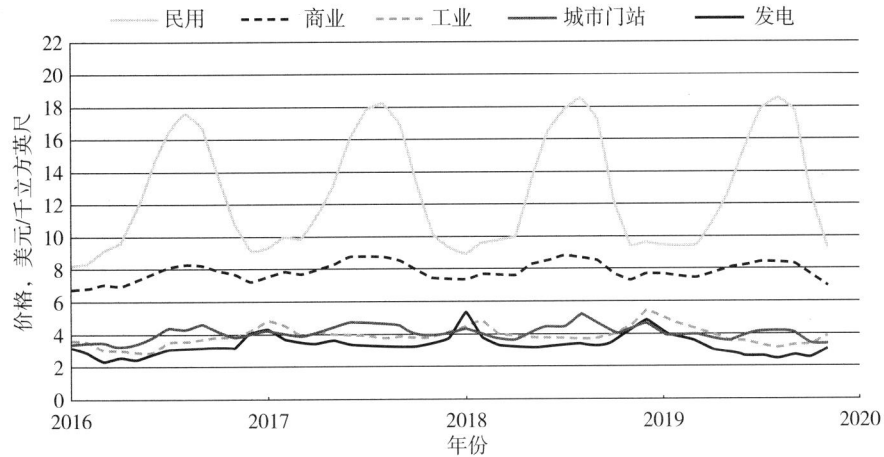

图 1-72 2016—2019 年美国天然气城市门站和消费平均价
资料来源：美国能源信息署，天然气月报，2020 年 1 月。

由于天然气产量的不断增长，使得 2019 年全年大部分时间，美国天然气价格持续承压。2019 年，亨利中心天然气现货价格为 2.57 美元/百万英热单位，比 2018 年低 60 美分，是 2016 年以来的最低水平。从月平均看，2019 年 2 月全美大部分天然气主要贸易枢纽的天然气价格达到顶点，但从 4 月份开始至 12 月份不断走低。2019 年 6 月至 8 月，美国天然气平均价格仅为 2.33 美元/百万英热单位，是 1998 年以来亨利中心天然气最低价格。图 1-73 为 2001—2019 年亨利中心月平均和年平均天然气现货价格。

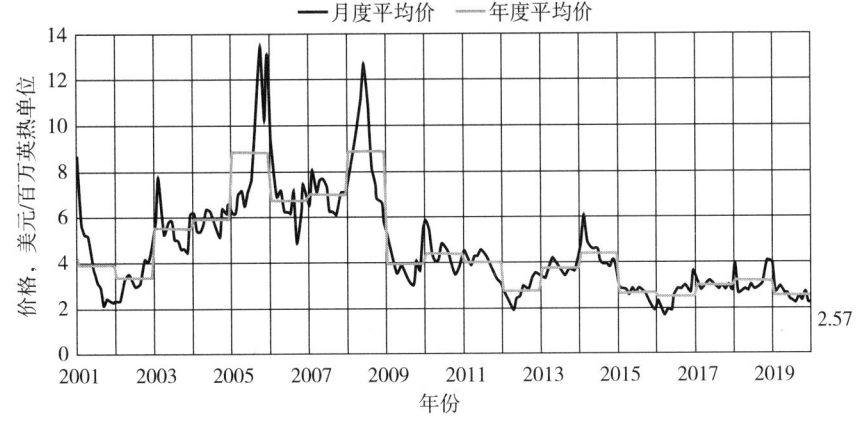

图 1-73 2001—2019 年亨利中心月平均和年平均天然气现货价格
资料来源：美国能源信息署，2020 年 1 月 9 日。

2018—2019年冬季，由于液化天然气的进口有限，导致了新英格兰地区天然气价格的飙升。2019年2月，尽管中西部异常的寒冷，但芝加哥门站的天然气价格却低于往年气候异常时期。西北太平洋地区，由于冬季末期的反季节气温下降和区域供应受限，加之库存下降较多，使得3月份西北部苏马枢纽的天然气价格大幅度上涨。在（3月至8月）连续6个月价格低于1美元/百万英热单位之后，由于新建管输能力部分消除了基础设施的不足，得克萨斯州西部瓦哈枢纽的天然气价格开始上涨。

由于产量的持续增长和温暖的天气，2019—2020年冬季，美国天然气价格处于近10多年来的最低水平。2020年2月10日，星期一，纽约商品交易所近月天然气期货价格收于1.77美元/百万英热单位，这是2001年以来2月份最低的近月收盘价，也是2016年3月8日以来所有月份的近月期货最低收盘价。

此外，2020年2月10日，亨利中心天然气现货价格为1.81美元/百万英热单位，是2016年3月9日以来的最低价。从2019年11月1日以来的冬季取暖季节里，亨利中心的天然气现货价格在1.81美元/百万英热单位至2.84美元/百万英热单位之间波动。图1-74为2000—2020年近月纽约商品交易所天然气期货价格。

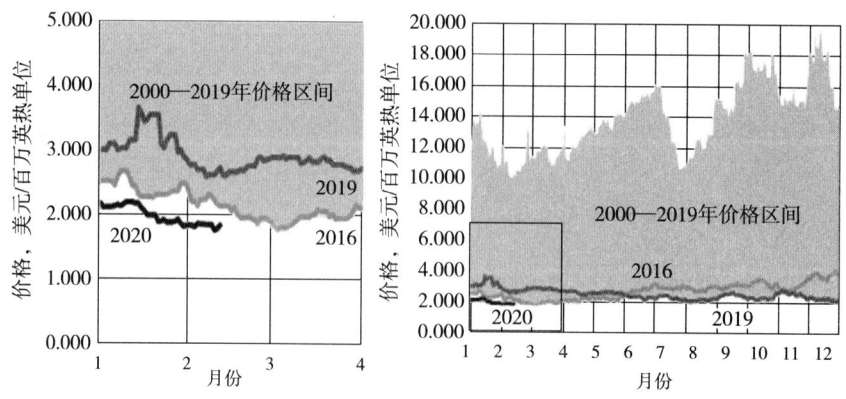

图1-74　2000—2020年近月纽约商品交易所天然气期货价格
资料来源：美国能源信息署，2020年2月14日。

三、2019 年和 2020 年年初美国分地区天然气价格概况

事实上,早在 2019 年年底,从几个主要天然气枢纽中心价格趋势看,2020 年 1 月和 2 月美国天然气价格就将下降,主要原因有两个:作为价格基准的亨利中心天然气期货价格较低,以及与亨利中心相比的地区差价较低。美国天然气产量的持续增加,导致了亨利中心价格一直处于低位。图 1-75 为 2018 年 1 月至 2019 年 12 月主要贸易枢纽月平均天然气现货价格。

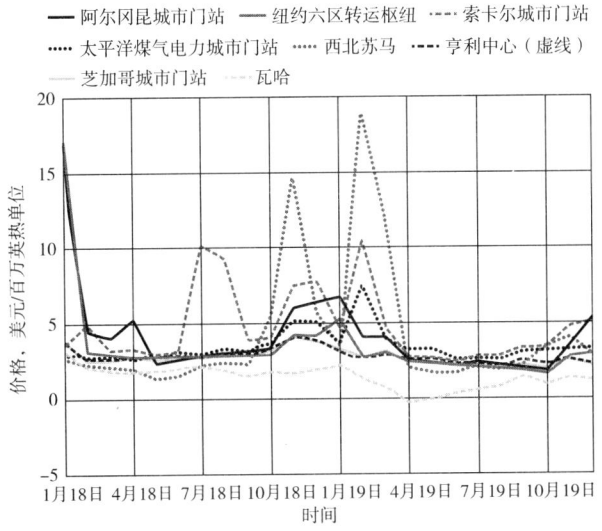

图 1-75　2018 年 1 月至 2019 年 12 月主要贸易枢纽月平均天然气现货价格
资料来源:美国能源信息署,2020 年 1 月 9 日。

一般来说,天然气基准价格掉期和期货合约通常是金融工具,说明的是路易斯安那州亨利中心天然气期货基准价格与全美其他交货点天然气期货价格之间的差异,价差较大的数值通常表示的是,产气区和需求市场之间的管道运输不畅。图 1-76 为 2019 年 1 月至 2020 年 12 月主要枢纽月均天然气现货和期货价格。

西北太平洋地区:2018 年 10 月,加拿大不列颠哥伦比亚省的管道爆炸,导致输往美国西北太平洋地区的天然气减少,2019 年早期西北太平洋地区苏马枢纽的天然气基准价较高。不过,随着管道恢复正常,气价开始下降。预计 2020 年 1 月和 2 月,苏马枢纽基准价比亨利中心的价格要高 1.25 美元。

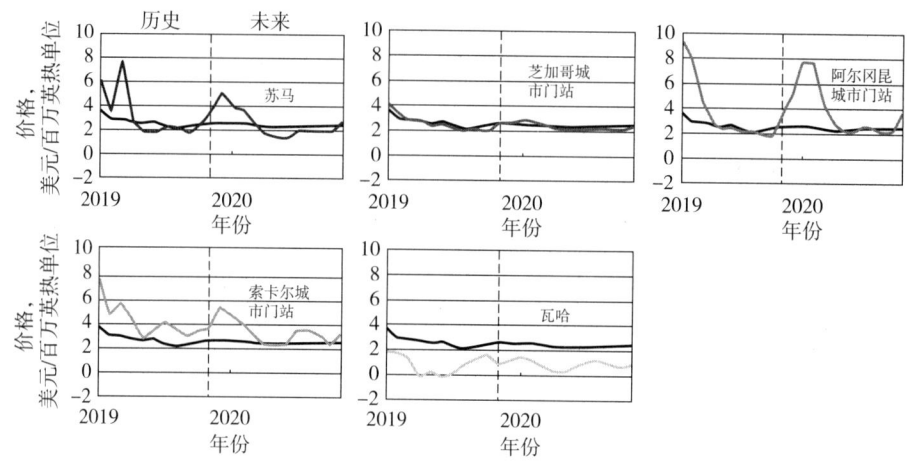

图 1-76　2019 年 1 月至 2020 年 12 月主要枢纽月均天然气现货和期货价格
注：图中的基准价格为亨利中心天然气价格。
资料来源：美国能源信息署，2019 年 11 月 22 日。

芝加哥：2020 年 1 月和 2 月，芝加哥城市门站的价格要比亨利中心高 0.26 美元，与 2019 年同期基本持平。虽然 1 月和 2 月取暖用气需求大增，但来自阿巴拉契亚盆地大量低成本天然气涌入中西部地区，使得芝加哥地区的天然气溢价与亨利中心相比非常小。

新英格兰地区：整个冬季，由于取暖需求高和输入这一地区的主要天然气管道有限，新英格兰地区的阿尔冈昆城市门站价格明显高于亨利中心。2019 年 1 月和 2 月，阿尔冈昆城市门站的现货价格比亨利中心高 5.30 美元/百万英热单位。预计 2020 年 1 月和 2 月，阿尔冈昆城市门站价格将比亨利中心高 5.10 美元。

加利福尼亚州南部：2019 年 1 月和 2 月，索卡尔城市门站的天然气价格比亨利中心高 2.7 美元/百万英热单位。2020 年 1 月和 2 月索卡尔城市门站天然气期货价格比亨利中心高 1.66 美元/百万英热单位。在过去的一年中，加利福尼亚州南部管道运营商扩大了该地区的管道输送能力，州监管机构也给予了从阿里索峡谷存气库动用库存更大的灵活性，而 2015 年 10 月由于泄漏，监管机构加强了对天然气库存运用的监管。预计，与 2019 年冬季相比，2020 年同期加利福尼亚州南部的天然气价格将下降。

得克萨斯州西部：2019年1月和2月，得克萨斯州西部瓦哈枢纽的天然气均价比亨利中心低1.57美元/百万英热单位。得克萨斯州西部和新墨西哥州东部二叠纪盆地原油和天然气产量的持续增长，形成了管输的阻塞，使得大量原油和天然气不能输往消费市场。近来，随着20亿立方英尺/日的墨西哥湾快线管道的建成，部分缓解了输送压力，但本地区的天然气产量仍在持续增长。预计，2020年1月和2月，瓦哈枢纽的天然气价格比亨利中心要低1.27美元/百万英热单位。

本文撰写于2020年2月

市场之手使世界天然气市场发生巨变
——第17届中美油气工业论坛参会随笔

第17届中美油气工业论坛的主调,是大量美国企业来中国销售液化天然气,这在12年前是不敢想象的,说明市场发生了根本性的改变。

2017年11月14日至16日,第17届中美油气工业论坛在浙江省宁波市举行,来自中美两国能源主管部门、石油天然气企业、咨询机构和新闻媒体等约200名代表出席了会议。本次论坛讨论的主题是天然气,会上双方分别就两国天然气产业政策、发展前景及液化天然气(LNG)贸易和投资进行了探讨与交流。

我多次参加中美油气工业论坛,但本次论坛给我留下了非常深刻的印象,会上中美双方政府、企业界热烈的讨论,充分体现了当前世界石油天然气行业的热点和未来发展的趋势。

我们知道,天然气是当前世界能源行业的热点,在20世纪70年代两次石油危机的刺激和21世纪初国际油价暴涨的推动下,世界天然气产业获得了迅速的发展,2000—2016年,世界天然气产量增长了约1.2万亿立方米,年均增长7.63%。更为重要的是,据国际能源署统计,2015年全球能源消费增长的一半来自天然气。2016年,世界天然气产量为3.54万亿立方米,消费量为3.55万亿立方米,在世界一次能源消费中占24.13%,仅次于石油和煤炭,是世界第三大能源消费来源。

对于当前的中国,天然气更具有特殊的意义。近年来由于全国各地雾霾严重,必须尽快改变中国以煤炭为主的能源消费结构,中国已成为世界增长最快的天然气消费市场，本次论坛的主题可谓切中社会热点。

在本次论坛上，有很多美国企业都向中国推销LNG，虽然其中不乏国际大石油公司，但更多的还是中小企业，这些企业有的在美国北部的阿拉斯加州，有的在美国南部的路易斯安那州，它们都提出非常优惠的条件，希望将体量巨大的LNG长期销往中国，而参会的美国政府代表则表示将积极协调解决双边贸易中诸如巴拿马运河LNG船运输和出口税收等问题。

两天会议中，美国公司向中国销售LNG的热情程度，不身在会场，是无法感受的。这使我想起了2005年6月在新奥尔良市举行的第6届中美油气工业论坛，彼时美方代表表示，由于美国国内的油气产量已经达到顶峰，2025年至2035年，美国油气消费只能依靠进口，当时已规划要建设十多个LNG接收站，将从世界市场大量进口LNG。而中国恰巧也有相似规划。因此，会场上的气氛相当凝重，似乎世界上两个最大的能源消费国，将立即开展LNG资源的激烈争夺。

如今世界能源形势发生了巨变，美国成为世界上重要的油气出口国。今天的形势是，中美不再争夺LNG资源，而美国企业迫切地想向中国出售尽可能多的天然气，占领中国市场。今天这样的巨变，是12年前在新奥尔良与会的中美双方代表所无法想象的。

这是页岩革命结出的硕果。美国《华尔街日报》资深专栏作家格雷戈里·祖克曼所著《页岩革命——新能源亿万富豪背后的惊人故事》一书，讲的就是美国页岩革命的过程，故事的时间段是20世纪90年代后期到2013年上半年，涉及如乔治·米切尔、奥布里·麦克伦登和谢里夫·苏基等我们今天耳熟能详的美国页岩革命知名人物。宁波会议期间，手头正好有这本书，利用休息时间我读完了这本约35万字的著作，作为三十多年的石油行业从业人员，祖克曼告诉我们，就在中美双方在新奥尔良为两国未来可能要面临的LNG争夺战而焦虑时，米切尔等人的页岩革命已经基本成功，当然苏基还在积极争取政策和资金要建设从国外进口LNG的接收站，只不过今天这些接收站用于为米切尔等人出口LNG。

美国页岩革命之所以成功，正是众多像乔治·米切尔等一心要发大财的石油个体户们持续努力的结果，美国页岩革命的成功得益于约 8000 家美国中小企业，而不是如埃克森美孚这样的大企业。与此相一致，本次宁波会议上，积极向中国推销 LNG 的，也主要是一些名不见经传的中小企业。多年来我一直呼吁对中国的能源体制实行市场化改革，我们的能源行业应该出现千千万万家中小企业，发挥这些企业的创造性和市场快速反应能力的优势，否则日益严重的油气对外依存度和能源消费中煤炭持久的高比重，给中国带来的负面影响将无法承受。

论坛结束后，我于 11 月 16 日晚回到北京，正好是本年度中国较大一次成品油价格调整的前夜，从机场回家的路上，无论是五环路上的中国石油加油站还是小区附近的中国石化加油站和民营企业的加油站，都没有出现排队加油的现象，看来中国的消费者已日益理性了。我更加希望看到的是，通过十多年的努力，在保证中国自身油气消费需求的同时，中国的企业也能到美国和世界各地去销售石油和天然气，中国也能像美国一样实现能源独立，中国的成品油价格也能像美国一样低廉。

本文撰写于 2017 年 11 月

苏基的创富故事和疯狂的美国液化天然气出口项目建设

——第18届中美油气工业论坛纪实之二

作为美国第一个液化天然气出口终端，萨宾帕斯是美国能源独立的标志性项目，更令人称奇的是切尔尼能源公司（以下简称切尼尔）老板苏基的创业故事。

2018年9月19—20日，第18届中美油气工业论坛在美国石油之城休斯敦举行，来自中美两国能源和商务政府部门、石油天然气行业和金融界等约160位代表出席了本次论坛，就中美两国的能源政策、油气等企业加强在双方和在第三国的合作等方面进行了深入的交流。本次论坛讨论的重点，是液化天然气，多家正在建设的美国液化天然气项目的代表介绍了项目情况。论坛安排参观了美国最著名的液化天然气项目，即切尼尔的萨宾帕斯液化天然气终端。

从本次论坛得到的资料和听了6家美国液化天然气公司的情况介绍，结合到萨宾帕斯半天的现场参观和回想起当年谢里夫·苏基建立切尼尔的创富过程，我个人的感受是，只能用"疯狂"两个字来形容当前美国液化天然气出口项目的建设热潮，不远的将来美国将成为世界第一大液化天然气生产和出口国，其在国际天然气市场的作用和影响力会越来越大。

一、切尼尔是目前美国最大的液化天然气运营商，其成长经历是典型的从白手起家到亿万富翁的美国创富故事

对于国人来说，切尼尔液化天然气项目非常耳熟。2017年11月9日，美国总统特朗普访问中国期间，中国石油天然气集团公司（以下简称中国石油）

与切尼尔签署了合作备忘录。2018年2月9日，中国石油与切尼尔签署了液化天然气购销协议，中美首单液化天然气长期贸易合同落地，合同签约量为120万吨/年。正是借助于中国石油的这份购销协议，切尼尔的科珀斯克里斯蒂液化天然气项目第3条生产线完成了最终投资决策，并成为自2015年6月以来美国第一个完成最终投资决策的液化天然气项目。

切尼尔是谢里夫·苏基于20世纪90年代末期建立的，是纽交所上市公司。苏基是黎巴嫩移民，经营过酒吧和餐馆，其在洛杉矶的餐馆还涉及美国棒球明星辛普森的著名世纪谋杀大案。切尼尔成立的初衷，是想在美国勘探开发石油和天然气，但经过多年失败之后，2000年开始计划建设进口液化天然气接收设施，满足美国日益增长的天然气需求。2002年9月，切尼尔靠借来的500万美元贷款，建设萨宾帕斯液化天然气接收站，2004年夏天同道达尔和雪佛龙签署了为期20年的设施使用协议，每天为这两家公司气化20亿立方英尺的天然气，使用费为每家公司2.5亿美元/年。

2005年，美国国内的天然气产量跌到21世纪以来的最低水平，但天然气需求旺盛，为此美国计划建设40个液化天然气的进口设施。但是，没有想到的是，此后美国的页岩革命已经取得突破，国内天然气的产量止跌回升。2008年4月21日切尼尔的萨宾帕斯液化天然气接收站开幕剪彩后，总共只接收了5船进口的液化天然气，此时美国从国际市场进口液化天然气已经变得荒谬可笑，切尼尔股票跌到只有一杯咖啡的价格，大量裁员，处于破产的边缘，苏基也抵押了自己的全部家产。

2010年6月，切尼尔宣布投资天然气液化设施用于出口，2011年10月与BG公司签署了出口350万吨液化天然气的协议，黑石基金和淡马锡等投资了20多亿美元。这样，切尼尔起死回生，业务从接收进口液化天然气转变为出口液化天然气，股票也大幅度回升。截至我们参观的2018年9月20日当日，萨宾帕斯项目累计向世界28个国家出口了458船液化天然气，其中的56船、超过400万吨出口到了中国，中国已成为美国第三大液化天然气出口目的地。这就是行业一般所说的，中美两国液化天然气合作的第一个窗口期。

目前，切尼尔拥有萨宾帕斯、科珀斯克里斯蒂两个液化天然气项目和规划中的一个中型项目，合计能力为 6350 万吨，是美国第一大、世界第四大液化天然气供应商。2020 年，切尼尔将成为仅次于卡塔尔石油公司的世界第二大液化天然气运营公司。

经历过九死一生并最终成为亿万富翁后，谢里夫·苏基离开了切尼尔，与英国石油公司前首席执行官马丁·休斯顿和自己的前下属、切尼尔原财务总监和市场总监梅格·金特尔一起，成立了泰利尔液化天然气公司，规划建设拥有自己的气田、管网和液化天然气终端的一体化天然气项目，允许最终用户参与投资并锁定液化天然气的交货价格，其中液化能力为 2760 万吨，试图再现一次切尼尔的创富故事。

二、萨宾帕斯终端，也许还说明因时而变是企业的永恒经营之道

从本次论坛所在地的休斯敦会场，到切尼尔的萨宾帕斯液化天然气终端，车程约两个半小时左右。汽车出休斯敦后，一路向墨西哥湾开进，越靠近墨西哥湾，我们看到的是越来越稀的人烟，但炼油厂、化工企业和储罐码头却越来越多，世界最大的独立炼油企业美国瓦莱罗能源公司的阿瑟港炼厂就在高速公路的右边。

萨宾帕斯液化天然气终端位于得克萨斯州和路易斯安那州的交界处（图1-77），属路易斯安那州，在离海岸还有一段距离的河口里。我们在现场看到，终端的码头有两个泊位，水深约 15 米，一艘液化天然气船正在装船，已经建成了 4 条生产线，第 5 条生产线正在建设中，有 5 台储罐，终端拥有自备的天然气电站，现场还有大片的空地可以建设新的液化天然气设施。

在现场参观时，我们还发现，当年谢里夫·苏基建设的用于接收进口液化天然气的设施仍在。现场接待我们的切尼尔工程师介绍，目前道达尔和雪佛龙仍在为设施支付费用。

从事企业、行业和政府部门有关行业规划工作多年，其中最头痛的一个

图 1-77 切尼尔萨宾帕斯液化天然气终端入口处

问题是,一个规划可以在多长的时间内仍然可行且是正确的?在萨宾帕斯现场,除当年切尼尔建设的用于接收进口液化天然气的设施在晒太阳外,上游不远处可以看到的地方,还有一个正在晒太阳的液化天然气接收站,据现场接待人员称,这是卡塔尔天然气公司建设的,当年是为了接收从卡塔尔向美国出口的液化天然气用的。联想到 2005 年 6 月底,我很清楚地记得,在新奥尔良举行的第 6 届中美油气工业论坛上,当时中美两国代表讨论的,是如何避免在国际天然气市场中竞争资源,似乎国际天然气市场即将发生中美两国资源争夺的大战,会场的气氛是非常凝重的。但是,在短短的不到 10 年的时间里,油气行业却发生了完全反转的变化。现在看来,不仅是企业和专家们,就连拥有多种资源的政府主管部门,也不能很好地认识行业的趋势。

站在墨西哥湾烈日下的萨宾帕斯,感慨颇多。一方面,我们的认知水平永远有限;另一方面,过去的 10 多年时间里,我们身处的这个石油天然气行业的变化实在是太快了。最为重要的是,萨宾帕斯晒太阳的设施告诉我们的是,企业经营所有的战略只能是因时而变。图 1-78 为萨宾帕斯液化天然气码头。

图 1-78　萨宾帕斯液化天然气码头

三、美国正在大规模建设液化天然气出口设施，未来将成为国际天然气市场最重要的供应方

据不完全统计，美国已经批准 10 个液化天然气出口设施项目，其中 6 个在建，还有 23 个正在办理审批手续。本次论坛中，安排了切尼尔、全球风险、木兰花、塞姆普拉、下个世纪和泰利尔 6 家美国液化天然气项目的代表，介绍了各自项目的建设情况，这 6 家企业合计已经投产和计划建设的液化天然气生产能力为 1.8 亿吨。这些项目若能如期建成，2025 年前后美国将成为世界第一大液化天然气生产和出口国，大大超过卡塔尔规划中的 1.1 亿吨液化天然气的能力。

从论坛美方代表提供的材料和交流中得知，美国正在建设的几个液化天然气项目，每吨液化天然气产能 EPC 总承包的费用约为 500 美元。一个 880 万吨液化天然气设施建设的全部费用，约为 60 亿美元。一家美国液化天然气项目的代表，在论坛会场表示，在买方参加项目建设融资的前提下，未来可提供的液化天然气价格为每百万英热单位 FOB 3 美元。由于拥有成本极低和产量巨大的页岩气、十分优越的建厂条件和灵活的、不同于卡塔尔等传统液化天然气出口国的合同和计价方式，当前和未来美国的液化天然气具有极强的成本优势，其市场竞争能力会非常强，对国际天然气市场的影响力将越来越大。

在萨宾帕斯现场考察中，我们发现，墨西哥湾沿岸之所以成为美国最重要的炼油化工中心，得益于优越的自然条件，一是人口稀少，不会有高昂的拆迁费用，便于开展大规模炼油化工项目建设；二是港口条件好，很多的液化天然气项目都建设在河口地区或内河，可以满足建设 15 米水深码头的条件。我在国内参与了多个原油成品油码头和液化天然气接收站项目评估工作，目前国内已经很难找到建设液化天然气接收站的码头选址，即使通过多种方式建设，也成本高昂。这一优越的自然条件，也将大大助力美国液化天然气产业的发展。三是美国有规模庞大并市场化运作的管网系统，为不断增长的天然气产量和建设液化天然气出口项目提供了方便且成本低廉的管输网络。正是由于具有如此优越的条件，美国液化天然气出口设施大部分建在墨西哥湾沿岸，可以方便地向欧洲、拉丁美洲和亚太地区出口。

相比 2017 年 11 月在中国宁波举行的第 17 届中美油气工业论坛，本次论坛给所有参会的中方代表留下深刻的印象，美国天然气产业非常繁荣，或可以用另外一句话来形容，即美国的天然气产业正处于欣欣向荣之中。只有置身于论坛的现场，通过与参会的美国油气企业代表的深入交流，尤其是参观切尼尔萨宾帕斯终端一路的所见就能明白，为什么 9 月 25 日在第 73 届联合国大会中，特朗普会说"我们已经成为整个地球上最大的能源生产国。美国随时准备输出我们充足的、经济可支的石油、清洁煤和天然气"。为什么特朗普会成了美国能源行业的第一推销员，在出访中将推销美国的液化天然气作为首要任务，甚至不顾基本的外交礼仪，力压德国等欧洲盟国，要多买美国的液化天然气，反对这些国家参加北溪天然气 2 号管道项目建设，要它们减少购买俄罗斯的天然气。我们将越来越会看到，随着规划中的庞大的液化天然气项目建设并投产，美国将作为世界第一大液化天然气生产和出口国，出现在国际天然气市场。因天然气的出口问题，美国政府会做出更多的经济、外交，甚至军事的行动。

9 月 22 日早晨约 5 时许，经约 14 个小时的飞行，我们从美国休斯敦回到了北京。大风之后的凌晨，天空碧蓝，清澈透明，能见度极高。从机场回家的路上，美丽的朝霞正从东边升起，周六并恰好是中秋节假日第一天的京城，万籁俱静，路上车辆少有的稀少，一路顺畅。

参加了多次中美油气工业论坛，但此行的心情却十分复杂。高兴的是，作为一个行业论坛已经成功举办了 18 届，实属不易。18，对于全世界的华人来说，都是一个十分吉祥的数字。作为世界最大的油气进口和生产国的中美两国，石油和天然气是当前和未来两国关系中无论如何都回避不了的话题。作为从业 30 多年的国际能源和石油天然气行业研究人员，我衷心地希望，这个已经举办了 18 届的中美两国油气行业的论坛能顺利地举办下去，希望通过行业的交流和沟通，有助于中美两国更大范围的理解和合作。

本文撰写于 2018 年 9 月

曾经的辉煌都已荡然无存
——美国安然公司的做假及其毁灭性后果

在国内某咖啡公司爆雷前,历史上最著名的做假企业是美国安然公司。非常有意思的是,其总部大楼就设有一万平方米装修奢华的咖啡厅。

近日,国内在美国上市的某咖啡公司做假事件爆出,舆论一片哗然,看法各异。对在美国上市的公司而言,不论是美国本土的公司或是别国赴美上市的公司,做假事件一直层出不穷。这些做假企业中,有能源行业著名的安然公司。曾经风光一时的能源明星企业,做假爆出后公司破产,高管或暴亡或自杀或受到严厉的处罚。但是,健忘似乎是人类永远的天性,利益驱使下,安然公司受到的严厉做假处罚仍不能阻止后来者,人们似乎没有从过往的惨痛教训中学到任何教训,并大有长江后浪推前浪之势,更多说明的还是人性之贪婪。

一、以创新为招牌的明星能源企业

安然公司成立于1930年,最初名为北部天然气公司,是北美电力电灯公司、孤星天然气公司以及联合电灯铁路公司的合资公司。1941年,北部天然气公司上市。1979年,北方内陆天然气公司(InterNorth)成为公司的控股股东,并取代北部天然气公司在纽约证交所挂牌。1985年7月,北方内陆天然气公司收购了竞争对手休斯敦天然气公司,并更名"安然"(Enron)。非常有趣的是,公司原更名为"安特然"(Enteron),后因字意不雅(enteron意为肠子、消化道)而缩略为安然。

安然公司业务非常多元,最辉煌时其网站"安然在线"上销售1500种以上的产品，包括：广告、风险控制、带宽业务、宽带服务、建筑服务、煤炭、信用风险控制、原油及其制品、电力、排放许可、能源采购、能源资产管理、智库、设备管理、森林产品、货运、媒体风险控制、金属交易、天然气、木材、液化石油气、石化产品、塑料、能源、本金投资、纸浆、日用品风险管理、货代、钢铁、水处理、气候风险控制、风能等。此外，公司还从事糖、咖啡、羊毛、鱼肉及其他肉类等的期货贸易，甚至包括气象期货。

虽然从事的业务种类繁多，但安然公司的主业是天然气的采购和销售，拥有遍布全球的发电厂和输油管线，是世界上最大的天然气采购商和出售商，世界最大的电力交易商，世界领先的能源批发做市商，世界最大的电子商务交易平台，拥有37000千米的州内及跨州天然气管道，还从事电信业务。

1990年至2000年的11年间，安然公司的销售收入从59亿美元迅速上升到1010亿美元，净利润从2.02亿美元上升到9.79亿美元，拥有2.1万名雇员。2000年8月，安然公司股票每股高达90.56美元，市值最高时近800亿美元。

1996年至2001年，《财富》杂志连续6年将安然公司评为"美国最具创新精神公司"，排名居于微软、英特尔之前，2000年更将其评为"全美100最佳雇主"。2000年，安然公司在美国《财富》杂志的"美国500强"中位列第7名，在世界500强中位列第16位。

二、经营方式复杂得令人难以置信的核心是做假

20世纪80年代后期，美国政府解除了对能源市场的管制，天然气价格与油价的波动带来了能源交易的商机，许多能源消费商对控制能源价格风险提出了迫切的需求。1992年，安然公司成立了"安然资本公司"（Enron Capital），开始能源期货与期权交易。

1997年8月，安然公司首次引入天然气方面的衍生产品交易，后来交易品种进一步扩大到煤炭、纸浆、纸张、塑料、金属和电信宽带等领域，安然公司逐步从电站和管道"运营商"变成"交易商"，在成为世界上最大的天然气经营商和最大的电力交易商的基础上，发展成为领先潮流的能源批发做市商。

石油的奇迹 数说美国能源独立

1999年11月，安然公司创建了第一个基于互联网的全球商品交易平台——安然在线，提供从电和天然气现货到复杂的衍生品等1500多种商品交易。不到一年时间，即发展成为年交易规模近2000亿美元全球最大的电子商务交易平台。10年间，安然公司从一家天然气、石油转输公司变成一个类似美林、高盛等的华尔街公司。

1990年，安然公司收入的80%来自天然气转输服务业，而到2000年其收入的95%来自能源交易与批发业务。更为重要的是，在这些所谓"创新"业务中，安然公司将一系列不动产（如天然气井与油矿）等打包作为抵押，通过某种"信托基金"或资产管理公司，对外发行债券或股权。这些"信托基金"或资产管理公司，都是安然公司关联企业，它们之间隐藏着多种复杂的合同关系，从而达到隐蔽债务、减税以及人为操纵利润的目的。通过这些手法，加上报表操作等，使安然公司的收入与利润逐年猛升。

根据事后调查公布的资料，人们戏称安然公司造假就是"点石成金术"。公司成立了数以百计的关联公司，随心所欲地以《星球大战》《侏罗纪公园》中的角色来命名。当公司需要提高业绩时，就将一批光缆高价卖给以《侏罗纪公园》"猛龙"命名的因特网公司，而到下一季度时再将这些光缆售给以《星球大战》中的战士"杰迪"命名的一家石油合作公司，从而使安然公司的利润大大超过了华尔街的预测数字。

据称，挂在安然公司大厅里的横幅是"世界一流公司"，而世界著名的国际大石油公司在安然眼中不值一提。安然公司的高层认为，埃克森美孚等公司将会由于自身的庞大体重而颓然倒地。

为追求稳步增长的目标，安然公司将财务报表做得极其复杂，而且其经营方式更复杂得令人难以置信，甚至连公司创始人肯尼思·莱都搞不明白，使所有的外部人士如堕五里雾中。行业人士大都认为，安然公司高层非常傲慢自负，经常对外部质疑者不加掩饰地轻蔑称之为搞不懂自己的业务，并且认为所有质疑者都是"不道德的"。

安然公司的核心文化就是盈利，追求的目标就是"高获利、高股价、高成长",鼓励的是不惜一切代价追求利润的冒险精神,用高盈利换取高报酬、高奖金、高回扣、高期权,公司甚至把坚持传统做法的人视为保守,很快将其"清理"出去。安然公司的经营理念是:把任何东西转化为商品和货币,无论是电子还是广告空间。

为了对外维护公司的形象,安然公司花巨资建造新的办公大楼,办公室装修奢华,这些都被美国华尔街人士"奉为美谈"。

三、做假的毁灭性后果令人无法忘怀

安然公司做假事件爆出后,结果是毁灭性的,具有教科书式的警示作用,应该值得所有企业经营人士永远铭记。

(一) 公司破产、人员遣散和资产被拍卖

2001年7月12日,安然公司公布的第2季度财务状况,受到了投资者的质疑;8月中旬,公司首席执行官杰弗里·斯基林突然辞职;10月16日,安然公司公布第3季度财务状况,称营运利润每股43美分,但扣除10亿美元的一次性重组费,每股亏损84美分,公司亏损6.38亿美元。就在当天和接下来的时间里,美国众多的投资人和新闻媒体不断披露安然公司、关联企业及其内部交易等问题。

2001年10月22日,美国证券交易委员会对安然公司展开调查。2001年11月6日,安然公司股价首次跌破10美元。11月8日,在政府监管部门、媒体和市场的强大压力下,安然公司向美国证监会递交文件,承认做了假账:1997年至2001年共虚报利润5.86亿美元,并且未将巨额债务入账。11月26日,安然公司股价收市于4.01美元;11月28日,股价跌破1美元;11月30日,股票又跌至仅每股0.26美元,市值仅为2.68亿美元。

2001年12月2日,根据美国《联邦破产法》第11章,安然公司正式向法庭申请破产保护,列出的资产为498亿美元,负债为312亿美元,是美国有史以来最大宗的破产申请案。2002年1月15日,纽约证券交易所正式宣布,根据有关规定,由于安然公司股票交易价格在过去30个交易日中持续低于1

美元，将安然公司股票从道·琼斯工业平均指数成分股中除名，并停止安然公司股票的相关交易。至此，安然公司这个曾经辉煌一时的能源巨人完全崩塌。

安然公司破产后，其2.1万名雇员大多面临失业，其中能源交易员大部分去了美国几大石油公司，其在线交易业务及630名员工被瑞士一家银行收购，伦敦的巴莱克银行聘用了安然公司的26名交易员。

休斯敦路易斯安那大街1500号，是安然公司投资建设的一幢新的总部大厦，总投资约2.6亿美元，面积达11万平方米、40层高，是安然公司炫耀自己辉煌业绩的标志，据说其内设面积约一万平方米的咖啡厅。不过，还没有来得及搬入这幢大楼，安然公司就破产了。2002年年底，这幢大楼以不到建设成本一半的1.02亿美元被拍卖，公司的商标斜体字母E也在资产拍卖中被售出。

2003年12月2日，安然公司破产两周年之际，其位于休斯敦商业区斯密斯街1400号的50层名为Four Allen Center的椭圆形玻璃总部大楼也被拍卖。这幢大楼建设于1985年，一度有7000人同时在此上班。布鲁克菲尔德物业公司2006年以1.2亿美元购买了这幢大楼，出租给了雪佛龙公司，租期为5年，这笔交易当时被称为北美最大的租赁交易。2011年6月25日，雪佛龙公司宣布斥资3.4亿美元，从布鲁克菲尔德物业公司手中收购了这幢大楼。

（二）公司高层或暴亡或自杀或服刑

从2002年1月开始，美国国会参众两院的11个委员会以及司法部、劳工部和证券委员会正式对安然公司破产案展开调查。

2006年1月，休斯敦联邦地区法院对安然公司创始人、前董事长肯尼思·莱和前首席执行官杰弗里·斯基林等在公司丑闻中的行为进行审判，起诉书长达65页，涉及53项指控，包括骗贷、财务造假、证券欺诈、电邮诈骗、策划并参与洗钱、内部违规交易等。

2006年5月25日，在听取56名证人的证词后，陪审团认定肯尼思·莱犯有包括欺诈罪在内的6项指控，刑期累计最高可以达到165年。据说在法庭上，听到判决的肯尼思·莱当场痛哭。在法院正式宣判前的2006年7月5日凌晨3点11分,在科罗拉多州与家人一起度假的64岁的肯尼思·莱死于心脏病突发。

杰弗里·斯基林,1990年从麦肯锡公司跳槽到安然公司,2001年2月接替肯尼思·莱担任公司的首席执行官,但当年8月中旬辞职,理由是想留有更多时间与家人在一起,被陪审团认定包括欺诈、内幕交易等19项指控成立,刑期累计加起来高达185年。2006年10月23日,52岁的杰弗里·斯基林被判刑24年零4个月,并罚款1800万美元。有报道称,基于斯基林的个人资产及其从出售安然公司股票中的所得,检察官要求他支付高达1.4亿美元的罚金,同时还需支付其共同被告、已故安然公司前董事长肯尼思·莱所欠的4300万美元。因为官司,杰弗里·斯基林支付了2300万美元的法律费用,欠下法律顾问3000万美元。为此,美国政府冻结了杰弗里·斯基林名下总值约6000万美元的现金和资产,包括在休斯敦的豪宅以及至少5000万美元的有价证券。

因主动承认自己有罪并与检察机关合作,协助确定了杰弗里·斯基林等人的犯罪事实,44岁的安然公司首席财务官安德鲁·法斯托被判刑6年,其妻子也因参与丑闻而被判1年监禁。

据报道,在安然公司申请破产保护的同时,公司29名高级主管利用内线消息在股票暴跌前抛出了173万股股票,获得了11亿美元的巨额利润。为此,安然公司股东对这29人提出了集体诉讼。

就在美国有关部门正式对安然公司展开调查的2002年1月25日,安然公司前董事会副主席克利夫·巴克斯特被发现在离休斯敦不远的舒格兰居民区一辆奔驰车内,头部中枪,当地警察确认是克利夫·巴克斯特自己朝头部开枪身亡。克利夫·巴克斯特于1991年加入安然公司,曾担任安然公司北美公司董事长兼首席执行官,2000年10月担任安然公司副董事长,2001年5月因家庭原因辞职。据报道,克利夫·巴克斯特对于安然公司利用合伙人掩盖巨额债务的做法提出不同意见,与前首席执行官杰弗里·斯基林不和。在被集体诉讼的29名安然公司高管中,通过抛售股票,克利夫·巴克斯特获利大约为3520万美元,是被告之一。在留给其妻子仅七句话、每个字母都是大写的遗书中,巴克斯特称，虽然自己一直努力在做正确的事，但曾经的辉煌都已荡然无存，活着对谁都没有什么好处。

（三）会计师事务所安达信解体和《SOX法案》的诞生

安然公司破产连带效应之一是，当时世界五大会计师事务所之一的安达信，由于长期担任安然公司的外部审计、内部审计和咨询业务，在安然公司破产后受到社会的广泛质疑。

2001年，安达信从安然公司收取的服务费高达5200万美元，其中约有一半为审计业务以外的咨询服务费。

2002年3月14日，美国司法部对安达信公司提出"妨碍司法"的犯罪指控，原因是安达信公司故意销毁大量有关安然公司的文件；6月15日，陪审团一致认定安达信阻碍司法调查的罪名成立；10月16日，休斯敦联邦地区法院对安达信妨碍司法调查做出判决，罚款50万美元，并禁止它在5年内从事业务，成为美国历史上第一家被判"有罪"的大型会计师事务所。至此，有着90年历史的这个昔日世界五大会计师事务所之一的安达信解体并倒闭。

更为重要的是，安然公司做假事件直接导致了2002年7月25日，美国国会参众两院通过了《2002年公众公司会计改革和投资者保护法案》（即《萨班斯－奥克斯利法案》，简称《SOX法案》或《索克思法案》），该法案被视为自罗斯福政府以来对美国商业界影响最为深远的改革法案，对公司治理、会计职业监管、证券市场监管等方面做出了许多全新的规定，是现行美国上市公司最重要的合规性指导文件。

本文撰写于2020年4月

得克萨斯州铁路委员会调控美国石油产量，那是近百年前的故事！

得克萨斯州铁路委员会过去没有现在更无可能调控全美石油生产，美国可通过外交手段，沙特阿拉伯等国更应主动停止油价战，稳定国际石油市场。

有消息称，2020年3月20日美国得克萨斯州铁路委员收到欧佩克参加6月份会议的邀请。这个年近130岁且在美国石油开发史中赫赫有名的机构，再次走上了舆论的前台。事实上，成功调控石油生产的是1929—1933年经济大萧条时期的罗斯福政府，当下得克萨斯州铁路委员会既没有能力更没有可能调控全美石油生产，只有美国政府通过外交等手段，对沙特阿拉伯等施加压力，沙特阿拉伯等国更应主动停止油价战，稳定国际石油市场，拯救全球经济。

一、限产与热油，得克萨斯州铁路委员会的代名词

1926年春天，美国俄克拉荷马发现了大油田；1930年秋天，得克萨斯州东部发现了"黑巨人"油田，1931年8月产量达每天100万桶，为美国石油需求量的一半。随着产量的不断增加，美国油价迅速下跌。1926年，得克萨斯州油价为每桶1.85美元，1930年为1美元，1931年5月跌到每桶15美分，最低只有每桶2美分，石油业陷入大恐慌。为此，美国石油生产州采取行政措施并成立相应机构干预生产，其中得克萨斯州铁路委员会最为著名。

得克萨斯州铁路委员会成立于1891年4月3日，负责管理得克萨斯州的铁路、码头和快递公司费率及运营。1917年2月20日，得克萨斯州立法机构宣布管道为公共运输工具，授予铁路委员会管理管道业务。1919年3月31日，

得克萨斯州立法机关颁布法令，要求节约石油和天然气，禁止浪费，授予铁路委员会管辖权，这就是著名的得克萨斯州铁路委员会油气生产"物理性浪费"管理权。1930年8月27日，铁路委员会发布了第一个得克萨斯州石油产量配额命令，限定得克萨斯州石油产量为每天75万桶。

1931年8月，得克萨斯州进入紧急状态，州国民卫队接管各大油田；8月17日，宣布东得克萨斯处于"叛乱状态"，州国民卫队和骑警队强行停止石油生产。1932年11月12日，得克萨斯州立法机构通过《市场需求法》，授权铁路委员会确定合理的石油市场需求并按比例相应地分配石油产量，从而使得铁路委员会正式获得了管理得克萨斯州石油生产的权力，这就是著名的得克萨斯州铁路委员会石油生产"经济性浪费"管理权。

得克萨斯州铁路委员会虽然权力越来越大，但发布的指令基本都被美国司法部否决无效，得克萨斯州石油生产仍处于混乱中，大量非法开采的被称为"热油"的石油走私销售，1933年5月5日东得克萨斯的油价跌到了每桶4美分。此时的美国正处于1929—1933年经济大萧条期间，1933年6月16日，美国国会通过《全国工业复兴法》，罗斯福开始实施"新政"；7月14日，罗斯福签署禁止"热油"跨州买卖的命令，授权内政部管理全美石油生产。1933年9月2日，美国内政部长伊克斯向全美石油生产州发出指令，规定各州的生产份额，使全国产量每天减少了30万桶。此外，1932年美国国会还通过了关税法，对进口的原油和燃料油每桶征收21美分、对进口的汽油每桶征收1.05美元关税，控制美国石油进口数量。

1935年，得克萨斯州参议员汤姆·康纳利发起并在国会通过了"康纳利热油法案"，控制非法生产的超额石油；同年，美国石油生产州签订了"州际石油生产协定"，进一步控制石油产量。这样，虽然1935年1月美国最高法院推翻了《全国工业复兴法》中关于禁止生产"热油"的条款，并于1935年6月宣布《全国工业复兴法》违宪，但美国石油生产逐步稳定，1934年至1940年，美国油价不断上升并稳定在每桶1~1.18美元，石油生产大危机终于过去，并为包括中国在内的第二次世界大战同盟国提供了源源不断的石油，石油也因此为第二次世界大战的胜利做出了重要的贡献。

二、市场主导与非欧佩克法案，当前美国油气政策的主调

20世纪70年代两次石油危机以来，历届美国政府能源政策的主调，均是充分发挥市场的力量，努力实现能源独立，视欧佩克为卡特尔，当前美国特朗普政府的石油政策更是如此。

（一）私营和私有，美国油气生产的关键词

美国是世界第一大石油和天然气生产国，与俄罗斯和沙特阿拉伯等不同的是，无论是油气生产企业，还是油气生产场所，基本都是私营和私有的，市场在美国油气生产中起绝对的主导作用。

众所周知的是，除邮政等极少数企业外，美国的企业基本上都是私营的，油气企业更是如此。目前，美国各类油气企业超过万家，大到我们耳熟能详的埃克森美孚、雪佛龙，小到众多不知名的中小油气企业，都是私营的，很多还是上市公司。即使别国国有企业在美国从事油气勘探开发等活动，也都是作为企业法人，受美国法律管理，与所有私营企业同样待遇，平等地参与市场竞争。

美国土地以私有制为主体，土地所有人拥有地下资源所有权。在很多书籍和电影中，我们经常看到油气开发商必须同土地所有人进行谈判，支付一定的费用以获得一段时间里油气资源开发的权力。美国联邦和州政府拥有的土地数量很少，主要是大陆架和海域，如美国海军石油保留地等。美国联邦和州政府拥有土地上的油气资源开发，通过公开招标的方式，由中标的企业进行开发，中标企业向联邦和州政府上交租金等费用。

2019年12月，美国原油产量为1277.9万桶/日，其中墨西哥湾地区联邦政府拥有的海上石油产量为194.1万桶/日，西海岸联邦政府拥有的海上石油产量为1.6万桶/日，合计占当月全美原油产量的15.31%。这就是说，从油气产量的所有权和来源来看，美国油气产量的绝大部分，来源于私人土地，美国联邦和州政府不能主导。

(二) 能源主管部门不参与美国油气生产的具体管理工作

美国是典型的小政府、大社会,联邦政府从政府职能上,对油气生产没有多大的管理权,更多的是通过制定长期战略等进行引导。

20世纪70年代第一次石油危机以来,历届美国政府上台后,都会在一定的时间内公布自己的能源政策,其中油气政策是重头戏。联邦政府发挥的作用主要体现在三个方面,分别为制定并宣布能源战略,确立竞争性规则,维护油气和能源资源等可持续开发,为油气产业提供一个经济、技术和制度框架,为所有企业提供一个公平的市场。

美国联邦政府虽然有能源部,但并不参与油气生产等具体业务,主要工作是制定国家能源战略,以实现提高能源效率、确保应对能源危机的能力、促进环保能源的生产和利用等中长期国家战略目标。具体到油气方面,美国能源部虽然设有化石能源办公室,但主要工作是负责战略石油储备的规划和管理。著名的美国能源信息署,也是能源部的所属机构,主要工作是根据有关法律法规,收集并提供能源信息。

在绝大部分人的印象中,美国能源部与核武器直接相关,其管理的17个国家实验室中,洛斯阿拉莫斯、橡树岭和阿贡三个国家实验室最为著名。美国的超级计算机,绝大部分都在美国能源部管理的这些国家实验室中,从事类型繁多的研究工作。世人可能都不会想到,美国能源部与新冠肺炎疫情有什么关系。2020年3月12日,美国能源部科学办公室发布公告,开放能源部所拥有的超级计算机,邀请科学界对新冠病毒开展研究,寻找潜在的疫苗和抗病毒化合物。

除能源部外,美国内政部、商务部和海岸警卫队等,也涉及某些能源和油气业务的管理及服务。

除政府部门外,美国一些与能源及油气有关的协会,如美国石油学会和世界石油大会美国国家委员会等,都是真正意义上的民间组织,没有对能源和油气业务的管理及协调权力。

(三) 非欧佩克法案,美国政府悬在欧佩克头上的一柄利剑

自 1960 年 9 月诞生以来,美国就不待见欧佩克,20 世纪 70 年代的两次石油危机,更使欧佩克没有给美国留下好的印象,控制产量、抬高价格和卡特尔是美国政府给欧佩克的定性及标签。

从 2000 年 6 月以来,美国部分国会议员一直在持续推动"反石油生产及出口同业联盟(NOPEC)"法案,主要内容是允许美国将欧佩克定义为卡特尔组织,不再给予欧佩克成员国免于诉讼的主权豁免,根据《谢尔曼反托拉斯法》起诉欧佩克操纵能源市场。该法案曾 4 次获得美国众议院司法委员会的通过,2007 年以 345∶72 票获得众议院通过,70∶23 票获得参议院通过,但被当时的总统乔治·沃克·布什否决。2019 年 2 月,美国众议院司法委员会再次以口头表决方式,通过了"反石油生产和出口卡特尔法案"跨两党议案。

就任总统前,特朗普一直是非欧佩克法案的忠实支持者,大力抨击欧佩克,认为油价应该在 30 美元 / 桶,欧佩克在榨取美国公民的财富。在 2011 年出版的《渡过难关:让美国重新登顶》一书中,特朗普公开宣称,美国可以以违反《谢尔曼反托拉斯法》为由起诉欧佩克。自 2017 年 1 月上台以来,特朗普就不断指责欧佩克,公开宣称是欧佩克通过减产推高了油价,不是好事更不可接受。国际石油价格高涨的 2018 年,特朗普的此类推文一篇接着一篇。

欧佩克本身也意识到非欧佩克法案的严重性,一方面,欧佩克秘书处咨询了多家美国顶级律师事务所,积极应对反垄断诉讼;另一方面,在欧佩克及超级欧佩克的会议中,已经避谈减产与石油价格关系。

三、施加外交等影响力,比自己减产稳定国际油市更加现实并有效

世界经济高度一体化,低于 30 美元 / 桶的油价,对谁都不是好事,停止油价战重新稳定国际石油市场已是人心所向。不过,目前能发挥作用的,肯定不是得克萨斯州铁路委员会,而是美国政府和特朗普本人。

（一）油价低于 30 美元 / 桶对全球经济和石油产业产生了实质性的伤害

3 月 26 日，布伦特原油收于 26.34 美元 / 桶，WTI 收于 22.60 美元 / 桶。布伦特最低价 3 月 18 日为 24.52 美元 / 桶，WTI 原油最低价 3 月 20 日为 19.46 美元 / 桶，均为 10 多年来的最低水平，比年初以来最高价分别跌去了 47.23 美元 / 桶和 46.19 美元 / 桶。

疫情导致的石油需求急剧萎缩和滑向衰退的世界经济两大因素叠加，导致了油价暴跌。全球经济正在陷入大萧条，世界各国纷纷采取措施，美联储开启了无限量宽松，美国正在推出两万亿美元刺激计划，G20 启动了 5 万亿美元提振经济计划。对于当前全球来说，一定程度降低石油价格，有利于世界经济的稳定，但是低于 30 美元 / 桶的油价，无论对于全球经济还是石油产业，都不是一件好事。

3 月 9 日油价暴跌的当天，全球股票市场恐慌式群体踩踏大跌，并持续数日，严重影响了全球投资者的信心，一定程度上可以说，是油价的暴跌引发并加剧了全球经济衰退的预期。

对于本轮油价战的始作俑者沙特阿拉伯和俄罗斯而言，油价也都低到了难以承受的水平，而且时间越长，负面影响越大。2020 年，沙特阿拉伯财政预算收入为 2221 亿美元，油价不能低于 65 美元 / 桶。2020 年，俄罗斯平衡财政预算所需的油价为 42 美元 / 桶。俄罗斯总统普京多次宣称，俄罗斯预算是基于 40 美元 / 桶油价编制的。目前国际油市严重供过于求，销售不畅，沙特阿拉伯等扩大产量争夺市场的美梦无法实现。

所有石油出口国和石油公司无一例外地都将受到严重的冲击。3 月 16 日，国际能源署执行主任比罗尔和欧佩克秘书长巴金多发表联合声明，指出当前国际石油市场形势持续下去的话，2020 年油气生产国的收入将下降 50% 至 85%，是近 20 年来的最低水平，将严重影响这些国家的社会稳定和经济发展。3 月 23 日，法国道达尔公司主席普亚内向全体员工发表网络讲话时称，油价暴跌给道达尔带来的损失高达 90 亿美元，等于公司预计投资的一半并等同每年给股东的分红。

最后，美国石油全产业链，特别是众多的页岩油气生产商将受到重创。美国油气行业具有全球最强的竞争力并高度市场化，但是，页岩油气生产成本普遍在 35 美元 / 桶左右，且高度依赖资本市场融资，财务杠杆非常高。正是低于 30 美元 / 桶的油价，使得部分页岩油气生产商向得克萨斯州铁路委员会呼吁，希望协调产量。由于禁止出行带来的需求锐减，全美汽油价格创下自大萧条以来未曾见过的大跌，3 月 23 日芝加哥批发汽油价格跌到了创纪录的 20 美分 / 加仑，3 月 24 日肯塔基州汽油零售价率先跌破 1 美元 / 加仑，预示着美国炼油行业将面临非常困难的经营局面。

（二）得克萨斯州铁路委员会没有协调全美石油生产的可能

首先，从石油生产的现实看，得克萨斯州铁路委员会无法协调全美石油生产。作为世界最大的油气生产国，美国共有 30 多个州和联邦政府拥有的沿海地区生产石油，其中原油产量的 65% 来源于五个州，分别为得克萨斯、北达科他、阿拉斯加、加利福尼亚和新墨西哥。得克萨斯州是美国最大的产油州，原油产量为 535 万桶 / 日，占 2019 年 12 月全美原油产量的 41.87%。页岩油气产量最大的二叠纪盆地，分属得克萨斯和新墨西哥两个州。因此，即使理论上得克萨斯州铁路委员会能协调得克萨斯州的石油生产，但并不能协调全美的石油生产。

其次，得克萨斯州铁路委员会没有协调全美石油生产的法律基础。美国是一个联邦制的国家，各州相对独立，只有国会通过的法律才具有全美施行的可能。1929—1933 年大萧条时期的罗斯福新政，只是在国会通过了《全国工业复兴法》后，才能采取行政措施控制石油生产，平衡市场。因此，得克萨斯州铁路委员会要想协调全美石油生产，必须有国会通过法律的授权。退一万步说，即使国会能通过这样的法律，因涉及多方的利益，可能也会像当年《全国工业复兴法》一样，被相关利益方发起违宪诉讼。

3 月 13 日，特朗普宣布美国进入国家紧急状态，但美国联邦政府和特朗普如想干预美国油气生产，也必须通过国会立法。

最后，得克萨斯州铁路委员会主席明确表示不具备协调石油生产的能力。

诞生于1891年4月3日的得克萨斯州铁路委员会，不但健在而且还很健康。得克萨斯州铁路委员会宣称，其使命是通过对自然资源和环境的管理，对个人和社区安全的关注，以及对发展和经济活力的支持，为得克萨斯人民服务，包括近100年来对石油和天然气行业的监管，对替代燃料安全、天然气公用事业、露天采矿和州内管道拥有管辖权。

目前，铁路委员会下设有9个部门，包括油气、露天采矿和复垦、监管与安全、政府关系、听证、金融服务、信息技术服务等。委员会由3人组成，任期6年，主席由委员选出，现任委员会主席为韦恩·克里斯蒂安，委员为克里斯蒂·克拉迪克和瑞安·西顿。

根据铁路委员会官网发布的消息，3月20日上午，克里斯蒂安与美国能源部举行了电话会，讨论如何稳定油市。会上，美国能源部宣布将采购3000万桶原油，增加战略石油储备，可以为得克萨斯州石油生产商提供售油机会。对于有油气生产商提议的限产，克里斯蒂安表示，虽然自己对这些建议持开放态度，但作为一个自由市场的保守主义者，对这种想法持保留意见。首先，得克萨斯州不是在真空中运作，如果按比例分配石油，不能保证其他州和其他国家也会效仿；其次，委员会已经超过40年没有按比例分配石油，没有有经验的工作人员，处理这一过程的信息能力也非常有限。

（三）特朗普及美国政府对沙特阿拉伯和俄罗斯施加影响，是结束油价战最现实的手段

目前，美国政府干预国际石油市场的方法很多，首选的办法应该是通过外交手段，对沙特阿拉伯和俄罗斯施加压力，停止油价战，事实上美国政府已经正在采取有关行动。

3月12日，特朗普对原油价格大幅下跌表示欢迎，称对美国消费者来说是大幅减税。但是，3月20日特朗普却表示，低油价对原油行业造成了损害，美国政府正在制定计划，准备适时介入油价战，美国将要求沙特阿拉伯恢复原先的较低生产水平。舆论认为，特朗普的此次表态，可能是美国油气公司持续游说的结果。

3月23日，美国能源部证实，国家安全委员会维多利亚·科茨作为特别能源代表前往沙特阿拉伯。美国能源部强调，科茨被派往沙特阿拉伯正值全球原油市场的关键时刻。

3月24日，美国国务卿蓬佩奥与沙特阿拉伯王储萨勒曼通电话，强调维持全球能源市场稳定的必要性，认为作为G20集团的成员国和重要的产油国，沙特阿拉伯有真正的机会在世界面临严重的经济不确定性的时候采取行动，消除全球能源和金融市场的疑虑。

1986年油价暴跌时，时任里根政府副总统的乔治·赫伯特·沃克·布什于4月访问沙特，在凌晨与法赫德国王举行了两个半小时会谈，沙特阿拉伯开始减产推价。今天的国际油市，与35年前是何等的相似。

除以上办法外，美国政府还有两个极端的做法但过程将是非常的艰难。一是如同20世纪30年代大萧条一样，对国外进口的石油征税，将美国国内市场与国际石油市场割裂；二是通过非欧佩克法案，起诉沙特阿拉伯等国。不过，这两个办法的困难之处都在于，需通过国会立法程序，不但费时，而且通过的可能性也存在较大的疑问。

截至北京时间3月27日1时，新冠肺炎疫情已扩散到全球199个国家，确诊46.6万人，已成为全人类的灾难，世界经济正处于风雨飘摇之中。国际多家机构警告，第2季度世界石油过剩将近2000万桶/日，全球原油储备能力已近饱和，国际油价后市或进一步腰斩。3月26日G20视频峰会前，俄罗斯有消息称，本次峰会日程中不包括油市问题，目前看到的峰会公报确未涉及这一话题。世界经济的稳定和发展需要一个合理的油价，如特朗普般期盼油价下跌，现在也都认为油价已经跌过了头。20多天的油价战，可能谁都没有得到任何好处，是典型的杀敌一千自损八百双输式不理性行为，现在应该到了该收手，拯救全球经济、共同应对新冠肺炎疫情的时候了！

本文撰写于2020年3月

日益清晰的特朗普能源政策及其广泛而深远的影响

执政一年半以来,特朗普的能源政策日益清晰,能源已成为特朗普手中有效的对内政策工具和强有力的对外政策武器,其影响也日益显现。

2016年年底竞选成功后,特朗普的能源政策就是世界各国,尤其是研究界关注的热点话题之一。执政一年半以来,特别是刚刚结束的7月11日北约峰会和7月16日特普会(美俄首脑会晤)之后,特朗普的能源政策应该说已经非常清晰。

仔细观察执政一年半以来特朗普在能源方面所采取的一系列举措,我们看到的是,能源在特朗普手中已经成为十分有效的对内政策工具和强有力的对外政策武器。作为世界第一能源生产大国,手握能源武器并使用得日益娴熟的特朗普,将对当前和未来相当长时间的世界经济政治及能源局势产生重大的影响。作为世界第一能源消费和石油进口大国,我们要对此进行认真的研究并积极地应对。

一、美国正在实现能源独立

美国是世界第一大能源生产国,强大的能源生产能力,支撑了美国作为世界第一经济和军事大国的地位,在未来相当长时间里,为其保持世界经济政治和军事霸权,提供了广阔的政策选择空间。

2017年,美国一次能源生产总量为87.536千万亿英热单位(约合36.38亿吨标准煤或21.88亿吨油当量),其中煤炭、天然气、原油和烃类气体液为主的化石能源为 67.98 千万亿英热单位，占一次能源生产总量的 77.66%；核能所产生的电力为 8.419 千万亿英热单位，占 9.62%；可再生能源为 11.137 千万亿英热单位，占 12.72%（图 1-79）。

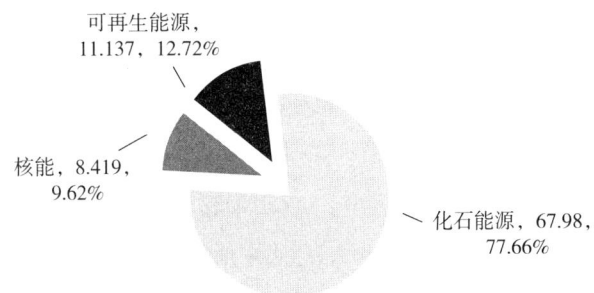

图 1-79　2017 年美国一次能源生产构成

注：单位为千万亿英热单位。
资料来源：美国能源信息署，月度能源评论，2018 年 4 月。

2017 年，美国一次能源消费总量为 97.728 千万亿英热单位，扣除动用的库存，当年一次能源消费进口的数量为 7.437 千万亿英热单位，能源对外依存度仅为 7.61%（图 1-80）。美国一次能源消费的峰值是在 2007 年达到的，为 101.015 千万亿英热单位，自此后的十多年间，在保持经济较好发展的同时，美国一次能源消费都没有超过 2007 年。

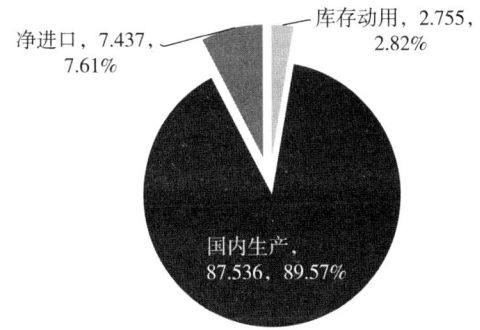

图 1-80　2017 年美国一次能源消费构成

注：单位为千万亿英热单位。
资料来源：美国能源信息署，月度能源评论，2018 年 4 月。

今天的美国正在实现能源独立,这是自 20 世纪 70 年代第一次石油危机后 40 多年间,历届美国政府持续努力的结果。

二、执政一年半以来,特朗普的能源政策日益明朗并不断清晰

2016 年年底竞选成功后,在组建内阁班子时,特朗普选择由出身埃克森美孚董事长兼首席执行官的雷克斯·蒂勒森担任国务卿。雷克斯·蒂勒森在埃克森美孚工作 41 年,从工程师起步,2004 年起的 12 年间担任埃克森美孚首席执行官。埃克森美孚公司起源于洛克菲勒 1882 年创建的标准石油公司,是世界上最大的石油公司之一。2018 年 3 月 31 日,蒂勒森离职。从 2017 年 2 月 1 日算起,虽然蒂勒森担任国务卿仅一年零一个月的时间,但其作为特朗普政府的首任国务卿,说明了石油在特朗普本人和其政府中重要的地位和影响力。

2017 年 1 月 20 日,特朗普就任美国总统后不久,白宫网站列出特朗普政府将要优先处理的 6 大"头号问题",其中第一条就是"美国第一能源计划"。这个计划全文只有短短的 7 段,366 个单词,明确提出美国本届政府的政策是"为辛勤工作的美国人降低能源价格,尽量开发本土能源,减少国外石油进口","继续页岩革命"。认真研究这个文件并观察执政一年半以来的有关举措,我们认为,这个文件虽然简短,但是非常重要,特朗普能源政策的出发点和落脚点,就是为美国民众降低能源价格,一年半以来特朗普的很多举措,就是为了兑现这个承诺并努力实现这个目标。

(一)对内政策上,特朗普能源政策的目标是要把美国能源产业带入"黄金时代"

上台执政以来,特朗普在多种场合表示,美国本届政府将采取一系列措施,把美国能源产业带入"黄金时代",大力支持天然气、煤炭和石油出口,让美国掌握"能源主导权"。为此,特朗普采取了很多具体而较为有效的措施。

2017 年 3 月 28 日,在 20 多名煤矿工人和一些政府官员的见证下,特朗

普签署"能源独立"的行政命令，暂停了多项奥巴马时期的计划和法令，包括《清洁电力计划》，重新强化化石燃料在美国经济中的作用，解除对美国能源生产的限制、废除政府的干涉。特朗普说，这是"美国能源生产一个新时代的开始"。

2017年6月1日，特朗普在白宫的记者会上宣布："即日起，美国将停止落实不具有约束力的《巴黎协定》。"特朗普认为，《巴黎协定》让美国处于不利位置，美国将重新开启谈判，寻求达成一份对美国公平的协议。2017年8月4日，美国国务院发表声明，美国已在当天向联合国递交文书，正式表达退出《巴黎协定》的意愿。

2017年1月24日，特朗普签署了拱心石和达科他输油管线工程的行政命令，给美国石油行业更多自由，以扩大基础设施建设和缓解国内因页岩油产量大增而带来的运输瓶颈问题。与此同时，美国内政部宣布，正在实质性提升油气基础设施项目的审批速度，从奥巴马执政时期的8年审批周期缩短至目前的1~2年。

（二）对外贸易方面，向世界推销产量日益增长的石油和天然气，特朗普成了美国能源产品的首席推销员

2017年7月6日，特朗普在波兰参加"三海峰会"上表示，可以在15分钟以内，启动一个液化天然气的合作协议，如果你们要能源，只需来个电话。

2018年7月11日，北约峰会期间，在与北约秘书长斯托尔滕贝格共进早餐时，特朗普称柏林与莫斯科的关系"不恰当"，德国因依赖能源供应而成为"俄罗斯人的俘虏"。特朗普指出，美国保护德国、保护法国、保护北约所有国家，但很多国家却选择和俄罗斯达成管道协议，向俄罗斯支付数十亿美元，这非常不合适。美国一直反对德国和欧洲国家参与修建俄罗斯直接通往德国的北溪天然气2号管道项目。2018年3月，美国国务院发言人诺尔特表示，美国政府可能考虑对北溪天然气2号管道项目的参与者，以触发《以制裁反击美国敌人法案》进行惩罚。2018年4月底在访问美国期间，特朗普就告知德国总理默克尔，要求德国放弃对北溪天然气2号管道项目的支持。特朗普和美国政府之所以大力反对德国和欧洲参与北溪天然气 2 号管道项目，除了战略上的考量之外，一个重要的原因，就是希望并要求欧洲更多地购买美国的液化天然气，为美国日益增多的液化天然气寻找市场。

中美经贸关系中，特朗普也积极推销美国的油气资源。2017 年 11 月 8 日至 10 日对中国的国事访问中，石油天然气合作是重中之重，特朗普随行的 29 家企业中就有 11 家是能源类企业，双方签订的 2535 亿美元经贸大单中，能源项目几乎占了半壁江山。中美贸易摩擦中，美方希望中国加大从美国的进口，首选就是以油气为主的能源产品。

（三）不断上涨的国际石油价格，成了特朗普的一块心病，打压油价成了特朗普一段时间的主要工作

2018 年 4 月 20 日，特朗普发推特指责欧佩克，认为油价被人为炒高，不是好事也不可接受。同年 6 月 13 日，特朗普发推特，称油价太高了，欧佩克又在忙了，不是好事。6 月 22 日，就在欧佩克第 174 届部长级会议期间，特朗普发推特，希望欧佩克增产，让油价降下来。7 月 4 日，美国国庆当日，特朗普发推特，称欧佩克是垄断组织，不帮忙缓解油价，而美国为保护其很多成员国花了很多的钱，要求欧佩克马上降价。正是在特朗普的一再要求下，沙特阿拉伯主导的欧佩克决定增加石油产量。为了应对 2018 年 11 月 4 日禁止伊朗石油出口可能带来的石油价格上涨，美国政府已经在讨论动用 6.6 亿桶战略石油储备的可能性，国际能源署也在考虑使用成员国拥有的近 44 亿桶石油库存。

（四）对外关系方面，石油成为特朗普强有力的武器，对伊朗和朝鲜的石油禁运最有代表性

2018 年 5 月 8 日，特朗普宣布中止伊朗核协议。5 月 21 日，美国国务卿蓬佩奥提出了被戏称为要求伊朗投降的 12 项新要求。6 月 26 日和 7 月 2 日，美国国务院两次公开喊话，希望所有国家在 11 月 4 日前将从伊朗的石油进口削减至零。

2017 年 5 月 4 日，美国众议院通过"对朝封锁与制裁现代化法"，封锁朝鲜的原油和石油产品进口渠道。2017 年 9 月 11 日，联合国安理会批准第 2375

号决议，对朝鲜进行制裁，将煤气、柴油和重燃油进口减少大半，全面禁止天然气和其他石油替代产品的进口。即使与金正恩2018年6月12日在新加坡举行会谈并签署联合声明，双方关系缓和之际，特朗普于6月22日签署行政令，把涉及朝鲜（威胁）的"国家紧急状态"延长一年，继续保持对朝鲜的经济制裁，其中包括禁止进口石油。7月12日，美国向联合国制裁委员会递交文件，要求所有联合国成员，立即停止对朝鲜石油出口。

相比伊朗和朝鲜，特朗普对另一个一贯反美的石油生产国委内瑞拉的态度还算较为温和，制裁仅停留在经济层面。2017年8月，美国政府禁止委内瑞拉政府和国有石油公司在美国市场发行新债。2018年3月20日，特朗普发布了一项命令，禁止美国公民使用委内瑞拉石油币进行交易。5月20日，马杜罗宣布赢得大选，5月21日特朗普签署行政命令，对委内瑞拉追加经济制裁。到目前为止，美国并没有对委内瑞拉的石油出口实施禁运，委内瑞拉国家石油公司全资子公司、同时也是美国第三大炼油和销售公司的雪铁戈石油公司，正常营业。有媒体称，2017年8月10日，在讨论如何制裁委内瑞拉的会议上，特朗普曾提出出兵入侵委内瑞拉的想法，并在2017年9月联合国大会期间同4位拉美国家领导人共进晚餐时，详细讲述了对委内瑞拉动武的想法。2018年7月5日，美国白宫国家安全委员会发言人称，美国将继续考虑"所有可用的选项"来帮助委内瑞拉人民"恢复民主、稳定和繁荣"，其中包括军事手段，但是最重要的是美国目前并未对委内瑞拉采取军事行动。目前，由于自身原因，委内瑞拉石油工业正处于崩溃边缘，石油产量大幅度下降，在国际石油市场的影响日渐式微。

三、特朗普能源政策的核心内容及中国的对策建议

通过对执政一年半以来的有关举措进行详细的观察和认真的分析，我们认为，特朗普的能源政策主要包括以下三个方面的内容：

第一，不受气候协定等国际责任的约束，大力支持石油、天然气和煤炭等传统化石能源的生产，努力实现美国能源的"黄金时代"，作为国内经济基础

和支柱产业,并作为重要的出口商品,通过能源行业的繁荣,来支撑美国整体经济的较高速度增长。

第二,不断扩大国内产量,施压沙特阿拉伯并联手俄罗斯,形成国际石油市场的超级三角,将石油价格保持在较合理的水平,进而尽最大可能保持美国国内石油等能源产品的价格低廉。

第三,将石油、天然气作为重要的对外政策武器,对某些石油生产国实施出口禁运,对某些石油进口国实施进口禁运,实现美国政府重要的外交政策目标。

分析认为,当前美国经济处于近10多年来最好的时期,失业率降至18年来新低,充分就业,美元进入加息通道。2018年11月6日,美国将进行中期选举。最新民意调查,特朗普所在的共和党在中期选举中首次领跑。特朗普本人对于两年之后的新一届大选,信心满满。虽然双方矛盾重重,但7月16日特普会后,普京公开表示,与美国共同监管世界油气市场,不希望看到油价过高。因此,在未来两年时间里或有可能在未来六年时间里,特朗普的能源政策,将主导美国和世界的能源形势,我们将有很大可能看到的景象是:大量较为廉价的美国石油、天然气和煤炭等传统化石能源,源源不断地涌入国际市场,国际石油和天然气价格维持在相对低位,美国将继续使用石油或天然气作为武器,对敌对的国家进行出口或进口禁运制裁,从而实现特朗普的"能源统治"目标。

中国是世界第一大能源消费和石油进口国,高度依赖国际市场的石油和天然气资源,面对日益清晰并有可能在未来较长时间里持续发挥作用的特朗普能源政策,我们必须采取有效措施,积极加以应对。

第一,能源市场是一个高度国际化的市场,今天的美国已是世界第一大石油天然气生产国,政治体制决定,虽然较高的油气价格有利于美国的能源行业,但会伤及美国普通民众,势必影响即将到来的美国中期选举和两年后的大选,正是在这种情况下,特朗普施压沙特阿拉伯,联手俄罗斯,不断增加石油产量,抑制国际石油价格的不断上涨,力图将石油价格维持在一定的水平。我们认为，在未来相当长时间，特朗普打压石油价格可能将是常态。对于中国来说，较合理的油价，有利于石油进口和经济社会发展，但另一方面的问题是，中国的石油行业已经高度国际化，中国的能源行业和多种所有制的能源类企业，要将自己长期发展的油价预算控制在较合理的水平，持续加强经营管理，努力控制成本，不断提升自己的市场化竞争能力和水平。

第二，妥善处理好与敏感国家的关系。2017年，中国原油进口来源国中，伊朗位居第五，委内瑞拉位居第八，合计为5292万吨，占原油进口总量的12.6%。更为重要的是，中国在这两个国家中，还有大量的能源类投资项目。美国施压德国和欧洲减少从俄罗斯进口天然气，有利于中国增加从俄罗斯进口天然气，中俄天然气管道东线项目的迅速推进可能也得益于此。不过，2017年冬天气荒已经说明，天然气管输具有较强的自然垄断性，中国应从供应安全的角度，系统考虑与周边有关国家的管输天然气供应问题。多年来，中国与朝鲜存在复杂的经贸往来，应站在更高的层次，思考当前和未来与朝鲜的能源贸易关系。

第三，从长远考虑，处理好与美国的能源贸易。当前，对于中美双方来说，能源贸易均不在对方占有多大的比重，也不存在重要的相互依赖关系，但是，由于美国已是世界第一大石油天然气生产国，中国是世界第一大能源消费和石油进口国，双方未来持续扩大能源贸易的空间很大。目前，中美两国经贸关系十分复杂，中美两国的能源企业，应更多地从商业利益出发，持续扩大并不断加深双方石油、天然气和煤炭等贸易，从加深双方的能源贸易理解和互惠做起，为不断改善双方经贸和政治关系做出积极的贡献。

本文撰写于2018年7月

第2编

美国能源知多少

应尽可能深入地了解美国能源行业的细节

近日,坊间有一调侃,讨论或交流国际问题是一个门槛非常低的领域。前一段时间有一个流传甚广的视频,一拾荒者侃侃而谈美国的页岩革命和石油工业。当今中国社会,大国之间的关系和国际石油价格等话题,似乎人人皆可信手拈来,但现实中我们面临的却是越来越多的困境和被动,说明我们可能还是对国际问题研究、大国之间的关系有待更准确地把握,对国际石油价格的变化和世界能源行业的趋势还需下更大功夫,进行更深入的分析和研究。

由于其重要的影响,一定的范围内,美国的能源形势既是一个宏大的话题,也是一个热点的话题。作为宏大的话题,似乎不同类型的人士都可对此侃侃而谈。也许,很多人可能会有模糊的概念,美国正在实现能源独立,但更多的人可能还停留在美国四处挑起争端,掠夺中东或别的什么国家石油资源这样的印象中。事实上,大到美国能源消费的结构、能源及其石油天然气的产量是多少?美国有多少核电站?美国一年在能源支出上要花费多少?小到美国有多少口石油天然气生产井?美国的百姓一家要花费多少能源支出等,可能是绝大多数人都不清楚或不愿意去了解的数据,这其中专业研究人员占的比重不会太少。就是在对基础数据和基本背景知之甚少的情况下,我们很多的专业人员就会去得出某些惊人的结论,某些被称为"侃爷"的更是可以从一个概念到另一个概念而大发宏论,话题比起专业研究人员更加宏大,更加天马行空。

本编选取的25篇文章,目的在于能全面介绍美国能源消费和生产的方方面面。前20篇文章,既有美国全国性的能源消费和生产总体的介绍,也有小到美国有多少口石油天然气生产井,美国普通家庭一年的烹饪用能源支出是多少这样的微观话题;后5篇文章,通过图形化的方式,直观地说明美国能源消费和生产的全过程,目的在于对美国能源行业的介绍更加简单明了。本编25篇文章的资料,全部来源于美国能源部所属的美国能源信息署官方统计,数据的权威性和可靠性有很好的保证。自1949年以来,美国能源信息署不间断地发表美国能源行业的各类统计数据,在保证数据及时性的同时,还有长期的可追溯性,可对数据之间的勾稽关系进行对比分析。因此,从内容看,本编25篇文章非常枯燥,基本全是数据和图表,没有什么故事性,更无宏大的话题,但是它既是前一编我们见证美国能源独立这一结论的数据基础,也是后一编美国能源贸易之所以能够顺利开展的物质条件。本编可以独立成书,通过丰富的数据,较全面地说明和展示美国能源行业的现实,市面上似乎尚没有如此专业和数据丰富的书籍。更为重要的是,如能耐心阅读完本编的25篇文章,记住全部或哪怕部分数据后,一定会成为非常权威的美国能源问题专家,可以就美国的能源问题侃侃而谈,别人对您也只能佩服得无以复加了!

美国的能源消费

以世界第二的能源消费总量，支撑了世界第一大经济活动，近年来美国的能源效率持续提升，2019年能源消费结构发生了历史性的改善。

2019年，美国是世界第二能源消费大国，排名中国之后。作为世界第一经济大国，2019年美国的国内生产总值（GDP）为21.428万亿美元，按2012年美元币值计算的每一美元GDP能源消耗仅5250英热单位，为历史最低水平。美国以世界第二的能源消费，支撑了世界第一的经济运行。

据美国能源信息署和2020年版英国石油公司《世界能源统计评论》等资料，本文将以翔实的数据，分析美国能源消费的基本情况，以便行业和公众对美国的能源行业有一个较为客观的了解。需要说明的是，由于统计口径的不同，不同统计机构和同一统计机构的有关统计数据存在一定的差距；部分行业专业名词、美国地名和机构没有统一的译名，文中仅是自己的理解，可能不一定准确，仅供参考。

一、当前美国能源消费的总体情况

多年来，美国一直是世界第一能源消费大国，但从2009年开始，中国超过美国成为世界第一能源消费大国，自此之后双方一直保持了这一地位。2009年，中国一次能源消费总量为97.52艾焦耳（Exajoules，100亿亿焦耳），美国为89.92艾焦耳。2019年，中国一次能源消费总量增长到141.7艾焦耳，比2009年增加了44.18艾焦耳，增长了45.3%；美国一次能源消费总量增长到

94.65艾焦耳，比2009年只增加4.73艾焦耳，只增长5.26%。

2019年，美国一次能源消费总量为100.2千万亿英热单位（Quadrillion Btu），主要由五个部分的能源消费构成：发电，37.1千万亿英热单位，占比37.03%；运输，28.2千万亿英热单位，占比28.14%；工业，23.1千万亿英热单位，占比23.05%；民用，7千万亿英热单位，占比6.99%；商业，4.8千万亿英热单位，占比4.79%。石油提供了91%的运输用能，1%的发电用能。

2019年美国100.2千万亿英热单位的一次能源消费总量中，主要由石油、天然气、煤炭、可再生能源和核能五个部分构成，其中，石油占37%，天然气占32%，由水能、太阳能、生物质能等组成的可再生能源占11.44%，煤炭占11.3，核能占8.45%。1950—2019年美国一次能源消费构成如图2-1所示。

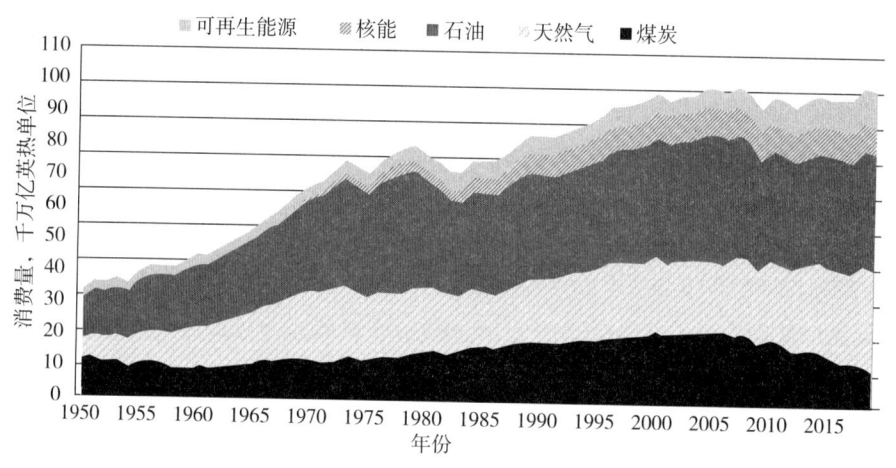

图2-1　1950—2019年美国一次能源消费构成

资料来源：美国能源信息署，2020年5月7日。

由于2008年的金融危机，2009年是美国GDP和能源消费在1949年至2019年间下降幅度最大的年份，这一年GDP下降了2.8%，能源消费下降了近5%，其中居民用能下降了3%，商业用能下降了3%，工业用能下降了9%，运输用能下降了3%。

从2010年到2019年的十年间，美国能源消费总量五年内上升，五年内下降。2018年，美国能源消费总量达到峰值，为101.085千万亿英热单位，比 2007 年创下的纪录高出约 0.19%，而 2019 年一次能源消费总量为 100.165 千万亿英热单位，比 2018 年下降了 0.91%。

20 世纪 50 年代早期，美国能源消费处于自给自足的状态。但是，从 20 世纪 50 年代中期开始，美国进口原油、成品油和天然气的数量越来越大，并最终成为能源净进口国。2005 年，美国的能源进口数量达到峰值，为 30.197 千万亿英热单位，占当年能源消费的 30%。而 2019 年，美国已经成为能源净出口国，能源出口数量为 23.588 千万亿英热单位，能源进口数量为 22.813 千万亿英热单位，能源出口大于进口 0.775 千万亿英热单位。

二、美国终端能源消费的细分

美国的终端用能，细分为四大部门，分别为工业用能、运输用能、家庭用能和商用建筑用能。美国能源信息署认为，作为二次能源的电力，绝大部分是消费一次能源产生的，除自用的部分外，主要用于以上四大终端用能部门，因此虽然电力系统是美国第一大一次能源消费的部门，但不在终端用能的部门之列。

（一）工业用能

美国是一个高度工业化的国家，工业用能约占 2019 年美国能源消费的三分之一（图 2-2）。

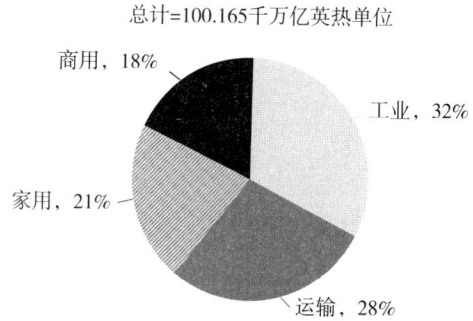

图 2-2　2019 年美国四大终端能源消费部门

资料来源：美国能源信息署，2020 年 6 月 18 日。

从工业用能细分行业看，2018年，大宗化学品用能，位居第一，占28%；精炼行业，位居第二，占18%；矿业，位居第三，占12%；建筑，7%；造纸，6%；钢铁和铝业，6%；食品加工，5%；农业，5%；金属基制品，4%；水泥与玻璃，2%；其他，8%。

大宗化学品是最大的美国工业用能大户，精炼和采矿业分列第二和第三，三者的用能占2018年美国工业用能的58%。

美国的工业用能主要由以下能源资源提供，具体包括：天然气，由中间馏分油、残渣燃料油和烃类气体液构成的石油产品，电力，由农业、林业、造纸等产生的生物质能类可再生能源，煤和焦炭。

某些工业企业使用能源资源作为原料，进行生产活动。例如，烃类气体液是塑料和化工行业的原料。根据2014年版的《美国制造业能源消费概览》，美国制造业在2014年消耗了5.287千万亿英热单位的能源用作原料，占直接使用的能源消费的28%。具体包括：烃类气体液，2363万亿英热单位（Trillion Btu），45%；天然气，554万亿英热单位，10%；煤，484万亿英热单位，9%；焦炭和焦末，81万亿英热单位，2%；其他，1805万亿英热单位，34%。

（二）运输用能

美国俗称为汽车轮子上的国家，2019年美国能源消费中的28%用于运送人和货物。

运输用能主要由以下产品构成，分别为由原油炼制和天然气加工产生的汽油、柴油、航空燃料、残渣燃料油和丙烷，乙醇和生物柴油构成的生物燃料，天然气，电力。

2019年，油品占美国运输用能的91%，生物燃料占5%。天然气占3%，主要用于天然气管道的压缩机；电力不到1%，主要用于公共交通系统。

汽油是美国交通燃料中最重要的产品，不包括乙醇在内的石油类汽油占2019年运输用能的53%，柴油占22%，航空燃料占13%。

2019年，生物燃料占美国运输用能的5%，其中乙醇占4%，生物柴油占1%。

（三）家用能源

除少数气候特殊的地区之外，美国是当今世界上人均用能最高的国家之一，2019 年为 287.6 吉焦 / 人，这其中的很大一部分是消费在家用方面。2019 年，美国一次能源消费的 21% 用于家用。

有关美国家用能源消费的具体情况，美国能源信息署目前拥有的最新的数据仅到 2015 年。2015 年，美国家用能源消费的最大一项是供暖，占 43%；第二项是照明、家用电器等的用电，占 27%；余下的分别为热水（19%）、空调（8%）、制冷（3%）。

天然气和电力是美国家庭最常用的能源资源，其余的为取暖用油、丙烷。供暖是美国家用能源中的最大项，主要使用天然气和取暖用油，一些农村地区的家庭用丙烷取暖。电力主要用于照明、冰箱、电脑等家电设备。

由于取暖季节漫长，美国东北部和中西部地区的家庭能源消耗量大，2009 年这两个地区每户家庭的能源消耗分别为 108 百万英热单位（Million Btu）和 112 百万英热单位。20 世纪 90 年代后期以来，由于经济持续向好和房屋越建越大，美国大量人口涌向南部。2009 年，南部地区消费了 3.22 千万亿英热单位的能源，占美国能源消费总量的 3%，占美国家用能源消费的 32%。

（四）商业建筑用能

2019 年，商业建设用能，占美国一次能源消费的 18%。

从商业建筑用能的细分领域，美国能源信息署只有 2012 年的统计数据。2012 年，美国商业建筑用能的具体情况包括：供暖，25%，排第一位；照明，10%；制冷，10%；通风，10%；冷却，9%；电脑和办公设备，8%；烹饪，7%；水加热，7%；其他，13%。

2012 年，美国商业建筑用能中的最大头是供暖，占整个商业建筑用能的 25%。

电力和天然气是美国商业建筑用能中的主要能源来源，分别占 61% 和 32%，燃油占 2%。

排名能源消费前五位的商业建筑占 2012 年美国商业建筑用能的一半以上。

服务类的商业建筑，占整个美国商业建筑用能的 15%，具体包括：商场、汽车经销场所、干洗店、加油站。办公场所，占整个美国商业建筑用能的 14%，具体包括：专业性机构、政府和银行。教育场所，占整个美国商业建筑用能的 10%，具体包括：中小学、大学。健康机构，占整个美国商业建筑用能的 8%，具体包括：医院、医疗设施。借宿场所，占整个美国商业建筑用能的 6%，具体包括：酒店、宿舍和养老院。

三、持续改善的美国能源使用效率

美国之所以能够用世界第二的能源消费支撑世界第一大经济活动，持续改善的能源效率是主要原因，具体体现在以下两个方面：

一是在能源消费总量有所增加的同时，近年来的人均能源消费趋于平稳。

随着时间的推移，美国的能源消费总量呈上升趋势，美国的人口也在增加，人均能源消费量在 20 世纪 70 年代末达到顶峰，从 20 世纪 80 年代中期到 2008 年相对平稳，2009 年至 2019 年间与 20 世纪 60 年代末的水平大致相同。

20 世纪 80 年代以来，导致美国人均能源消费下降的主要因素有：提高电器、电气设备和建筑绝缘的效率，主要是由于建立了能效标准和改进了建筑能源规范；由于企业平均燃油经济性标准的建立，车辆的平均燃油效率不断提高；能源效率投资的财政激励措施，不断实施并取得实效；不断提高天然气联合循环和热电联产的公用事业规模发电量；减少金属和其他制造业的能源密集型生产；气候温暖地区的人口增长率高于气候较冷地区，从而导致了供暖能耗降低，住宅和商业部门的能源使用总量也降低；屋顶太阳能光伏系统数量的增加，避免了大部分电力系统的能量损失，并降低了住宅和商业部门的总能耗。

二是能源消费强度的不断下降。

1949 年至 2019 年间，按 2012 年美元币值计算的美国每单位国内生产总值能源消耗，在大多数年份都有所下降。尽管美国能源消费的增长与国内生产总值和其他经济因素的增长密切相关，但能源效率的提高和其他经济变化（导致单位经济产出的能源使用量降低）部分抵消了这一增长；与此同时，上述许多导致人均能源消费下降的因素也带来了能源消费强度的下降。

以 2012 年美元计算，1950 年美国的能源强度为 15110 英热单位，而 2019 年下降到了 5250 英热单位，即 2019 年美国的能源强度相比 1950 年大幅降低了 65.25%。

本文撰写于 2018 年 10 月，修改更新于 2020 年 7 月

美国的石油消费和生产

作为世界第一大石油消费和生产国并拥有全球最大的炼油能力，美国的石油市场高度国际化，大进大出原油成品油，充分利用两个市场。

现代石油工业，起源于1859年的美国。美国一直是世界第一大石油消费国，并在很长的时间里，保持着世界第一大石油生产国的地位，第一次世界大战和第二次世界大战，协约国和同盟国都是在美国石油的支持下取得最后胜利的。当前，美国是世界第一大石油消费国和石油生产国，美国石油消费和生产形势的变化，对世界石油市场和世界经济政治形势都拥有举足轻重的影响。

依据2020年版英国石油公司《世界能源统计评论》和美国能源信息署等的资料，本文以翔实的数据，介绍当前美国石油生产、消费和进出口的基本情况，以便行业和公众对美国的石油行业有一个较为客观的了解。需要说明的是，由于统计口径的不同，不同统计机构和同一统计机构的有关统计数据存在一定的差距；部分行业专业名词、美国地名和机构没有统一的译名，文中仅是自己的理解，供参考。

一、美国的石油消费、主要消费品种构成和汽油价格

依据2020年版英国石油公司《世界能源统计评论》，2019年美国的石油消费量为8.418亿吨，占世界石油消费总量的18.9%，世界第一；中国的石油消费总量为6.5亿吨，占世界的14.6%，世界第二；印度的石油消费总量为2.42亿吨，占世界的5.4%，世界第三。

2019 年，包括 110 万桶 / 日的生物质燃料在内，美国的石油消费总量为 2054.3 万桶 / 日。图 2-3 为 2019 年美国石油消费构成。

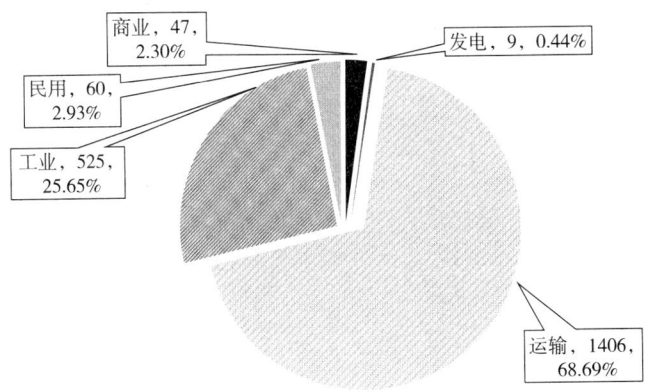

图 2-3　2019 年美国石油消费构成

注：单位为万桶 / 日。
资料来源：美国能源信息署，2020 年 7 月 24 日。

汽油是美国最大的石油消费品。2019 年，美国车用汽油消费为 927 万桶 / 日（3.9 亿加仑 / 日），相当于石油消费总量的 45%，占美国全部运输用能源的 58% 和美国全部能源消费的 17%，总量为 1420 亿加仑。2019 年，美国前五大汽油消费州分别为：得克萨斯，99 万桶 / 日，占美国汽油消费的 11%；加利福尼亚，92 万桶 / 日，占 10%；佛罗里达，47 万桶 / 日，占 5%；纽约，35 万桶 / 日，占 4%；俄亥俄州，32 万桶 / 日，占 4%。

包括柴油和取暖用油的中间馏分燃料是美国第二大石油消费品。2019 年，美国中间馏分燃料的消费为 408 万桶 / 日（1.71 亿加仑 / 日），相当于全美石油消费总量的 20%。

由乙烷、丙烷、丁烷为主和由天然气处理厂、炼厂产生的副产品构成的烃类气体液（Hydrocarbon gas liquids, HGL），是美国第三大石油消费品。2019 年，美国烃类气体液的消费量为 313 万桶 / 日。烃类气体液，除用作能源外，还是美国很多石油化工企业的原料。

航空燃料是美国第四大石油消费品，2019 年美国航空燃料的消费量为 174 万桶 / 日（7300 万加仑 / 日）。

2019 年，美国所有品级的车用汽油综合零售价为 2.813 美元 / 加仑，其中普通汽油零售价为 2.719 美元 / 加仑，高档汽油零售价为 3.341 美元 / 加仑。车用汽油的联邦税为 18.4 美分 / 加仑，高速公路用柴油的联邦税为 24.4 美分 / 加仑；2019 年 7 月 1 日，美国车用汽油的平均州税费为 29.66 美分 / 加仑，高速公路用柴油的平均州税费为 31.54 美分 / 加仑。

二、美国石油产量的演变和炼油业现状

自 1859 年现代石油工业诞生以来，美国多年保持了世界石油产量第一的位置。1976 年，苏联超越美国，成为世界第一大石油生产国，1980 年沙特阿拉伯的石油产量也超过了美国。

从 2020 年版的英国石油公司《世界能源统计评论》的数据看，1970 年，美国的石油产量达到峰值，为 1129.7 万桶 / 日，按年约合 5.65 亿吨。1970—2008 年，美国石油产量不断下降，2008 年下降到 678.4 万桶 / 日，只有 1970 年的 60.05%，为 1970 年以来的最低水平。但是，从 2009 年开始，美国的石油产量扭转了下降的势头。2014 年，时隔 45 年后，美国的石油产量超过了 1970 年的水平，为 1176.8 万桶 / 日。自此之后，美国的石油产量就不断增长，从 2017 年之后，美国超越沙特阿拉伯和俄罗斯，成为世界第一大石油生产国。

2019 年，美国的石油产量为 1704.5 万桶 / 日，按年为 7.467 亿吨，是 1970 年石油产量的 1.39 倍。2019 年，美国的石油产量占世界的 16.7%；沙特阿拉伯的石油产量为 1182.2 万桶 / 日，位居世界第二，占世界的 12.4%；俄罗斯的石油产量为 1154 万桶 / 日，位居世界第三，占世界的 12.1%。

由于统计口径的不同，不同机构的美国石油总产量数字有所不同。美国能源信息署统计的美国广义石油产量，包括原油、烃类气体液和生物燃料三大类。2019 年，美国的原油产量为 1224.8 万桶 / 日，烃类气体液产量为 481.3 万桶 / 日，生物燃料产量为 114.1 万桶 / 日，合计为 1820.2 万桶 / 日。与英国石油公司 2020 年版《世界能源统计评论》中的美国石油产量对比，多出的数量主要是生物燃料。

2019 年，美国共有 32 个州和沿海地区生产石油，其中原油产量的 69% 来

源于5个州：得克萨斯，41%；北达科他，11%；新墨西哥，8%；俄克拉荷马，5%；科罗拉多，4%。此外，2019年，美国原油产量的15%产自由联邦政府拥有的墨西哥湾沿海地区。

2020年1月1日，美国拥有的炼油企业为135家，其中运营的为131家，停产的4家，炼油总能力为1897.6万桶/日，占世界炼油能力的18.7%，世界第一；运营的炼油能力为1854.9万桶/日。当年，美国炼厂的加工量为1656.2万桶/日，占世界的20%，开工负荷为89.29%。

美国最大的炼油企业是位于得克萨斯阿瑟港的莫蒂瓦公司，炼油能力为60.7万桶/日，约合3035万吨/年。2017年，通过与壳牌的资产拆分，沙特阿拉伯阿美石油公司全资拥有莫蒂瓦炼厂。

三、美国的石油从哪里进口并出口到哪里？

根据美国能源信息署的数据，2019年，美国石油的进口总量为910万桶/日，其中原油为680万桶/日，油品为230万桶/日，来源于世界上约90个国家和地区，是1996年以来的最低水平。2019年，美国石油的净进口量为60万桶/日，仅占美国石油消费总量的约3%，是1957年以来的最低水平，而2005年进口石油占美国石油消费总量达到最高峰，为60%（图2-4）。

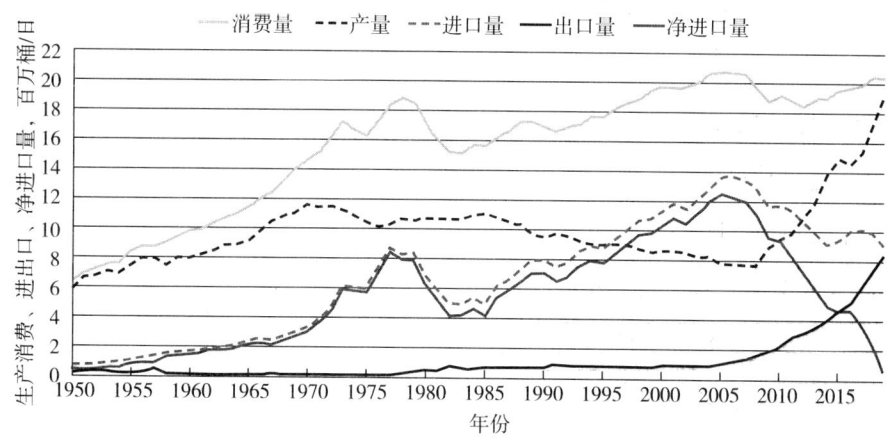

图2-4　1950—2019年美国石油消费量、产量、进出口和净进口量
资料来源：美国能源信息署，2020年4月27日。

2019年，下述5国是美国石油进口的主要来源地，具体包括：加拿大第一，占美国石油进口的49%；墨西哥第二，占7%；沙特阿拉伯第三，占6%；俄罗斯第四，占6%；哥伦比亚第五，占4%。由于方方面面的原因，近年来美国石油进口来源地发生了非常有趣的变化。例如，2017年，美国石油进口的五个主要来源地为：加拿大第一，占美国石油进口的40%；沙特阿拉伯第二，占9%；墨西哥第三，占7%；委内瑞拉第四，占7%；伊拉克第五，占6%。而到2019年，委内瑞拉已经退出了美国石油进口来源前五的国家。图2-5为1960—2019年美国石油进口来自欧佩克、波斯湾和加拿大的变化。

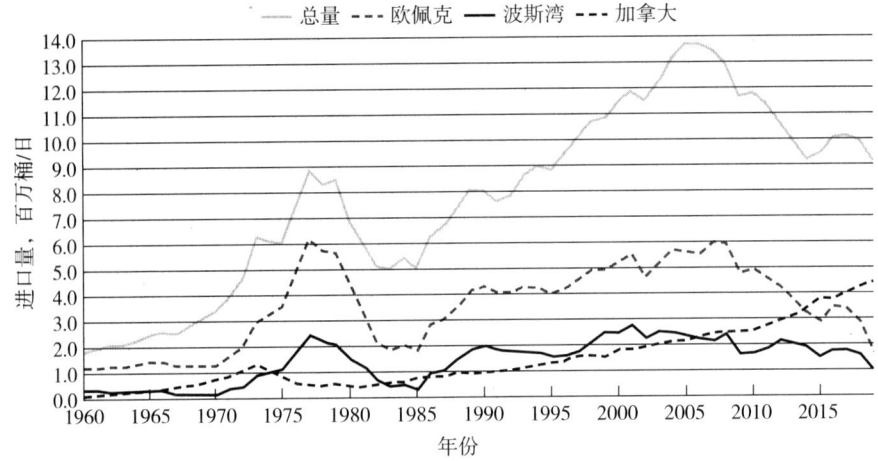

图2-5　1960—2019年美国石油进口：总量和来源于欧佩克、波斯湾和加拿大
资料来源：美国能源信息署，2020年4月27日。

细分到原油，2019年，加拿大是美国最大的原油进口来源国，占当年美国原油进口总量的56%；墨西哥第二，占比9%；沙特阿拉伯第三，占比7%；伊拉克第四，占比5%；哥伦比亚第五，占比5%。

1977年，来源于欧佩克的石油占美国石油进口的比重最高，为70%，占美国原油进口的85%，自此之后就不断下降，2019年下降到只占美国石油进口的22%、原油进口的18%，主要来源于沙特阿拉伯，而来源于波斯湾地区的石油只占美国进口石油的11%、原油进口的13%。

美国的石油市场之所以高度国际化，主要的原因包括，由于物流、监管和质量方面的考虑，出口一些石油是满足市场需求的最经济的方式。例如，美国墨西哥湾沿岸地区的炼油厂经常发现，从经济上讲，将部分汽油出口到墨西哥，比海运到美国东海岸更有意义，因为美国东海岸可能可以从欧洲进口成本更低的汽油，而不需要从美国墨西哥湾沿岸炼厂远距离运输油品。

2019年，美国平均每天出口石油850万桶，其中原油出口量约为每天300万桶，占美国石油出口总量的约35%，美国的石油出口到世界190个国家和地区。

美国2019年出口的石油中，下列5个国家名列前五，其中：墨西哥第一，占当年美国石油出口总量的14%；加拿大第二，占比12%；韩国第三，占比7%；日本第四，占比7%；巴西第五，占比6%。与进口石油来源同样的是，近年来美国出口石油的数量和目的地也都在发生着变化。2017年，美国平均每天出口石油630万桶，其中原油出口量为每天110万桶，前五大出口目的地国为：墨西哥第一，17%；加拿大第二，13%；中国第三，7%；巴西第四，6%；日本第五，6%。

再细化到原油，2019年美国出口的原油中，加拿大位居第一，占当年美国原油出口的15%；韩国第二，占比14%；荷兰第三，占比9%；印度第四，占比9%；英国第五，占比8%。而2017年，美国出口的原油中，加拿大不仅位居第一，而且所占比重高达29%，远高于2019年的比重。

2016年，美国原油出口正式解禁，2017年原油出口量为110万桶/日，比2016年增长了89%，出口目的地有37个。加拿大、中国、英国、爱尔兰、韩国、意大利、法国、新加坡、日本和印度，是2017年美国十大原油出口国，其中中国位居第二位，所占比重为20%。2019年，美国原油出口数量大涨到297.8万桶/日，是2017年的2.7倍，其中中国从美国进口原油的数量为13.3万桶/日，远低于2017和2018年的水平。

由于拥有庞大的炼油能力，通过大量进口原油并在国内加工后，美国向国际市场出口数量庞大的成品油。图2-6为1960—2019年美国净进口石油分类。2019年，美国出口的由炼厂加工过的成品油数量为327.6万桶/日。其中，馏分油的出口数量第一，为132.1万桶/日；车用汽油的出口数量第二，为81.7万桶/日；民用燃料油第三，为23万桶/日；航空燃料第四，为22.4万桶/日。

此外，美国的石油焦出口数量也十分庞大，2019年的出口量高达54.3万桶/日。

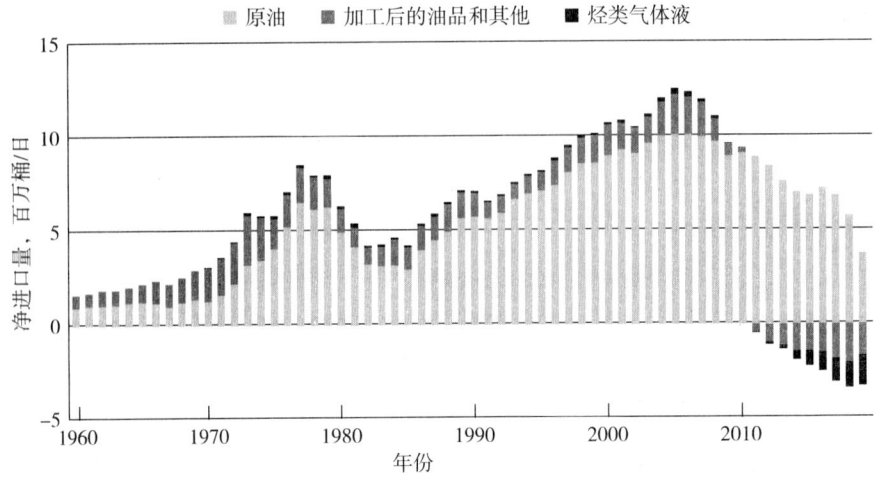

图2-6　1960—2019年美国净进口石油分类
资料来源：美国能源信息署，2020年4月27日。

除出口成品油外，由于拥有世界第一的天然气产量，美国还出口大量的烃类气体液产品，2019年烃类气体液的出口量就占美国石油出口总量的21%，为182.2万桶/日。其中，丙烷的出口数量最大，为108.8万桶/日；乙烷第二，为28.1万桶/日；正丁烷第三，为28万桶/日；天然气汽油第四，为16.8万桶/日。

美国的石油产品出口目的地高度分散化。以2017年为例，包括通过炼厂加工的成品油和烃类气体液合计，当年美国石油产品的出口总量为520万桶/日，主要包括丙烷、馏分油和汽油。馏分油是第一大出口产品，出口数量为138.1万桶/日，约占石油产品出口总量的27%，出口到世界上79个国家和地区，主要是墨西哥和中南美洲；丙烷是第二大出口产品，占石油产品出口总量的17%，出口数量为90.5万桶/日，出口到世界上58个国家和地区，前五大进口国分别为日本、墨西哥、中国、韩国和新加坡，亚洲地区的化纤企业是主要的出口目的地，包括中国在内的亚洲四个国家丙烷进口量为45.2万桶/日，占美国丙烷出口量的一半。与此同时，2017年美国还出口了82.1万桶/日的汽油，出口目的地有世界上69个国家和地区，其中的一半出口到墨西哥。

本文撰写于2018年10月，修改更新于2020年8月

美国的天然气生产和消费

作为世界第一大天然气生产和消费国，美国天然气产量和消费量均占全球五分之一以上，2017年成为天然气的净出口国，美国的天然气出口世界30多个国家。

美国是世界第一大天然气生产、消费国，也是天然气的净出口国。自就任以来，美国总统特朗普出访的主要任务之一，就是向包括中国在内的世界各国，推销天然气，甚至不顾基本的外交礼仪并不惜外交关系的恶化，强迫欧洲购买美国的液化天然气，打压俄罗斯的天然气。

依据2020年版英国石油公司《世界能源统计评论》和美国能源信息署等材料，本文以翔实的数据，介绍当前美国天然气生产、消费和进出口的基本情况，以便行业和公众对美国的天然气行业有一个较为客观的了解。需要说明的是，由于统计口径的不同，不同统计机构和同一统计机构的有关统计数据存在一定的差距；部分行业专业名词、美国地名和机构没有统一的译名，文中仅是自己的理解，仅供参考。

一、美国的天然气生产和消费情况

2019年，美国天然气产量为9209亿立方米，占世界的23.1%；消费量为8466亿立方米，占世界的21.5%，均为世界第一。

2015年，美国天然气产量达到近年来的阶段性峰值，为7403亿立方米，2016年的产量低于2015年，但自2017年以后美国的天然气产量恢复增长，均超过 2015 年的水平，2018 年超过 8000 亿立方米，2019 年超过 9000 亿立方米并创造了历史新高。

根据美国能源信息署的统计，2019 年美国天然气的总供应量为 40.69 万亿立方英尺，其中市场销售的天然气产量为 36.19 万亿立方英尺，干气产量为 33.65 万亿立方英尺（图 2-7）。

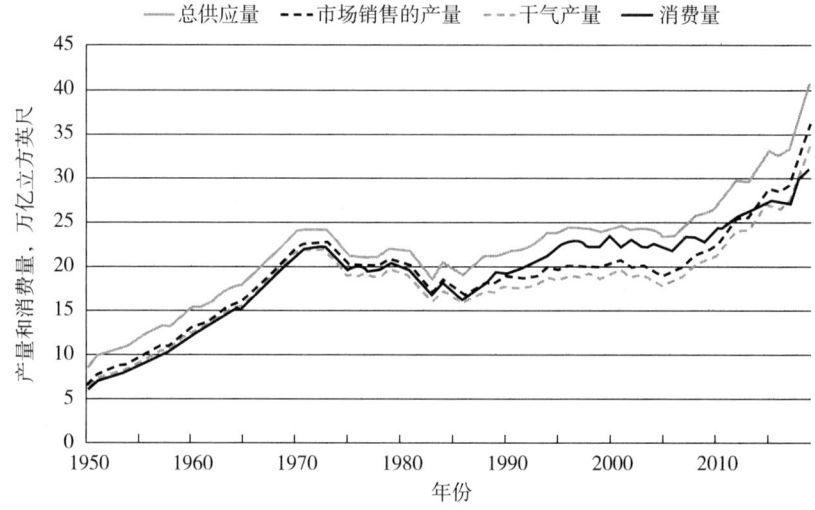

图 2-7　1950—2019 年美国天然气产量和消费量
资料来源：美国能源信息署，2020 年 7 月 10 日。

目前，美国生产的天然气主要由页岩气和致密气构成，2019 年产量为 25.81 万亿立方英尺，占当年美国天然气总供应量的 63.43%。2000 年前后，美国开始大规模生产页岩气，在得克萨斯中北部的巴耐特页岩生产的页岩气已经具备经济性。巴耐特页岩的天然气，是由米切尔能源发展公司作为先驱者开发生产的。20 世纪 80 年代、90 年代，米切尔能源公司在巴耐特页岩开发了水力压裂技术。2005 年，巴耐特页岩的天然气产量已经达到 5000 亿立方英尺。此后，水力压裂技术生产的页岩气，在美国遍地开花，包括阿肯色北部的费耶特维尔页岩、得克萨斯东部和路易斯安那北部的海恩斯维尔、俄克拉荷马的伍德福德、得克萨斯南部的伊格福特、阿巴拉契亚北部的马塞勒斯和尤蒂卡页岩等。

1978年的"天然气政策法"（NGPA）将致密气定义为一个新的气种，目的是在当时天然气价格管制的情况下，鼓励天然气的生产。致密气主要产自低渗透砂岩和碳酸盐岩储层，包括阿巴拉契亚的克林顿、麦地那和塔斯卡洛拉地层以及密歇根的贝里亚砂岩等。

煤层气也是美国重要的天然气资源，2018年美国煤层气的产量占美国天然气干气产量的3%。

此外，高炉煤气、炼厂气、生物质气、丙烷空气混合物和合成天然气等，也是美国消费天然气重要的组成部分，大约占美国天然气消费量的0.2%。位于北达科他州贝拉的大平原合成燃料厂，是美国最大的合成天然气厂，使用煤生产高质量的管输天然气。

2018年美国的天然气产量中，下列5个州占68%，是美国的主要天然气生产州：得克萨斯，22%；宾夕法尼亚，20%；俄克拉荷马，9%；路易斯安那，9%；俄亥俄，4%。此外，由联邦政府拥有的墨西哥湾海上油气田，生产了3%的美国天然气。

美国拥有丰富的天然气资源，而且近年来探明储量不断增加。2016年年底，美国天然气的探明储量为341万亿立方英尺，其中322万亿立方英尺为干气。2015年1月1日，美国未探明、技术可采的天然气储量为1986万亿立方英尺。在2018年12月出版的"美国原油和天然气探明储量"中，美国能源信息署估计，美国探明的天然气湿气资源储量为464万亿立方英尺，其中包括约308万亿立方英尺的页岩气资源，天然气干气的资源储量约为438万亿立方英尺。此外，根据2019年版《年度能源展望》，美国能源信息署认为，美国还拥有2137万亿立方英尺未探明的、天然气干气资源储量。

2019年，美国消费了31万亿立方英尺的天然气，相当于32千万亿英热单位，占美国一次能源消费总量的32%。

在2019年美国的天然气消费中，主要消费在以下五个行业中（图2-8）：发电，11.31万亿立方英尺，占比36%，天然气占发电行业能源消费的31%；工业，10.24万亿立方英尺，占比33%，天然气占工业能源消费的31%；居民，

5万亿立方英尺，占比16%，天然气占居民用能的24%；商业，3.25万亿立方英尺，占比11%，天然气占商业用能的20%；运输，0.94万亿立方英尺，占比3%，天然气占运输用能的3%，其中的95%用于天然气管输和配送。

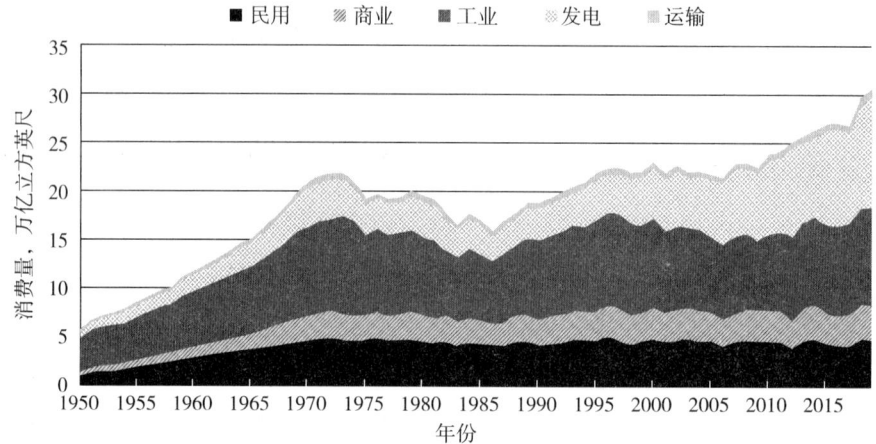

图2-8　1950—2019年美国天然气消费构成
资料来源：美国能源信息署，2020年7月22日。

虽然全美都使用天然气，但下面5个州占美国2018年天然气消费的37.3%，是美国五个主要天然气消费州：得克萨斯，14.7%；加利福尼亚，7.1%；路易斯安那，5.8%；佛罗里达，4.9%；宾夕法尼亚，4.8%。

二、美国天然气的进出口

自2007年以来，由于国内产量的不断增加，美国进口的天然气不断下降。2007年，美国天然气的进口数量达到峰值，为4.61万亿立方英尺，2019年下降到只有2.74万亿立方英尺（图2-9）。

2019年，美国进口的天然气中，98%来自加拿大，基本上全部使用管输，其中仅0.1%是用卡车运输的压缩天然气（CNG）；2%的进口天然气是LNG，其中的89%来源于特立尼达和多巴哥。美国进口天然气主要是在冬季，用于取暖高峰季节。

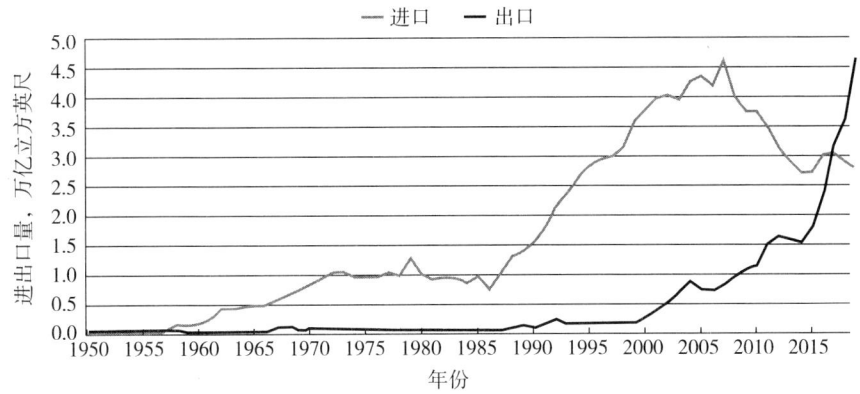

图 2-9　1950—2019 年美国天然气的进口和出口
资料来源：美国能源信息署，2020 年 7 月 21 日。

1995 年前，美国仅进口少量的液化天然气，但自此之后进口的数量不断增长。2017 年，美国进口的液化天然气达 7710 亿立方英尺，为历史最高峰，占当年天然气进口总量的 17%。2019 年，美国液化天然气的进口量为 528 亿立方英尺，是 1996 年以来的最低水平，仅占天然气进口总量的 2%，主要来源于四个国家：特立尼达和多巴哥，468 亿立方英尺，占比 88.7%；尼日利亚，32 亿立方英尺，占比 6%；法国，26 亿立方英尺，占比 4.9%；加拿大，2 亿立方英尺，占比 0.4%。

2000 年，美国仅通过管道少量出口天然气到墨西哥和加拿大。自 2000 年之后，美国天然气的出口量逐年增长。2017 年，60 年来首次天然气出口超过进口，美国成为天然气的净出口国。2019 年，美国天然气的出口量为 4.66 万亿立方英尺，创历史最高纪录，连续 3 年是天然气的净出口国，天然气出口目的地有世界上 38 个国家和地区。

2019 年，美国天然气出口的 61% 是通过管输出口的，其中的 66% 出口到墨西哥。

自 2015 年以来，美国液化天然气的出口快速增长，当年美国仅向 7 个国家出口了 280 亿立方英尺的液化天然气。自 2017 年开始，美国也成为液化天然气的净出口国。2019 年，美国的液化天然气出口量大幅增长到 1.819 万亿立方英尺，占美国天然气出口总量的39%，出口目的地国家和地区增加到38个。

下列5个国家是2019年美国液化天然气出口前五名，其中：韩国第一，数量为2664亿立方英尺，占美国液化天然气出口的14.6%；日本第二，2011亿立方英尺，占比11.1%；西班牙第三，1680亿立方英尺，占比9.25%；墨西哥第四，1434亿立方英尺，占比7.9%；英国第五，1209亿立方英尺，占比6.6%。

美国2019年出口的液化天然气主要依赖运输船运输，此外还有大约110亿立方英尺的液化天然气，使用集装箱用卡车运载出口到加拿大和墨西哥，其中的98%出口到了墨西哥。

三、美国天然气的价格和消费者选择项目

2018年，美国天然气平均城市门站价为4.23美元/千立方英尺（Mcf），而送到用户的平均价格为：居民，10.50美元/千立方英尺；商业，7.78美元/千立方英尺；工业，4.21美元/千立方英尺；发电，3.68美元/千立方英尺。图2-10为1995—2018年美国年均天然气井口、城市门站和居民用气价格。

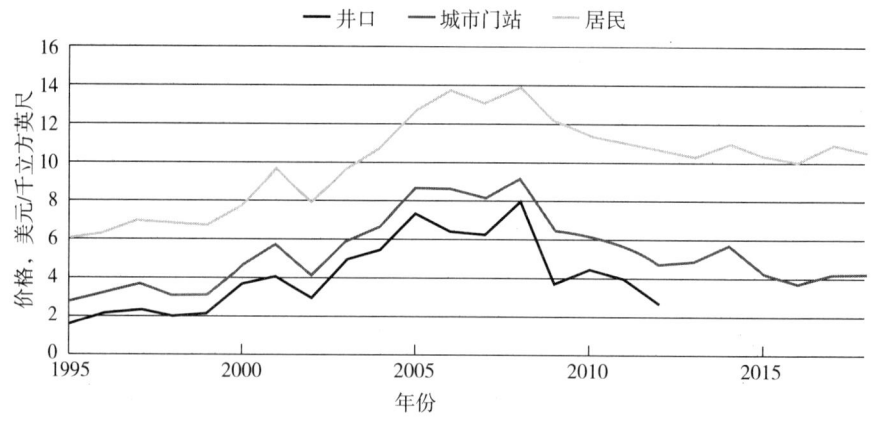

图2-10　1995—2018年美国年均天然气井口、城市门站和居民价格
资料来源：美国能源信息署，2019年11月6日。

2018年，美国夏威夷州的居民天然气价格最高，为43.48美元/千立方英尺；爱达荷州最低，为7.11美元/千立方英尺。

2018年12月，美国23个州和哥伦比亚特区，实施了天然气消费者选择项目。2018年，由地方天然气公用企业为供应商配送天然气比例最高的5个州，分别是：佐治亚，87%；俄亥俄，83%；怀俄明，29%；纽约，26%；马里兰，24%。

图2-11为2001—2018年美国居民天然气消费者选择项目参加人数和所占比例。

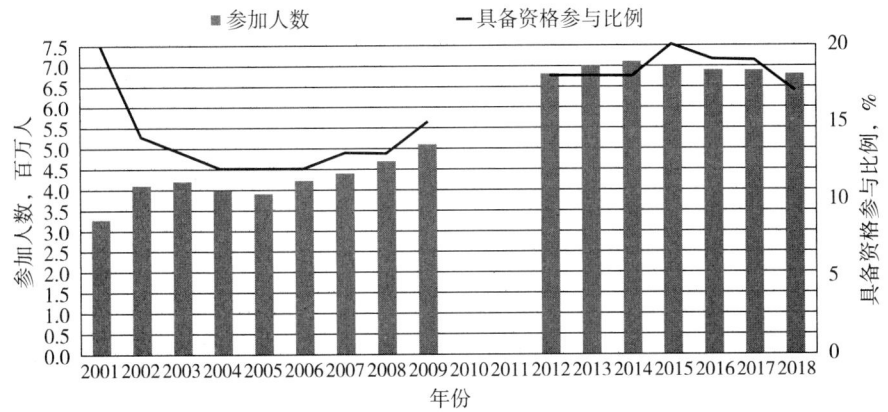

图2-11　2001—2018年美国居民天然气消费者选择项目参加人数和所占比例
资料来源：美国能源信息署，2019年11月12日。

本文撰写于2018年10月，修改更新于2020年8月

美国的烃类气体液生产和消费

以乙烷、丙烷为主的烃类气体液,是美国石油产量和消费的重要组成部分,并日益作为美国国内和世界各地新建石化裂解项目的重要原料。

美国是当今世界最大的石油和天然气生产国。社会大众和媒体比较关心的,是美国的石油、天然气产量和消费量。不过,产量巨大的石油和天然气,还带来了一个重要的副产品,即烃类气体液。种类繁多的烃类气体液,既是美国能源产量和消费的重要组成部分,也是重要的出口商品,其在世界能源和化工行业的地位越来越重要。

依据美国能源信息署等资料,本文以翔实的数字,介绍当前美国烃类气体液的生产、消费和进出口的基本情况,以便行业和公众对美国的石油和天然气行业有一个更加深入的了解。需要说明的是,由于统计口径的不同,不同统计机构和同一统计机构的有关统计数据存在一定的差距;部分行业专业名词、美国地名和机构没有统一的译名,文中仅是自己的理解,可能不一定准确,敬请谅解并指正。

一、烃类气体液的基本概念

从最基本的化学概念来说,石油和天然气,都被称为碳氢化合物。烃类气体液或碳氢气体液,英文为 hydrocarbon gas liquids,指的是常压状态下气态、有压力状态下的液态碳氢化合物,主要有:乙烷、丙烷、丁烷和戊烷类的烷烃,乙烯、丙烯、丁烯和异丁烯类的烯烃。烃类气体液,是石油和天然气的组成部分,是在天然气处理厂和炼油过程中产生的。在美国,天然气处理厂液(Natural gas plant liquids,NGP),占烃类气体液的大头,主要是烷烃类;而炼油过程中产生的烃类气体液,主要是烯烃类。图2-12为烃类气体液的来源、生产和类型。

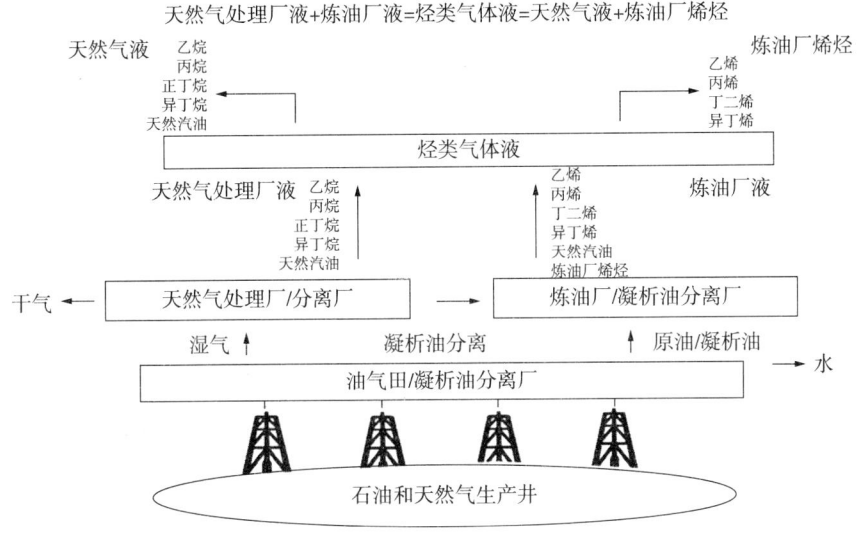

图 2-12 烃类气体液的来源、生产和类型

资料来源:美国能源信息署,2019 年 10 月 31 日。

烃类气体液用途广泛,主要包括:化工企业生产化学品、塑料和合成橡胶的原料,加热、烹饪和干燥用的燃料,运输用的燃料,车用汽油的添加剂,稠油运输中的稀释剂等。

二、美国烃类气体液的生产、消费和运输情况

2018 年,烃类气体液约占美国石油消费总量的 15%,而 2016 年时仅占 13%,是美国石油消费的重要组成部分。

2018 年,美国烃类气体液的产量为 466.4 万桶/日,主要包括以下产品:乙烷 171.3 万桶/日,占比 36.72%;丙烷 140.1 万桶/日,占比 30.03%;正丁烷 36.5 万桶/日,占比 7.82%;异丁烷 38.7 万桶/日,占比 8.3%;天然汽油 50.4 万桶/日,10.8%;炼油厂烯烃 29.5 万桶/日,6.33%(图 2-13)。

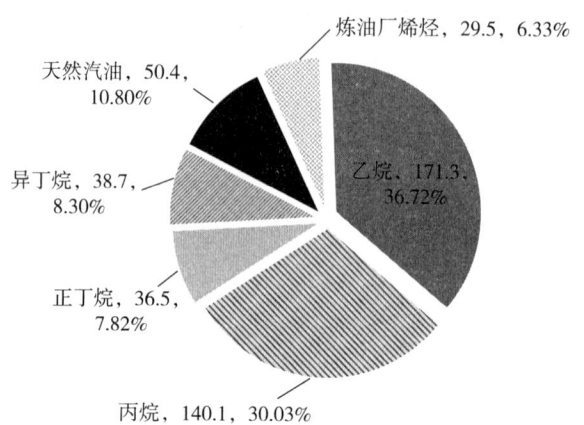

图 2-13　2018 年美国烃类气体液产量构成

注：产量为万桶/日。
资料来源：美国能源信息署，2020 年 6 月 30 日。

近年来，美国烃类气体液的产量增长非常迅速。两年前的 2016 年，美国烃类气体液的产量为 414 万桶/日，主要产品构成为：乙烯，36%；乙烷，31%；天然汽油，10%；正丁烷，8%；异丁烷，8%；炼油厂生产的烯烃，7%。图 2-14 为 2008—2018 年美国烃类气体液产量及分类。

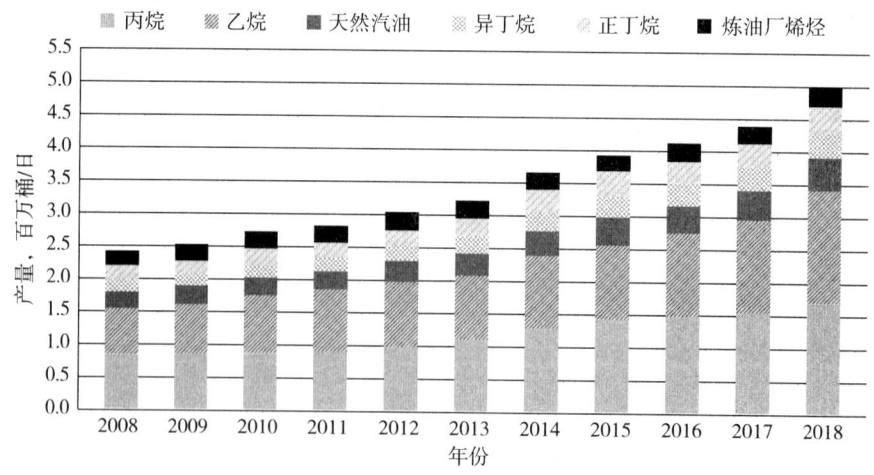

图 2-14　2008—2018 年美国烃类气体液产量及分类

资料来源：美国能源信息署，2019 年 10 月 31 日。

2018年，美国在天然气处理过程中产生的烃类气体液为437万桶/日，占当年美国烃类气体液总产量的93.67%，主要由乙烷、丙烷等构成。而2016年，美国在天然气处理过程中产生的烃类气体液为351万桶/日，占当年美国烃类气体液总产量的84.78%，主要构成为：乙烷，36%；丙烷，33%；天然汽油，13%；正丁烷，8%；异丁烷，10%。

2018年，美国在原油加工过程中产生的烃类气体液产量为29.5万桶/日，仅占当年美国烃类气体液总产量的6.32%。近年来，原油加工过程中产生的烃类气体液在美国烃类气体液总产量中，占比不断下降。2016年，美国在原油加工过程中产生的烃类气体液为63万桶/日，占当年美国烃类气体液总产量的15.22%，主要构成为：乙烯，48%；丙烯，44%；正丁烷，8%。

2018年，美国的丙烷产量为169.4万桶/日，其中天然气处理厂生产的丙烷为140.1万桶/日，占比82.7%；炼油过程中产生的丙烷为29.3万桶/日，占比17.3%。而2016年，美国丙烷的产量为147万桶/日，其中的79%是天然气处理厂中生产的，21%是炼油厂生产的。一般在秋天和冬天，美国会通过铁路，从加拿大进口部分丙烷，用于中西部、东海岸和落基山脉地区的农村并补充季节性取暖燃料的不足。

烃类气体液的使用非常广泛。2018年，美国的烃类气体液消费量为301万桶/日，其中乙烷消费量最大，为148万桶/日；丙烷89万桶/日，炼油厂烯烃为31万桶/日，异丁烷为16万桶/日，正丁烷为4万桶/日，天然汽油为13万桶/日。而2016年，美国的烃类气体液消费量为254万桶/日，其中，45%是乙烷，32%是丙烷，12%是炼油厂丙烯，5%是异丁烷，3%是正丁烷，3%是天然汽油。从最终用途来看，2018年，美国消费的烃类气体液中，用于工业的为251万桶/日，用于居民的为35万桶/日，用于商业和运输的为13万桶/日。而2016年美国消费的烃类气体液，83%用于工业，12%用于居民，4%用于商业，1%用于运输。

对于很多消费者来说，丙烷是最熟悉和使用最多的烃类气体液，是常见的就是LPG。对于很多边远地区的消费者和农场，丙烷是非常重要的燃料。丙烷最重要的消费领域，是民用，主要用于取暖，特别是在冬季。此外，商业、工业、农业和运输业，也使用部分丙烷。如 2016 年，美国运输业丙烷的消费比重，大约只有 1%。根据 2015 年版的"民用能源消费概览"，美国有 1180 万户居民使用丙烷作为主要燃料，4200 万户居民在户外烧烤中使用丙烷。2009 年，美国消费的丙烷中，70% 用于取暖，16% 用于烧水，14% 用于其他用途。从消费区域来看，2009 年美国消费的丙烷中，39% 用在中西部地区，29% 用于南部，16% 用在西部，16% 用在东北部。

从所使用的运输工具来看，烃类气体液的运输方式主要有五种：管道，铁路，卡车，专用船和驳船。从产品形态来看，烃类气体液的运输方式也是五种：Y 级，没有分离的烃类气体液原始状态；E-P 混合状态，大部分状态下是 80% 的乙烷和 20% 的丙烷；P/P 混合状态，炼油厂的丙烷和丙烯混合体；LPG，丙烷、正丁烷和异丁烷混合体；最终产品，如乙烷、丙烷和正丁烷等。其中，管道运输，一般为烃类气体液从生产地到储存地，也包括从分离厂到加工或生产厂，主要是 Y 级状态，也有部分 E-P 混合状态、P/P 混合状态和 LPG 的烃类气体液通过管道输送。通过铁路和卡车，主要是将烃类气体液的产品运送到消费者手中。而要进口或出口烃类气体液，则必须使用专用的船舶，这类船舶必须带压或冷冻，或必须在带压的状态下进行冷冻。如短距离运输丙烷和正丁烷，也可以使用专用驳船。

烃类气体液的储存也非常复杂，需要根据不同的产品性质，使用专用的方式、材料和设备。

三、美国烃类气体液的进出口情况

美国是烃类气体液的净出口国，所生产的烃类气体液大于消费量，仅因季节性因素等会进口部分烃类气体液。此外，由于化工生产的需要，美国会进口部分丙烯。图 2-15 为 2000—2018 年美国烃类气体液产量、消费和进出口量。

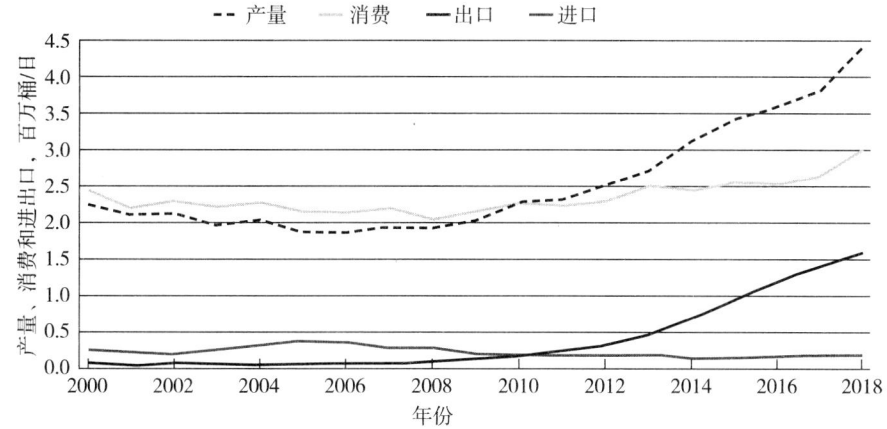

图 2-15　2000—2018 年美国烃类气体液产量、消费和进出口
资料来源：美国能源信息署，2019 年 10 月 31 日。

2018 年，美国烃类气体液进口的数量为 19.7 万桶/日，占不包括原油在内的当年油品进口总量的 9%，其中丙烷占比最大，为 71%；正丁烷为 12%，丙烯为 9%，异丁烷 6%，丁二烯为 3%。而 2016 年，美国进口烃类气体液的数量为 18 万桶/日，占不包括原油在内的石油产品进口量的 8%，其中 67% 为丙烷，12% 为正丁烷和异丁烷，天然汽油为 8%，丙烯和正丁烯合计为 14%。

美国进口的丙烷和丁烷，绝对大部通过铁路来源于加拿大，供应美国的中西部和东北部地区，季节性很强，其中的三分之二在每年的 10 月份至次年 3 月份之间，主要用于取暖和天气寒冷时调和汽油。

2018 年，美国进口的烃类气体液中，94% 来源于加拿大，而 2016 年美国进口的烃类气体液中的 89% 来源于加拿大，其余部分通过海运从世界其他国家进口，进口量只有出口量的七分之一。

自 2007 年以来，美国烃类气体液的出口量不断增长，从 2007 年的 7 万桶/日增长到 2016 年的 120 万桶/日，约相当于美国石油出口的 20%。2016 年，美国出口的烃类气体液中，66% 是丙烷，17% 是天然汽油，10% 是正丁烷和异丁烷，8% 是乙烷。而 2018 年，美国烃类气体液的出口量增长到 160 万桶/日，占美国原油和油品出口总量的 21%，占美国不包括原油的油品出口总量的 29%，其中丙烷占比最大，为 59%；乙烷占比 16%，正丁烷占比 13%，天然汽油占比 11%。图 2-16 为 2009—2018 年美国烃类气体液出口情况。

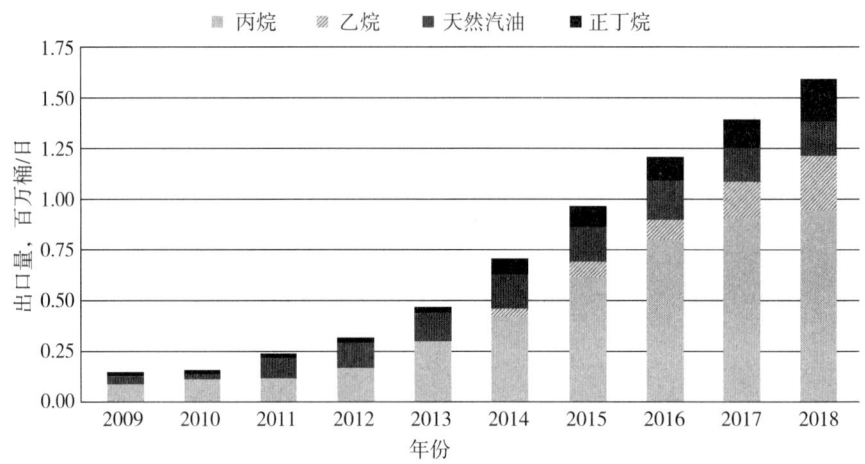

图 2-16　2009—2018 年美国烃类气体液出口

资料来源：美国能源信息署，2019 年 10 月 31 日。

2018 年，异丁烷在美国烃类气体液出口总量占比不到 1%，其中的 80% 出口到墨西哥。美国出口的几乎所有天然汽油，都出口到加拿大，在那里被用来稀释加拿大的重质原油，以降低其黏度，使其能够通过管道输送，而这些石油中的绝大部分又通过管道和铁路输送出口到了美国。

2018 年，美国的丙烷出口到世界 66 个国家和地区，数量为 95 万桶/日，其中，日本第一，占比 28%；墨西哥第二，占比 13%；韩国第三，占比 9%；中国第四，占比 7%；荷兰第五，占比 5%。而 2016 年，美国的丙烷出口到世界 56 个国家，其中前 5 个国家分别为：日本，19%；墨西哥，14%；中国，12%；荷兰，8%；韩国，7%。

2018 年，美国的乙烷出口到 35 个国家和地区，数量为 35 万桶/日，其中，加拿大第一，占比 36%；印度第二，占比 29%；英国第三，占比 15%；挪威第四，占比 8%；巴西第五，占比 5%。

四、美国烃类气体液的价格变迁

一般来说，烃类气体液的价格与石油、天然气密切相关，并受市场供求的影响。

2009年之前，由于美国是丙烷和其他烃类气体液的净进口国，加之这些资源是可相互替代的，美国天然气、原油和丙烷的现货价格，与WTI现货价格高度关联，国际市场的供需关系直接决定了丙烷和其他烃类气体液的价格走势。

由于美国从丙烷的净进口国变为净出口国，2011年，得克萨斯交易中心蒙贝尔维的丙烷现货价格，与原油和汽油、石脑油等油品价格相分离。2013年和2014年，由于丙烷的产量和库存大增，大大超过了港口的出口能力，美国丙烷的价格不断下降。

丙烷的零售价格主要受市场供需和运输成本的影响。受炼油厂和天然气处理厂全年性开工的影响，丙烷的生产也是全年性的，但其消费却是季节性的。春季和夏季，丙烷的需求很少，主要是建立库存，消费主要是在秋季和冬季，有时冬季还需进口部分丙烷。因此，丙烷价格存在很大的季节性变化。与此同时，由于消费地远离生产地，运输费用占了丙烷价格很大的比重。例如，美国东海岸的消费者就曾支付过很高的丙烷价格。

2013—2014年冬季，美国的丙烷零售价格达到历史的高位，主要原因是这一年玉米大丰收，加之突然到来的10月至12月寒冷、潮湿的天气，美国中西部的农场主需要大量的丙烷干燥粮食，而此时由于管道、铁路物流方面出现的问题使库存不足，丙烷价格不断上涨。2014年1月的第4周，美国平均民用丙烷价格达到创纪录的4美元/加仑以上，比2013年同期上涨了75%。其中，中西部平均民用丙烷价格达到4.2美元/加仑，比2013年同期上涨了137%。

2012年年初，正丁烷的价格也发生了同丙烷价格同样的变化。2013年年初，由于出口费用高昂，异丁烷的价格逐步向丙烷靠近。虽然从绝对数量（美元每英热单位）看，美国烃类气体液的价格同国际市场在不断收窄，但由于原油价格的不断下降和高昂的出口费用，按百分比计算的美国烃类气体液价格的相对折扣却达到了历史高点。

自2017年年初完成最后一个大型液化石油气出口扩容项目以后，美国液化石油气价格与国际市场的绝对价格差缩小,液化石油气相对于原油的折扣也在缩小。出口码头容量和能够将液化石油气运往海外的油轮船队的增长,使美国得以重新融入国际液化石油气市场。

直至2008年,美国乙烷价格紧跟原油现货价格。随着乙烷产量的不断增加和国内消费量增长的有限,乙烷价格与原油价格脱钩,并且从2012年年中开始紧跟天然气的价格走势。然而,自2017年年底以来,随着新石化项目的完成和新建的乙烷出口能力,乙烷可以进入更遥远的国际市场,乙烷需求开始增长,从而导致乙烷价格开始与天然气价格脱钩,目前它们处在价格区间顶部的丙烷和底部的天然气之间。由于乙烷作为燃料与天然气是替代关系,并且可回注管道,目前美国的乙烷价格按热值计算。

本文撰写于2018年10月,修改更新于2020年7月

迅速增长的美国烃类气体液产量

以乙烷、丙烷为主的烃类气体液产量和出口增长迅速，页岩革命成功后的美国油气行业，也正在改变世界石油化工行业的竞争格局。

近年来，世界石油化工行业一个非常引人注目的现象，就是作为世界第一大石油和天然气生产国的美国，乙烷和丙烷的产量不断增加，除美国本土正在大力建设以乙烷等为原料的制烯烃项目外，包括中国在内的世界其他国家和地区，也大量从美国进口丙烷和乙烷，建设以这些轻烃为原料的制烯烃项目，世界石油化工行业的原料来源和竞争格局正在发生重大的改变。

依据美国能源信息署的有关资料，本文将介绍近年来美国烃类气体液生产的情况，较为详细地分析当前美国烃类气体液的产量、消费、运输、价格和未来趋势等，以便为当前和未来一段时间石油石化行业提供有益的借鉴和参考。

一、烃类气体液的产量增加迅速并将维持长期增长

根据美国能源信息署2020年6月30日的最新统计数据，2020年4月，美国烃类气体液的产量为519.4万桶/日。其中，天然气处理厂液为493.4万桶/日，具体包括乙烷176.6万桶/日，丙烷169.1万桶/日，正丁烷49.2万桶/日，异丁烷41.3万桶/日，天然汽油57.3万桶/日；炼油厂烯烃为26万桶/日。

2019年，美国烃类气体液的产量为509.1万桶/日，其中天然气处理厂液为481.3万桶/日，包括乙烷182.5万桶/日，丙烷158.5万桶/日，正丁烷43万桶/日，异丁烷41.8万桶/日，天然汽油55.5万桶/日；炼油厂烯烃为27.8

万桶/日。

2018年，美国烃类气体液的产量达到500万桶/日的水平，比2017年增加超过50万桶/日，增长了13%，占美国石油总产量的四分之一以上。图2-17为2010—2018年美国烃类气体液分类别产量情况。

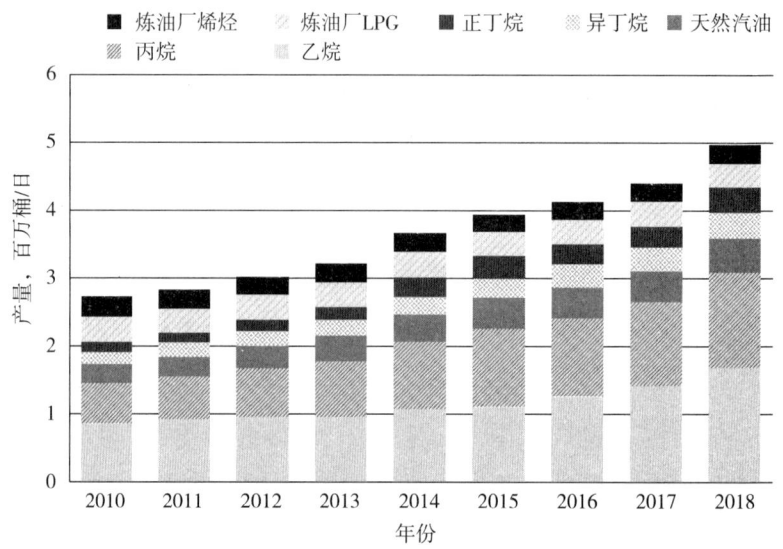

图2-17　2010—2018年美国烃类气体液产量

资料来源：美国能源信息署，2019年6月4日。

自2010年以来，美国烃类气体液产量的增加，主要来源于国内天然气产量的增长。2018年，美国天然气井口产量为1013亿立方英尺/日，较2010年增长38%，创历史最高水平。随着天然气产量的增长，天然气处理厂产生的烃类气体液所占的份额越来越大，从2010年的约75%上升到2018年的近90%。

天然气处理厂产生的烃类气体液，被称为天然气处理厂液（NGPL）。天然气处理厂液是与天然气一起生产并在天然气处理厂回收的轻质碳氢化合物，这些碳氢化合物包括乙烷、丙烷、正丁烷、异丁烷和天然汽油等。天然气处理厂液主要用作大宗化工行业的原料，其中乙烷几乎完全用于石油化工产品的生产；大约40%的丙烷用于石化产品，其余用于加热、谷物干燥和运输；大约67%的丁烷和天然汽油，用于与汽车汽油和燃料乙醇的混合，其余用于石化产品和作为溶剂。

原油精炼过程中也能产出这些碳氢化合物，其中包括炼油厂烯烃和炼油厂液化石油气（LPG）。炼油厂生产的烃类气体液比例较小，自 2010 年以来，美国炼油厂烃类气体液的产量一直相对平稳，平均为 63 万桶/日。2017 年，美国炼油厂加工产生的这一类碳氢化合物仅占美国烃类气体液总产量的 8% 多一点，其余近 92% 来自天然气处理厂。

乙烷和丙烷占美国烃类气体液产量的三分之二。2018 年，乙烷产量达到 171 万桶/日，比 2017 年增长 20%。乙烷是最轻的烃类气体液，在一定范围内可以留在天然气处理厂处理过的天然气中，这一过程称为乙烷回注；如果乙烷的价值足以支付生产和向市场销售的额外成本，乙烷就可以在天然气处理过程中分离出来，作为商品进行销售。

2018 年，乙烷的需求是由石化行业使用量的增加而推动的。石化行业将乙烷转化为乙烯，用于生产塑料、树脂和合成纤维。2018 年，美国投产了几套新的石化裂解装置，其中雪佛龙菲利普化工公司和埃克森美孚的装置，每天约处理 9 万桶乙烷作为原料；因多拉玛合资公司的裂解装置，规模不大，估计每天消耗 2 万桶乙烷作为原料。

国际上对乙烷的需求在不断增加，每天 5 万桶输往加拿大的乌托邦输油管道投产，增加了乙烷出口的能力。

丙烷产量从 2017 年的 154 万桶/日，增长到 2018 年的 170 万桶/日。在住宅和商业部门，丙烷用作取暖和烹饪燃料，在工业部门用作石化原料，美国国内对丙烷需求的变化主要是由天气和消费驱动的，近几年丙烷的年需求量基本持平。

2018 年，美国丁烷、天然汽油和炼油厂烯烃的产量也有所增加，普通丁烷、异丁烷和天然汽油的国内市场增长相对缓慢。除了需求增长强劲的石化行业外，美国国内市场消耗烃类气体液的能力没有跟上供应增长的步伐，国际市场已经成为美国烃类气体液生产增量增长市场的首选目的地。烃类气体液的出口一直在快速增长，特别是丙烷，比 2017 年增长了 14%。2018 年，美国近三分之一的烃类气体液产品用于出口。图 2-18 为 2010—2018 年美国烃类气体液供应量和出口量。

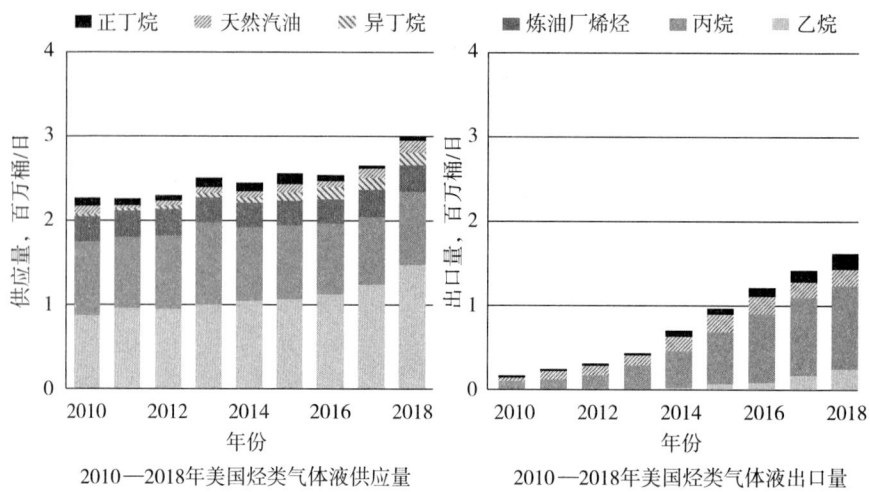

图 2-18　2010—2018 年美国烃类气体液供应和出口

资料来源：美国能源信息署，2019 年 6 月 4 日。

2018 年，烃类气体液约占美国石油消费总量的 15%，达到创纪录的每天 300 万桶，比 2008 年增长 47%。图 2-19 为 1950—2018 年美国分类烃类气体液消费量。

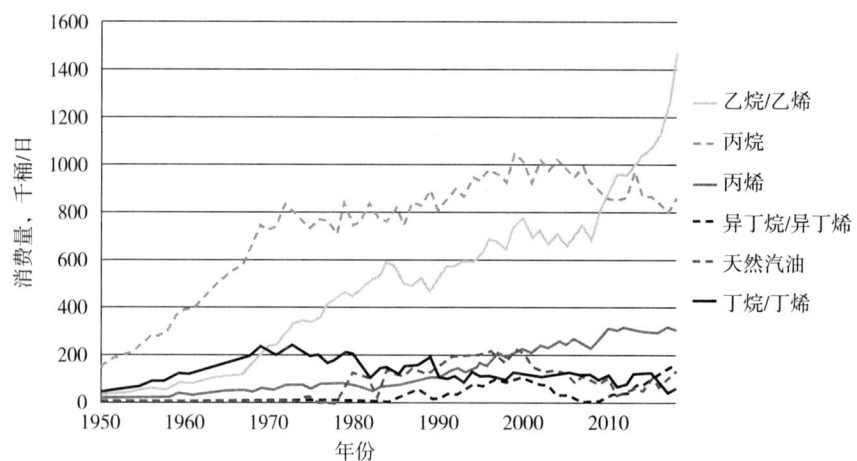

图 2-19　1950—2018 年美国分类烃类气体液消费量

资料来源：美国能源信息署，2019 年 11 月 12 日。

丙烷是美国最常见的和消费最多的烃类气体液产品之一。美国住宅和商业部门在冬季使用更多的丙烷，主要用于空间取暖。在丙烷价格相对较低的夏季，工业部门（尤其是化学工业）会使用更多的丙烷，只有少量丙烷用于运输。丙烷是普遍用于四个最终用途部门的烃类气体液产品，其他烃类气体液产品主要用于工业部门。图2-20为2016年1月至2019年7月美国各部门月均丙烷消费情况。

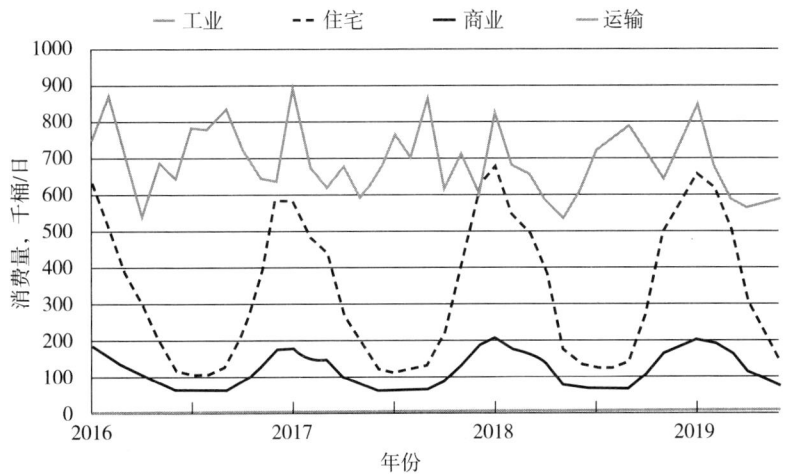

图2-20　2016年1月至2019年7月美国各部门月均丙烷消费
资料来源：美国能源信息署，2019年11月12日。

美国能源信息署预计，美国天然气处理厂液的产量在2018年至2050年间将增长32%，达到每天580万桶，增产的大部分来源于东部地区的阿巴拉契亚盆地，西南部地区的二叠纪盆地。预计在2050年美国天然气处理厂液中，乙烷和丙烷分别占总产量的42%和30%，其中东部地区乙烷产量约占50%，而2018年这一比例还不到40%（图2-21）。

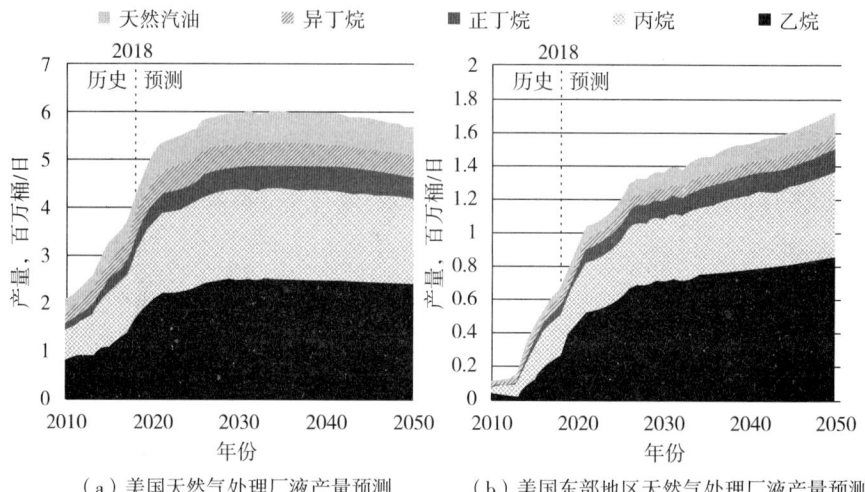

（a）美国天然气处理厂液产量预测　　（b）美国东部地区天然气处理厂液产量预测

图 2-21　2010—2050 年美国及其东部地区天然气处理厂液产量预测

资料来源：美国能源信息署，2019 年 1 月 31 日。

二、烃类气体液生产地主要集中在 6 个地区

随着水平钻井和水力压裂技术的日益普及，美国天然气处理厂液的产量显著增加，从 2012 年的 250 万桶/日增加到 2018 年的 430 万桶/日。图 2-22 为 2000—2018 年美国月均天然气处理厂液产量。

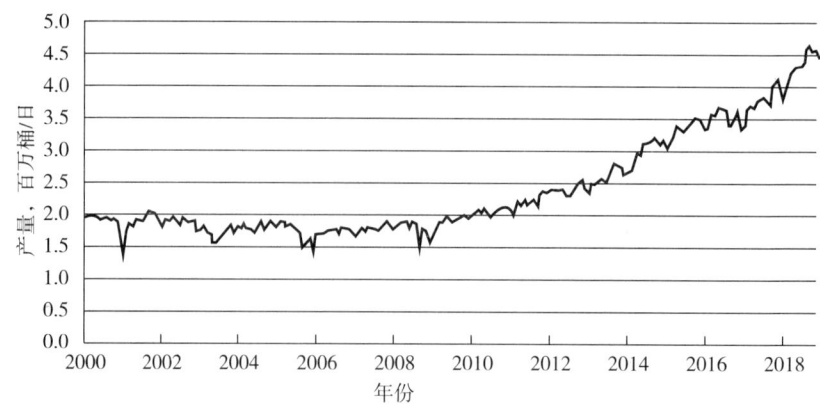

图 2-22　2000—2018 年美国月均天然气处理厂液产量

资料来源：美国能源信息署，2019 年 3 月 22 日。

近四分之三的美国天然气处理厂液集中产自6个地区。2017年，二叠纪、鹰滩和阿巴拉契亚地区的天然气处理厂液，占美国总产量的一半以上（图2-23）。另外，四分之一的天然气处理厂液产量位于其他3个地区：俄克拉荷马州西部和得克萨斯州的阿纳达科盆地；北达科他和蒙大拿东部的巴肯地区；还有位于犹他州、怀俄明州和科罗拉多州的落基山脉西部地区的格林河、皮肯斯、乌因塔和帕拉多克盆地。

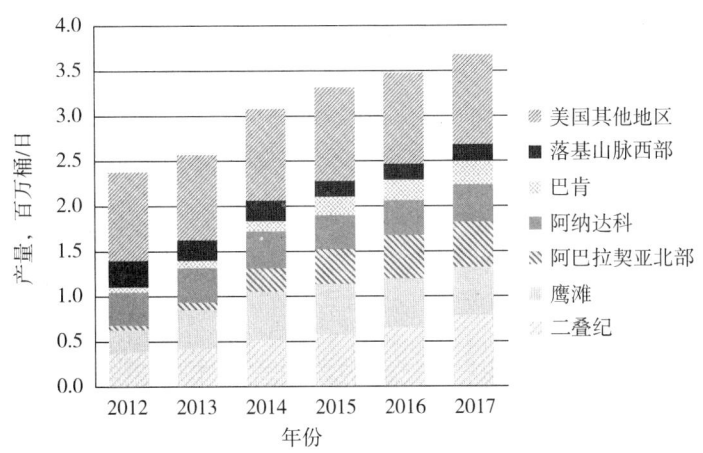

图 2-23　2012—2017 年美国分地区天然气处理厂液产量
资料来源：美国能源信息署，2019 年 3 月 22 日。

自 2012 年以来，随着天然气产量的增长，所有地区的天然气处理厂液产量都普遍增加。增幅最大的是阿巴拉契亚北部地区，该地区的产量从 2012 年的 4.3 万桶 / 日增加到 2017 年的 51.2 万桶 / 日；2012 年至 2017 年，得克萨斯州西部和新墨西哥州东南部的二叠纪盆地和得克萨斯州南部鹰滩地区的天然气处理厂液产量都翻了一番；巴肯地区的天然气处理厂液产量增加了两倍多。

天然气在进入州际天然气管道之前需要处理，未净化天然气或天然气湿气包括甲烷（输送天然气的主要成分）以及天然气处理厂液，如乙烷、丙烷、正丁烷、异丁烷和天然汽油。从天然气湿气中除去水、硫化氢和二氧化碳等杂质后，包含有天然气处理厂液的混合气体将被运送到处理厂进行进一步处理，处理厂将天然气处理厂液分离成不同的商品。

在大多数生产地区，天然气处理厂液必须通过管道运输到处理中心，如得克萨斯州的蒙特贝尔维尤、堪萨斯州的康威，这两个处理中心都是天然气处理厂液的储存、分销和定价中心。阿巴拉契亚北部，是少数几个在同一地区处理天然气处理厂液的地区之一。

2017 年，美国从天然气中提取的天然气处理厂液体积加权平均产量，为 84 桶/百万立方英尺（图 2-24）。其中，巴肯地区的天然气处理厂液产量最高，平均为 143 桶/百万立方英尺；来自二叠纪和鹰滩的天然气处理厂液产量分别为 95 桶/百万立方英尺、107 桶/百万立方英尺；落基山脉西部的天然气处理厂液产量为 31 桶/百万立方英尺，是世界上天然气中天然气处理厂液含量最低的地区。除非缺乏处理湿气和将液体气输送到市场的基础设施，否则生产商通常会优先生产较富裕地层的天然气，以最大限度地提高天然气处理厂液的产量。

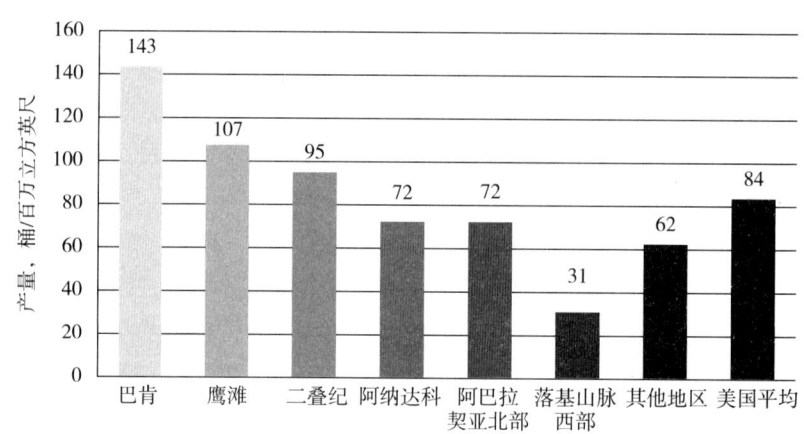

图 2-24　2017 年美国分地区天然气处理厂液产量

资料来源：美国能源信息署，2019 年 3 月 22 日。

从 2019 年 1 月到 2020 年 4 月，有 15 个输送烃类气体液的管道项目投入使用。美国现有的输送烃类气体液的管线，既可以输送一种或多种已分离的产品，如乙烷或丙烷，也可输送被称为 Y 级的未分离混合物。2019 年 1 月至 2020 年 4 月完工的烃类气体液输送管道，都是 Y 级的，其中的大部分项目是将 Y 级烃类气体液混合物，从位于得克萨斯西部和新墨西哥州东部的二叠纪盆地生产区，输往墨西哥湾沿岸。在目的地，未分离的 Y 级烃类气体液，被越来越多的处理厂分离或提纯为商品。处理或分离后的产品，要么被储存起来，由全美各地的炼油厂和化工厂消费，要么出口海外。将烃类气体液输送到墨西哥湾沿岸的这些新管道项目，包括大奖赛管道、新橡树管道和 EPIC 管道等。

三、烃类气体液的价格走势

2020 年 3 月中旬至 4 月底，3 月份原油价格快速下降，天然气价格相对平稳（且处于历史低位），这两个因素将烃类气体液的现货价格压缩至一个狭窄的价格区间。自那以后，随着原油价格的上涨和天然气价格的持续走低，这一相对狭窄的区间有所扩大。一般来说，烃类气体液的价格基于其热值，处于天然气价格（下限）和原油价格（上限）之间。2019 年 1 月至 2020 年 7 月美国原油、烃类气体液和天然气周现货价格如图 2-25 所示。

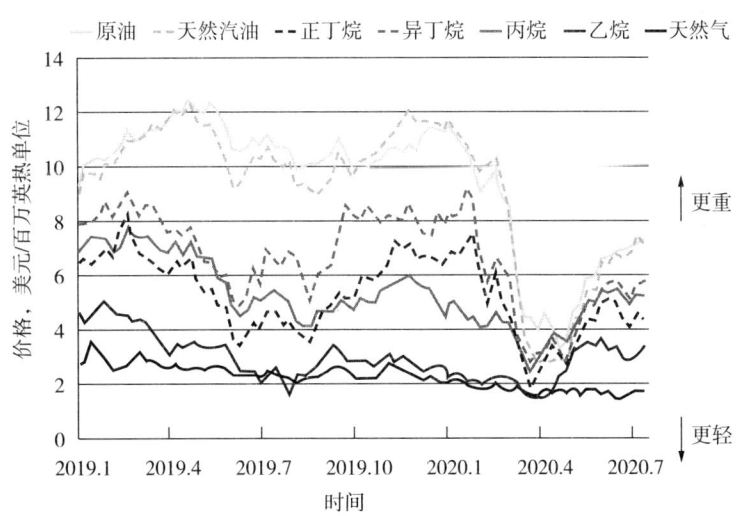

图 2-25 美国原油、烃类气体液和天然气周现货价格

资料来源：美国能源信息署，2020 年 7 月 22 日。

按热值计算，天然气处理厂液的售价通常高于甲烷，因为它们是根据原油衍生燃料定价的，这些液体产品的产量可能会因原料天然气的组成、处理厂提取天然气处理厂液的技术、天然气处理厂液市场价格和需求（尤其是乙烷）而有所不同。随着美国天然气处理厂液产量的增长，部分天然气处理厂液产品，既在国内销售也销往国际市场。

燃料的热值，反映的是一个物理量的能量，如 1 桶原油或 1 立方英尺天然气燃烧释放的热能量。乙烷，是最轻的烃类气体液，其热值约为 280 万英热单位 / 桶。

一般来说，乙烷的热值与天然气相当。乙烷有两个碳原子，比天然气的主要成分甲烷多一个碳原子。乙烷供应的增长速度，超过了石化工业将其作为原料消耗的能力，剩余的产量被留在天然气流中（通常称为回注），这往往会略微增加每 1 立方英尺天然气的热值。

丙烷是第二轻的烃类气体液，有 3 个碳原子。由于它可以很容易地替代其他燃料，如空间取暖、交通运输或石化原料，因此丙烷与其他石油产品的相似程度越来越高。与其他石油产品和国际丙烷市场相比，美国国内丙烷的过剩以及出口的高昂运输成本，导致了美国国内丙烷只能打折销售。

烃类气体液中更重的产品，价格通常更接近原油。正丁烷和异丁烷被广泛用于冬季车用汽油调和，是生产高辛烷值汽油的调和组分。天然汽油是烃类气体液中最重的一种，它至少含有 5 个碳原子，可以全年混合在汽车汽油中，也可以作为变性剂与乙醇混合。在环境温度和压力下，天然汽油是液体，所以更容易运往海外。按热值计算，天然汽油的价格通常接近于原油。

本文撰写于 2020 年 7 月

美国有多少口油气生产井?

从 2014 年开始,美国油气生产井总数不断下降,但油气产量却屡创新高,其中最主要的原因是水平井数量及其产量的不断增加。

2020 年 7 月 31 日,美国的原油产量为 1100 万桶 / 日,市场销售的天然气产量为 1000 亿立方英尺 / 日。作为世界第一大油气生产国,拥有如此规模庞大的油气产量,美国到底有多少口石油天然气生产井? 这既是一个有趣的话题,也是行业从业者和研究界十分关心的问题。

依据美国能源信息署的有关资料,本文将简要地介绍近年来美国石油天然气生产井变化的基本情况,从这些数据中,我们可以非常直观地感受到科技进步对美国石油天然气行业产生的巨大影响。

一、2014 年以来美国油气生产井总数不断下降

2018 年,美国石油和天然气生产井总数为 98.2 万口,其中石油生产井为 43.6 万口,天然气生产井为 54.6 万口(图 2-26)。

2017 年,美国石油和天然气的生产井总数为 99.03 万口,其中石油生产井 43.3 万口,天然气生产井 55.7 万口。因此,2018 年美国的油气生产井比 2017 年减少了 8300 口,下降了约 0.84%。

2000 年,美国石油和天然气生产井总数为 734910 口,自此之后就不断增加,2014 年达到最高峰,生产井总数为 103.5 万口。2017 年,美国油气生产井相比较 2014 年下降了 4.62%,2018 年比 2014 年下降了 5.49%。

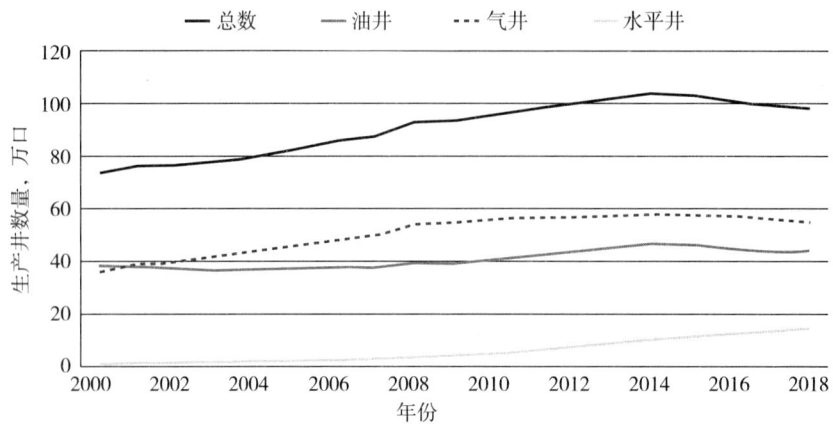

图 2-26 2000—2018 年美国油气生产井数量
资料来源：美国能源信息署，美国油气生产井产量分布，2019 年 12 月。

2018 年，美国平均油井的产量为 24.4 桶 / 日，平均天然气井的产量为 15.63 万立方英尺 / 日。而 2017 年，美国平均油井产量为 20.6 桶 / 日，平均天然气井产量为 13.78 万立方英尺 / 日。因此，无论是油井还是气井，2018 年的产量比 2017 年都有所增加。

二、美国油气生产井产量分类

按每天的产量，美国能源信息署将 2018 年美国全部的油气生产井分为 26 档，产量从不到 1 桶油当量 / 日到 1.28 万桶油当量 / 日。

2018 年，美国油气生产井中，产量为 15 桶油当量 / 日或少于 15 桶油当量 / 日的生产井数量为 773591 口，占全部油气生产井的 78.75%；而 2017 年，产量为 15 桶或少于 15 桶油当量 / 日的生产井数量为 785605 口，占全部油气生产井的 79.30%，这也就是说，美国绝大部分在产的油气生产井基本上都是低产井。

2018 年，美国油气生产井中，产量大于 100 桶油当量 / 日的油气生产井只有 53930 口，占全部油气生产井的 5.49%；而 2017 年，相应的井数为 48050 口，占全部油气生产井的 4.85%。但是，2018 年，产量大于 100 桶油当量 / 日油气生产井的石油产量，却占当年石油总产量的 73.3%，天然气总产量的 68.6%，

2017年相应的生产井数石油产量占了总产量的67.4%，天然气产量占了总产量的63.2%。

如果再细分的话，美国绝大部分油气生产井的产量处在50桶油当量/日至1600桶油当量/日之间，2017年这一区间的生产井虽然仅占总井数的9%，但却贡献了62%的石油产量和63%的天然气产量；而2018年，这一区间的生产井虽然仅占总井数的约9%，但却贡献了66%的石油产量和62%的天然气产量。

另一个非常有意思的数字是，从2000年至2018年，产量不到15桶油当量/日的生产井，一直稳定地占据着油气生产井总数的80%左右。

美国有大量的枯竭油气井或称为边际油气井仍在生产，2017年和2018年这些生产井贡献了美国油气总产量的约10%。美国州际油气委员会对边际油气井的定义为，12个月时间里，石油产量为10桶/日或少于10桶/日，天然气产量为6万立方英尺/日或少于6万立方英尺/日。而出于税收的目的，美国国内收入署对边际油气井的定义为，一个日历年内，石油产量为15桶/日或少于15桶/日，天然气产量为9万立方英尺/日或少于9万立方英尺/日。

美国能源信息署对边际油气井的定义，采用了美国国内收入署的定义。2015年，美国边际石油生产井为372484口，贡献了当年石油产量的10.15%；天然气边际生产井为450832口，贡献了当年天然气产量的11.93%。2017年，美国在产的边际石油生产井为351555口，贡献了当年石油产量的9.49%；边际天然气生产井为434050口，贡献了当年天然气产量的10.6%。

三、美国油气生产井类型及其产量分布

按生产井的钻井类型分，美国的油气生产井分为垂直井和水平井。目前，美国油气生产井中绝大部分还是垂直井，2018年垂直井的数量为842394口，占生产井总数的85.75%；2017年垂直井的数量为863140口，占生产井总数的87.16%。2000—2018年美国油气生产井分类如图2-27所示。

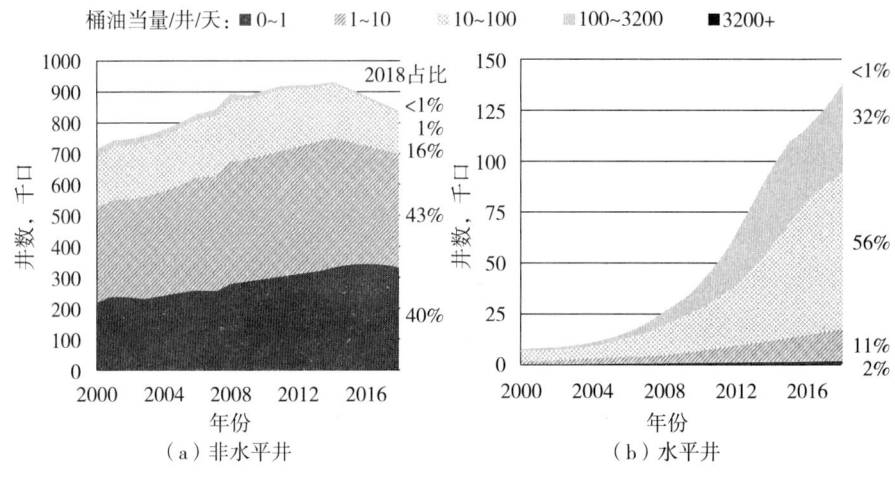

图 2-27　2000—2018 年美国油气生产井分类
资料来源：美国能源信息署，2020 年 2 月 3 日。

从统计数据来看，美国油气水平生产井的数量还是偏少，但是在不断增加。2000年，美国油气生产井中的水平井只有8667口，2014年增加到98801口，2017年上升到126653口，2018年又上升到139977口，占当年油气生产井的比重分别为0.12%、9.51%、12.78%和14.25%。

由于能贯穿更多的岩层，水平井的产量比垂直井要高得多。2018年，只有1%的垂直井原油产量能达到100桶/日，但32%的水平井产量能达到这个数量，从而使水平井的赢利能力更强。美国油气产量在不断增加的同时，生产井的数量却下降了。正是由于水平井数量的不断增加，2014年美国的石油产量为880万桶/日，2017年增长到930万桶/日，2018年超过1080万桶/日；美国的天然气产量也由2014年的785亿立方英尺/日，增加到2017年的834亿立方英尺/日，而2018年更是超过了948亿立方英尺/日。

以2015年为例，高于400桶油当量/日的石油生产井中的77%，是水平井；15桶至400桶油当量/日之间的8.5万口生产井，42%是水平井；而当年近37万口边际油气生产井，仅2%是水平井。

本文撰写于 2018 年 11 月，修改更新于 2020 年 8 月

2018年美国原油和天然气探明储量创新的纪录

近年来，在油气产量不断创新高的同时，美国探明石油和天然气储量也不断创下新高，为未来美国油气产量的稳定增长奠定了坚实的基础。

近10多年来，美国原油和天然气探明储量增加了近一倍。从20世纪70年代初到1997年，美国油气探明储量持续下降。从1997年开始，由于水平井、水力压裂技术的发明和应用，扭转了天然气探明储量下降的趋势，2008年原油探明储量下降的势头也被扭转，2017年和2018年美国原油、天然气探明储量的增加均创下了新的纪录。

一、迅速增加的美国油气探明储量

根据美国能源信息署的统计，由于水平井、水力压裂技术的不断推广和近年来相对较好的油价水平，在天然气和石油产量不断创新高的同时，美国探明原油和天然气储量也不断增加。

1978—2018年美国原油、凝析油和天然气探明储量如图2-28所示。2017年和2018年，美国的原油探明储量创下了48年来新的纪录，天然气探明储量也大幅度增加，其中原油和凝析油增加幅度超过两位数（>10%），天然气探明储量的增加幅度接近9%（表2-1）。

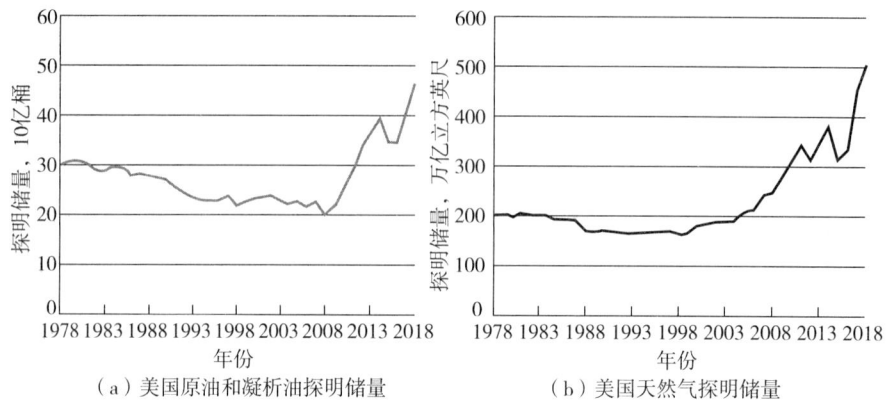

（a）美国原油和凝析油探明储量　　　（b）美国天然气探明储量

图 2-28　1978—2018 年美国原油、凝析油和天然气探明储量

资料来源：美国能源信息署，2019 年 12 月 13 日。

表 2-1　2016—2018 年美国原油和天然气探明储量

	原油	原油和凝析油	天然气
2016 年 12 月 31 日	32.80	35.20	341.10
新发现	5.10	5.70	70.80
评估新增	2.60	2.70	41.30
净调整、销售、收购	1.80	1.80	41.40
估计产量	-3.10	-3.40	-30.40
净增的探明储量	6.40	6.80	123.20
2017 年 12 月 31 日	39.20	42.00	464.30
新发现	6.60	7.20	79.50
评估新增	0.60	0.40	-27.70
净调整、销售、收购	1.20	1.40	22.50
估计产量	-3.70	-4.00	-34.10
净增的探明储量	4.70	5.10	40.20
2018 年 12 月 31 日	43.80	47.10	504.50
探明储量的变化	11.90%	12.10%	8.70%

注：原油、凝析油单位为 10 亿桶，天然气单位为万亿立方英尺。

资料来源：美国能源信息署，2019 年 12 月 13 日。

二、原油和凝析油

美国能源信息署认为,油价是影响美国原油和凝析油探明储量变化的重要因素之一。2018年,WTI现货价格平均增长了29%,从2017年的51.03美元/桶,上涨到2018年的65.66美元/桶。而2017年,WTI现货价格相比2016年增长了20%。2017年年底,WTI现货价格自2015年6月以来,首次超过60美元/桶。

2018年,美国原油和凝析油产量增长了17%,增加了5.83亿桶,达到40.11亿桶,2018年的原油产量为1972年以来的最高水平。原油进口在2017年的基础上下降了3%,减少了7300万桶。

原油:2018年,美国原油探明储量增长了12%,增加46亿桶,达到438亿桶,创下了48年来新的纪录。上一次纪录是48年前的1970年,美国探明原油储量为390亿桶。

凝析油:2018年,美国凝析油探明储量增长了14%,增加4亿桶,达到32亿桶。

2018年美国原油和凝析油合计的探明储量为470亿桶,比2017年增长了12.1%,其中的49%位于致密油生产地区。在2018年美国的原油和凝析油探明总储量中,新发现的数量约为72亿桶,其中原油新发现的储量为66亿桶。2017—2018年美国原油和凝析油探明储量的变化如图2-29所示。

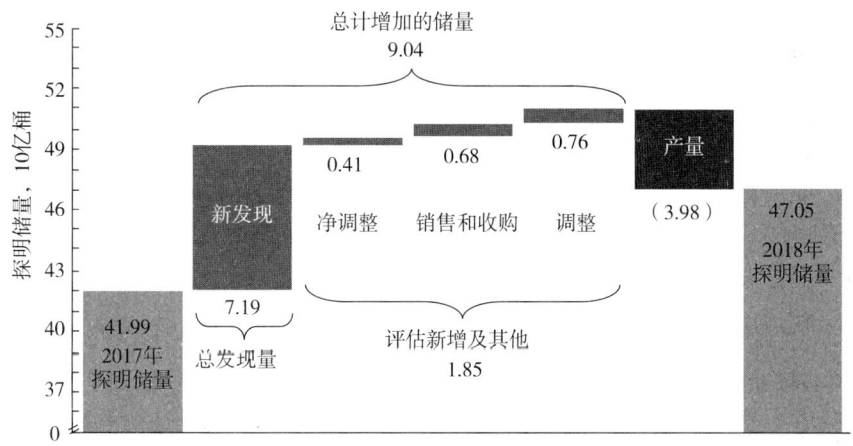

图2-29 2017—2018年美国原油和凝析油探明储量的变化

资料来源:美国能源信息署,2019年12月13日。

2018年，在美国所有州中，得克萨斯州的原油和凝析油探明储量增加最多，为23亿桶，比2017年增长了13%；新墨西哥州位居第二，增加了7.5亿桶，比2017年增长了28%；北达科他州第三，增加了4.22亿桶，比2017年增长了8%。

在美国能源信息署的官方统计中，油田生产的凝析油，其产量包括在原油产量统计数据中。

三、天然气

与原油和凝析油一样，美国能源信息署认为，天然气价格也影响美国天然气探明储量的变化。2018年，亨利中心的天然气现货价格增长了12%，从2017年的2.99美元/百万英热单位增长到2018年的3.35美元/百万英热单位；而2017年与2016年相比，增长了21%，2016年亨利中心的天然气现货价格为2.47美元/百万英热单位。

2018年，美国天然气产量比2017年增长了12%，增加了约4万亿立方英尺，达到34.077万亿立方英尺，再一次创下了历史纪录，其中市场销售的天然气为32.61万亿立方英尺，比2017年增长约11.75%。当年，美国天然气进口量比2017年减少1440亿立方英尺，下降了5%。

对比2016年，2017年美国天然气产量增长了4%，增加了1.2万亿立方英尺，达到30.4万亿立方英尺，创下了产量新的历史纪录，其中市场销售的天然气为29.2万亿立方英尺，比2016年增长了3%。天然气进口增长了1%，增加了360亿立方英尺。

2018年，美国天然气探明储量比2017年增长了8.7%，增加了40.2万亿立方英尺，达到504.5万亿立方英尺，再一次创下新的纪录，其中68%位于致密气生产地区。而2017年美国天然气探明储量，与2016年相比增长了36.1%，增加了123.2万亿立方英尺，达到464.3万亿立方英尺，创下了2014年以来新的纪录，位于致密气生产地区的比例为66%。2014年，美国天然气探明储量为388.8万亿立方英尺。2017—2018年美国天然气探明储量的变化如图2-30所示。

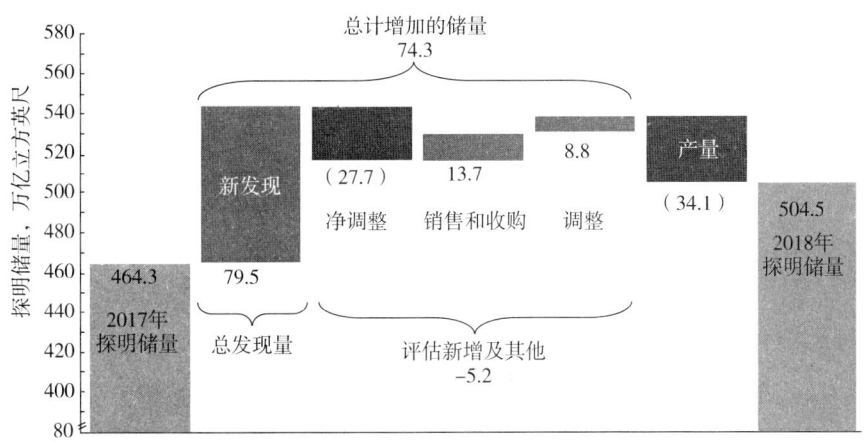

图 2-30 2017—2018 年美国天然气探明储量的变化
资料来源：美国能源信息署，2019 年 12 月 13 日。

在 2018 年美国天然气探明总储量中，新发现的数量为 79.5 万亿立方英尺。

2018 年，在美国所有的州中，宾夕法尼亚州的天然气探明储量最多，为 103.4 万亿立方英尺；排在第二的是得克萨斯州，为 100.8 万亿立方英尺；西弗吉尼亚州第三，为 31.7 万亿立方英尺。

本文撰写于 2018 年 11 月，修改更新于 2020 年 8 月

美国库欣石油枢纽概况

号称"世界管网中心"的库欣，是一座位于美国俄克拉荷马州人口不足万人的小镇，拥有超过15%美国原油仓储能力，是WTI原油交割地。

关心国际石油价格的人士，对于每周三美国能源信息署公布的库欣地区石油库存数据的变化都十分敏感，因为这些数据的增长或下降，将直接带来国际石油价格的涨跌。因此，在世界上无数从事石油交易、研究人士的眼里，库欣地区的石油库存数字一定程度上就是国际石油价格的晴雨表，在当今国际石油市场具有影响油价走势的作用。

依据维基百科和美国能源信息署等有关资料，本文将介绍库欣小城的历史沿革及其石油仓储、管网设施的基本情况，以便行业和公众对库欣的情况有一个较为客观的了解。需要说明的是，由于统计口径的不同，不同统计机构和同一统计机构的有关统计数据存在一定的差距；部分行业专业名词、美国地名和机构没有统一的译名，文中仅是自己的理解，可能不一定准确，仅供参考。

一、库欣的由来和小镇辉煌的石油历史

库欣（Cushing）是美国俄克拉荷马州佩恩县的一个小城，2010年人口普查时仅7826人，总面积为7.6平方英里（20平方千米）。

库欣是美国历史上著名的1891年抢占印第安人保留地的"跑马圈地运动"（Land Run of 1891）后，由小威廉·比利雷（William "Billy Rae" Little）建立的。

1891年11月10日，小镇建立了邮局，就以当时美国邮政总局局长约翰·瓦纳梅克的私人秘书马歇尔·库欣（Marshall Cushing）的名字命名小镇。

1902年，东部俄克拉荷马铁路线修到了库欣。1903年，密苏里、堪萨斯和得克萨斯铁路公司在库欣开展铁路运输服务。

1912年3月的石油大发现，使库欣一度成为美国重要的石油生产和炼油中心，有23家石油公司、5个油田供应点和50个以上的炼油厂在小镇周围开展业务，大量的石油管网和仓储设施使其成为"世界管网中心"。1915年，库欣地区的石油产量达到最高峰，为830万桶。从1916年开始，库欣地区的石油产量就不断下降。随着油田的枯竭，库欣周边的炼油厂在20世纪70年代、80年代相继关闭，铁路也于1982年停止了运营。但是，石油大繁荣给库欣留下的最重要遗产，是壳牌公司的石油管道终端和39座油罐，管线的输送能力为150万桶/日。正是由于这些石油储运设施的存在，1983年纽约商品交易所轻质原油期货合同中，将库欣选作了指定的交货点。

从2005年起，库欣就成为北美最主要的原油交易中心。从2006年开始，加拿大生产的油砂通过管道输送到库欣。从2007年开始，库欣就拥有了美国原油库存的5%~10%。直到2007年10月，库欣地区的绝大部分石油仓储设施，主要由英国石油公司、Enbridge能源合伙公司等拥有。2008年和2009年，由于原油供应过剩使得石油期货价格大大高于现货价格，石油的仓储业务成了大生意。华尔街的巨头，如摩根士丹利、高盛和花旗等，就通过石油仓储赚了大钱，库欣是石油期货的交货点。2010年7月13日，英国石油公司将其在库欣的所有石油仓储设施，出售给了麦哲伦中流合伙人公司。

过去的30多年里，正是由于优越的地理位置，库欣庞大的仓储设施和方便的管网系统，支撑纽约商品交易所的美国西得克萨斯中质原油及其交易，发展成为国际石油市场的标杆原油和基准价格。

今天，库欣是美国原油的主要交易中心，也是著名的纽约商品交易所西得克萨斯中质原油的价格结算点。目前，每周有超过30亿桶的西得克萨斯中质原油期货合约在此进行交易。

二、库欣地区重要的石油仓储设施概况

库欣是美国石油行业一个重要的转运点,许多重要的州际石油管道在此交汇,建有规模巨大的石油储存设施,方便炼油厂和供应商,原油从各个方向流入库欣,并通过数十条管道向外输送,从而使库欣成为美国石油运输和储存的一个重要枢纽。

俄克拉荷马州,有八家公司经营石油管道、储存设施、石油码头和炼油厂等。

截至2018年3月31日,不包括战略石油储备在内的美国原油仓储总能力为5.59亿桶,其中库欣地区可用的原油仓储能力占16.24%,为9078.2万桶。主要经营企业的基本情况如下:

(1)麦哲伦中流合伙人公司,780万桶(124万立方米),过去该仓储设施由英国石油公司拥有,这是一家总部位于俄克拉荷马州塔尔萨的纽交所上市公司,在美国中部石油生产州拥有大量的氨和石油管道,包括83个石油产品终端,超过9000英里的成品油管道,800英里的原油管道和1100英里的氨管道系统。

(2)Enbridge能源合伙人公司,2006万桶(318.9万立方米),是一家位于阿尔伯塔省卡尔加里的加拿大跨国能源运输公司,主要业务是在北美地区的能源运输、分配和生产,在加拿大和美国运营北美最长的原油和液态烃运输系统、拥有并经营加拿大最大的天然气分销网络,在安大略省、魁北克省、新不伦瑞克省和纽约州提供配送服务。

(3)企业产品公司,310万桶(49万立方米),是一家中等规模的天然气和原油管道公司,总部位于得克萨斯州休斯敦。

(4)JP能源公司,300万桶(48万立方米)。

(5)全美平原管道公司,2000万桶(320万立方米),这是一家在纽交所上市的公司,在美国经营石油管道运输、营销和仓储业务,在加拿大开展液化石油气业务,在美国密歇根州和路易斯安那州开展天然气储存业务,拥有约

3700万桶（590万立方米）的码头和储存容量以及15000英里（25000千米）的原油管道。

（6）Sem集团，760万桶（121万立方米），主要在北美地区，通过管道，将处理厂、炼油厂连接的储存设施和深水海运码头网络，运输石油、天然气和其他产品。

三、汇集库欣地区的主要石油管网概况

在库欣地区，约有13条管网系统，著名的有盆地石油管道、百夫长管道、大盐平原管道、拱心石管道和海路管道等，将美国中西部石油生产州、加拿大生产的石油和从得克萨斯墨西哥湾的费里波特（Freeport）港进口的石油汇集起来，并输送到各地的炼油厂和石油码头等地，从而使得库欣被称为"世界管网中心"（图2-31）。

图2-31　库欣：世界管网中心

资料来源：https://encyclopedia.thefreedictionary.com/Cushing%2c+Oklahoma。
查询时间：2020年8月6日。

汇集库欣地区的北美地区主要石油管网，具体包括如下：

（1）盆地石油管道，由全美平原管道公司运营，起自得克萨斯州的威奇托福尔斯，连接得克萨斯州的各个油田。

（2）百夫长管道，将得克萨斯州西部和新墨西哥州东南部二叠纪盆地的石

油输送来库欣。

（3）Hawthorn 管道，由 Hawthorn 石油运输公司运营，长 17 英里，起自俄克拉荷马州的斯特劳德，那里是一个铁路卸载站，接收来自北达科他州斯坦利 EOG 资源公司的石油。

（4）玻璃山管道，由玫瑰岩中游（Sem 集团）公司经营，接收来自俄克拉荷马州西部和中北部油田的石油。

（5）大盐平原管道，由 JP 能源公司运营，接收来自俄克拉荷马州切罗基油田的石油。

（6）拱心石（Keystone）管道，由泛加拿大公司运营，从加拿大阿尔伯塔省的 Hardisty 通向得克萨斯州亚瑟港，库欣是该管道的一个中间点，管道的最大输送能力为 59 万桶/日。拱心石管道的另一个终点，是位于伊利诺伊州帕托卡附近的油库。

（7）密西西比石灰管道，由全美平原管道公司运营，接收来自俄克拉荷马州北部和堪萨斯州南部油田的石油。

（8）PAA Medford 管道，由全美平原管道公司运营，接收来自俄克拉荷马州梅德福附近油田的石油。

（9）Pony 快线管道，由 Tallgrass 能源合伙人公司运营，接收怀俄明州根西岛油田的石油，连接庞卡城炼油厂，输送能力为 23 万桶/日，可以增加到 40 万桶/日。

（10）海路管道，由 Enbridge 和企业产品公司运营，是通往得克萨斯州费里波特港口的双管道，最大输送能力为 85 万桶/日。

（11）Sem 原油管道，由玫瑰岩中游（Sem 集团）公司运营，接收来自堪萨斯州和俄克拉荷马州北部油田的石油。

（12）矛头石油管网，由 Enbridge 能源合伙人公司经营，是一个接收伊利诺伊州弗拉纳根附近 Enbridge 干线管道的石油管道网，最大输送能力为 12.5 万桶/日。第二条管道，Flanagan 南方管道，与矛头管道平行；Enbridge 的第三条管道，连接伊利诺伊州罗克珊的伍德河炼油厂。

（13）白崖管道，由玫瑰岩中游（Sem 集团）公司运营，接收科罗拉多州普拉特维尔油田的石油。

2020 年 4 月 20 日，美国西得克萨斯中质原油（WTI）出现了历史上首次 –37.63 美元/桶的价格，媒体报道的主要原因，就是库欣地区的原油仓储设施接近饱和，从而引起了交易商、中介机构和研究人员普遍质疑库欣作为交割地的 WTI 原油价格的公正性，库欣的地位和作用受到了冲击。

本文撰写于 2018 年 10 月，修改更新于 2020 年 8 月

美国战略石油储备的概况

通过40多年的努力和建设,美国拥有世界规模最大的应急原油储备,经过多次和多种类型的实际使用,战略石油储备发挥了应有的作用。

2018年8月20日,美国能源部通告,从10月1日到11月30日出售1100万桶战略储备的原油。消息一出,国际石油市场高度关注,美国战略石油储备这一神秘的话题,又一次走入了公众的视野。

依据美国能源部战略石油储备官网等资料,本文将详实地介绍美国战略石油储备的基本情况和动用的历史,以便行业和公众对美国战略石油储备的情况有一个较为客观的了解。需要说明的是,由于统计口径的不同,不同统计机构和同一统计机构的有关统计数据存在一定的差距;部分行业专业名词、美国地名和机构没有统一的译名,文中仅是自己的理解,可能不一定准确,仅供参考。

一、美国战略石油储备的由来和概况

美国战略石油储备,英文为Strategic Petroleum Reserve(SPR),特指由美国政府拥有的原油储备,但一般行业和研究界也将美国政府拥有的东北取暖用油作为战略石油储备的一部分。不同于其他国际能源署成员国,美国不要求从事石油经营的企业建立石油库存,石油企业可根据自身经营的需要,自行决定库存的品种和规模。

早在20世纪20年代中期前后,美国国会陆续通过法律,将国内4块可能有丰富油气储藏和3块有大量油页岩矿藏的地区划为"海军用油保护区",规定只许海军在战时急需时经国会批准后开采。1944年,美国内政部长哈罗德提出了建立紧急原油储备的建议;1952年,杜鲁门政府提出,美国应该建立战略石油供给制;1956年,艾森豪威尔总统在苏伊士运河危机爆发后,也曾建议建立战略石油储备。

1973年10月的第一次石油危机给美国造成了较大的冲击,油价飞涨,出现了加油站排队抢购的现象。1975年12月22日,福特总统签署了《能源政策与节约法》,宣布建立10亿桶的战略石油储备。1977年7月21日,第一批大约41.2万桶沙特阿拉伯轻质原油入库。这样,美国战略石油储备开始正式建立。2009年12月27日,美国战略石油储备达到存储的峰值,为7.266亿桶。

美国有770多万户家庭使用取暖用油,作为冬季供暖的主要燃料,其中近70%约530万户居住于美国东北部地区,特别容易发生燃油中断。2000年7月10日,美国总统克林顿指示在东北部地区建立200万桶家庭取暖用油战略储备,同年的10月13日200万桶取暖用油交付入库。2000年11月,美国国会修改了《能源政策和节约法》,正式授权建立200万桶东北部地区家庭取暖用油储备,与美国战略石油储备分开管理。

美国战略储备石油以质量较好的低硫轻质原油为主,除早期购买的石油外,后期主要使用由美国联邦政府所拥有的海上石油开发中的12.5%～16.5%资源特许使用费实物原油来收储。

美国战略石油储备由能源部所属的化石能源办公室负责。2019年12月,负责美国战略石油储备工作的人员为109名联邦雇员,包括新奥尔良项目管理办公室和华盛顿特区计划办公室。此外,有638家主要承包商和分包商,为战略石油储备工作提供服务、总体管理和运营,承担安全、设计、施工管理以及技术和业务管理等工作。

截至2020年6月30日,美国战略石油储备的储存能力为7.14亿桶,是世界上规模最大的应急原油储备。2019年12月31日,美国战略石油储备的库存量为6.439亿桶,均价为29.7美元/桶,库存量等于1069天美国的石油净进口量。

截至 2020 年 6 月 30 日，美国政府共为战略石油储备支出了 257 亿美元，其中支付设施的费用为 50 亿美元，支付储存原油的费用为 207 亿美元。

截至 2020 年 7 月 31 日，美国战略石油储备的库存量为 6.56 亿桶，除美国政府拥有的战略石油储备约 6.4 亿桶外，其余为外国政府和企业所拥有。进入 2020 年以来，受新冠肺炎疫情的影响，国际石油价格大跌，美国与澳大利亚、印度签订了使用战略石油储备设施代储的协议；与此同时，根据美国总统特朗普的要求，美国战略石油储备也为企业提供设施租用，以减轻石油市场供应过剩的压力。

二、美国战略石油储备基地基本情况

目前，美国战略石油储备库由 4 个大型地下盐穴库组成，分别坐落在墨西哥湾沿岸的得克萨斯州和路易斯安那州（表 2-2）。

表 2-2　美国战略石油储备基地概况（2020 年 6 月 30 日）

储备库	地点	目前储备能力和储存量		
		盐穴数量 个	库容 百万桶	储存数量 百万桶
布赖恩芒德 （Bryan Mound）	得克萨斯州 费里波特港西南	19	247.1	234
大希尔 （Big Hill）	得克萨斯州 博蒙特西南	14	170	152.5
西哈克伯里 （West Hackberry）	路易斯安那州 查尔斯湖西南	21	220.4	194.8
拜乌查克托 （Bayou Choktaw）	路易斯安那州 巴吞鲁日西南	6	76	73.7
总计		60	713.5	655

资料来源：https://www.energy.gov/fe/services/petroleum-reserves/strategic-petroleum-reserve/spr-storage-sites#BCsite。
查询时间：2020 年 8 月 6 日。

这些地区的盐穴结构为长久储备石油提供了安全、低成本的方式，每个可储藏 600 万 ~ 3500 万桶原油。最典型的洞穴直径为 200 英尺，深达 2000 英尺，储油量为 1000 万桶左右。由于盐穴在地下 2000～4000 英尺，地层压力将封闭任何裂缝，上下 2000 英尺落差形成的自然温差将保持原油在盐穴里循环流动，从而使原油始终保持良好的质量而不会沉淀变质。

只有美国总统才有权决定动用战略石油储备，在宣布动用后的 15 日内，战略储备石油必须进入市场，而且要求必须确保在 90 天内，战略石油储备的输出能力为每天 410 万桶。目前，美国总统决定动用战略石油储备后，动用的原油可以在 13 天之内进入市场，90 天以内的最大动用数量可以达到为 440 万桶/日。

美国墨西哥湾有 21 家大型炼厂，还有非常方便并成系统的管网、仓储和码头系统，与中部和中西部的 28 个炼厂相连（这 49 个炼厂的产出能力几乎达到美国炼厂总能力的 50%），战略石油储备基地可以很好地与炼厂相连，方便地进行战略储备石油的收储和输出。

三、美国战略石油储备的动用和轮换

美国战略石油储备的动用和轮换可以概括为四种类型，即紧急动用（Emergency Drawdowns）、销售（Sales）、协议轮换（Exchange Agreements）、非紧急销售（Non-Emergency Sales）。需要特别说明的就是协议轮换，指美国能源部从石油储备库中提取陈年原油借给获得批准的商业石油公司，后者要根据协议要求在规定期限内，从国际市场采购等量或多出的高质量原油返还。

自 1977 年 10 月建立战略石油储备以来，美国进行了多次大规模的战略石油储备运用和轮换，主要是针对武装冲突、金融危机、突发自然灾害等严重影响石油供需和价格的事件，其中最主要的是三次紧急情况下的动用。

一是 1990—1991 年沙漠风暴行动。1990 年，伊拉克入侵并占领科威特。1991 年 1 月 16 日，美国总统布什宣布多国部队开始轰炸巴格达，同时美国政府将动用部分战略石油储备以减弱战争对国际石油市场供应中断的影响。2 月 23 日，多国部队进入伊拉克和科威特，萨达姆军队开始撤退，27 日，布什总统宣布停火，3 月 3 日萨达姆正式接受停火协议，海湾战争结束。1991 年 1 月 17 日，能源部宣布动用战略储备石油，总量为 3375 万桶，2 月 5 日第一批战略储备石油运出，4月13日能源部完成了共计1730万桶原油的动用。

二是2005年卡特里娜飓风。2005年8月下旬，卡特里娜飓风登陆墨西哥湾地区，造成其附近1/3以上油田被迫关闭，7座炼油厂和1座美国重要原油出口设施也不得不暂时停工。8月31日，小布什政府宣布动用战略石油储备。2005年9月6日，美国能源部发布公告销售战略储备石油。2005年9月14日，能源部公布战略储备石油销售情况，向5家公司销售了1100万桶。此外，卡特丽娜飓风期间，美国政府还出借了980万桶战略储备石油。

三是2011年6月利比亚危机。2011年2月，利比亚出现动荡，8月22日反对派占领的黎波里，石油出口不断减少并全部停止。6月23日，国际能源署宣布动用6000万桶石油储备，其中美国动用3000万桶。截至8月底，美国共通过28个合同向15家公司，销售了3064万桶战略储备石油。

除以上三次应对战争和重大自然灾害而动用战略储备石油外，1985年11月、1990年9月和2014年3月，美国进行了三次各500万桶的试验性销售；1996年5月、1998年8月、2000年6月、2000年10月、2002年10月、2004年9月、2005年8月、2006年1月、2006年6月、2008年9月、2012年8月和2017年8月，美国能源部与私营公司进行了12次战略储备石油的协议轮换，主要解决因自然灾害等原因导致的炼油企业石油供应紧张问题；1996年1月、1996年5月、1997年1月、2008年8月、2017年财年和2018财年，美国进行了六次非紧急状态下的战略石油储备销售，以弥补财政赤字、对石油储备设施进行现代化升级等。

从统计数据看，动用和轮换战略储备石油，较好地应对了国际石油市场的紧张局势，如在第一次海湾战争期间，在美国和国际能源署共同动用石油储备的作用下，国际原油价格从33.73美元/桶下降到18.35美元/桶，当时社会预计国际石油价格的大涨没有出现。

美国战略石油储备的动用，采取公开的竞标方式，具备一定条件的企业都可参与。如8月30日，美国能源部公告，埃克森美孚等6家公司将购买本次出售的战略储备原油，其中，埃克森美孚购买330万桶，马拉松石油公司购买

140万桶，莫蒂瓦公司购买240万桶，菲利普斯66公司购买200多万桶，荷兰皇家壳牌购买160万桶，瓦莱罗能源公司购买33万桶石油。

对于2018年8月美国政府决定出售战略储备的原油，市场有不同的解读，联系5月8日美国退出伊朗核协议并要求所有国家11月4日停止购买伊朗石油，更多是为了缓解可能出现的市场供应紧张和恐慌，不过事实上这也是2017年5月美国政府宣布的减少战略石油储备数量行动的一部分。

2017年5月22日，美国政府宣布，自2018年10月开始到2028年，10年内将出售战略石油储备的40%，使战略石油储备的数量从目前约7亿桶减少到4.1亿桶。美国政府做出这个决定，其背后主要的原因，是通过自卡特以来多届美国政府的努力，由于页岩革命的成功，美国已成为世界最大的石油生产国，进口石油的数量越来越小，美国已接近实现能源独立。由于内外政策的需要，在未来相当长的时间里，我们仍将会看到，美国会保持一定规模的战略石油储备，作为内外政策的强有力工具和干预国际石油市场的强有力手段。

本文撰写于2018年10月，修改更新于2020年8月

美国战略石油储备2028年将下降到4.1亿桶

随着近年来石油产量的不断增加和进口量的逐步减少，美国战略石油储备规模持续下降，战略石油储备的资产被用于医疗和基础设施建设。

20世纪70年代的两次石油危机，给世界经济造成了巨大的冲击。为此，世界各国，尤其是工业化国家纷纷采取措施，应对可能发生的石油危机，建立一定规模的石油储备就是主要的应对手段之一。

作为世界第一大石油消费国和截至2016年年底世界第一大石油进口国，美国建立了由联邦政府拥有的、世界最大规模的石油储备，即美国战略石油储备（Strategic Petroleum Reserve，SPR），与此同时美国私人和商业机构还建立了规模庞大的商业石油储备。1977年7月21日，第一批大约41.2万桶沙特阿拉伯轻质原油装入美国战略石油储备库以来，美国战略石油储备已经实际运营了42年。2009年12月27日，美国战略石油储备的规模达到最大库存数量，为7.266亿桶。2017年年底，美国战略石油储备规模下降到6.95亿桶，2018年8月又下降到6.6亿桶。

根据2015年以来美国国会通过的有关法案，预计到2028年初美国的战略石油储备规模将下降到4.1亿桶，比2017年年底将减少40%。本文将简要介绍美国国会通过的有关法案，及其对美国战略石油储备规模产生的影响。

一、2015 年和 2016 年美国国会四个法案的影响

2015 年生效的"美国两党预算法案（404 款）"：本款法案要求，为对战略储备设施进行现代化改造，保证这些设施能长时间有效地使用，2017—2020 财年将出售价值 20 亿美元的战略储备原油，预算油价为 50 美元/桶。实际操作中，可根据当年的石油价格来决定战略储备原油的销售数量。404 款法案规定，战略石油储备销售和预算支出，必须得到国会的批准。

2015 年生效的"美国两党预算法案（403 款）"：本款法案要求，2018—2025 财年，销售一定数量而不具体规定金额的战略石油储备，其销售所得计入美国财政部的一般财政收入。

2015 年 12 月生效的"修复美国地面运输法案"：要求 2023—2025 财年，销售 6600 万桶战略储备原油，以支持美国交通运输基础设施更新和建设。

2016 年 12 月生效的"21 世纪治愈法案"：要求 2017—2019 财年，销售 2500 万桶战略储备原油，以支持脑研究、治疗癌症和毒瘾等疾病。

以上 2015 年和 2016 年生效的 4 个法案合计，在 2017—2025 财年，美国将销售战略储备原油 1.5 亿桶左右，具体数据取决于当年国际石油价格的高低。

二、2017 年和 2018 年美国国会两个法案的影响

2017 年 12 月生效的"2017 年度减税和就业法案"：要求 2026—2027 财年的两年时间里，销售 700 万桶战略储备原油。

2018 年 2 月生效的"美国两党预算法案"：要求 2022—2025 财年的四年时间里，销售 3000 万桶战略储备原油；2026 财年、2027 财年，各销售 3500 万桶战略储备原油。

以上 2017 年和 2018 年生效的两个法案合计，在 2022—2027 财年，美国将销售 1.07 亿桶战略储备原油。2017—2028 年美国战略石油储备规模和销售计划如图 2-32 所示。

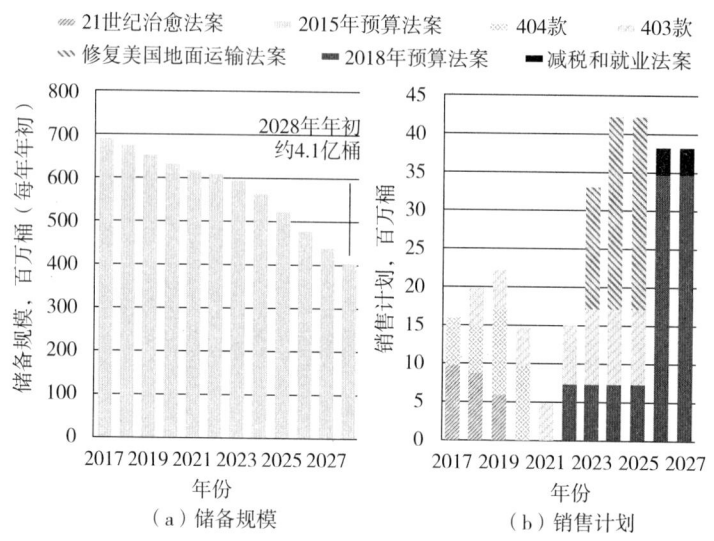

图 2-32　2017—2028 年美国战略石油储备规模和销售计划

资料来源：美国能源信息署，2018 年 2 月 21 日。

1996 财年，美国销售了 1280 万桶战略储备原油，使美国政府获得了 2.276 亿美元的财政收入，用来增加教育资金。1997 财年，通过销售战略储备原油 1020 万桶获得 2.2 亿美元，用于增加当年的财政收入。这样，从美国政府多年来的实际操作看，战略石油储备事实上已成为美国政府的储钱罐，这可能是 40 多年前建立战略石油储备的美国老一辈政治家们万万没有想到的！

"前人栽树，后人乘凉"这一幕，居然让我们在美国战略石油储备中真实地看到了！

三、未来美国战略石油储备仍有较大的下降空间

根据 1974 年成立的国际能源署"国际能源项目"的要求，作为成员国，美国要建立 90 天净进口量的石油储备。与此同时，根据美国石油消费的规模，在依据"国际能源项目"联合动用石油储备时，美国要贡献 43% 左右的比重。2011 年 6 月利比亚危机期间，国际能源署 6 月 23 日宣布动用 6000 万桶石油储备，其中美国动用 3000 万桶，贡献了 50% 的数量。

基于 2017 年 11 月底美国原油和成品油净进口数量计算，美国战略储备的

原油相当于 252 天的净进口量。图 2-33 为 2015 年 1 月至 2017 年 11 月美国战略石油储备规模和石油净进口。与此同时，美国私人和商业机构拥有的原油储备为 4.52 亿桶，相当于 172 天的净进口量。因此，目前美国拥有的战略和商业储备原油规模，远远大于其承担的国际能源署成员国的义务。

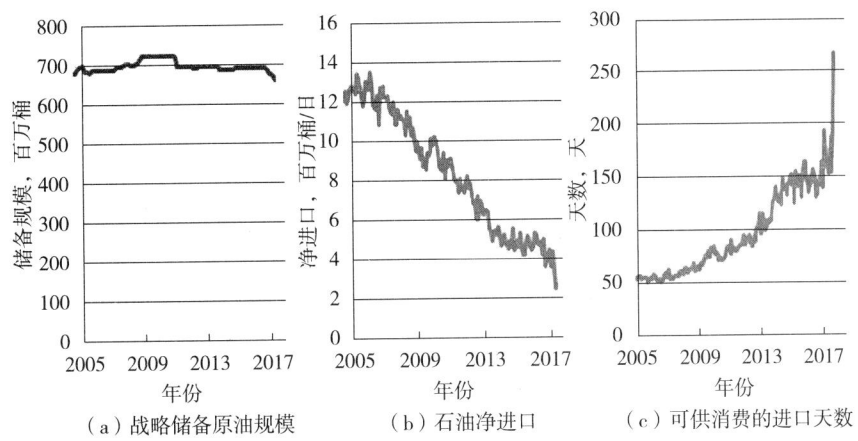

（a）战略储备原油规模　　（b）石油净进口　　（c）可供消费的进口天数

图 2-33　2015 年 1 月至 2017 年 11 月美国战略石油储备规模和石油净进口
资料来源：美国能源信息署，2018 年 2 月 21 日。

近年来，由于页岩革命的成功，美国石油进口量不断下降，2017 年美国已成为成品油净出口国，但仍是原油净进口国。美国能源信息署估计，2029 年或更早，美国将成为石油净出口国。因此，一方面，2028 年美国战略石油储备下降到 4.1 亿桶的规模，仍能满足其国际能源署成员国义务的需要；另一方面，在现有有关法案的基础上，美国国会仍将可能会通过更多的法案，减少战略石油储备的规模，未来美国战略石油储备仍有较大的下降空间，战略石油储备这个美国政府的储钱罐未来可能将发挥更多的作用。

本文撰写于 2018 年 11 月，修改更新于 2020 年 8 月

美国炼油工业的基本情况

炼油能力世界第一,经济效益也是全球最好的,得益于庞大的炼油产能和全球化配置资源,美国石油行业具有强大的市场竞争能力。

作为世界第一大石油消费国,美国相应地拥有全球第一大炼油能力。美国石油行业最大的一个特点就是,在大规模从国际石油市场进口原油的同时,也大规模向国际石油市场出口成品油,从而除了规模之外,美国的炼油行业具有世界最强的市场化竞争能力,不仅加工负荷位居世界前列,而且炼油毛利也是世界最高。

依据美国能源信息署的有关资料和英国石油公司 2020 年版《世界能源统计评论》,本文将简要地从炼油工业规模、原料投入、产品产出和经济效益等几个方面,介绍美国炼油工业的基本情况,以便对这个世界第一的炼油产业有一个全面和完整的了解。

一、美国炼油工业概况

根据英国石油公司 2020 年版《世界能源统计评论》,2020 年 1 月 1 日,美国的原油加工能力世界第一,为 1897.4 万桶/日,占世界的 18.7%。

根据美国能源信息署的统计数据,2020 年 1 月 1 日,美国常压原油蒸馏能力为 1900 万桶/日,比 2019 年 1 月 1 日的 1880 万桶/日,增加了 20 万桶/日,增长了 0.9%。而 2018 年 1 月 1 日,美国常压原油蒸馏能力为 1860 万桶/日,比 2017 年同期下降了 0.1%。2011—2020 年美国常压原油蒸馏能力如图 2-34 所示。

图 2-34　2011—2020 年美国常压原油蒸馏能力

资料来源：美国能源信息署，2020 年 6 月 26 日。

2020 年 1 月 1 日，美国炼油企业总计为 135 家，其中正常运营的为 131 家，停产的 4 家。2019 年，大陆炼油有限责任公司位于肯塔基州萨默塞特市的一座炼油能力为 5500 桶/日的炼油厂关闭，自 2018 年 3 月以来该炼油厂一直处于停产状态。而 2018 年 1 月 1 日，美国在营的炼油企业从 2017 年同期的 141 家下降到 135 家，主要原因是 2 家炼油企业关闭，4 家炼油企业从统计的角度合并为 2 家。

简单算术平均计算，2020 年 1 月 1 日，美国单一炼油企业的一次加工能力为 14.07 万桶/日，约为 703.7 万吨/年。而 2018 年 1 月 1 日，美国单一炼油企业的一次加工能力为 13.78 万桶/日，约为 680 万吨/年。

2019 年，美国炼油企业的总加工量为 1656.2 万桶/日，比 2018 年下降 2.4%。2017 年，美国炼油企业的总加工量为 1660 万桶/日，而 2009 年为 1430 万桶/日。2009 年至 2017 年间，美国实际运营的炼油加工能力增长了 94.5 万桶/日，但实际加工量增长了 230 万桶/日，从而使加工负荷从 2009 年的 83% 上升到 2017 年的 91%，而 2019 年则下降到 87.29%。

随着美国国内原油产量的不断提高，2019年美国炼油企业加工的国产原油达到创纪录的水平，为1220万桶/日，与2010年相比翻了一番多，加工的净进口原油数量仅为380万桶/日（图2-35）。同期，美国的原油进口数量减少了240万桶/日，而美国的原油出口数量增长了290万桶/日，从而带来了美国净进口原油的数量减少了530万桶/日。

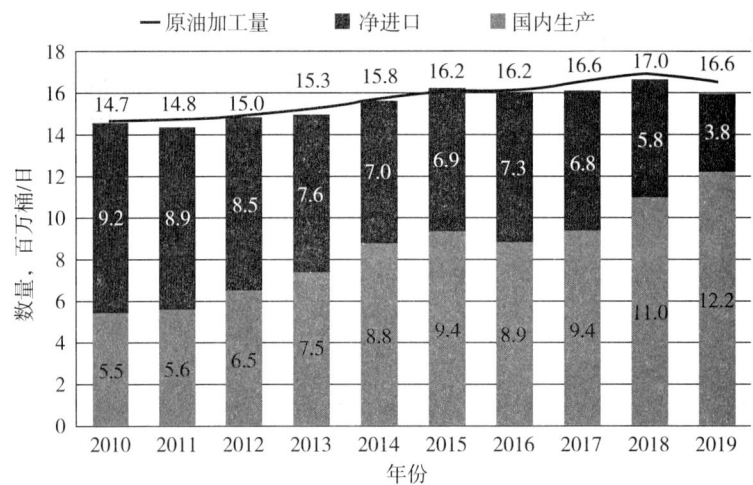

图2-35　2010—2019年美国炼油厂加工原油来源

资料来源：美国能源信息署，2020年6月24日。

美国的炼油企业一半以上集中在墨西哥湾地区，从而使墨西哥湾周边成为美国最重要的炼油和石化产业中心。

根据美国能源信息署的统计数据，近年来美国炼油能力一直处于较为稳定的状态，未来美国炼油项目的投资将取决于原油成品油价格的变化及美国炼油企业在全球的竞争能力。表2-3为2020年1月1日美国10大炼油企业的产量。

表2-3　2020年1月1日美国10大炼油企业

排名	所有者	炼油企业	州	地点	桶/日
1	沙特阿美公司	莫蒂瓦公司	得克萨斯	阿瑟港	607000
2	马拉松石油公司	马拉松石油公司	得克萨斯	加尔维斯敦湾	585000
3	马拉松石油公司	马拉松石油公司	路易斯安那	加利维尔	578000
4	埃克森美孚	埃克森美孚炼油和供应公司	得克萨斯	贝敦	560500

续表

排名	所有者	炼油企业	州	地点	桶/日
5	埃克森美孚	埃克森美孚炼油和供应公司	路易斯安那	巴吞鲁日	517700
6	英国石油公司	英国石油公司北美油品公司	印第安纳	怀特明	435000
7	委内瑞拉国家石油公司美国公司	雪铁戈石油公司	路易斯安那	查尔斯湖	418000
8	埃克森美孚	埃克森美孚炼油和供应公司	得克萨斯	博蒙特	369024
9	马拉松石油公司	特索罗炼油和销售公司	加利福尼亚	卡森	363000
10	雪佛龙	雪佛龙美国公司	密西西比	帕斯卡古拉	356440

资料来源：美国能源信息署，炼油能力报告，2020年6月23日。

二、美国炼油企业的原料投入与产品产出

炼油厂的原料，除原油外，还必须有其他大量的辅助原料。因此，炼油厂的原料构成，远比我们普遍人的概念要复杂得多。2018年，美国炼油企业总原料构成中，原油占比为87%，剩下的13%为辅助原料，主要包括：燃料乙醇，5%；烃类气体液，3%；车用汽油调和组分，3%；其他液体，2%（图2-36）。

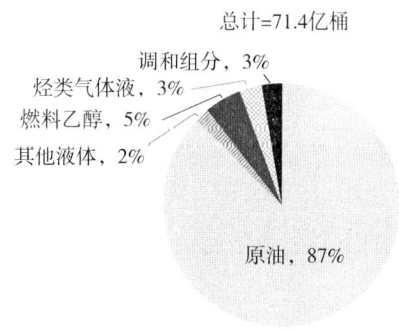

图2-36 2018年美国炼油厂加工原料构成

资料来源：美国能源信息署，2019年10月23日。

同样，经过炼油厂加工后，由于产品的密度大大低于原油，所以每桶42加仑的原油经加工后所产出的产品要大于42加仑，在炼油行业中，一般称之为"加工所得"。2018年，美国炼油行业的平均加工所得为6.5%，即每加工一桶42加仑的原油，可以得到44.7加仑的产品。

表2-4 2018年美国炼油厂每桶42加仑原油产品构成

品种	数量,加仑
车用汽油	19.36
中间馏分燃料油	12.26
煤油型喷气燃料	4.33
石油焦	2.14
蒸馏气	1.68
烃类气体液	1.51
渣油	1.05
沥青和道路用油	0.76
石脑油原料	0.50
润滑油	0.46
其他原料油	0.25
杂项产品	0.21
特种石脑油	0.08
航空汽油	0.04
煤油	0.04
蜡	<0.01
合计	44.69
加工所得	2.69

资料来源：美国能源信息署，2019年10月23日。

三、美国炼油企业的经济效益

从统计数据看，美国的炼油工业是一个利润率较高的行业，其平均炼油毛利大大高于世界其他地区。

2010年以来，美国墨西哥湾中质高硫原油焦化的炼油毛利，40个季度中，有9个季度超过每桶10美元，最高的毛利水平为2015年第3季度的16.56美元/桶。对比世界其他地区，这么高的毛利水平，基本上可以说是绝无仅有的。图2-37为2010—2019年美国墨西哥湾中质高硫原油焦化的毛利与北欧轻质低硫原油裂化的毛利及新加坡中质高硫原油加氢裂化的毛利对比。

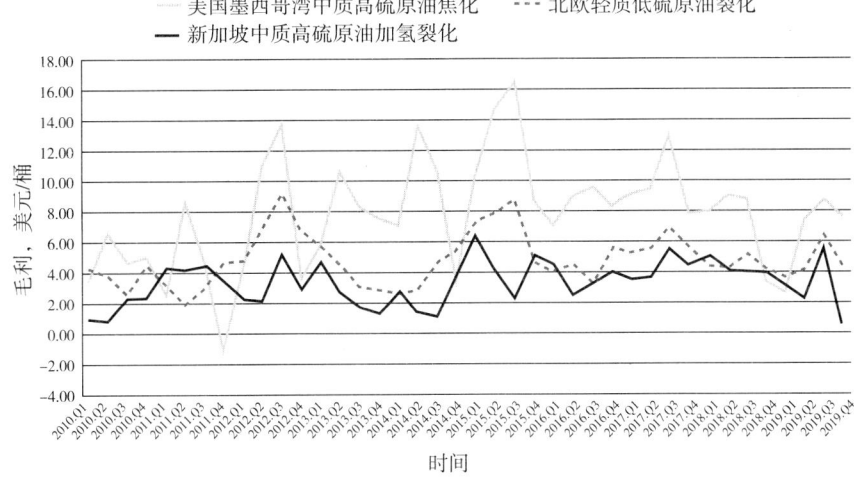

图 2-37 2010—2019 年美国与其他地区炼油毛利对比
资料来源：英国石油公司，世界能源统计评论，2020 年 6 月。

美国炼油企业之所以能够产生如此高的毛利水平，主要原因是，美国的炼油工业可以根据市场最优化原则，全球配置原料资源并销售产品。我们在市场上经常看到，美国既进口也出口原油，并大规模地向世界各地出口石油产品，其石油产品的出口规模和数量十分庞大。2015 年年底，美国解禁了实施 40 年的原油出口禁令，使得来源于页岩油气生产而日益增多的轻质原油，出口到世界其他地区，而进口的则是品质较差且较重的原油，从而十分有利于美国炼油工业的资源配置优化。客观上应该可以说，正是在市场之手的指挥下，今天的美国石油产业链上中下游各环节已进入了较理想的状态，炼油工业的高毛利就最具代表性和说服力，同时强大的炼油工业也为美国整个石油产业全球资源配置发挥了积极的作用。

本文撰写于 2018 年 10 月，修改更新于 2020 年 8 月

美国的煤炭生产和消费

美国是世界第三大煤炭生产和消费国，拥有全球最丰富的煤炭资源，近年来由于天然气产量不断增大，美国的煤炭产量和消费量都在下降。

2019 年，美国是世界第三大煤炭生产和消费国，煤炭的生产和消费，都位居中国和印度之后。美国煤炭的生产和消费，具有自己鲜明的特点，近年来随着美国天然气产量的不断增大，美国煤炭的产量和消费量都在不断下降。

依据 2020 年版英国石油公司《世界能源统计评论》和美国能源信息署等资料，本文以翔实的数据，介绍当前美国煤炭生产、消费和进出口的基本情况，以便行业和公众对美国的煤炭行业有一个较为客观的了解。需要说明的是，由于统计口径的不同，不同统计机构和同一统计机构的有关统计数据存在一定的差距；部分行业专业名词、美国地名和机构没有统一的译名，文中仅是自己的理解，仅供参考。

一、美国煤炭的生产和资源情况

根据英国石油公司 2020 年版《世界能源统计评论》，2019 年美国的煤炭产量为 6.398 亿吨，排名中国、印度之后，位居世界第三，占当年世界煤炭产量的 7.9%，比 2018 年下降 6.7%。

根据美国能源信息署的统计，2019 年，美国的煤炭产量为 7.06 亿短吨，比 2018 年的 7.56 亿短吨，下降了 7%，而 2017 年美国的煤炭产量为 7.72 亿短吨。因此，近年来，美国的煤炭产量不断下降，2019 年的煤炭产量是 1978 年以来的最低水平（图 2-38）。

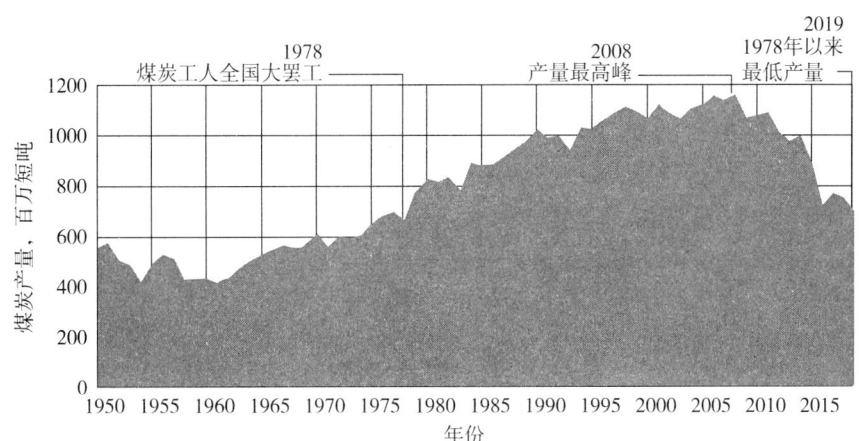

图 2-38　1950—2019 年美国煤炭产量
资料来源：美国能源信息署，2020 年 7 月 28 日。

2018 年，美国 7.56 亿短吨的煤炭产量由 23 个州生产，其中的 63% 由露天矿生产，露天矿占美国煤厂总数的比例也是 63%。2018 年，占煤炭总产量的 0.1%，即 70 万吨的煤炭是废矿回收煤。

美国的煤炭主要分布在阿巴拉契亚煤区、内陆煤区和西部煤区（包括粉河盆地）。其中，阿巴拉契亚煤区，包括阿拉巴马、东肯塔基、马里兰、俄亥俄、宾夕法尼亚、田纳西、弗吉尼亚和西弗吉尼亚，美国生产的煤约有 26% 来自阿巴拉契亚的煤矿区。西弗吉尼亚是该地区最大的产煤州，也是美国第二大产煤州。阿巴拉契亚的煤矿区，地下煤矿生产了 77% 的煤炭。内陆煤炭地区，包括阿肯色、伊利诺伊、印第安纳、堪萨斯、路易斯安那、密西西比、密苏里、俄克拉荷马、得克萨斯和肯塔基西部。美国生产的煤炭约 18% 来自内陆煤矿区。伊利诺伊是内陆煤炭地区最大的煤炭生产州，占该地区煤炭产量的 36%，占美国煤炭总产量的 7%。地下煤矿提供了该地区 63% 的煤炭产量，地面矿山则提供了 37%。西部煤炭区，包括阿拉斯加、亚利桑那、科罗拉多、蒙大拿、新墨西哥、北达科他、犹他、华盛顿和怀俄明，美国生产的煤炭约有 55% 来自西部地区。怀俄明州是美国最大的煤炭生产州，其煤炭产量占美国煤炭总产量的40%，占美国西部煤炭开采量的73%。美国前十大煤矿中，有六座位于怀俄明州，所有这些矿山都是露天矿。露天煤矿，开采了西部煤炭区92%的煤。

美国最大的两个煤矿是怀俄明州的北羚羊罗谢尔和黑雷矿，这两个煤矿共生产了美国煤炭总产量的22%，其中北羚羊罗谢尔矿2018年的煤炭产量为9831.6万短吨，比美国第二大产煤州西弗吉尼亚的煤炭产量还多，占当年美国煤炭总产量的13%。最大的煤炭生产企业为皮博迪能源公司，产煤量为1.56亿短吨，占全美煤炭产量的21%。图2-39为2019年美国十大煤炭生产州煤炭产量及变化。

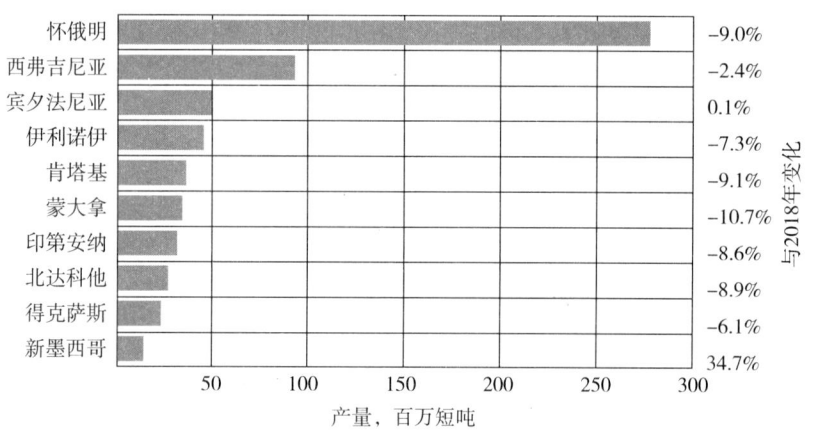

图2-39　2019年美国十大煤炭生产州
资料来源：美国能源信息署，2020年7月28日。

2018年，美国煤炭产量的71%由以下五个州生产：怀俄明，41%，3.04亿短吨；西弗吉尼亚，13%；宾夕法尼亚，7%；伊利诺伊，7%；肯塔基，5%。

2018年，美国五大煤炭消费州为：得克萨斯，7589.9万短吨；印第安纳，3914.4万短吨；密苏里，3706万短吨；伊利诺伊，3549.3万短吨；肯塔基，2856.7万短吨。

近三年来，美国煤炭行业雇员总人数在持续增加，其中2018年为53583人，2017年为53051人，2016年为51795人。1978年，美国煤炭行业的产量为1.8吨/矿工小时，而2016年增长到6.6吨/矿工小时，2018年下降到6.23吨/矿工小时。

1975 年发布的美国地质调查局报告估计，1974 年 1 月 1 日，美国煤炭资源量为 4 万亿短吨，这是美国地质调查局发布的沿用至今对美国煤炭资源最全面的国家评估数据。而依据英国石油公司 2020 年版的《世界能源统计评论》，2020 年 1 月 1 日，美国探明煤炭储量为 2495.37 亿吨，占世界的 23.3%，世界第一，可供生产 390 年。

美国能源信息署基于煤矿的地质条件和开采的经济性，发布了三种对美国煤炭资源的评估数据，时间均为 2019 年 1 月 1 日：实证储量（Demonstrated Reserve Base，DRB），指已经探明并在一定的时间内 100% 可以经济性生产的储量，为 4740 亿短吨，其中的 69% 是地下矿；预计可采储量（Estimated Recoverable Reserves），指采用当今采矿技术，考虑了可采性和采收率因素后的煤炭，为 2530 亿短吨，其中的 58% 是地下可开采煤；生产矿井的可采储量（Recoverable Reserves at Producing Mines），是煤矿公司向美国能源信息署报告的、年产 2.5 万短吨以上煤矿的可采储量，约为 150 亿短吨，其中的 62% 是露天可开采的煤。

以 2019 年的约 7.06 亿短吨煤炭产量作为基数，美国煤炭探明可采储量可供生产 353 年，生产矿井的可采储量可供生产 21 年。当然，任何国家的煤炭可生产年限，都取决于这个国家当年实际煤炭产量和储量的变化，是在不断变动中的。

美国能源信息署认为，2018 年 1 月 1 日，世界探明煤炭可采储量为 1.1 万亿短吨，其中煤炭资源量最多的 5 个国家分别为：美国，22%；俄罗斯，15%；澳大利亚，14%；中国，13%；印度，10%，这 5 个国家占世界已探明煤炭可采储量的 74%。而依据英国石油公司 2020 年版《世界能源统计评论》，2020 年 1 月 1 日，世界探明煤炭可采储量为 1.07 万亿吨，可以生产 132 年，其中美国第一，2495.37 亿吨，占 23.3%；俄罗斯第二，1621.7 亿吨，占 15.2%；澳大利亚第三，1490 亿吨，占 13.9%；中国第四，1415.95 亿吨，占 13.2%；印度第五，1059.31 亿吨，占 9.9%。

二、美国煤炭的消费和进出口情况

2019年,美国的煤炭消费总量为5.9亿短吨,约占美国能源消费总量的11%。2017年,美国煤炭消费量为7.17亿短吨,约占美国能源消费总量的14%。2007年,美国的煤炭消费量达到峰值,自此之后,由于发电用能源的转换,煤炭消费量逐年下降。

从行业看,美国的煤炭消费主要用于发电。2019年,美国各行业有关煤炭消费的情况如下:发电,5.394亿短吨,占91.8%(图2-40)。工业,4710万短吨,占8%,其中,工业焦化厂,1790万短吨,3.1%;联合热电厂,1120万短吨,1.9%;其他工业用,1790万短吨,3%。商业,90万短吨,不到1%。民用和运输,每项都不到100万短吨,不到1%。

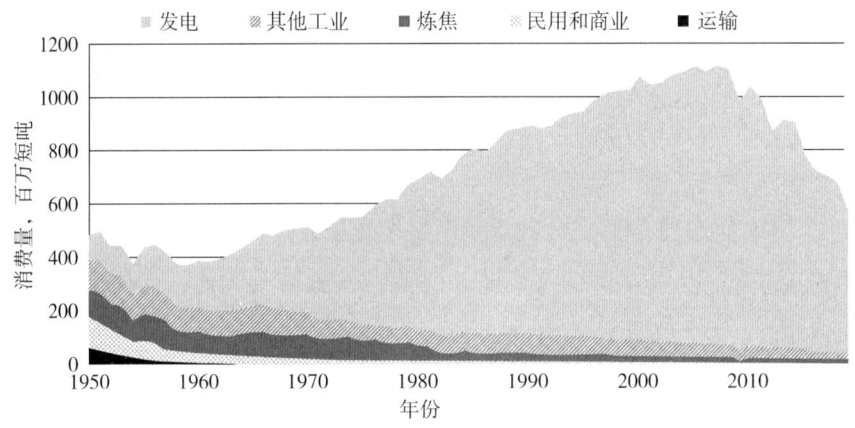

图2-40 1950—2019年美国分类煤炭消费

资料来源:美国能源信息署,2020年6月1日。

2019年,美国发电用能源的23%由煤炭提供。在美国,很多企业都自备热电站,既为自己供电,也为自己供热。

2012年,美国的煤炭出口量最高,为1.26亿短吨,约占当年美国煤炭总产量的12%。2012年至2016年间,美国的煤炭出口量逐年下降。2017年,美国的煤炭出口量开始回升,当年出口了9700万短吨煤炭,出口到世界42个国家和地区。

2019年，美国的煤炭出口量为9300万短吨，约占当年美国煤炭总产量的13%，出口到世界上71个国家和地区，其中的53%出口到以下5国，这5个国家是美国最大的5个煤炭出口目的地国：印度，1283万短吨，14%；日本，1099万短吨，12%；荷兰，1006万短吨，11%；巴西，751万短吨，8%；韩国，736万短吨，8%。美国出口的煤炭主要为冶金煤和动力煤两类，其中，冶金煤用于钢铁生产，动力煤可用于发电，冶金煤炭是美国煤炭出口的大头。

此外，美国墨西哥湾沿岸和大西洋沿岸的一些燃煤发电厂有时发现，从其他国家进口煤炭比从美国产煤区获得煤炭要便宜，因此美国也进口煤炭。2019年，美国进口了700万短吨的煤炭，约占美国煤炭消费总量的1%，主要来源于南美地区的哥伦比亚（503万短吨，占比75%）和加拿大（82万短吨，占比12%）。1950—2019年美国煤炭进出口情况如图2-41所示。

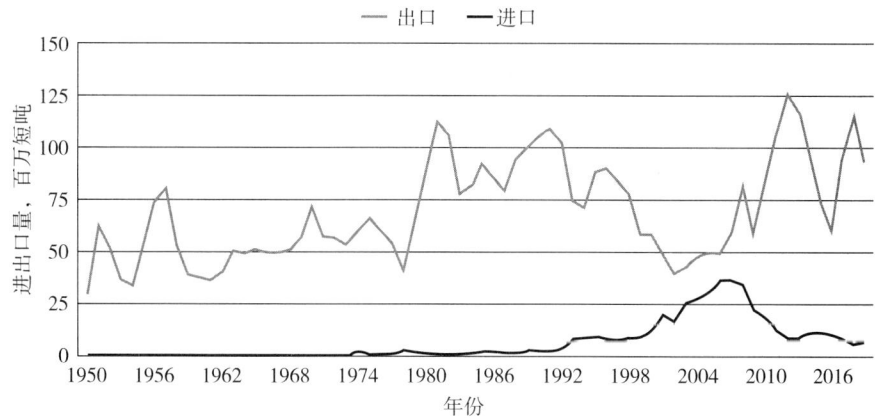

图2-41　1950—2019年美国煤炭进出口

资料来源：美国能源信息署，2020年7月21日。

三、美国煤炭的价格

美国的煤炭主要分为4个品类：褐煤，是煤的最低品级，能量含量最低，破碎，水分含量高，碳含量为25%~35%，约占美国煤炭产量的8%。亚烟煤，比褐煤具有更高的热值，通常含有35%~45%的碳，2015美国生产的煤中约47%是亚烟煤。烟煤，含有45%~86%的碳，是褐煤热值的2~3倍，烟煤是美国煤炭储量中最丰富的品种，占2015年美国煤炭产量的45%。无烟煤，含有86%~97%的碳，其平均热值比烟煤稍高，在美国很少见，在美国开采的煤炭中只占不到1%。

2018年，美国煤炭的年度平均销售价格为每短吨（2000磅）：烟煤，59.43美元；亚烟煤，13.64美元；褐煤，20.21美元；无烟煤，99.97美元。2009—2018年美国年均煤炭最终用户到货价格如图2-42所示。

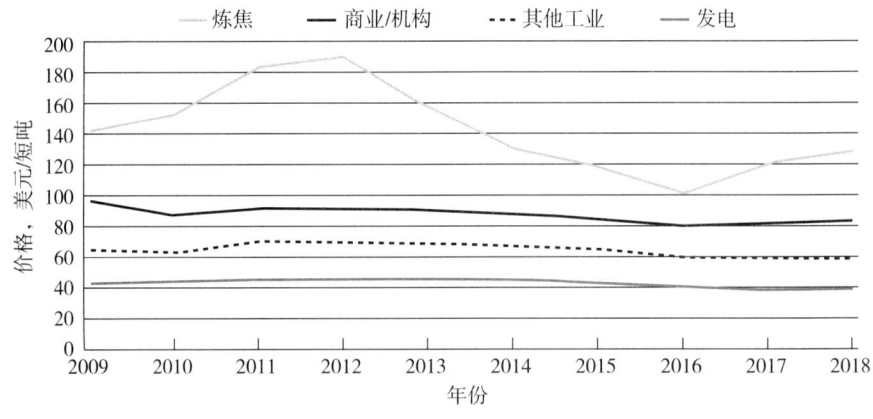

图2-42　2009—2018年美国年均煤炭最终用户到货价格
资料来源：美国能源信息署，2019年11月12日。

一般来说，露天矿的煤炭价格低于地下矿。在美国，运输价格占煤炭到用户手中交货价的大头，尤其是美国东海岸的发电厂从怀俄明州购买煤炭时。2018年，煤矿的煤炭平均销售价为35.99美元/短吨，而到发电厂时的平均交货价为39.08美元/短吨，平均运输成本为3.09美元/吨，约占交货价的8%。

2018年，现货价格和长期合同价格加总平均，美国煤炭到发电厂的平均交货价格为39.08美元/短吨。同年，美国炼焦用煤炭的平均交货价为129美元/短吨，是发电厂用煤价格的3倍多。

2018年，美国煤炭平均销售价格为35.99美元/短吨，其中电力企业的平均交货价为39.08美元/短吨，焦炭工厂的平均交货价为128.75美元/短吨，其他工业企业的平均交货价为59.01美元/短吨。

本文撰写于2018年10月，修改更新于2020年8月

美国的民用核能概况

作为世界核装机容量和核发电量最大的国家，美国运行的民用核反应堆有96座，虽然仅占全美发电能力的9%但却提供了约20%的发电量。

美国是世界最早开展核能产业化的国家，第一个建设了可实际运行的核反应堆，第一个制造了原子弹并在第二次世界大战中的1945年8月对日本投放了两颗原子弹，造成了重大的人员伤亡，迫使日本最终宣布无条件投降。目前，美国应该是世界上民用和军用核技术最先进的国家之一，虽然33年没有建造新的反应堆，但民用的核反应堆数量和核发电量，都位居世界第一位。

依据2020年版英国石油公司《世界能源统计评论》和美国能源信息署等资料，本文以翔实的数据，介绍当前美国民用核能使用的基本情况，以便行业和公众对美国的民用核工业有一个较为客观的了解。需要说明的是，由于统计口径的不同，不同统计机构和同一统计机构的有关统计数据存在一定的差距；部分行业专业名词、美国地名和机构没有统一的译名，文中仅是自己的理解，可能不一定准确，敬请谅解并指正。

一、美国是世界上第一个建造核反应堆和发生核事故的国家

一般认为，爱因斯坦1905年发表的《关于光的产生和转化的一个启发性观点》等4篇划时代论文，并由此推导出人类文明最重要的方程式——质能方程，$E = mc^2$，为使用核奠定了理论基础。

1939年年初，德国化学家哈恩和物理化学家斯特拉斯曼发表铀原子核裂

变现象的论文，许多国家的科学家很快验证了这一发现，并进一步提出有可能创造这种裂变反应自持进行的条件，从而在实验上证明了人类社会可以利用核。

受传闻纳粹德国要制造原子弹的刺激，1939年8月，爱因斯坦给美国总统罗斯福写信，建议研制原子弹。1942年8月，美国正式执行代号为"曼哈顿工程"的庞大计划，直接动用的人力约60万人，投资20多亿美元。1942年12月2日，在芝加哥大学足球场看台下，恩里科·费米建造了世界上第一个受控的核反应堆，虽然当时是作为"曼哈顿工程"制造原子弹计划的一部分，但是这个反应堆也直接带来了原子能的和平使用。因此，一般认为，芝加哥大学足球场看台下费米的这座反应堆，是人类社会军用和民用核技术的始祖。

1951年，美国建成了世界上第一座实验性核电站。1957年，美国在宾夕法尼亚州的西平波特，建造了真正意义上的第一座核电站。自此，美国进入了核能的大规模民用化的时代。

作为世界上第一个开始核技术民用化的国家，不幸的是，美国也是世界上第一个出现核事故的国家，即举世闻名的1979年3月28日美国三里岛核事故。1979年3月28日凌晨4时，美国宾夕法尼亚州的三里岛核电站2号反应堆堆芯压力和温度骤然升高，2小时后，大量放射性物质溢出，反应堆彻底毁坏，100吨铀燃料的60%受到损坏，反应堆最终陷于瘫痪。本次事故为核事故的第五级，无一人员伤亡，事故现场只有3人受到了略高于半年的容许剂量的照射，约20万人撤出，核电厂附近80千米以内的公众平均每人受到的剂量不到一年内天然本底的百分之一，事故对环境的影响极小。

三里岛核事故对美国核工业产生了巨大的影响，美国总统卡特在考察事故现场时，宣布"美国不会再建设核电站"。三里岛事故后的33年间，美国没有再批准建设新的核电站。2010年，奥巴马提出了复兴核电口号，为美国核电复兴打破了政策上的禁锢。2012年，美国核管理委员会（NRC）才新批了2个核电站4座反应堆的建设申请。

二、当前美国核电站的基本情况

2020年1月1日，美国29个州共有58座核电站，运行的反应堆计96座。自1990年以来，核电站每年为美国提供了约20%的电力。近年来，美国核电站和反应堆的数量有少许变化。2018年1月1日，美国30个州共有61个核电站，运行的反应堆计99座。图2-43为1957—2019年美国核发电能力和发电量。

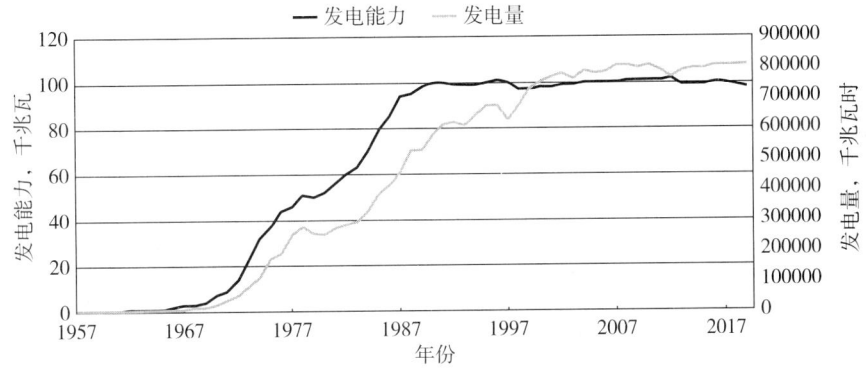

图2-43 1957—2019年美国核发电能力和发电量

资料来源：美国能源信息署，2020年4月15日。

美国核反应堆的平均年龄为38岁。九里点一号（Nine Mile Point Unit 1）和牡蛎湾（Oyster Creek）反应堆投入商业运营的时间，是1969年12月。最新投入运营的反应堆，是瓦茨吧2号（Watts Bar Unit 2），投运时间为2016年。截至2019年11月，美国已有16个核电站中的17座反应堆退役。

虽然2019年运营的核反应堆比2013年少，但2019年年底的总核电发电能力与2003年大致相当，当时美国有104座运营的核反应堆。为增加产能而进行的核电厂升级改造，使得整个运行的核反应堆群能够保持相对一致的总发电能力，这些改造加上高的设备利用率（或容量因子），帮助核电站自1990年以来一直保持在美国总发电量20%左右的份额。此外，一些反应堆还通过缩短反应堆停运添料时间，增加了年发电量。

绝大多数的美国商用核电站位于密西西比河东岸。截至2019年年初，伊利诺伊州拥有 6 个核电站，计 11 座反应堆，全美第一，夏季最大净核发电能力约为 11582 兆瓦。美国最大的核电站，是帕洛代德核电站，拥有 3 座反应堆，发电能力为 3937 兆瓦。美国最大的核反应堆，是位于密西西比州吉布森港的大海湾核电站，发电能力为 1400 兆瓦。两个最小的核反应堆，是位于明尼苏达州红翼的草原岛核电站，夏季最大净发电能力约为 520 兆瓦。

六分之三的美国核电站拥有至少两个核反应堆，其中只有三个核电站拥有两个以上的核反应堆。

由于成本和技术原因，相比燃煤或天然气的发电厂，核电站的运营效率高得多。2019 年，美国核发电能力虽然只占整个发电能力的 9%，但核发电量却占整个国家发电量的约 20%（图 2-44）。

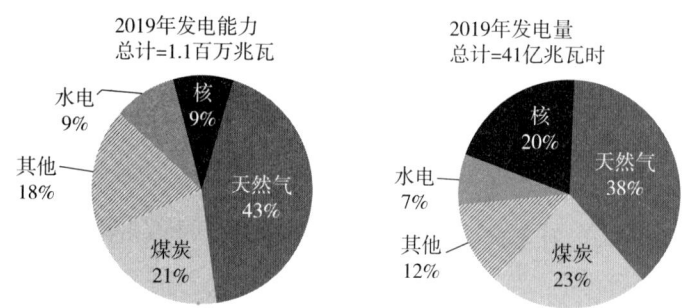

图 2-44　2019 年核电能力与发电量在全美发电能力和发电量所占比重
资料来源：美国能源信息署，2020 年 4 月 15 日。

2012 年 2 月，美国核管理委员会（NRC）批准了南方公司申请位于佐治亚州沃格特勒建造和运行两个新的反应堆，即 3 号和 4 号反应堆，每个反应堆规划最大发电能力为 1120 兆瓦。沃格特勒新的反应堆是 30 多年来美国第一批获得建设批准的反应堆，这两座核反应堆有望在 2019 年和 2020 年投入运营。

2012 年 3 月，美国核管理委员会（NRC）批准了南卡罗来纳州电力天然气公司申请位于南卡罗来纳州的维吉尔萨默尔核电站建造和运行两个新的反应堆，即 2 号和 3 号反应堆，不过，这两座反应堆的建造于 2017 年停止了。

2016 年，田纳西州河谷管理局（TVA）位于田纳西州的瓦茨吧 2 号反应堆，成为美国自 1996 年以来第一台投入运营的反应堆。

美国核电站的堆型，主要有沸水反应堆或压水反应堆。截至 2018 年 5 月，美国 99 座运行的反应堆中，有 65 座是压水堆。

截至 2017 年 9 月，美国核管理委员会（NRC）正在对 18 座新申请建设的核反应堆进行评估，这些评估将耗时 5 年时间才能完成，批准后新反应堆也需 5 年或更长的时间才能建成。

目前，佐治亚州正在建设两座新的核反应堆，即沃格特勒核电厂的 3 号和 4 号反应堆，每座反应堆的发电能力约为 1100 兆瓦，预计 2021 年和 2022 年投入使用。

截至 2017 年，世界上 31 个国家拥有核电站，其中 15 个国家核发电至少占年度发电量的 20%。其中，美国是核发电能力和发电量最多的国家。法国是世界上核发电能力第二大的国家，但核发电量占国家整个发电量的比例高达 71.5%，世界第一。2017 年世界五大核能发电国如表 2-5 所示。

表 2-5 2017 年世界五大核能发电国

国别	核发电能力 百万千瓦	核发电量 10 亿千瓦时	占国家总发电量的比例
美国	99.6	805	19.8%
法国	63.1	381.8	71.5%
中国	34.5	232.8	3.7%
俄罗斯	26.1	190.1	18.4%
韩国	22.5	141.3	26.6%

资料来源：国际能源统计，美国能源信息署，2020 年 4 月 16 日。

三、美国核电站燃料的来源和经济性

世界上核电站都使用铀 235 作为燃料来发电。铀矿开采后，铀矿石通常每吨能产出 1～4 磅的铀精矿八氧化三铀（U_3O_8 或黄饼），黄饼的浓度通常为 0.05%～0.20%，再对这些黄饼进行萃取和处理，使其成为核电站所使用的燃料铀 235。

2018 年，美国核电公司大约购买了 4000 万磅铀，其中的 10% 是在美国生产的，90% 来自其他国家，具体包括：加拿大，24%；哈萨克斯坦，20%；澳大利亚，18%；俄罗斯，13%；乌兹别克斯坦，6%；纳米比亚，5% 和中国、尼日尔、南非等国家，3%。

2018 年，美国核电企业用于铀的支出为 1.088 亿美元，铀精矿（U_3O_8）的产量为 165 万磅，铀精矿 U_3O_8 的平均购买价格为 38.81 美元/磅。

2017 年，美国核燃料与化石燃料的发电成本对比为：0.75 美分/千瓦时比 2.53 美分/千瓦时。

本文撰写于 2018 年 10 月，修改更新于 2020 年 7 月

高度对外依赖的美国民用核燃料供应

2019年,美国国内核燃料的产量降低到历史最低点,民用核燃料的对外依赖超过90%,成为能源独立背景下美国对外依赖最高的能源资源。

美国是世界第一大核发电装机容量和核发电量的国家,核发电提供了约20%的电力消耗。但是,作为核发电用的原料八氧化三铀,90%以上必须从国际市场进口,成为美国依赖国际市场最高的能源资源。

依据美国能源信息署的资料,本文将简要介绍2019年美国的民用核燃料生产、加工和进口等情况,以便对美国的民用核能现状有更加全面的了解,同时也从另一个侧面,来理解美国能源独立的内涵,也许对我们认识和思考能源安全问题会提供另一角度。

一、2019年美国民用核燃料的对外依赖超过90%

2019年,美国生产了17.4万磅铀浓缩物,即八氧化三铀(U_3O_8),比2018年减少89%,这是美国自1949年开始发布能源统计数据以来的最低产量。1980年,美国国内八氧化三铀产量达到峰值,为4370万磅,自此之后就再没有超过这个数值(图2-45)。

生产八氧化三铀,是核燃料生产的第一步。铀矿开采后,经过一个从矿石中提取铀的碾磨过程,以便生产铀浓缩物八氧化三铀。虽然原始矿石中铀含量只有0.1%,但八氧化三铀通常含有超过80%的铀。八氧化三铀随后在转化和浓缩设施进行处理,被制成反应堆燃料芯块,燃料制造厂将燃料芯块组装成燃料棒,用于民用核反应堆。

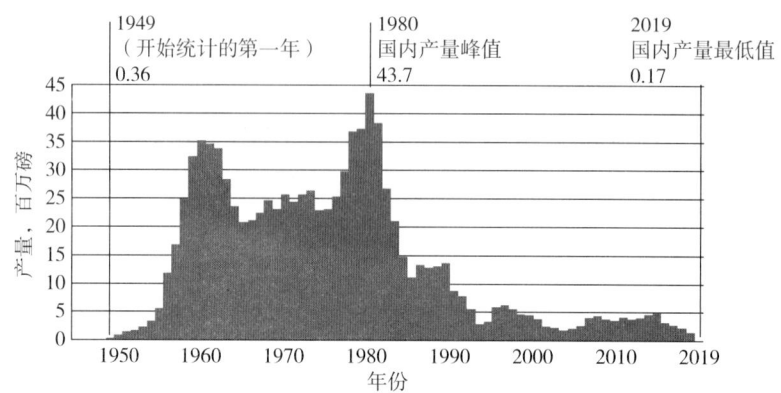

图 2-45　1949—2019 年美国八氧化三铀产量
资料来源：美国能源信息署，2020 年 7 月 17 日。

20 世纪 40 年代末和 50 年代初，美国出台了鼓励国内铀矿生产的措施和贸易政策，但这些政策于 20 世纪 80 年代结束后，美国国内铀产量就开始下降。其他国家，如加拿大和澳大利亚，拥有更容易获得的高品质铀矿，使它们能够以比美国更低的成本生产出八氧化三铀。自 1990 年以来，美国每年外购进口的八氧化三铀就已超过了国内产量（图 2-46）。

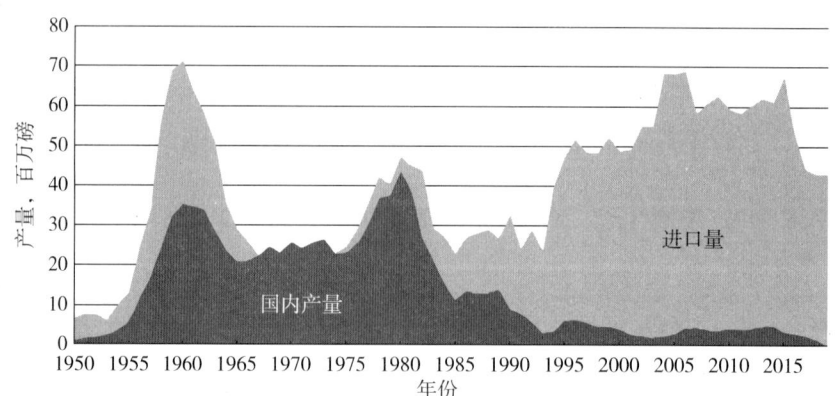

图 2-46　1950—2019 年美国国内八氧化三铀产量和进口量
资料来源：美国能源信息署，2020 年 7 月 17 日。

民用核动力反应堆的所有者和经营者购买的铀，是八氧化三铀、六氟化铀或浓缩铀及这些形式的组合。当铀在燃料循环的早期购买，例如以八氧化三铀的形式，所有者和经营者支付转换、浓缩和制造成燃料棒的费用。2019年，装填到美国民用核反应堆中的燃料组件或燃料棒中，含有4320万磅的八氧化三铀，其中9%来源自美国国内，91%来源自外国进口。2000—2019年美国商用核反应堆采购的进口铀来源国如图2-47所示。

2019年，美国民用核电反应堆运营商共采购了4830万磅的八氧化三铀，其中国外进口的八氧化三铀，为美国民用核反应堆提供了大部分燃料，当年进口的数量为4260万磅，占购买的八氧化三铀总量的88%。图2-48为1996—2019年美国民用核反应堆运营商铀的采购量。

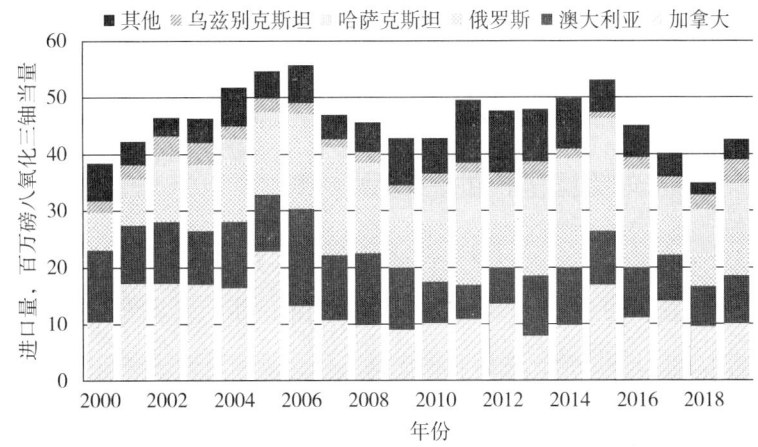

图2-47 美国商用核反应堆采购的进口铀来源国

资料来源：美国能源信息署，2020年7月17日。

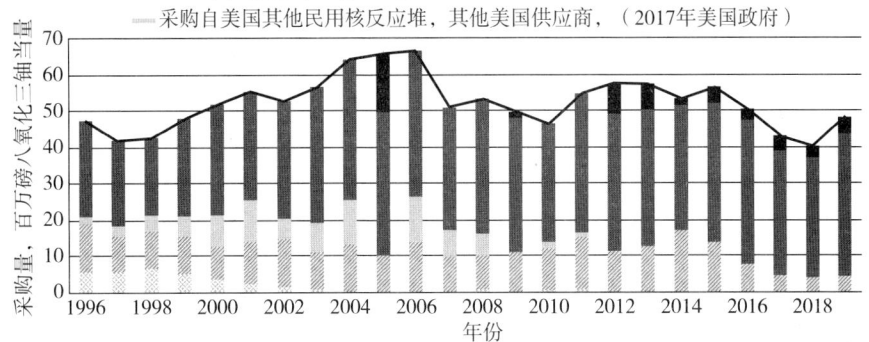

图2-48 1996—2019年美国民用核反应堆运营商铀的采购量

资料来源：美国能源信息署，2019年铀市场年报，2020年5月。

加拿大拥有大量高品质的铀储量,历来是美国铀进口的最大来源地。2019年,加拿大仍是美国民用核电站供应铀的最大来源,其次是哈萨克斯坦、澳大利亚和俄罗斯。哈萨克斯坦对铀生产商提供补贴,从而导致该国铀出口数量不断增加,包括对美国的出口。

由于越来越多的美国民用核反应堆退役,八氧化三铀需求减少,近年来国内铀产量和进口量均出现下降。目前,美国有57个核电站,运行的民用核反应堆有95座。最近,位于纽约市附近的印第安角2号机组,于2020年4月退役;爱荷华州杜安阿诺德能源中心计划在2020年晚些时候退役,印第安角3号机组计划在2021年退役。2025年,美国还有两座核电站中的另外三座反应堆,预计也将退役。

二、2019年美国国内的铀资源生产

2019年,美国铀矿生产了17.4万磅八氧化三铀,即铀浓缩物,比2018年减少76%。铀精矿的生产是核燃料生产过程的第一步,八氧化三铀转化为六氟化铀(UF_6),进行铀浓缩,然后制成燃料芯块,最后制造成燃料组件。1996—2019年美国八氧化三铀产量如图2-49所示。

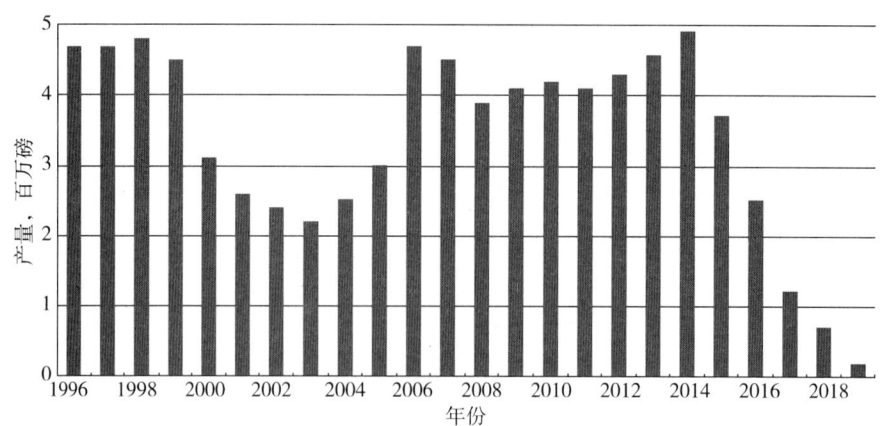

图2-49 1996—2019年美国八氧化三铀产量
资料来源:美国能源信息署,2019年国内铀生产报告,2020年5月。

2019 年，美国国内生产商的八氧化三铀总出货量为 19 万磅，比 2018 年减少 87%。1996—2019 年美国铀精矿产量和出货量如图 2-50 所示。

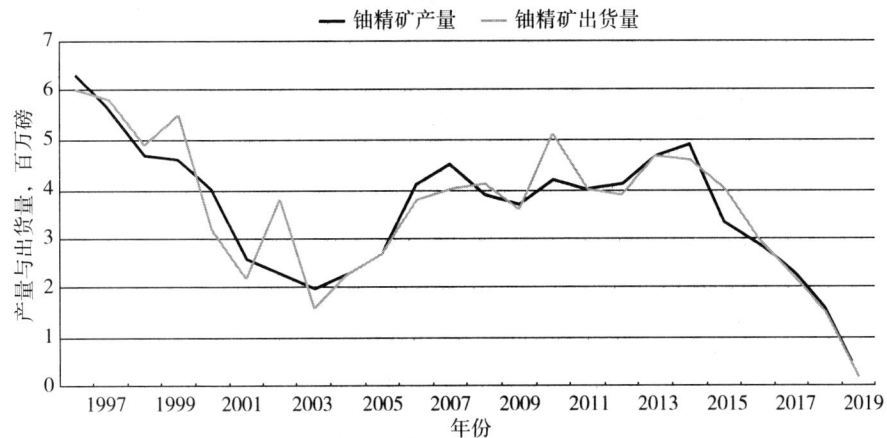

图 2-50　1996—2019 年美国铀精矿产量和出货量
资料来源：美国能源信息署，2019 年国内铀生产报告，2020 年 5 月。

2019 年，美国国内生产的铀来自 6 个设施，其中 5 个是内布拉斯加州和怀俄明州的原地浸工厂，一个是地下矿山。

2019 年年底，犹他州的绍特林峡谷铀矿厂和怀俄明州的斯威特沃特铀矿项目，已处于待产状态，总产能为每天 3750 短吨原料。犹他州的怀特梅萨铀矿厂停产，该工厂每天的产能为 2000 短吨原料。在怀俄明州，绵羊山堆浸厂正处于计划阶段。当年年底，美国有 3 个原地浸工厂运营，具体包括洛斯特河（Lost Creek）铀矿、尼克尔斯牧场（Nichols Ranch ISR）铀矿和怀俄明州的史密斯高地牧场（Smith Ranch-Highland）铀矿，总产能为每年 950 万磅八氧化三铀；6 座原地浸工厂处于待产状态，计划在新墨西哥州、南达科他州、得克萨斯州和怀俄明州建设 7 座原地浸工厂。

2019 年，美国铀生产行业的总就业人数为 265 个全职人年（1 人年相当于 1 人全职工作），比 2018 年减少 29%。其中，勘探就业 40 人年，比 2018 年增长 48%；采矿业就业 48 人年，比 2018 年下降 56%；2018 年至 2019 年，复垦就业减少了 20%，为 110 人年。

2019年，怀俄明州占美国铀生产行业总就业人数的55%，略高于2018年53%的比例。

2019年，美国国内铀生产行业，用于土地、勘探、钻探、生产和复垦的总支出为8100万美元，比2018年减少26%。

截至2019年年底，以最高的远期成本每磅30美元为前提，美国的铀矿资源储量估算为3100万磅八氧化三铀；如以每磅50美元为前提，估算的资源储量为2.06亿磅；如以每磅100美元为前提，估算的资源储量为3.89亿磅。美国能源信息署指出，这些铀资源储量只是可能的美国国内铀资源总储量的很小部分，因为缺乏成本估算或因为没有开展勘探，大量的铀储量资源没有上报。

三、2019年美国铀资源的采购、进口和库存

2019年，美国民用核反应堆的所有者和运营商，从美国供应商和外国供应商购买了总计4800万磅的八氧化三铀，加权平均价格为35.59美元/磅，2019年的购买量比2018年的4000万磅，上涨了20%；2019年的采购加权平均价，比2018年每磅38.81美元的加权平均价，下降了8%（图2-51）。

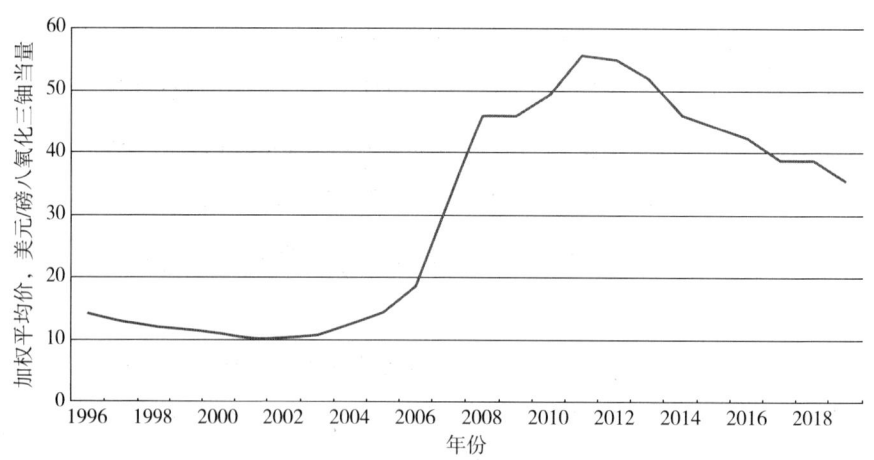

图2-51　1996—2019年美国民用核反应堆运营商采购铀的加权平均价
资料来源：美国能源信息署，2019年铀市场年报，2020年5月。

与近年来类似，2019年交付的铀绝大多数来自国外。当年，产自哈萨克斯坦、俄罗斯和乌兹别克斯坦的铀，占美国民用核反应堆运营商购买铀资源总量的42%，加拿大和澳大利亚合计占39%。

2019年，美国民用核反应堆运营商从35家卖方购买了三种类型的铀，比2018年少了一家。其中，当年22%交付的铀是根据现货合同购买的，加权平均价格为每磅27.89美元；其余78%是根据长期合同购买的，加权平均价格为每磅37.73美元。现货合同是对整个合同一次性交付铀的合同，交货通常在合同签订后一年内（以签署日期为准）；长期合同是指合同签署后至少一年（以签署日期为准），交付一次或多次铀的合同，因此可以视为部分短期和中期以及长期的协议。

2019年，美国民用核反应堆运营商签署了34份新的采购合同，交付800万磅当量的八氧化三铀，加权平均价格为每磅26.34美元。

根据合同，美国民用核反应堆运营商会报告未来采购铀的最小和最大数量，以便选择是减少或增加供应量。根据美国民用核反应堆运营商2019年年底的现有采购合同，2020年至2029年间的最大铀交付量总计应为1.81亿磅当量的八氧化三铀。同样在2019年年底，2020年至2029年需要更换的铀燃料总需求量为2.07亿磅当量的八氧化三铀。因此，预计未来10年，这些合同交货量和需要更换的铀燃料总需求量加起来，美国民用核反应堆运营商的铀燃料最大市场预期需求量为3.88亿磅当量的八氧化二铀。

2019年，美国民用核反应堆运营商向美国和外国的铀浓缩商，交付了3800万磅的天然铀，其中美国铀浓缩供应商获得了51%的原料，其余49%交付给了外国铀浓缩供应商。根据浓缩服务合同，2019年从12个卖方手中购买了1300万个分离功单位，比2018年减少了1个。2019年，美国民用核反应堆运营商为1300万分离功单位支付的平均价格，为每分离功单位109.54美元，而2018年的平均价格为每分离功单位115.42美元。2019年，来自美国的分离功单位占40%，而来自国外的分离功单位占其余的60%。来自国外的分离功单位主要包括来自俄罗斯的23%，来自荷兰和英国的10%，以及来自德国的9%。

2019年，装填到美国民用核反应堆的铀燃料组件中，含有4320万磅八氧化三铀，而 2018 年为 5040 万磅，其中 2019 年装载的铀中，9% 来自美国的源铀，91% 为国外的源铀。

美国的供应商，包括经纪人、转换商、浓缩商、制造商、生产商和贸易商等和民用核反应堆运营商，每年都从外国供应商处购买铀。2019 年，从国外总计购买了 4290 万磅当量的八氧化三铀，加权平均价为 34.77 美元 / 磅。与此同时，美国供应商和民用核反应堆运营商也向外国购买商出售铀，2019 年向国外销售了总计 1170 万磅当量的八氧化三铀，加权平均价格每磅 27.16 美元。

年终民用铀库存，指的是在国内或国外核燃料设施内的核燃料循环不同阶段的铀的所有权，包括诸如正在进行的转换、浓缩或制造等。截至 2019 年年底，美国民用核反应堆运营商、经纪人、转换商、浓缩商、制造商、生产商和交易商所拥有的民用铀资源库存总量，为 1.271 亿磅当量的八氧化三铀，比 2018 年年底的 1.350 亿磅下降了 5.85%。其中，民用核反应堆运营商拥有的民用铀资源库存，为 1.128 亿磅当量的八氧化三铀，比 2018 年年底的水平增加了 1%；由转换商、浓缩商、制造商、经纪商和交易商等构成的供应商，拥有的铀资源库存总计为 1430 万磅当量的八氧化三铀，比 2018 年年底下降了 26%。图 2-52 为 1996—2019 年美国商用铀库存量。

图 2-52　1996—2019 年美国商用铀库存量

资料来源：美国能源信息署，2019 年铀市场年报，2020 年 5 月。

本文撰写于 2020 年 7 月

美国的可再生能源概况

2019年，可再生能源超越煤炭，成为美国第三大能源消费来源，其中生物质燃料排名第一，风能超越水电成为第二大可再生能源消费来源。

美国是世界上主要的可再生能源利用的国家，可再生能源在美国能源生产和消费中占有一定的比重，且重要性日益增加。由于广阔的国土和丰富的资源，美国拥有十分丰富的可再生能源资源。

依据2020年版英国石油公司《世界能源统计评论》和美国能源信息署等资料，本文以翔实的数据，介绍当前美国可再生能源消费和生产的基本情况，以便行业和公众对美国的可再生能源行业有一个较为客观的了解。需要说明的是，由于统计口径的不同，不同统计机构和同一统计机构的有关统计数据存在一定的差距；部分行业专业名词、美国地名和机构没有统一的译名，文中仅是自己的理解，仅供参考。

一、可再生能源的概念和种类

可再生能源，一般指的是，来源于自然界可以自我补充的能源，理论上和很大程度事实上是取之不尽用之不竭的，但是在单位时间内可用的能量数量上是有限的。

可再生能源主要包括以几类：生物质能，有木材和木材废料、城市生活垃圾、垃圾填埋气与沼气、乙醇、生物柴油等；水力发电；地热能；风能和太阳能。

生物质能源是由非化石植物材料生产的，木材和木材废料是美国最大的生物质能源来源，其次是生物燃料和市政固体废料。生物燃料包括乙醇和生物柴油，美国使用的大部分燃料乙醇是用玉米生产的，生物柴油是由谷物油和动物脂肪制成的。城市固体废物（MSW）或垃圾含有生物质（或生物成因）材料，如纸张、纸板、食物碎片、草屑、树叶、木材、皮革制品和非生物质可燃材料（主要是塑料和由石油制成的其他合成材料），这些固体废物可以用来焚烧发电，美国许多垃圾填埋场收集并焚烧垃圾发电。

直到 19 世纪中期，木材几乎是美国全国所有能源的来源，用于加热、烹饪和照明。从 19 世纪后期直到今天，化石燃料煤、石油和天然气是美国能源的主要来源。直到 20 世纪 90 年代，水能和固体生物质能，是美国使用最多的可再生能源。从那时起，生物燃料、太阳能和风能在美国能源消耗中所占的比重不断增加。图 2-53 为 1776—2019 年美国部分年份的能源消费构成。

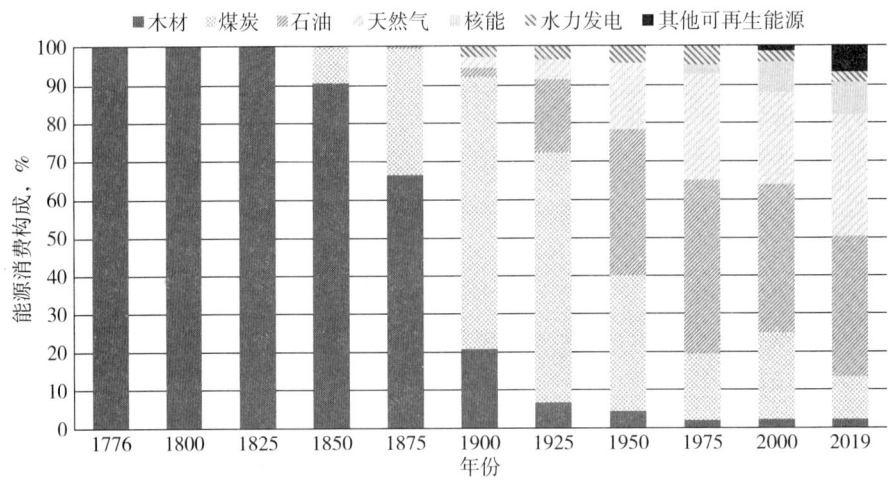

图 2-53　1776—2019 年美国部分年份能源消费构成

资料来源：美国能源信息署，2020 年 6 月 22 日。

可再生能源在减少温室气体排放方面发挥重要的作用，使用可再生能源可有效地减少化石能源的消耗，从而能减少二氧化碳的排放。

2000 年到 2019 年间，美国生物燃料和其他非水电可再生能源的消费量增加了一倍多，这主要是因为州和联邦政府要求和鼓励使用可再生能源，预计到 2050 年美国的可再生能源消费将持续增长。

二、美国可再生能源生产和消费的总体情况

2019 年，美国可再生能源的总产量为 11.637 千万亿英热单位，占当年美国一次能源总产量的 11.62%。

2019 年，美国可再生能源的消费总量为 11.46 千万亿英热单位，占当年美国一次能源消费总量的 11.44%，130 多年来首次超越煤炭，成为美国第三大能源消费来源，其中发电行业消耗了当年美国可再生能源的 56%，美国 17% 的发电量来源于可再生能源。

在 2019 年美国可再生能源的消费总量中，风能占比 24%，水力发电占比 22%，太阳能占比 9%，地热能占比 2%，生物质燃料占比 43%，排名第一。其中，生物质燃料可再细分为：生物燃料 20%，木材 20%，生物废弃物等约占 3%。

三、美国水电的基本情况

2019 年，水力发电占美国发电总量的 6.16% 左右，占可再生能源发电总量的约 35%。水力发电在美国总发电量中所占的份额，这几年在逐渐降低，这主要是因为来自其他能源发电量的不断增加。

水能是产生机械能和电能的最古老的能源之一，在几千年前水能就被用来转动桨轮来帮助碾磨粮食。在获得蒸汽动力和电力之前，美国的谷物和木材工厂就一直直接使用水能。美国第一次利用水力发电是在 1880 年，当时密歇根州大急流城的狼獾椅厂用水轮机为 16 盏刷弧灯供电。美国第一个水力发电厂，于 1882 年 9 月 30 日在威斯康星阿普尔顿附近的福克斯河上投入运营。美国目前运营的大部分水电站，建设于 20 世纪 70 年代中期之前。1950—2019 年美国水力发电量及其在总发电量中的比重如图 2-54 所示。

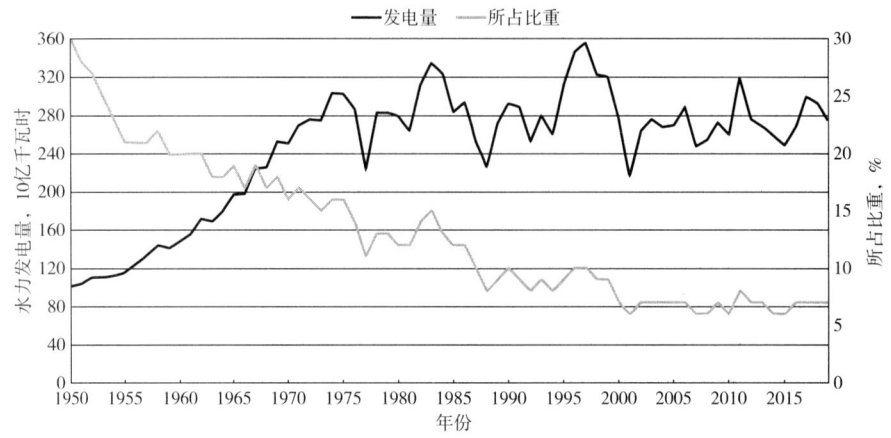

图 2-54　1950—2019 年美国水力发电量及其在总发电量中的比重
资料来源：美国能源信息署，2020 年 3 月 30 日。

美国水力发电能力约有一半集中在华盛顿、加利福尼亚和俄勒冈。华盛顿州的水力发电能力是所有州中最大的，是美国最大的水力发电设施——大库里大坝所在地。纽约拥有密西西比河以东所有州最大的水力发电能力，其次是阿拉巴马州。

2019，美国水电总发电能力约为 80000 兆瓦（MW）或 8000 万千瓦，水电发电能力排名前五位的州为：华盛顿，27%；加利福尼亚州，13%；俄勒冈，10%；纽约，6%；阿拉巴马州，4%。

2019 年，美国水力发电总量约为 2740 亿千瓦时，相当于美国发电总量的 6.16%，水电总发电量排名前五位的州为：华盛顿，24%；加利福尼亚州，15%；纽约，11%；俄勒冈，11%；阿拉巴马州，4%。

2019 年，美国有 18 个州拥有抽水蓄能电站，总能力为 22878 兆瓦，其中前五大州分别为：加利福尼亚州，17%；弗吉尼亚州，14%；南卡罗来纳州，12%；密歇根州，10%；佐治亚州，8%。

美国只有一小部分大坝能发电，大多数大坝是为灌溉和防洪而建造的，没有水电站。2012 年，美国能源部估计，美国非动力水坝的潜在水电容量总计为 12000 兆瓦。

四、美国生物质能和生物燃料的基本情况

(一) 生物质能

生物质燃料提供了约 5% 的美国 2019 年一次能源消费,在这 5% 中,约 47% 来自生物燃料(主要是乙醇),43% 来自木材和木材衍生物,10% 来源于市政废物中的生物质。

2019 年,大约 2.3% 的美国能源消费来源于木材和木材衍生物,其中:工业,1473 万亿英热单位,64%;民用,529 万亿英热单位,23%;发电,211 万亿英热单位,9%;商业,84 万亿英热单位,4%。

2019 年,木材占民用部门最终能源消耗的 4.4%,占民用能源消费总量的 2.5%。2015 年,约有 1250 万个美国家庭,或美国所有家庭 11%,使用木材作为取暖能源,其中的 350 万个家庭使用木材作为主要加热燃料。

2017,美国产生了大约 2.68 亿吨的城市固体废物,其中:52.1% 被填埋,25.1% 被回收,12.7% 被燃烧用于能量回收,10.1% 用于堆肥。2018 年,美国有 68 个发电厂通过燃烧大约 2950 万吨可燃垃圾发电 140 亿千瓦时,其中生物质材料占可燃垃圾的 64% 左右,约占发电量的 51%。通过焚烧垃圾,使城市固体废物的数量减少了约 87%。在一个垃圾发电厂,2000 磅(1 吨)的垃圾通过燃烧,生产 300~600 磅的灰烬。

在美国,每 100 磅的垃圾中有 85 磅可以通过燃烧来发电,这类垃圾包括纸张、塑料和庭院废物。2018 年,美国 1 吨垃圾焚烧的发电量约为 534 千瓦时(kW·h),相当于 18 个家庭一天的用电量。

城市固体废物的垃圾填埋场是重要的能源来源地。厌氧细菌分解有机废物,产生沼气,垃圾填埋场沼气中甲烷的含量为 40%~60%。2018 年,美国 352 个垃圾填埋场,收集了大约 2700 亿立方英尺的垃圾填埋气体,其中的 99% 用于发电,生产了约 110 亿千瓦时(kW·h)的电力,约占美国总发电量的 0.3%。其中,当年美国约有 44 个废物处理设施,产生的电力总量约为 10 亿千瓦时;约有 29 家大型奶牛场和牲畜养殖场的沼气发电总量,约为 3 亿千瓦时。

(二) 生物燃料

生物燃料是由生物质材料制成的乙醇和生物柴油等运输燃料，通常与石油燃料（汽油和柴油燃料）混合，也可以单独使用。使用乙醇或生物柴油，可以减少汽油和柴油的消耗，可以减少从其他国家进口原油的数量。乙醇和生物柴油，是比纯汽油和柴油是更清洁的燃料。美国使用的大部分燃料乙醇，是由玉米生产的。

目前，美国所有销售的汽油都按体积掺混大约10%的乙醇，美国任何汽油动力发动机都可以使用E10（10%乙醇汽油），还有部分特定的车辆可以使用含有超过10%乙醇的汽油。2010年10月，美国环境保护署规定，2007年较新型号的汽车和轻型卡车可以使用E15（含15%乙醇的汽油）。E85是一种含有51%~83%乙醇的汽油，主要在中西部地区和特定的季节销售，大约有3300座加油站销售E85汽油。2019年美国乙醇和生物柴油的生产与消费情况如表2-6所示。

表2-6 2019年美国乙醇和生物柴油统计

项目		加仑	桶
乙醇	产量	157.8亿	3.7563亿
	净进口量	-12.8亿	-3053万
	消费量	145.4亿	3.4609亿
生物柴油	产量	17.2亿	4105万
	净进口量	5000万	129万
	消费量	18.1亿	4311万

资料来源：美国能源信息署，月度能源评论，2020年6月11日。

生物柴油是由植物油、脂肪或油脂制成的燃料，如回收的餐厅油脂，通常以生物柴油和石油基柴油混合的形式出售。生物柴油通常以2%（称为B2）、5%（B5）或20%（B20）的比例与石油基柴油混合。

2017年，美国生物柴油原料主要源自如下：豆油，52%；菜籽油，13%；玉米油，13%；回收的食用油和黄油，12%；动物脂肪，10%。

五、美国风能的基本情况

2019年,风力涡轮机提供了美国近7.3%的发电来源。自2000年以来,美国风力发电量显著增长,2000年为60亿千瓦时,2017年增长到2540亿千瓦时,2019年又增长到3000亿千瓦时。新技术降低了风力发电的成本,政府和行业的鼓励措施刺激了风能的增长。图2-55为1990—2019年美国风力发电量及其在总发电量中的比重。

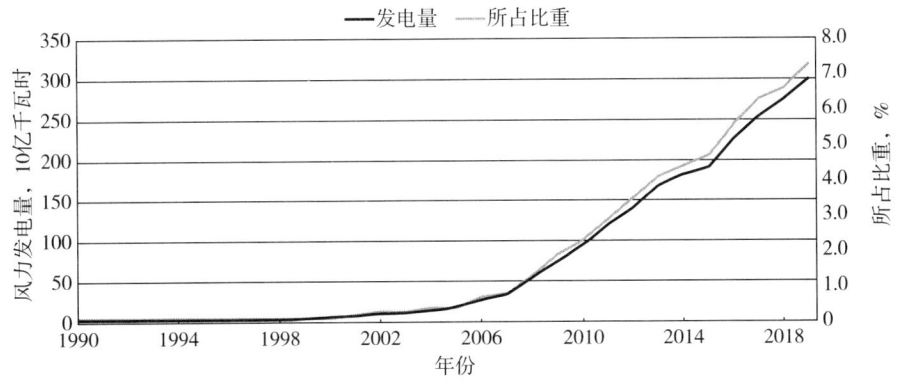

图2-55 1990—2019年美国风力发电量及其在总发电量中的比重
资料来源:美国能源信息署,2020年3月24日。

2019年,美国42个州有具有一定规模的风力发电项目,风力发电最多的5个州是:得克萨斯、俄克拉荷马、爱荷华、堪萨斯和加利福尼亚。这些州风力的发电量,占美国风力发电总量的60%。

1990年,美国风力发电占总发电量的比重不到1%,2017年上升到6%,2019年又上升到7.3%。

1990年,16个国家的风力发电总量约为36亿千瓦时;2000年,49个国家的风力发电总量约为310亿千瓦时;2015年,116个国家的风力发电总量约为8340亿千瓦时;2017年,129个国家的风力发电总量约为11290亿千瓦时。历史上,大多数风电项目都位于欧洲和美国这样政府支持风电发展的国家,但近年来情况发生了很大的变化,中国、印度和巴西等国的风力发电量不断增长,并于 2015 年跻身世界风能发电量前五名。2017 年,风力发电量前五名国家及其所占比例为:中国,27%;美国,23%;德国,9%;印度,5%;英国、西班牙和巴西并列为第五位,均为 4%。

六、美国地热能的基本情况

地热能,即是地球内部的热,这种热可以通过蒸汽或热水,来加热建筑物或发电,具体的使用方式有地源热泵和地热发电厂。最活跃的地热资源,通常沿主要的大陆构造板块边界,大多数火山都在这里。世界上最活跃的地热区之一叫火山环,它环绕着太平洋边缘。

美国大多数地热发电厂,位于西部各州和夏威夷,那里地热能资源接近地表,其中加利福尼亚用地热发电量最多。位于北加利福尼亚州的间歇泉,是世界上最大的已知干蒸汽田,自 1960 年以来一直在发电。

2019 年,美国地热发电厂生产了大约 160 亿千瓦时(kW·h)的电力,占美国发电总量的 0.4%,有 7 个州拥有地热发电厂,分别为:加利福尼亚,71.2%;内华达州,23.5%;犹他,2.8%;俄勒冈,0.9%;夏威夷,0.7%;爱达荷,0.5%;新墨西哥,0.4%。

2017 年,包括美国在内的 26 个国家地热能源总发电量为 800 亿千瓦时。印度尼西亚是仅次于美国的世界第二大地热能发电国,发电量约为 128 亿千瓦时,相当于印度尼西亚总发电量的 5% 左右。肯尼亚是世界第九大地热能发电国家,其发电量约为 48 亿千瓦时,但其地热能发电在国家发电总量中所占的份额世界第一,约为 47%。

七、美国太阳能的基本情况

数十亿年来,太阳一直在产生能量,它是我们今天使用的所有能源和燃料的最终来源。几千年来,人类利用太阳光(太阳辐射)取暖和干燥肉类、水果和谷物。今天,人类社会开发出了装置(技术)来收集太阳的热量,并将其转化为电能。

据估计，用光伏覆盖全球 4% 的沙漠地区，就可以提供世界上所有的日常用电。

美国能源信息署估计，1984 年，美国太阳能的使用量约为 0.06 万亿英热单位，2019 年增加到约 1044 万亿英热单位。其中，太阳能发电总量从 1984 年的约 500 万千瓦时，增加到 2019 年的约 1070.57 亿千瓦时，其中的 64% 来自规模以上公用事业光伏发电厂，33% 来自小型（或分布式）光伏系统（发电量小于 1 兆瓦的系统），3% 来自规模以上公用事业的太阳能热电厂。

2019 年，太阳能提供了美国发电总量的 2%。

本文撰写于 2018 年 10 月，修改更新于 2020 年 8 月

美国燃料乙醇和生物柴油的生产及消费

可再生燃料作为保证美国能源安全和环境保护的重要手段之一,其中燃料乙醇和生物柴油,已成为美国燃料消费和能源贸易重要组成部分。

为保证能源安全,同时也出于环境保护的目的,美国通过法律强制规定使用可再生燃料,从而使可再生燃料成为美国能源生产和消费的重要组成部分。可再生燃料计划之所以能够执行并取得较好的效果,还在于作为农业大国,美国的大豆和玉米产量很高,除直接用于出口外,在优惠且严密政策的支持、刺激和监管下,大量用于生产生物燃料,其中大豆用于生产生物柴油,玉米用于生产燃料乙醇,掺混在柴油和汽油中销售,或作为调和组分出口到国际市场。

依据美国能源信息署的有关资料和统计数据,本文将介绍美国可再生燃料有关政策,燃料乙醇和生物柴油的生产、消费、进出口等方面的情况,通过这些材料和数据,让我们更加全面地认识当下美国的能源行业。

一、严密的可再生燃料监管政策

美国的可再生燃料政策,是一个非常复杂的体系,简单地归纳其主要内容有以下几个方面:

(一)"可再生燃料标准"及其复杂的配套措施

根据 2005 年美国《能源政策法案》(the Energy Policy Act of 2005, EPAct) 和 2007 年美国《能源独立和安全法案》(the Energy Independence and Security

Act of 2007，EISA 2007），美国政府要求在销售的车用燃料中添加生物燃料，设定到 2022 年消费 360 亿加仑可再生燃料的目标。为此，美国环境保护署（EPA）每年都会发布可再生燃料标准（RFS）及与之配套的可再生燃料义务数量（RVO）和可再生燃料识别码（RIN）。可再生燃料义务数量，是每一个以石油为基础的汽油或柴油的炼油厂或进口商必须承担的义务，而可再生燃料识别码则允许它们灵活地选择如何执行可再生燃料标准。

可再生燃料义务数量，适用于每个实际供应汽油或柴油的责任方，以确定其在该日历年的具体可再生燃料义务，责任方必须在每个日历年结束后的 60 天内提交可再生燃料识别码，以证明其是否完成了可再生燃料义务数量。

可再生燃料识别码，用于作为完成可再生燃料标准目标的记录，并增加了完成目标的灵活性。每个可再生燃料识别码，是一个由 38 个字母和数字组成的代码，它代表美国生产或进口的每加仑可再生燃料。可再生燃料识别码的有效期为两年，即它们产生的年份和下一年。至少 80% 的年度义务，必须由当年产生的可再生燃料识别码来完成，部分多余的可再生燃料识别码可以留到下一年执行。图 2-56 为可再生燃料识别码（RIN）的生命周期。

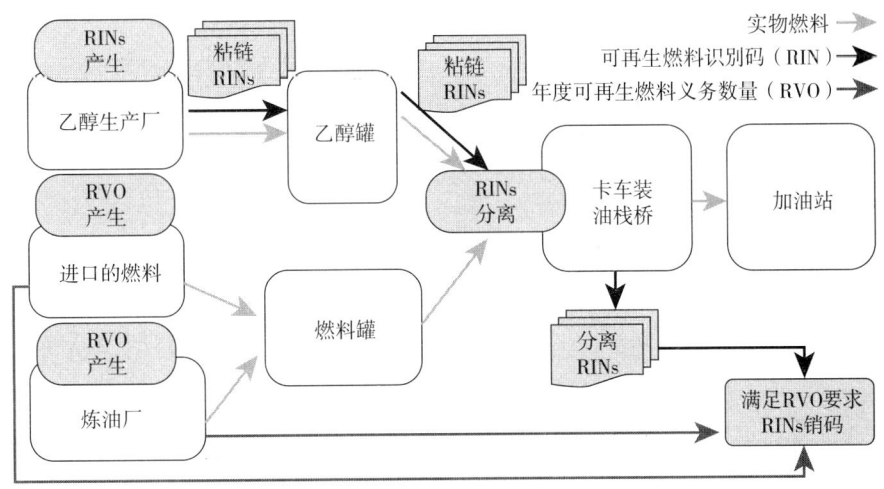

图 2-56　可再生燃料识别码（RIN）的生命周期

资料来源：美国能源信息署，2013 年 6 月 3 日。

可再生燃料识别码，相当于一加仑燃料乙醇的信用额度，不同类型的可再生燃料根据其相对于美国环境保护署确定的乙醇估算价值，而获得特定数量的可再生燃料识别码。例如，每加仑的可再生柴油为 1.7 可再生燃料识别码；每加仑的生物柴油为 1.5 可再生燃料识别码。

当可再生燃料与汽油和柴油混合，或以纯形式（通常为 100% 生物燃料）出售给消费者时，代表燃料可再生属性的可再生燃料识别码与物理生物燃料分离，可用于合规目的检查或交易。单独的可再生燃料识别码具有市场价值，为责任方完成可再生燃料义务数量提供了另外一种灵活性。有义务的责任方，可以选择通过购买和混合实际数量的生物燃料来获得可再生燃料识别码，或者通过购买已经分离的可再生燃料识别码并将其提交给美国环境保护署进行合规检查。

除了用于记录执行可再生燃料标准的合规性外，可再生燃料识别码也是每加仑生物燃料价值的一部分。可再生燃料识别码的价值，来源于可再生燃料计划，为使用可再生燃料提供了经济激励。如果可再生燃料识别码的价格上涨，基于混合燃料和分离可再生燃料识别码的销售能力，调和商将受到鼓励调和更多的生物燃料。如果一种生物燃料混合到或超过可再生燃料计划要求的水平仍然是经济的，例如 2006 年到 2012 年大部分时间里的乙醇，市场就会预期可再生燃料识别码的价值接近于零。当生物燃料比不可再生燃料成本更高，但需要满足可再生燃料标准或必须大量混合才能经济时，可再生燃料识别码的价值，应该上涨到能刺激企业增加生物燃料混合数量的程度。

责任方可以灵活地履行可再生燃料标准的义务，方法有：通过混合实际数量的生物燃料来分离可再生燃料识别码，并将其提交给美国环境保护署进行年度合规检查；购买已经分离的可再生燃料识别码，并将其提交给美国环保署进行年度合规；或通过小型炼油厂豁免程序，向美国环保署申请豁免义务。

自 2017 年年底以来，可再生燃料识别码的价格总体呈下降趋势。其中，D6 类（可再生燃料）的可再生燃料识别码平均价格，2016 年和 2017 年约为

0.75美元/加仑，2018年约为0.30美元/加仑，截至2019年10月底不到0.20美元/加仑。同样，D4类（生物柴油）的可再生燃料识别码平均价格，2016年和2017年接近1.00美元/加仑，2018年降至约0.55美元/加仑，截至2019年10月底降至0.45美元/加仑（图2-57）。

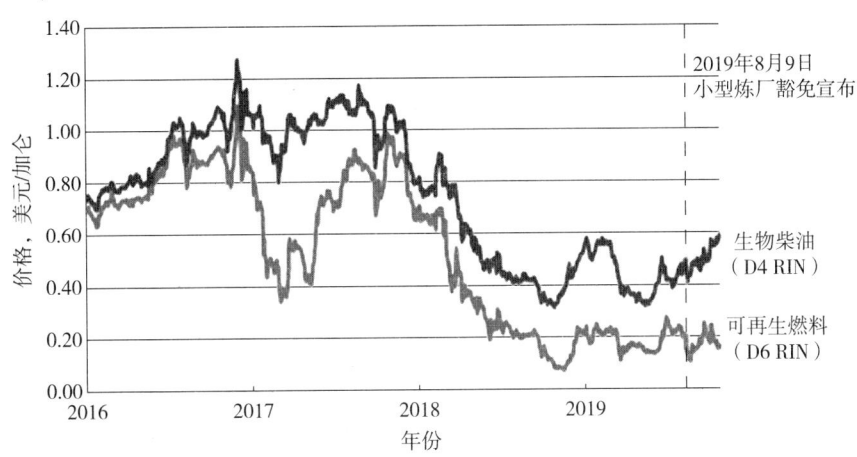

图2-57 2016年1月至2019年10月可再生燃料识别码价格
资料来源：美国能源信息署，2019年10月25日。

四种可再生燃料指标（纤维素生物燃料、生物柴油、其他高级生物燃料和总量）的数量，按可再生燃料义务数量的百分比，分配给承担义务的各方，包括汽油、柴油的炼油厂和进口商。可再生燃料义务数量的计算方法，是将每个可再生燃料标准目标，除以每年不可再生汽油和柴油的估计供应总量。有四种独立的可再生燃料义务数量，代表四种不同的可再生燃料标准目标。

（二）小型炼油厂的可再生燃料豁免政策

根据2005年《能源政策法案》修订的"清洁空气法"（Clean Air Act），2010年之前美国政府免除了小型炼油厂参与可再生燃料计划的义务，后来这些豁免延长到2011年和2012年。从2013年开始，原油日加工量低于7.5万桶的小型炼油厂，如果遵守可再生燃料标准会产生不成比例的经济困难，可以向美国环境保护署申请豁免。

2019年8月9日，美国环保署批准了31个小型炼油厂享受2018年度的豁免，比2017年批准的数量少了4个，相当于14.3亿个可再生燃料识别码，约占2018年可再生燃料目标192.9亿加仑的7.4%，这些豁免总计免除了约134亿加仑汽油和柴油符合可再生燃料标准的要求。

截至2020年9月中旬，美国环境保护署仍未批准2020年小型炼油厂豁免，由此2020年美国总统大选中，燃料乙醇的豁免成了候选人之间争论的话题，因为相关政策会影响到美国农业带选民的选票。2020年9月15日，民主党总统候选人拜登称，特朗普政府于9月第三周宣布拒绝炼油厂的乙醇追溯豁免权是不作为，特朗普政府针对乙醇行业的举措太少，太迟，而且缺少政治上的透明化。

（三）不断增长的可再生燃料目标数量

2013年，美国可再生燃料标准的目标是165.5亿加仑，包括纤维素生物燃料、生物柴油、其他高级生物燃料等，具体细分的目标为：纤维素生物燃料，0.008%；相当于乙醇当量的生物柴油，1.12%；其他高级生物燃料，1.6%。当年，可再生燃料总量占比为9.63%。

根据2018年11月美国环境保护署发布的纤维素生物燃料、高级生物燃料和可再生燃料2019年最终数量，以及生物质柴油的2020年需求量，可再生燃料标准下的95%，是传统生物燃料（主要是玉米淀粉乙醇）和生物柴油。

2018年，美国可再生燃料设定的总量为192.9亿加仑，2019年为199.2亿加仑（图2-58），比2018年增长了3%，比2007年美国《能源独立和安全法案》设定的目标低30%。与此同时，作为达标年，2020年美国生物质柴油的目标提高到24.3亿加仑。

在过去几年中，纤维素生物燃料的产量有所增长，但增长远低于最初设定的速度。自2010年颁布以来，美国环境保护署每年都行使其纤维素豁免权来减少纤维素生物燃料的目标。2014年，美国环境保护署扩展了纤维素生物燃料的定义，将某些类型的沼气也包括在内，从那时起纤维素生物燃料消费的增长大部分来自沼气，也被称为可再生天然气，或压缩、液化的形式。2017年，美国可再生天然气的产量接近2.5亿加仑乙醇当量。2017年，为了符合可再

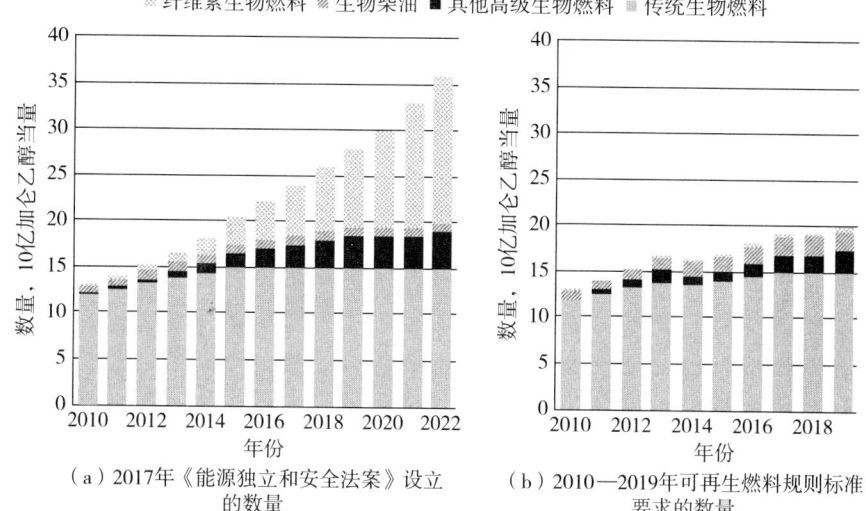

图 2-58 2017 年美国《能源独立和安全法案》设立的数量及 2010—2019 年可再生燃料规则标准要求的数量

资料来源：美国能源信息署，2018 年 12 月 6 日。

生燃料标准，大约使用了 1000 万加仑的纤维素乙醇，其中大约一半由美国国内生产。2019 年，美国环境保护署将纤维素生物燃料的数量定为 4.18 亿加仑，约为 2007 年设想目标 85 亿加仑的 5%。

传统生物燃料连续第三年被控制在 150 亿加仑的法定上限。大多数符合可再生燃料标准的传统生物燃料，仍然是从玉米淀粉乙醇中提取的传统生物燃料。

此外，2019 年美国先进生物燃料的数量，比 2018 年增加了 6.3 亿加仑。先进生物燃料包括进口甘蔗乙醇等燃料，以及符合生物质柴油（生物柴油和可再生柴油）及纤维素生物燃料目标的燃料。近年来，大多数先进生物燃料主要来自生物质柴油。

二、规模和影响力都巨大的燃料乙醇生产及消费

在所有可再生燃料中，无论是生产和消费数量，还是在美国能源行业的影响力，燃料乙醇无疑都会排在首位。

（一）燃料乙醇的生产能力规模庞大且集中

2020年1月1日，美国燃料乙醇生产企业总计201家，比2019年1月1日增加了1家；生产能力为173.78亿加仑，约113.4万桶/日（图2-59），比2019年1月1日的生产能力增加了4.7亿加仑，增长2.78%。

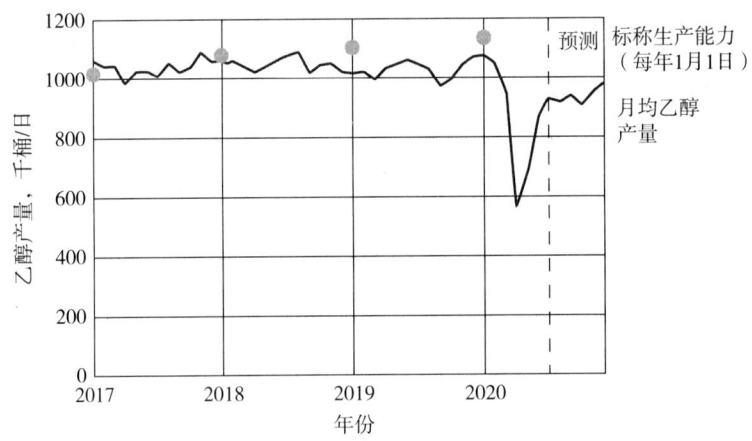

图2-59　2017年1月至2020年12月美国月均燃料乙醇产量和标称能力
资料来源：美国能源信息署，2020年9月29日。

2019年1月1日，美国燃料乙醇总的产能为169.08亿加仑/年（图2-60），约合110.3万桶/日。2018年1月至2019年1月，可以生产的美国乙醇工厂

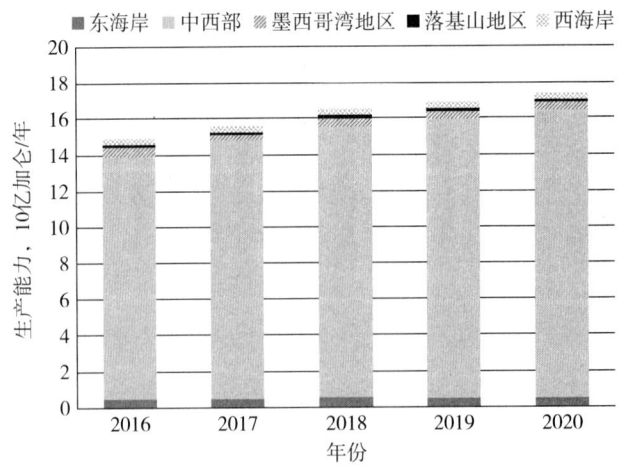

图2-60　2016—2020年美国分地区燃料乙醇生产能力
资料来源：美国能源信息署，2020年9月29日。

标称产量增加了 2%，超过 3 亿加仑 / 年，而上一年度则增加了 7 亿多加仑。

美国大部分燃料乙醇生产能力位于中西部地区。2020 年 1 月，中西部地区的标称燃料乙醇生产能力为 159.82 亿加仑 / 年（104.3 万桶 / 日），占美国燃料乙醇总生产能力的 91.97%，比 2019 年同期增长 3%。2019 年 1 月 1 日，中西部地区标称燃料乙醇总生产能力为 155.19 亿加仑 / 年（101.2 万桶 / 日），增长了近 3%，2018 年 1 月至 2019 年 1 月间增加的能力超过 4 亿加仑 / 年。同一时期，美国东海岸和墨西哥湾沿岸地区的燃料乙醇生产能力，合计下降超过 1 亿加仑 / 年。

美国前 13 个燃料乙醇生产州中，有 12 个位于中西部，排在前三位的是爱荷华州、内布拉斯加州和伊利诺伊州，约占全美乙醇总产能的一半（图 2-61）。

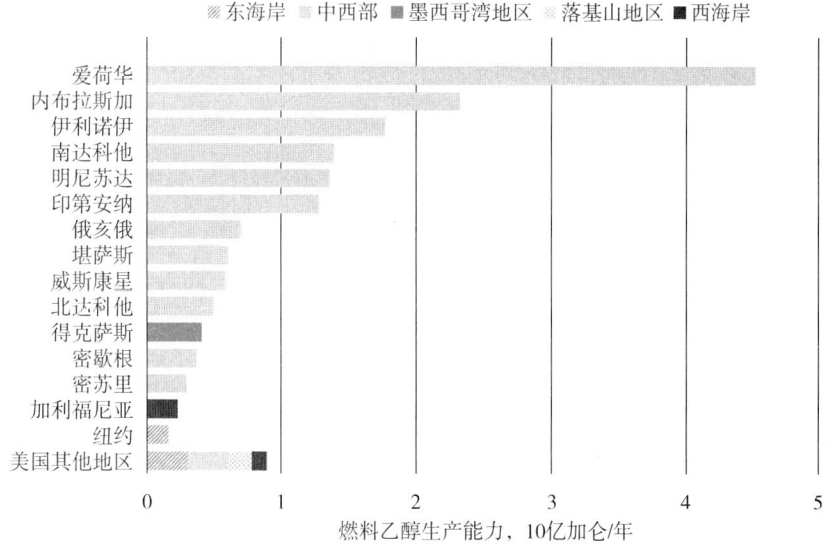

图 2-61　2020 年美国分州燃料乙醇生产能力

资料来源：美国能源信息署，2020 年 9 月 29 日。

根据美国能源信息署的统计，2016 年，6 个州占美国燃料乙醇产量的 72%。爱荷华州、内布拉斯加州、伊利诺伊州、明尼苏达州、印第安纳州和南达科他州，总共生产了 2.65 亿桶燃料乙醇，而当年美国燃料乙醇总产量为 3.67

亿桶。根据美国农业部的数据，这6个州都是美国十大玉米生产州，玉米是乙醇工厂的主要原料。

2019年，美国燃料乙醇的产量为158亿加仑，连续四年产量超过100万桶/日；2018年，美国燃料乙醇产量为161亿加仑。由于乙醇生产的市场状况不佳以及供应过剩等问题，导致2019年美国的燃料乙醇产量与2018年相比小幅下降。

2019年，美国中西部玉米燃料乙醇工厂的预计营业利润率降至多年来的低点，2019年上半年平均每加仑约为3.5美分。由于玉米价格上涨和高乙醇库存水平，乙醇利润在2019年6月和7月处于或接近于零（图2-62）。较低的营业利润意味着一些乙醇工厂可能会削减甚至暂停生产，直到情况好转。

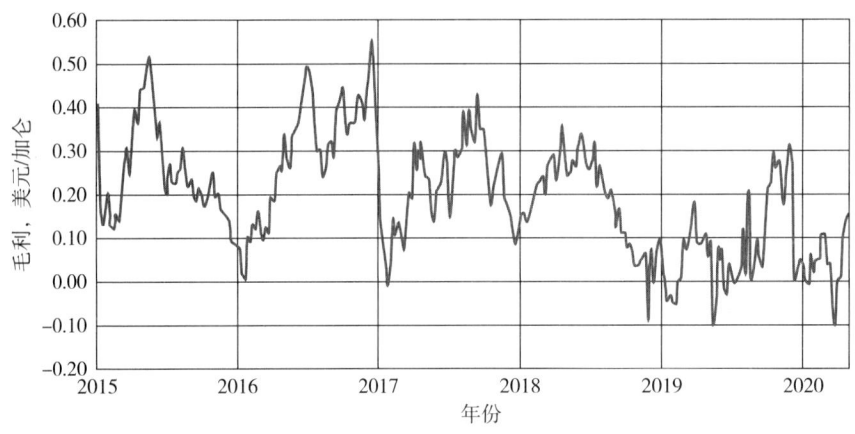

图2-62 2015年1月至2020年5月美国燃料乙醇生产商毛利估算
资料来源：美国能源信息署，2020年6月8日。

2019年乙醇的营业利润率较低，部分原因是虽然国内需求增长，但乙醇的产量一直很高。按照当时的生产速度，美国国内掺入车用汽油和出口的燃料乙醇，都无法吸收日益增长的供应，导致供应过剩，并给乙醇价格带来下行压力。2019年大部分时间，美国燃料乙醇的产量和库存接近或高于五年的平均水平，而且它们都在6月和7月创造了新的季节性纪录（图2-63）。

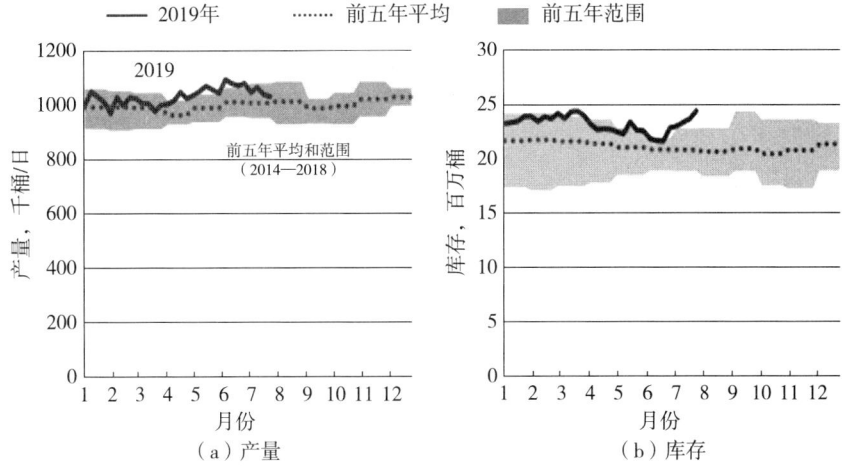

图 2-63 2019 年美国燃料乙醇产量和产品库存
资料来源：美国能源信息署，2019 年 8 月 8 日。

玉米是生产乙醇的主要原料，玉米乙醇生产的总体盈利能力在很大程度上取决于乙醇价格与玉米价格之间的关系。随着时间的推移，玉米乙醇的生产工艺变得更加高效，每蒲式耳玉米能生产出 2.8 加仑的乙醇。由于美国国内和全球需求增长乏力，爱荷华州乙醇现货价格相对较低，2019 年上半年平均价格为 1.28 美元/加仑，比 2018 年同期下降约 10 美分/加仑。

由于美国中西部严重的洪灾推迟了预期的收成，并可能降低玉米产量，玉米价格一路被推高。玉米价格的大幅上涨，使得乙醇的营业利润率进一步下降。爱荷华州玉米现货价格，2019 年 6 月平均约为每蒲式耳 4.20 美元，比 5 月上涨 15%，是 2016 年 6 月以来的最高价格。较高的原料成本和相对不变的乙醇需求，将乙醇毛利和利润率推至多年来的低点，从而使得美国的乙醇产量很快受到了影响。

（二）连续 10 年的燃料乙醇净出口国

2019 年，美国每天出口 9.6 万桶燃料乙醇，与 2018 年相比下降了 14%，这是自 2015 年以来乙醇出口首次出现年度下降。尽管有所下降，但美国燃料乙醇出口总额仍保持在有记录以来的第二高水平。与此同时，2019 年燃料乙醇出口超过进口，从而使得美国连续第 10 年成为燃料乙醇的净出口国。

虽然出口数量下降，但 2019 年美国燃料乙醇出口目的地，从 2018 年的 34 个增加到 39 个。其中，美国燃料乙醇出口的将近一半，销往巴西和加拿大，2019 年这两个国家从美国进口的乙醇与 2018 年相比，分别减少了 34% 和 5%（图 2-64）。

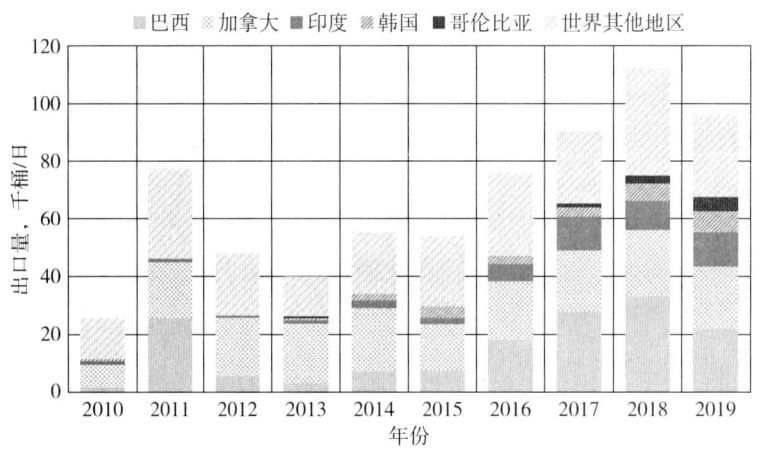

图 2-64　2010—2019 年美国年度燃料乙醇出口目的地
资料来源：美国能源信息署，2020 年 5 月 1 日。

巴西是世界第二大乙醇生产国和消费国，自 2015 年以来首次减少了从美国进口的乙醇，2019 年下降到每天 2.2 万桶，但仍占美国乙醇出口的近四分之一。巴西的乙醇消费，很大程度上是由燃料乙醇混合要求（目前设定在 27%）和对与传统汽油混合燃料竞争的含水乙醇（E100）的需求而推动的。

巴西的乙醇主要是由甘蔗生产的，每年 5 月到 10 月的甘蔗收获期是季节性的，从而使巴西从美国进口的乙醇通常是在甘蔗收获季节之外达到峰值（图 2-65）。

美国和巴西是燃料乙醇的贸易伙伴，美国也从巴西进口燃料乙醇，特别是在甘蔗收获季节。2019 年，美国大幅增加了甘蔗乙醇的进口量，达到 1.3 万桶 / 日，较 2018 年增加 9000 桶 / 日，所有这些进口均来自巴西。美国从巴西进口的乙醇，全部进入美国西海岸地区，主要受"加利福尼亚州低碳燃料标准"的提高，以及该标准对巴西甘蔗乙醇相对于国内玉米乙醇更有利的碳强度分数推动的。

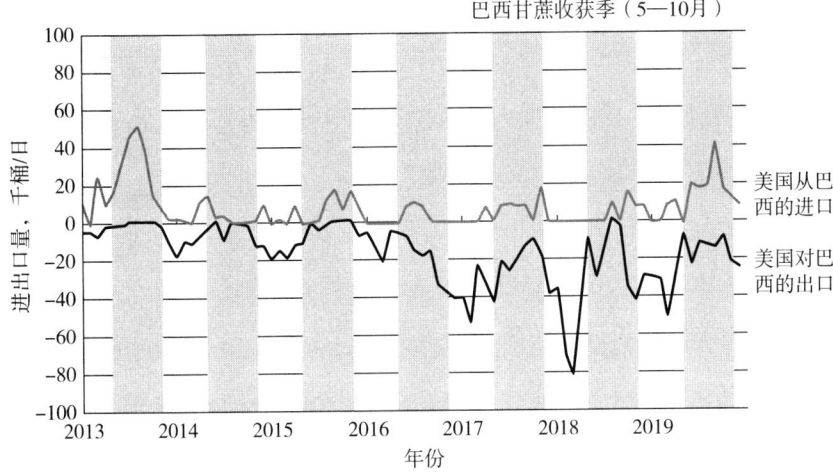

图 2-65　2013—2019 年美国与巴西月度燃料乙醇进出口
资料来源：美国能源信息署，2020 年 5 月 1 日。

2018 年年初，在巴西国内乙醇行业的甘蔗收获季节之间，美国乙醇相对于巴西乙醇的价格大幅度折扣，导致美国对巴西燃料乙醇出口量创下了月度新高。尽管与 2018 年相比处于较低水平，2019 年年初美国向巴西出口乙醇的一些跨收获期价格优势仍然存在。2019 年前三个月，美国对巴西出口的乙醇接近 300 万桶（相当于每天 3.7 万桶），比 2018 年第一季度创下的纪录水平低 40%。

尽管巴西将对美国乙醇（超过 100 万桶）征收 20% 的关税延长至 2019 年 9 月，但美国乙醇出口仍保持增长。2019 年 9 月，巴西对美国乙醇的关税配额再次提高，允许在 2020 年之前每年限制在 7.5 亿升（约 500 万桶）。

加拿大是美国乙醇的第二大出口目的地，2019 年加拿大每天从美国进口近 2.2 万桶乙醇，与过去几年的进口量基本持平。加拿大对美国燃料乙醇的需求，受到加拿大各省对汽油中乙醇含量需求的推动，这些乙醇含量在 5.0% ~ 8.5% 之间。

2019 年，美国乙醇出口的第三大目的地是印度，日进口量为 1.2 万桶，其次是韩国和哥伦比亚。其余的 34 个国家，2019 年每天从美国进口了大约 3 万桶的乙醇。

(三)新冠肺炎疫情严重冲击了美国的燃料乙醇产业

为应对新冠肺炎疫情而实施的居家令,使美国车用汽油的需求急剧减少,在截至 2020 年 4 月 3 日的一周内,美国每周车用汽油供应降至有记录以来的最低水平,三周后燃料乙醇产量也达到了低点。

2020 年 3 月底和 4 月,美国燃料乙醇的产量大幅度下降,截至 4 月 24 日的一周内,美国燃料乙醇产量降低至 53.7 万桶/日(图 2-66),这是自 2010 年 6 月美国能源信息署开始收集每周燃料乙醇生产数据以来的最低水平。据新闻报道,2020 年 3 月初以来,全美近 30% 的燃料乙醇工厂已经停产,另有 35% 的工厂减产。

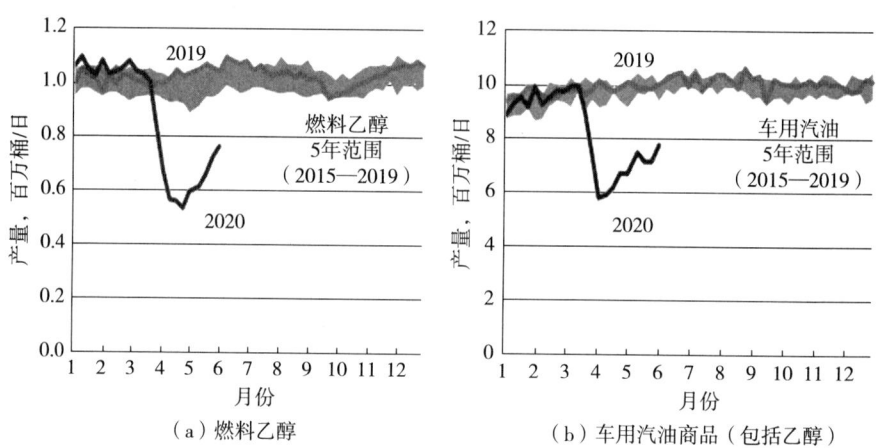

图 2-66　2015 年 1 月 1 日至 2020 年 5 月 29 日美国燃料乙醇和车用汽油周产量
资料来源：美国能源信息署，2020 年 6 月 8 日。

在截至 2020 年 4 月 24 日的四周内,美国燃料乙醇的平均产量为 58.6 万桶/日,比 2019 年 4 月 26 日结束的四周平均产量下降了 43%,4 月当月的产量为 56 万桶/日,这在很大程度上与同期每周车用汽油供应量的减少相匹配。由于供应仍超过需求,燃料乙醇库存在 4 月份达到创纪录的高位,4 月份车用汽油的库存也创下了历史新高。

新冠肺炎疫情缓解之前,由于汽油需求相对平稳和燃料乙醇需求增长有限,美国燃料乙醇库存在 2020 年年初已经达到了最高的季节性水平。在截至

4月17日的一周内，美国燃料乙醇库存达到了创纪录的2770万桶，比2019年同期高出22%。随着汽油需求开始逐步复苏，截至5月29日的一周，燃料乙醇库存水平降至2250万桶，与2019年5月下旬的数量相似（图2-67）。

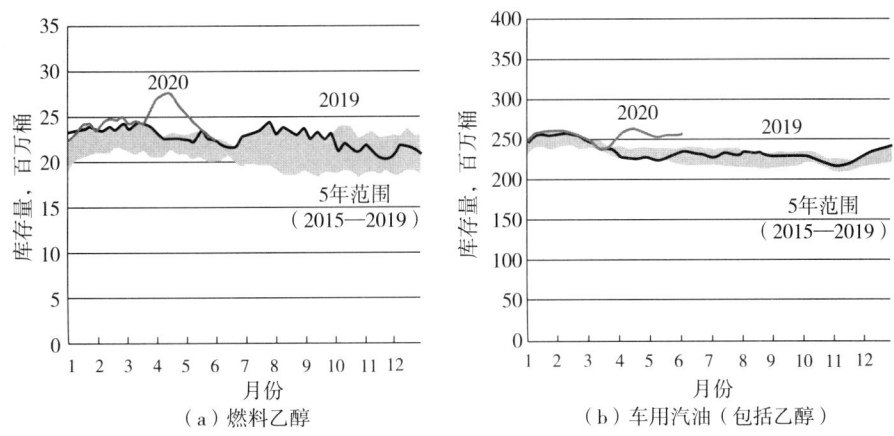

图2-67　2015年1月1日至2020年5月29日美国燃料乙醇和车用汽油周库存
资料来源：美国能源信息署，2020年6月8日。

需求大幅减少和库存创下历史新高，导致美国燃料乙醇生产商利润率在2020年3月份短暂走低。由于玉米价格上涨和燃料乙醇库存水平较高，截至2019年燃料乙醇利润率为负值。2020年3月，燃料乙醇生产商利润率也为负值，导致许多燃料乙醇生产设施不得不闲置或关闭产能，带来了4月份的生产创下历史新低。

预计，2020年美国燃料乙醇的平均日产量为90万桶，比2019年的平均水平约低13%。美国能源信息署认为，燃料乙醇利润率将逐步增加，但美国车用汽油需求的下降将使2020年燃料乙醇的产量低于2019年的水平。美国能源信息署预测，2021年美国燃料乙醇产量将增加，平均达到97万桶/日。

三、优惠政策支持下的美国生物柴油生产和消费

在多种优惠政策的大力支持下，美国生物柴油的产量和消费量都在稳步地增长，为美国能源消费结构的进一步优化和减排发挥着积极的作用。

(一)当前的美国生物柴油生产和消费

生物柴油和可再生柴油,是由各种各样的脂肪、油和油脂生产而来。其中,生物柴油是一种被称为烷基酯化合物的混合物,通常与石油基柴油混合,混合比例为5%~20%,即B5到B20。可再生柴油由烃类组成,与石油基柴油没有区别,这意味着它符合用于现有基础设施和柴油发动机的规格,在调和时不受任何限制。

2020年5月,美国生物柴油产量为1.47亿加仑,比4月高出300万加仑(图2-68),其中中西部地区的生物柴油产量占全美产量的76%,89家生物柴油厂的生产能力为每年25亿加仑。

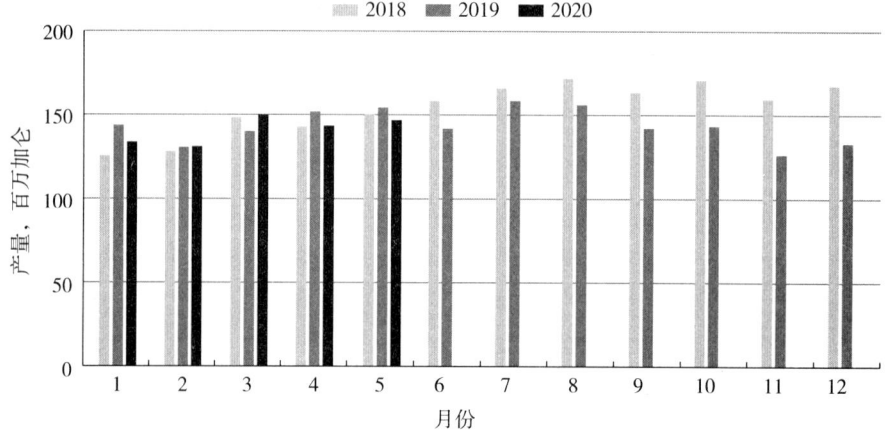

图2-68 2018—2020年美国月均生物柴油产量
资料来源:美国能源信息署,2020年7月31日。

2020年5月,美国销售的生物柴油包括:7100万加仑B100(100%生物质柴油),6900万加仑的B100与石油基柴油混合的生物柴油。

2020年5月,共有11.09亿磅原料用于生产生物柴油,其中豆油仍然是最大的生物柴油原料,消耗量为7.78亿磅。

自2001年以来,美国生物柴油的生产和消费大幅增长。不过,由于多种因素的影响,美国生物柴油产量从2008年到2010年下降了49%。这些因素包括,前些年的生产过剩、欧洲的贸易政策以及2008—2009年全球经济衰退导致的运输燃料整体需求下降。自 2016 年以来,美国生物柴油产量大幅增长。2018 年,美国生产了 4400 万桶生物柴油,消耗了 4500 万桶生物柴油。2019 年,美国生物柴油的产量为 4105 万桶,消费量为 4311 万桶,比 2018 年均略有下降。

根据美国能源信息署的《美国生物柴油产能报告》,2019 年美国共有 102 家生物柴油厂正在运营,生物柴油的总产能为 26 亿加仑/年,即 16.7 万桶/日,其中一半以上的生物柴油产能位于中西部地区,以爱荷华州、密苏里州和伊利诺伊州为首,在前 15 个生物柴油生产州中有 9 个位于中西部。2015—2019 年美国分地区生物柴油生产能力如图 2-69 所示。

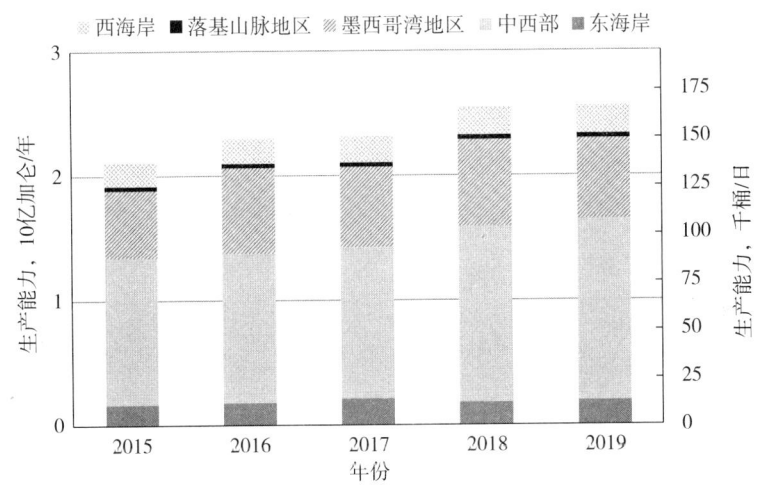

图 2-69　2015—2019 年美国分地区生物柴油生产能力
资料来源:美国能源信息署,2019 年 12 月 19 日。

爱荷华州是美国最大的玉米和大豆生产州,自 2001 年以来,每年都是全国生物柴油产量最高的州。2018 年,爱荷华州总共生产了 870 万桶(约合 3.65 亿加仑)生物柴油,占美国生物柴油总产量的 20%。爱荷华州拥有全美最大的生物柴油工厂产能,2019 年达到每年近 1060 万桶(4.45 亿加仑),约占全国总产能的 17%。

自 2016 年超过伊利诺伊州和密苏里州以来,得克萨斯州一直是全美第二大生物柴油生产州。得克萨斯州博蒙特附近的内克斯港生物柴油厂,拥有全美最大的生产能力,每年可生产 1.78 亿加仑生物柴油。

自 2013 年以来,得克萨斯州的生物柴油消费量居各州之首,2018 年近 800 万桶,约占全国总量的 17%。得克萨斯州的馏分燃料油(柴油)消耗量远远超过任何一个州,并且其车辆行驶里程仅次于加利福尼亚州,位居全美第二。得克萨斯州还要求政府的车队使用替代燃料,并提供了一系列与生物柴油相关的激励措施。加利福尼亚州推行大量与生物柴油相关的法律和激励措施,2018 年超过伊利诺伊州,成为全美生物柴油消费量第二大的州(图 2-70)。

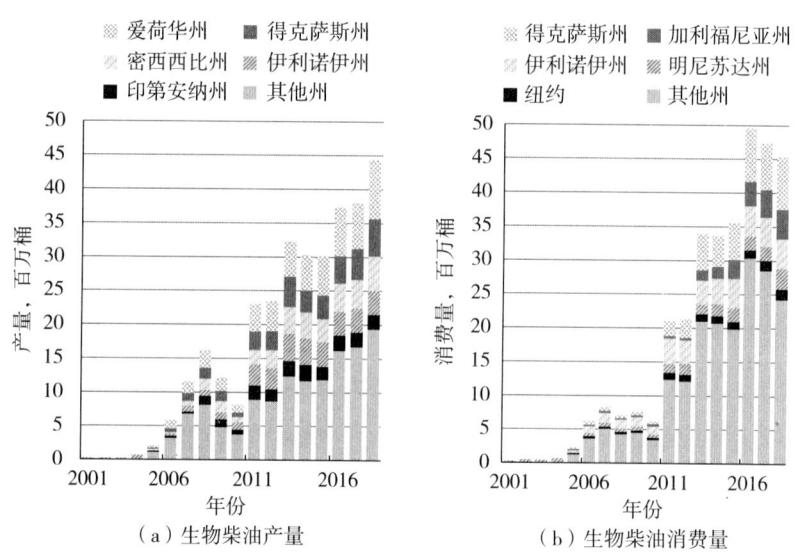

图 2-70　2001—2018 年美国有关州的生物柴油产量和消费量
资料来源:美国能源信息署,2020 年 7 月 24 日。

(二)美国生物柴油的进出口贸易

2019 年,美国生物柴油(包括生物质柴油和可再生柴油)进口量增长了 26%,达到每天 2.7 万桶,扭转了连续三年的下降趋势。

2019 年,美国生物柴油进口主要是可再生柴油的进口。自 2015 年以来,可再生柴油进口一直完全来自新加坡,2019 年进口量增长了 49%,达到近 17000 桶 / 日的创纪录水平。由于从新加坡进口的可再生柴油的增加,带来了

2019年美国生物柴油进口量相应地增加。

自2016年以来,所有美国进口的可再生柴油都进入了加利福尼亚州,主要原因是符合加利福尼亚州的"低碳燃料标准",因为可再生柴油在"低碳燃料标准"批准的燃料中碳强度最低。

从总量上看,2019年美国生物质柴油进口总量超过11000桶/日,与2018年水平基本持平。2019年,从加拿大进口的生物质柴油占美国生物质柴油进口的大部分,总计为5100桶/日,其余来自欧洲国家。加拿大的生物柴油经常出口到美国,以获得美国的税收优惠,并为美国的可再生燃料计划做出贡献。图2-71为2013—2019年美国生物柴油进出口来源和目的地。

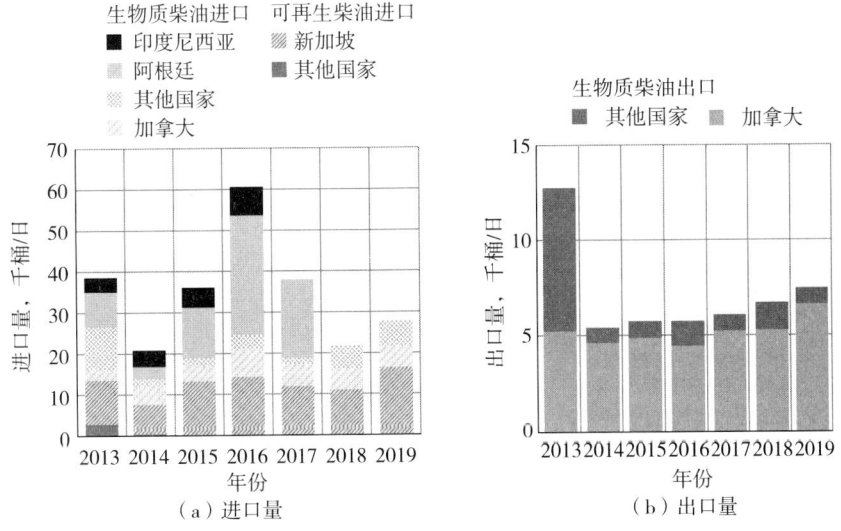

图2-71 2013—2019年美国生物柴油进出口来源和目的地
资料来源:美国能源信息署,2020年6月2日。

近年来,不断提高的"可再生燃料标准"推动了生物质柴油的需求,但由于自2017年以来,从阿根廷和印度尼西亚进口量的减少,导致了美国总进口量的下降,美国对从这两个国家进口的生物质柴油征收进口税。2018年和2019年,阿根廷和印度尼西亚均未向美国出口任何生物质柴油。

美国也生产和出口生物柴油,加拿大是重要的贸易伙伴。2019年,美国生物柴油的出口总量为7400桶/日,较2018年增长10%。加拿大进口了美国生物柴油出口总量的近90%，其中大部分产自美国生物柴油的主产地中西部地区。2019年，美国向加拿大出口的生物柴油超过从加拿大的进口量，数量约为1500桶/日。

美国能源情报署预计，由于加利福尼亚州可再生柴油进口的持续增长，将带来美国生物柴油进口总量的增加，预计2020年净进口将增长25%，2021年净进口将增长56%。

（三）美国政府对生物柴油生产和消费的支持政策

由于生物柴油的生产成本通常高于石油基柴油，美国联邦政府和相关州政府的政策，很大程度上推动了生物柴油的消费。在联邦一级，根据美国环境保护署的"可再生燃料标准"项目，生物柴油是一种高级生物质燃料，该项目要求并鼓励可再生燃料融入国家的燃料供应中。

根据加利福尼亚州的"低碳燃料标准"，生物质柴油还可进行税收抵免，并且由于其良好的温室气体减排得分，越来越多地作为燃料，被用于满足不断提高的低碳燃料标准。

"美国政府开支法案"于2019年12月底被签署为法律，这一法案及其几项与联邦能源项目有关的条款，恢复了每加仑生物柴油混合物1.00美元的税收抵免政策（通称为"生物柴油税收抵免"）。这项政策，适用于生物质柴油和可再生柴油，有效期至2022年，并可追溯至2018年和2019年。

"生物柴油税收抵免"，是根据2004年"美国就业法案"创立的，并随着时间的推移不断进行修订。根据这项法律，生物质柴油或可再生柴油与柴油混合，以供出售或用于贸易或业务时，合格的纳税人可以申请每加仑1美元的税收抵免。

自2011年以来，美国国会已经五次延长或追溯适用"生物柴油税收抵免"政策。税收抵免抵消了生物质柴油和可再生柴油，相对于石油基柴油的更高成本，从而带来了更高数量的生物质柴油和可再生柴油的消费。税收抵免政策生效的年份（即不追溯适用），如2013年和2016年，美国生物柴油的国内产量和进口量较前几年都大幅增加（图2-72）。

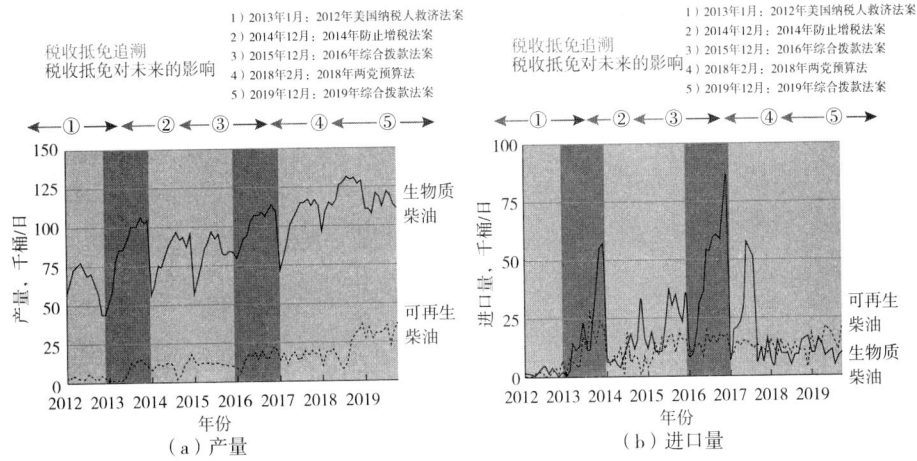

图2-72 "生物柴油税收抵免"政策对美国生物柴油产量和进口量的影响

资料来源：美国能源信息署，2020年1月28日。

2016年12月，美国国内生物柴油日产量达到11万桶，创下当时的纪录，比2015年12月增加33%；2016年12月，生物质柴油进口量也达到了86000桶/日的历史新高。

税收抵免政策在2017年没有实施，但后来作为"2018年两党预算法"的一部分被追溯适用。

在美国国会的要求下，美国能源信息署偶尔会计算某些能源相关补贴政策的财政影响。2016财年报告显示，"生物柴油税收抵免"对2016财年美国财政的影响为27亿美元，高于2010财年的约5.5亿美元。美国能源信息署认为，随着对生物柴油和更先进的生物燃料需求的增加，纳税人为每加仑1.00美元的生物柴油税收抵免成本，随着时间的推移而不断加重。

美国能源信息署在其2020年1月的《短期能源展望》中预计，税收抵免将刺激提高国内生物质柴油的产量和进口量。预计，国内生物柴油的产量将从2019年的11.9万桶/日增加到2020年的13.5万桶/日，2021年将增至15.8万桶/日；与此同时，2019年生物质柴油净进口量平均为23000桶/日，预测2020年生物质柴油净进口量将增至28000桶/日，2021年将增至39000桶/日。

(四) 大豆在美国生物柴油生产中所起的关键作用

大豆油是生物柴油生产中最常用的植物油，美国生物柴油生产中大豆油所占的份额越来越大，目前约占国内大豆油处置量的30%。在最近的一个大豆油营销年份里，即2017年10月1日至2018年9月30日，大豆油作为原料的使用量高达71亿磅。

作为烷基酯化合物的混合物，生物柴油由各种植物油、脂肪和油脂产生。在美国，植物油占生物柴油总原料的四分之三，而大豆油占总原料重量的一半多一点。用于生产生物柴油的植物油，还包括蒸馏玉米油（一种不可食用的油，是玉米乙醇生产过程中的副产品）和菜籽油，其中大豆油和蒸馏玉米油被广泛使用，这些原料在美国中西部生产，那里有美国大部分的生物燃料生产能力。

大约一半的美国国产大豆用于出口，剩下的大部分在美国国内的大豆加工厂进行加工或碾碎。大豆粉碎，生产约80%的豆粕和20%的大豆油，可进一步加工成各种食品和非食品产品。

2010—2011营销年至2017—2018营销年期间，美国豆油总供应量从约225亿磅增长至近260亿磅，作为生物柴油原料的豆油消费总量所占份额翻了一番，从约15%增至30%。

2010—2011营销年至2017—2018营销年期间，美国国内生物柴油产量从7亿加仑增长至18亿加仑，产量的增加主要是受"可再生燃料标准"的推动，这是一个由美国环境保护署管理的计划，该计划要求在美国的燃料供应中掺入可再生燃料。针对生物柴油（包括生物质柴油和可再生柴油），"可再生燃料标准"的目标是从2010年的11.5亿加仑，增长到2018年的21.0亿加仑。2001—2018年美国大豆油的处置与生物柴油的植物油来源如图2-73所示。

在中国对美国大豆征收25%关税（2018年7月6日生效）前后，大豆压榨的利润率，即生物价值与豆粕和豆油价值之间的差额，处于接近历史最高水平（图2-74）。高压榨利润期与大豆加工者的高利润相关，因此往往会增加总豆油供应。2018年的压榨利润率上升，与生物柴油生产的每月豆油投入量创历史新高相对应。

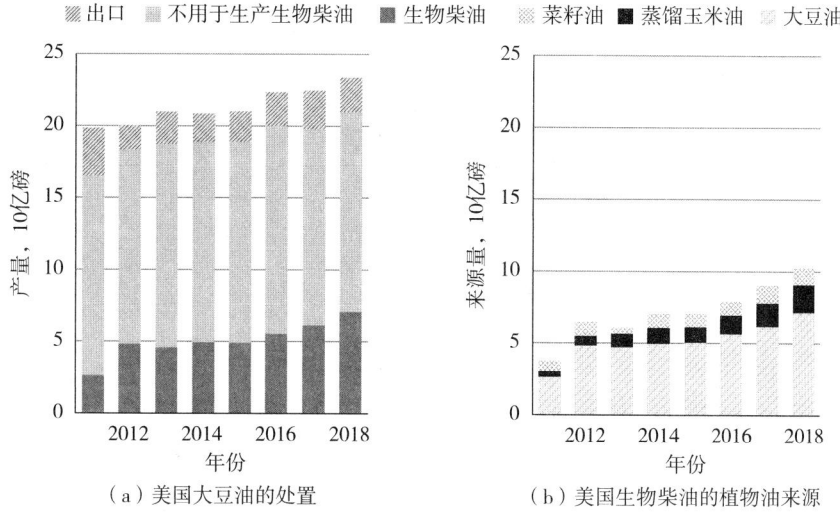

(a) 美国大豆油的处置　　　　　　(b) 美国生物柴油的植物油来源

图 2-73　2011—2018 年美国大豆油的处置与生物柴油的植物油来源

资料来源：美国能源信息署，2019 年 5 月 7 日。

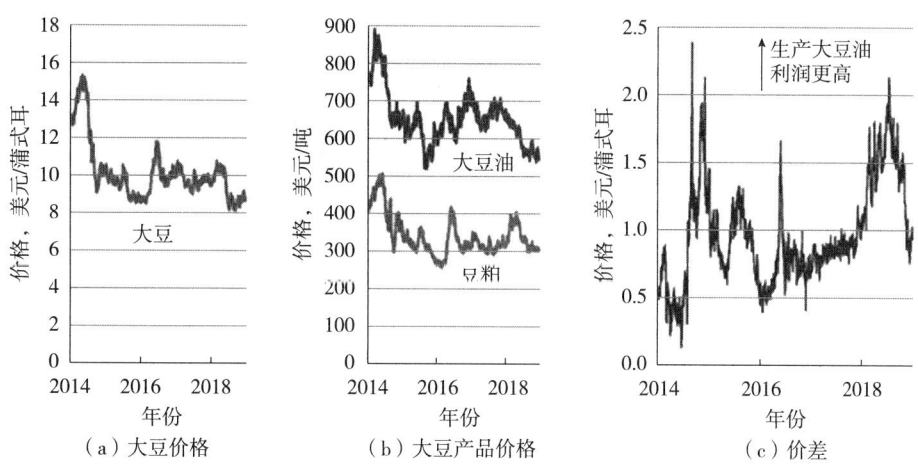

(a) 大豆价格　　　　　(b) 大豆产品价格　　　　　(c) 价差

图 2-74　大豆与大豆产品价格及价差

资料来源：美国能源信息署，2019 年 5 月 7 日。

（五）未来美国生物柴油的生产和消费仍将保持较稳定的增长

美国能源信息署发布的《2020 年能源展望》预测，主要受经济和政策因素的推动，美国生物燃料产量在 2050 年前都将缓慢增长。在基准的参考方案中，2050 年美国的生物燃料产量将比 2019 年的水平高出 18%。而在预期全球原油价格上涨的情景状态下，燃料乙醇和生物柴油等生物燃料作为石油产品的替代品，将会被越来越多地消费，2050年美国生物燃料的产量将大增55%，消耗量将增加到162万桶/日，所占比例将上升到13.5%。

美国能源信息署估计，从2019年到预测期末的2050年，美国国内的生物柴油和其他生物燃料产量分别增加3万桶/日和8万桶/日。虽然不包括在《2020年能源展望》的政策背景中，美国能源信息署认为，2019年12月修订的"生物柴油税收抵免"政策，预计将增加美国国内的生物柴油产量和净进口量。2019—2050年美国生物柴油供应、产量和净进口量如图2-75所示。

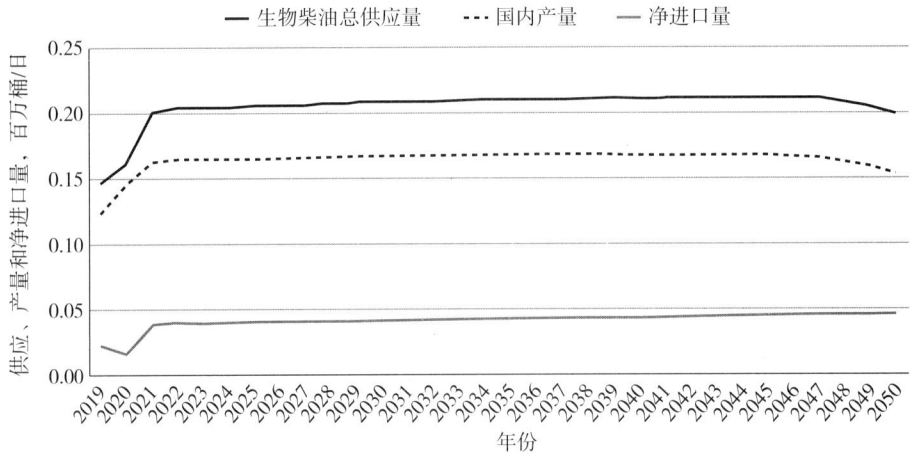

图2-75　2019—2050年美国生物柴油供应、产量和净进口量
资料来源：美国能源信息署，2020年能源展望，2020年1月29日。

本文撰写于2020年8月，修改更新于2020年9月

美国的电力生产和消费

近年来,美国发电量和消费量处于稳定状态,天然气是美国最大的发电用能源来源,煤炭已退为第二位,民用是最大的终端电力消费部门。

电力是二次能源,一个国家电力生产和消费的数据,很大程度上反映了这个国家的经济实力、社会状况和大众的幸福指数。

美国是世界第二大电力生产和消费国,仅次于中国。依据2020年版英国石油公司《世界能源统计评论》和美国能源信息署等资料,本文以翔实的数据,介绍当前美国电力生产和消费的基本情况,以便行业和公众对美国的电力行业有一个较为客观的了解。需要说明的是,由于统计口径的不同,不同统计机构和同一统计机构的有关统计数据存在一定的差距;部分行业专业名词、美国地名和机构没有统一的译名,文中仅是自己的理解,仅供参考。

一、美国电力生产的基本情况

电是电能或电荷的流动,电既是自然界的基本组成部分,也是最广泛使用的能源形式之一。电在我们的日常生活中非常重要,很少有人去思考没有电的生活会是什么样子。像空气和水一样,电也被大众认为是理所当然的,我们每天用电做很多工作,从照明、取暖、冷却到为电视和电脑供电等。

通常,美国能源信息署将1兆瓦发电量和发电能力,作为电力行业分类的起始点,等于或大于1兆瓦的称为规模以上能力,小于1兆瓦的称为规模以下能力。

根据英国石油公司2020年版《世界能源统计评论》,2019年美国总发电量为 4.401 万亿千瓦时，比 2018 年下降 1.3%，占世界总发电量的 16.3%，排名中国之后，位居全球第二。

根据美国能源信息署的统计，2019 年，美国规模以上发电企业的净发电量为 4.1 万亿千瓦时，此外还有 350 亿千瓦时（约 0.04 万亿千瓦时）的电力，由规模以下的光伏企业生产，大部分直接使用。而 2017 年，美国规模以上发电企业的净发电量为 4.01 万亿千瓦时，当年还有 240 亿千瓦时（约 0.02 万亿千瓦时）的电力，由规模以下的光伏企业生产。

美国用于发电的三大类能源来源是，化石燃料（煤、天然气和石油）、核能和可再生能源。2019 年，美国规模以上发电量的 63% 来源于化石燃料，20% 来源于核能，17% 来源于可再生能源（图 2-76）。

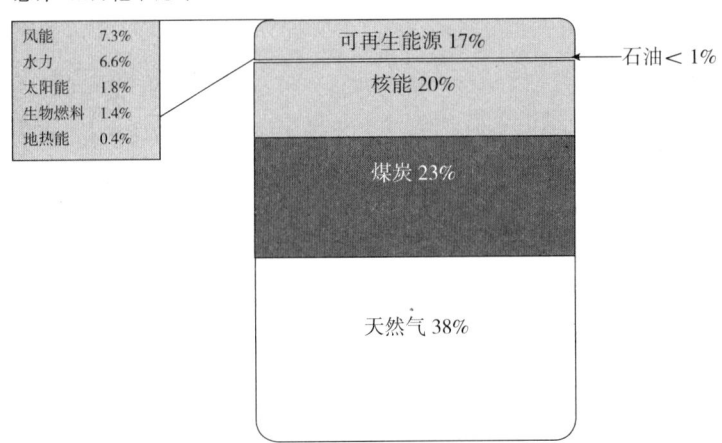

图 2-76　2019 年美国发电用能源来源

资料来源：美国能源信息署，2020 年 3 月 19 日。

天然气是 2019 年美国发电量最大燃料来源，占 38%，用于汽轮机和燃气轮机发电。

煤炭是 2019 年美国第二大发电能源，约占 23%，几乎所有的燃煤电厂都使用汽轮机发电。不过，也有一些燃煤电厂将煤转化为燃气，用于燃气轮机发电。

核能占 2019 年美国发电量的 20%，核电站使用蒸汽涡轮机从核裂变产生电能。

种类繁多的可再生能源，占 2019 年美国总发电量的 17%。其中，风能发电占美国总发电量的 7.3%，占可再生能源发电总量的 42.94%，风力涡轮机将风能转化为电能；水电站发电量占美国总发电量的 6.6%，占可再生能源总发电量的 38.82%，水力发电厂使用流动的水来旋转与发电机相连的涡轮机来发电；太阳能发电占美国电力总量的 1.8%，发电主要方式有光伏和太阳能热发电两大类，光伏转换在光伏电池中直接从阳光产生电能，大多数太阳能热发电系统使用蒸汽涡轮机发电；生物质能占美国总发电量的 1.4%，它直接在蒸汽发电厂燃烧，或者被转换成可以在蒸汽发生器、燃气轮机或内燃机发电机中燃烧的气体；地热发电厂发电量占美国发电总量的 0.4%，使用蒸汽涡轮机发电。

石油在 2019 年美国发电总量中，只占有不到 1% 的比重，燃料油和石油焦主要使用的是汽轮机发电，部分也使用燃气轮机发电，柴油发电机使用柴油作为燃料。

2019 年年底，美国规模以上企业的总发电能力约为 1100546 兆瓦（或 11 亿千瓦），规模以下的分布式太阳能光伏发电能力大约为 2300 万千瓦。其中，规模以上企业总发电能力相应可使用的能源来源分别为：天然气，43%；煤炭，21%；水力，9%；非水可再生能源，14%；核能，9%；石油，3%；其他，0.5%。而 2017 年年底，美国规模以上企业的总发电能力约为 1084783 兆瓦（或 11 亿千瓦），规模以下的分布式太阳能光伏发电能力大约为 1600 万千瓦。其中，规模以上企业总发电能力相应可使用的能源来源分别为：天然气，42%；煤炭，24%；水力，9%；非水可再生能源，12%；核能，9%；石油，3%；其他，0.4%。

2019 年，美国用于发电的能源总消耗为 37.66 千万亿英热单位，产生的电力为 14.77 千万亿英热单位，发电效率为 39.03%，即超过 60% 的能源在发电过程中损失掉，其中天然气发电厂的转换效率为 45%，燃煤电厂的转换效率为 32%。而 2016 年，美国总发电量的 65% 来自使用生物质、煤炭、地热能、天然气、核能和太阳能的汽轮机，发电效率大约为 33%，即意味着对于进入发电厂的 100 单位一次热能，只有 33 单位被转换成可用的电能。

近年来，美国发电中煤炭所占的比重逐年下降，天然气和可再生能源所占的比重日益增加（图2-77）。1990年，燃煤发电厂占美国发电能力的42%左右，占总发电量的52%左右。到2017年年底，煤炭发电厂占总发电能力的比例下降到24%，占发电总量下降到30%。到2019年年底，煤炭发电厂占总发电能力的比例下降到21%，占发电总量下降到23%。同期，天然气发电能力所占比例从1990年的17%增加到2017年的42%，发电量所占比例从1990年的12%增加到2017年的32%，而2019年则分别为43%和38%。美国大多数核电站和水电站都是在1990年之前建成的。自1990年以来，核能在美国发电总量中的份额一直保持在20%左右。水力发电，是历史上最大的可再生能源发电，但由于年度降水量的变化，发电量每年都在波动。2014年，规模以上发电企业的非水可再生能源年发电量，首次超过了水力发电量。风能占美国规模以上发电能力的比例，从1990年的0.2%增长到2017年的8%、2019年的9%，占规模以上总发电量的比例也增长到了6%和7%。

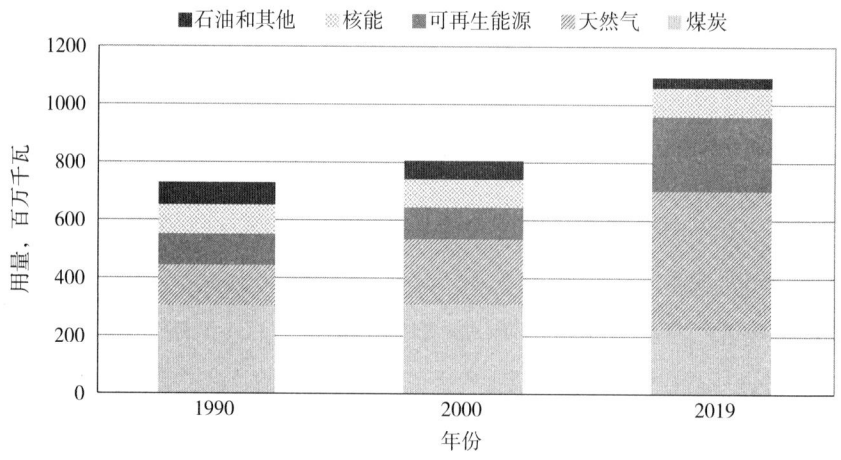

图2-77 1990—2019年美国发电用能源来源分布
资料来源：美国能源信息署，2020年3月19日。

规模以上太阳能发电能力，1990年为314兆瓦或314000千瓦，2017年年底增加到26665兆瓦，其中93%是太阳能光伏系统，7%是太阳能热/电力系统；2019年年底增加到37329兆瓦，其中的95%是太阳能光伏系统，5%是太阳能热/电力系统。太阳能发电量占美国规模以上总发电量的比例，1990年不到

0.1%，2017年约占1%，2019年占1.8%。

此外，美国能源信息署估计，2017年年底，美国还有16224兆瓦的小型太阳能光伏发电能力，而这些小型光伏企业当年的总发电量约为240亿千瓦时；而2019年年底相应增加到23211兆瓦和350亿千瓦时。

截至2019年年底，美国小型太阳能光伏发电总量的近40%，位于加利福尼亚州。

二、美国电力消费的基本情况

1879年，旧金山的加利福尼亚电灯公司首次在美国销售电力，该公司生产和销售的电力仅够为21盏电灯（刷弧灯）供电。2019年，美国的电力消耗量为3.94万亿千瓦时，是1950年的13倍多。2017年，美国的电力消耗量约为3.82万亿千瓦时。

全部电力消费包括向终端消费者零售电力和直接使用电力。直接消费的电力，可能既是消费者生产的，也可能是消费者消费的。工业部门，生产并使用了直接消费的所有电力。2019年，美国零售的电力约为3.8万亿千瓦时，占总用电量的96%；最终使用部门的直接用电约为0.14万亿千瓦时，占总用电量的4%。而2017年，美国零售的电力约为3.68万亿千瓦时，占总用电量的96%；最终使用部门的直接用电约为0.14万亿千瓦时，占总用电量的4%。

2019年，美国总用电量比2018年下降约3%，住宅和商业部门的年耗电量均下降约2%，工业部门的年降幅约为5%。2019年工业部门电力零售额较2000年下降约11%，2000年是美国工业部门电力零售额的高峰年。工业部门占美国电力零售总额的比重，从2000年的31%下降到2019年的25%。

2019年，美国主要电力消费部门消费的电力数量和所占比例为：民用，1.44万亿千瓦时，占比38.3%；商业，1.35万亿千瓦时，占比36.1%；工业，0.95万亿千瓦时，占比25.4%；运输（主要用于公共交通），0.01万亿千瓦时，占比0.2%（图2-78）。

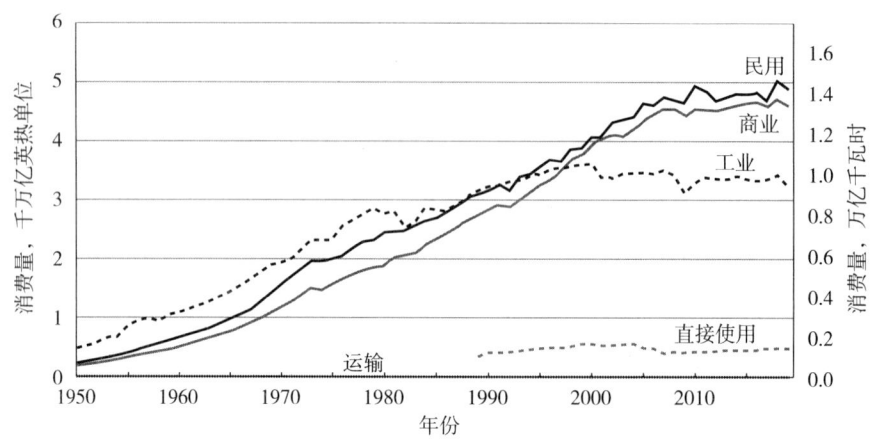

图 2-78　1950—2019 年美国终端用户电力消费
资料来源：美国能源信息署，2020 年 7 月 21 日。

2018 年，美国用于空间冷却的风扇和空调设备，是单一美国民用电力消费的最大项，具体可以细分：空间加热，15.9%；空间制冷，14.7%；热水，11.9%；冰箱和冷冰，7.1%；照明，6.2%；电视和相关电器，4.3%；其他，39.7%。而 2017 年美国民用电力消费的数据则更加详细，主要用途及所占比例为：冷却/空调，15.4%；热水，9.5%；照明，9.4%；制冷，7.2%；空间加热，6.2%；电视及相关电子设备，5.9%；干衣，4.1%；烹饪，2.3%；加热设备风扇和泵，2.2%；计算机及相关设备，2.2%；洗碗机，2.0%；冷冻机，1.6%；洗衣机（不包括加热），0.5%；其他杂项，31.3%。上述清单中的其他杂项用途，包括美国别墅、公寓和相关房产中的大量、主要是小型电器用电。

2018 年，制冷是美国商业领域最大的用电项目。这里的商业领域，包括零售、办公、教育、各类组织、公共和政府设施，以及诸如供水、污水处理、电信设备、户外和公共街道照明等公共服务。2018 年，美国商业领域电力使用的主要用途及其份额如下：计算机和办公设备，15.4%；制冷，13.9%；空间冷却，11.9%；通风，10.9%；照明，10.3%；空间加热和热水，3.2%；其他，34.4%。而 2017 年，美国商业领域电力使用的主要用途及其份额如下：制冷，14%；通风，11.2%；照明，10.6%；空间冷却，10.6%；办公设备，7.8%；计算机及相关设备，7.5%；空间加热，2.6%；烹饪，1.8%；热水，0.6%；其他杂项，33.3%。上述清单中的其他杂项，包括美国房屋、公寓和相关房产中的大量、主要是小型电器的用电。

2014年，美国制造商使用的电力几乎一半用于机器操作，商业部门电力使用的主要用途及其份额如下：机器驱动（马达），48.2%；工艺加热和锅炉使用，14.4%；设施供暖、通风、空调和制冷，9.5%；电子化学处理，6.8%；工艺冷却和制冷，7.3%；照明，6.5%；其他杂项工艺和设施使用，7.3%。

2019年，美国终端用户的电力零售总额约为37000亿千瓦时，比2018年约下降1110亿千瓦时。终端用户电力零售总额，包括来自加拿大和墨西哥的电力净进口量。而2017年，美国终端用户的电力零售总额为36820亿千瓦时，即约3.7万亿千瓦时，比2016年减少了800亿千瓦时。

2019年，美国主要零售客户的电力销售额和所占的比重为：居民，14350亿千瓦时，38%；商用，13550亿千瓦时，36%；工业，9250亿千瓦时，25%；运输，80亿千瓦时，0.2%。而2017年，美国主要零售客户的电力销售额和所占的比重为：居民，13790亿千瓦时，37%；商用，13490亿千瓦时，37%；工业，9460亿千瓦时，26%；运输，80亿千瓦时，0.2%。

六种类型电力供应商向终端用户出售电力。2018年，各种类型供电公司电力销售份额如下：投资者拥有的企业，57%；联邦、州和地方的机构，16%；电力销售公司，15%；电力合作社，12%。而2016年，各种类型供电公司电力销售份额如下：投资者拥有的企业，51%；电力销售公司，22%；联邦、州和地方的机构，14%；电力合作社，11%。除了销售给最终用户之外，电力也经常在批发市场或通过双边合同进行交易。

20世纪初，美国有超过4000家独立的电力公司各自运行。随着电力需求的增长，尤其是在第二次世界大战之后，电力公司开始将他们的输电系统逐步连接起来。目前，美国本土48州的电力系统由三个网络组成，这些网络彼此之间基本上独立运行，相互的电力互供非常有限。东部电网，包括落基山脉以东的区域和得克萨斯的一部分；西部电网，包括从落基山脉到西部的区域；得克萨斯电力可靠性委员会（ERCOT）电网，覆盖了得克萨斯的大部分地区。美国的东部和西部电网，也与加拿大的电网相连。

1950年至2019年间，除了10年之外，美国的年总用电量都在增长，2007年至2019年期间出现同比下降的年份有7年，其中2009年跌幅最大（约4%）。导致电力消费下降的一个重要因素，是2007年年底至2009年的经济衰退，工业部门的电力销售大幅度减少。此外，建筑行业新的电器标准带来的效率提高和电力供电技术整体效率的提高，也减缓了电力需求的增长，并可能有助于未来的增长放缓。2018年是全年用电量最高的一年，当时全国大部分地区夏季相对温暖，冬季寒冷，居民用电量创下新高，比2017年增长约7%。

在《2020年能源展望》的基准参考方案中，美国能源信息署估计，2019至2050年，美国用电总量的年均增长不到1%。

2017年，经合组织国家消费了世界电力供应的42%。在2019年《国际能源展望》中，美国能源信息署认为，从目前至2050年，非经合组织国家电力消费将年均增长1.8%，而经合组织国家的电力消费仅增长0.9%，这样到2050年经合组织国家在全球电力消费中的比重，将下降到32%。

三、美国的电力价格

电价一般反映建造、融资、维护和运营发电厂及电网的成本。一些营利性的电力企业，电价还需包括业主和股东的财务回报。一般来说，美国夏季的电价最高，不同类型的消费者电价也不相同。

2019年，美国平均电力价格的主要构成包括：发电，58%；销售，29%；输送，13%。

2019年，美国平均电价为10.6美分/千瓦时，主要用户类型的平均电价为：民用，13.04美分/千瓦时；商用，10.66美分/千瓦时；工业，6.83美分/千瓦时；交通，9.73美分/千瓦时。而2017年，美国平均电价约为10.54美分/千瓦时，主要用户类型的平均电价为：民用，12.9美分/千瓦时；商用，10.68美分/千瓦时；工业，6.91美分/千瓦时；交通，9.67美分/千瓦时。

由于发电厂数量和燃料供应、本地燃料成本和政府价格管制等因素，美国的电力价格因地区而异。2019 年，夏威夷的平均电价为 28.33 美分 / 千瓦时，路易斯安那州为 7.65 美分 / 千瓦时，而 2017 年对应的电价分别为 26.07 美分 / 千瓦时、7.75 美分 / 千瓦时。

本文撰写于 2018 年 10 月，修改更新于 2020 年 8 月

2016年美国的能源支出概况

近年来，美国能源支出占GDP的比重持续下降，其所反映的是美国能源的使用效率在不断提升，美国经济的内在核心竞争能力在不断增强。

能源支出，指的是消费能源所支出的费用。从个人或家庭来说，就是一个家庭每年消费能源所付出的费用；对于一个国家来说，就是为全部经济和社会活动而支付的能源成本，一般用能源支出占国内生产总值（即GDP）的比例来表示，可以较为客观地反映这个国家的经济竞争力。简单的道理是，对于一个家庭或国家，如果因能源消耗而支出了过高的费用，肯定会影响这个家庭的生活质量和这个国家的经济竞争能力，这就是为什么石油价格的上涨，导致了2018年11月17日法国28万多人上街游行并围堵总统府，2018年11月21日晚美国总统特朗普发推文说油价已经降下来了，并认为还可以再下降一些。

依据美国能源信息署的有关资料，本文将介绍1970—2016年间美国能源支出变化的情况，这些数据将从宏观的层面，非常直观地说明作为世界第一经济大国，美国经济的竞争能力之所在。

2016年，美国的GDP为18.6万亿美元，比2015年增长了1.5%。自2010年以来，美国的GDP连续增长。

2015年，美国能源支出为1.127万亿美元，比2014年下降20%，占当年美国GDP的比重为6.2%。2016年，美国能源支出下降到1.0385万亿美元，占当年美国GDP的5.6%，比2015年下降了9%，连续第5年下降，是1970年以来的最低水平（图2-79）。

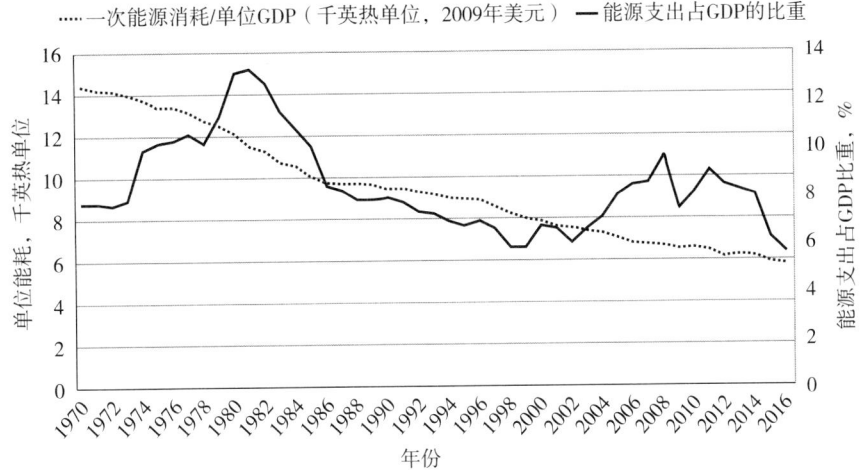

图 2-79　1970—2016 年美国单位能耗和能源支出占 GDP 比重
资料来源：美国能源信息署，2018 年 11 月 20 日。

2000 年以来，美国能源支出占 GDP 比重最高的年份是 2008 年，比重为 9.6%，当年 7 月 11 日出现了历史上最高的油价，为 147.50 美元/桶。而自 1970 年以来，美国能源支出占 GDP 比重最高的年份为 1981 年，比重为 13.3%，当时正处于第二次石油危机期间（图 2-80）。

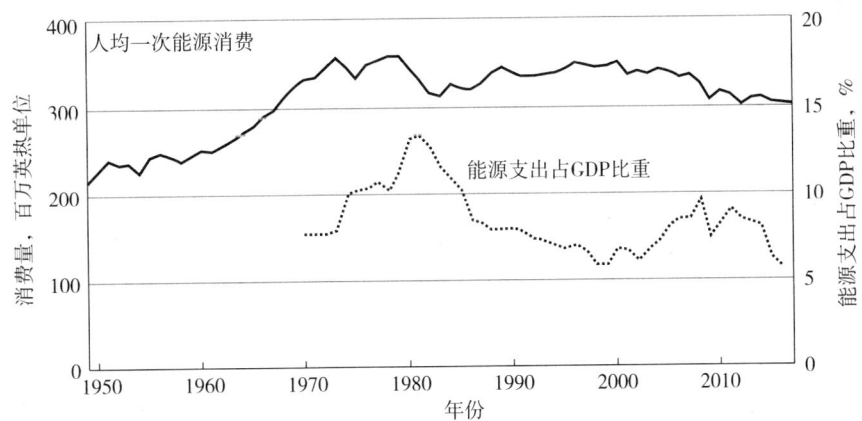

图 2-80　1950 年以来美国人均一次能源消费和能源支出占 GDP 的比重
资料来源：美国能源信息署，2018 年 11 月 20 日。

与之相一致的是，自 2000 年以来，美国人均一次能源消费的数量也在持续下降中，其所说明的是，从能源消费的角度来看，美国经济、社会发展与能源消费之间已经基本达到了平衡。

2016年，美国加权平均能源价格为15.92美元/百万英热单位，比2015年下降9%，是调整通货膨胀后2013年以来的最低水平。2008年，美国的加权平均能源价格达到近年来的最高水平，为24.13美元/百万英热单位（图2-81）。正是能源价格的下降，使得虽然自2013年以来美国的能源消费仍在增长的情况下，但2016年美国的能源支出持续下降。

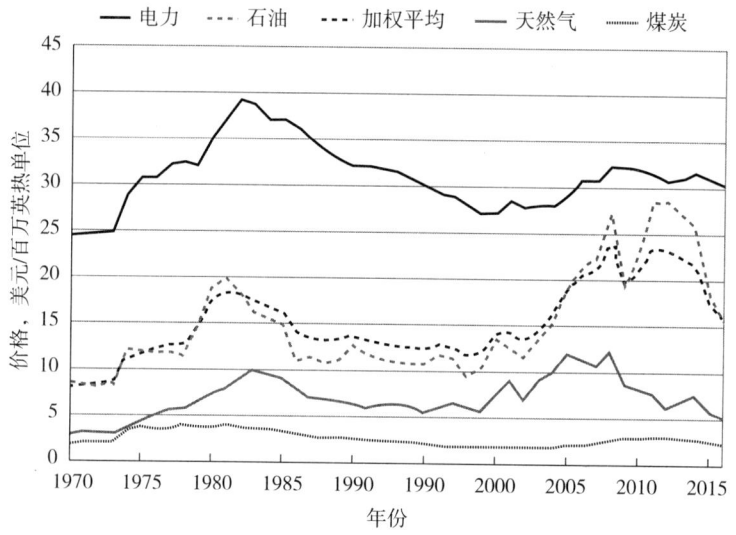

图 2-81　1970—2016 年美国能源平均价格

资料来源：美国能源信息署，2018 年 7 月 30 日。

美国能源平均价格，是根据四个行业最终消费的能源价格加权平均而得来的，具体包括：运输、工业、民用和商业。运输和工业是两个最终能源消费最多的行业，几乎消费了全部的美国石油产品。正是由于这一原因，美国能源支出受到汽油、中间馏分燃料油、烃类气体液价格的影响很大。2016年，电力支出相对较低，占居民能源支出的74%，商业能源支出的80%和工业能源支出的37%。

2015年，美国运输行业的能源支出为5070亿美元，当年美国能源支出的45%用于运输行业。2015年，美国运输行业的能源消费增长了1%，但由于燃料价格的下降，运输行业的能源支出相比2014年下降了28%。1970—2016年美国终端用户能源支出如图2-82所示。

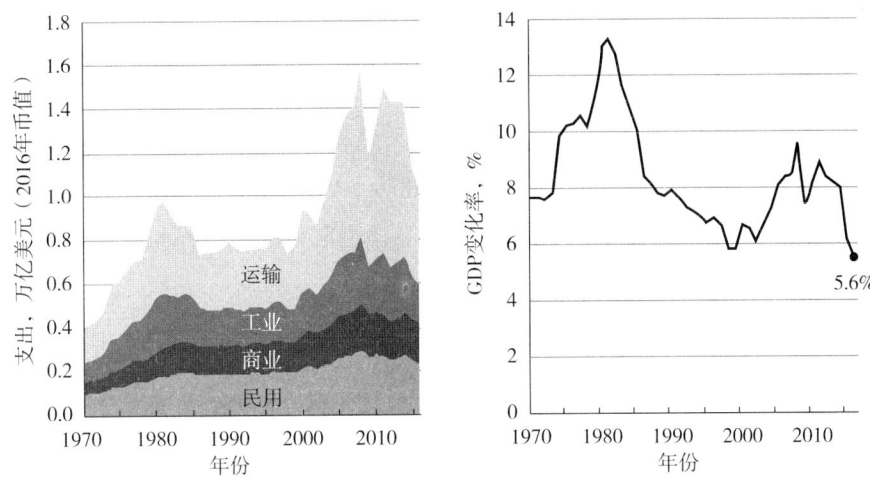

图 2-82　1970—2016 年美国终端用户能源支出
资料来源：美国能源信息署，2018 年 7 月 30 日。

加利福尼亚州 2015 年的能源支出最高，占全美能源支出的 11%，其运输行业的能源支出占全美的 6%，比得克萨斯州之外的所有州运输行业能源支出之和都要大。美国 51 个州中，有 47 个州的运输行业能源支出最大，其中有 7 个州运输行业的能源支出占州总能源支出的一半以上。

康涅狄格、罗得岛、路易斯安那和哥伦比亚特区 4 个州，2015 年其他行业的能源支出大于运输行业，其中康涅狄格和罗得岛居民能源支出分别占 36%、35%，居民能源支出占比最高的 13 个州都位于东海岸。哥伦比亚特区商业领域的能源支出占全部能源支出的 55%，是美国商业能源支出第二高州纽约州的 2 倍以上。

得克萨斯州 2015 年在石油能源领域的支出高达 750 亿美元，为美国之最；加利福尼亚州在天然气领域花费最多，为 1070 亿美元；宾夕法尼亚州在煤炭领域花费最多，为 8 亿美元；佐治亚州在木柴、废弃生物质领域花费最多，为 6 亿美元。

从各州来看，2016 年路易斯安那州能源支出占 GDP 最高，为 11.1%。自 1997 年美国能源信息署开展这项统计以来，路易斯安那州能源支出占 GDP 的比重就一直居高不下，其主要原因是该州高耗能的石油化工工业使工业能耗过大。2008 年,路易斯安那州能源支出占 GDP 的比重,创出了历史纪录,高达 26.5%。路易斯安那州是美国 10 大原油和天然气生产州,2015 年在工业行业的能源支出高达 1070 亿美元,几乎占全部能源支出的一半。

2016 年,美国几乎所有的州能源支出占 GDP 的比重,比 2015 年都有所下降,其中 24 个州和哥伦比亚特区在 2016 年创下了历史最低水平。除路易斯安那州外,以下各州的能源支出占 GDP 的比重也非常高,其中,密西西比州为 10.8%,怀俄明州为 10.5%,西西弗吉尼亚州为 9.9%,阿拉巴马州为 9.4%,主要原因是这些州的工业部门能源消耗大,而 GDP 相对较低,西西弗吉尼亚州和怀俄明州高耗能的煤炭工业比重高。而以下各州的能源支出占 GDP 的比重相对较低,其中,哥伦比亚特区为 1.6%,纽约州为 3.3%,马萨诸塞州为 4.3%,加利福尼亚州为 4.3%,特拉华州为 4.3%,其原因除 GDP 相对较高外,能源消耗不密集的居民和商业占经济活动的比重较高。

对于从事能源问题研究和政策制订的人士来说,与能源支出相关的,还有一个重要的数据,就是单位 GDP 的能源消耗,它所反映的是一个国家为生产一个单位 GDP 所消耗的能源,是国家经济竞争能力的重要指标。1970 年以来,美国单位能耗在不断降低。1970 年,美国单位能耗最高,为 14.37 千英热单位,1986 年下降到 9.75 千英热单位,低于 10 千英热单位,而 2016 年更是下降到只有 5.83 千英热单位,只是 1970 年的 40.57%。这也就是说,47 年间,美国的能源效率提升了近 60%。

本文撰写于 2018 年 11 月,修改更新于 2020 年 8 月

美国联邦政府消耗了多少能源？能源支出几许？

2017财年和2018财年，美国联邦政府的能源消耗持续下降中，能源支出约150亿美元/年左右，防务部门和交通运输占了联邦政府能源消费的大头。

一个国家的中央政府，每年消费多少能源？能源费用支出多少？对于能源问题研究往往都是非常宏大的话题而言，这肯定是非常冷门的课题，但可能会非常有趣，因为可以从一个非常微观的层面来看一看这个国家的能源形势。

依据美国能源信息署提供的有关资料和统计数据，本文将简要地介绍2017年和2018年美国联邦政府的能源消耗和能源支出概况，本文的介绍很可能有助于对美国联邦政府各部门的能源消耗，尤其是防务部门的能源消耗有一个基本的了解，从而有助于从更多的角度和层面，对美国能源消费有更全面和更加深入的了解及理解。

2009年，中国超过美国成为世界第一大能源消费国之后，美国就一直是世界第二大能源消费国。2018年，美国一次能源消费总量为101.268千万亿英热单位，比2017年增长了4%，为2010年以来最大的增长速度，当年美国一次能源消费出现了恢复性增长并超出了近十多年来最高年份2007年的纪录，创出了新的纪录。

根据美国法律的有关规定，美国的财政年度是从每年的10月1日到次年的9月30日，不同于一般意义上的自然年。不过，从长时间周期和研究方便角度看，我们基本上可以将财政年度等同于自然年。

2017 财年,美国联邦政府共消耗了 915 万亿英热单位的能源,比 10 年前下降了约 20%,是联邦政府年度能源消耗连续第五个年头的下降。

在美国联邦政府的全部能源消耗中,防务部门的能源消耗占了 77%(图 2-83)。

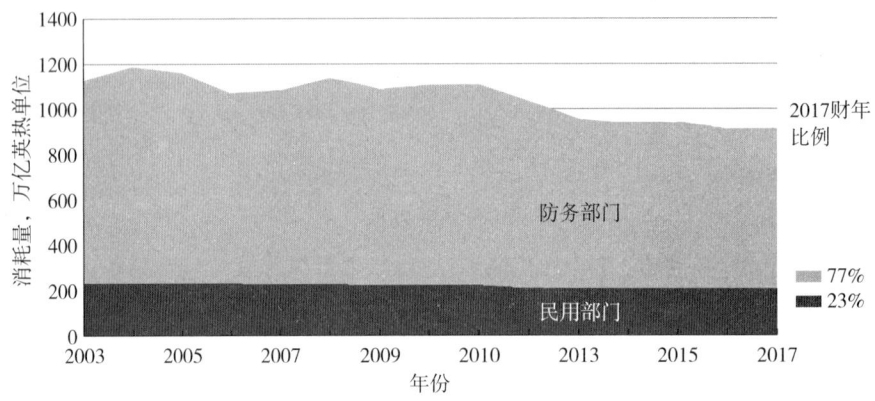

图 2-83　2003—2017 财年美国联邦政府机构能源消耗

资料来源:美国能源信息署,2019 年 7 月 25 日。

2016 财年至 2017 财年,防务部门的能源消费下降了 0.2%,民用部门的能源消费同期下降了 0.4%。与 2007 财年相比,过去 10 年里,防务部门的能源消费下降了 18%,民用部门的能源消费下降了 8%。在这期间,一系列的行政命令(例如,13834 行政命令),要求联邦政府改善建筑、交通工具和整体运营的能源与环境的表现。2003—2017 财年美国联邦政府能源消耗分类如图 2-84 所示。

2017 财年,联邦政府能源消耗中的绝大部分用于交通工具和有关设备,合计为 568 万亿英热单位,占联邦政府能源消耗的 62%。防务部门使用的航空燃料,是联邦政府交通工具及其设备能源消费的最大一项。防务部门消耗了总计 509 万亿英热单位的航空燃料,占联邦政府交通能源消耗的 90%。

所有民用部门中,美国邮政(USPS)消耗了 2017 财年绝大部分能源,合计为 44 万亿英热单位。美国邮政系统消耗能源中的一半以上,是用于交通工具的燃料。2017 财年,美国退伍军人事务部、美国能源部分别位列联邦政府民用能源消耗的第二和第三位，分别消耗了约 29 万亿英热单位的能源（图 2-85）。

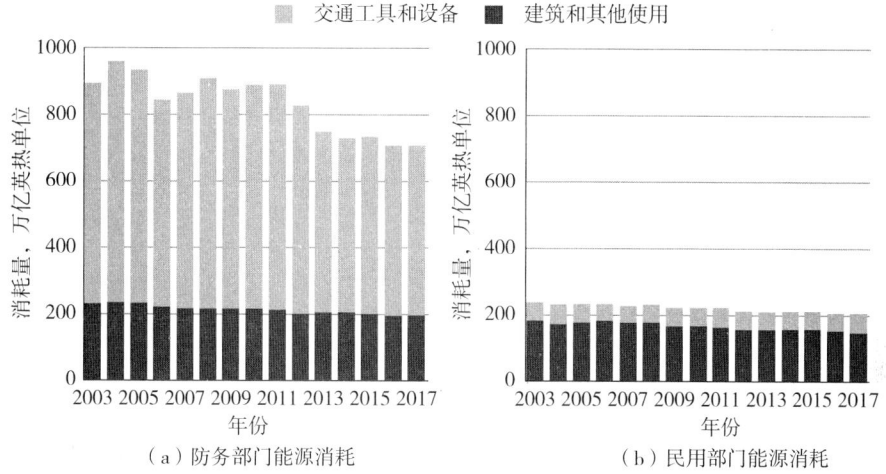

图 2-84　2003—2017 财年美国联邦政府能源消耗分类

资料来源：美国能源信息署，2019 年 7 月 25 日。

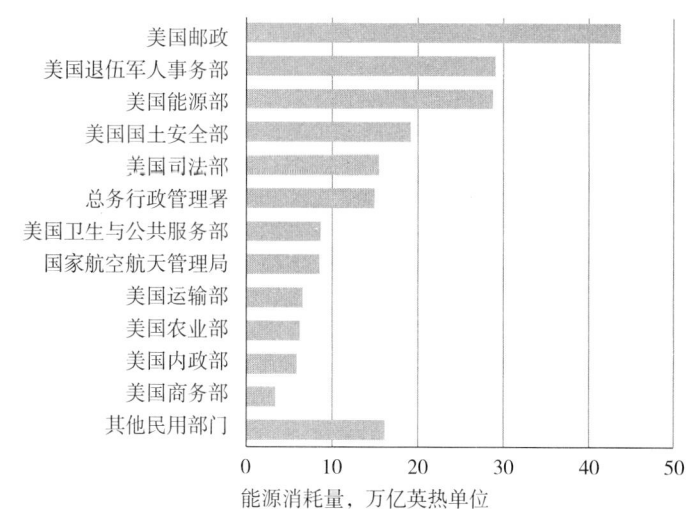

图 2-85　2017 财年美国联邦政府民用部门能源消耗

资料来源：美国能源信息署，2019 年 7 月 25 日。

2017 财年，美国联邦政府能源消耗的支出为 156 亿美元。与其在能源消耗中所占的比例类似，防务部门能源消耗的支出占联邦政府总能源消耗支出的 76.28%，合计为 119 亿美元，民用部门的能源消耗支出为 37 亿美元。防务部门能源消耗的绝大部分，用于交通工具和设备，合计为 86 亿美元。民用部门的能源消耗绝大部分用于建筑和其他部分，合计为 27 亿美元（图 2-86）。

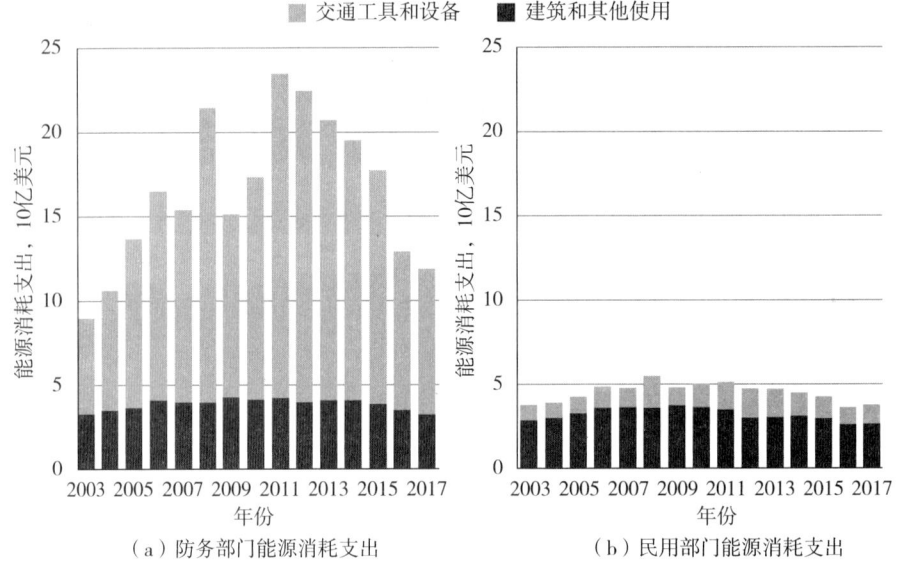

图 2-86　2003—2017 财年美国联邦政府能源消耗支出

资料来源：美国能源信息署，2019 年 7 月 25 日。

2018 财年，美国联邦政府的能源消耗为 897 万亿英热单位，比 2017 财年减少了 18 万亿英热单位，下降了 1.97%。在 2018 财年的美国联邦政府能源消耗中，317 万亿英热单位用于符合法定节能要求的建筑，37 万亿英热单位用于不符合法定节能要求的设施，543 万亿英热单位用于包括航空、船舶和道路上使用的交通工具等在内的交通工具及相关设备。

2018 财年美国联邦政府的能源消耗不到 1 千万亿英热单位，在当年美国一次能源消耗总量中的比重不到 1%，仅为 0.886%。2018 财年美国联邦政府能源消费分类如图 2-87 所示。

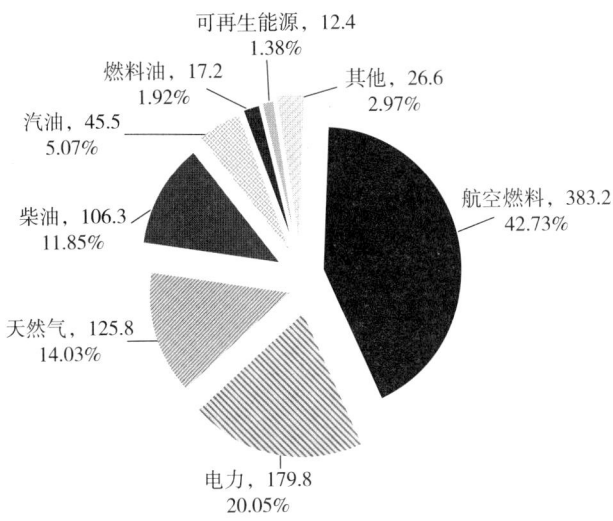

图 2-87　2018 财年美国联邦政府能源消费分类

注：单位为万亿英热单位。
资料来源：https://ctsedwweb.ee.doe.gov/Annual/Report/Report.aspx。
查询日期：2019 年 7 月 30 日。

本文撰写于 2019 年 7 月，修改更新于 2020 年 8 月

石油的奇迹 数说美国能源独立

美国家庭烹饪每年要花多少钱？

美国家庭使用的能源主要有电力、天然气和丙烷，一个典型美国家庭2015年烹饪用能源支出约为200美元左右，低到了不可思议的程度。

问一个简单的问题：您家里做饭时，使用什么燃料？用电还是用天然气？包括冰箱、微波炉等电器在内，您家每年烹饪要花费多少钱？

每年11月底的感恩节，是美国一年中最重大的节日之一，这一天是美国人合家团圆并享用火鸡大餐的日子。依据美国能源信息署提供的资料和数据，本文以感恩节为例，简要介绍2015年美国家庭烹饪使用的主要能源及其支出，可以从特别微观的层面，看一看一般美国民众的家庭生活及其能源消费支出等情况。图2-88为美国分地区家庭烹饪能源来源中电力、天然气和丙烷所占的比例。

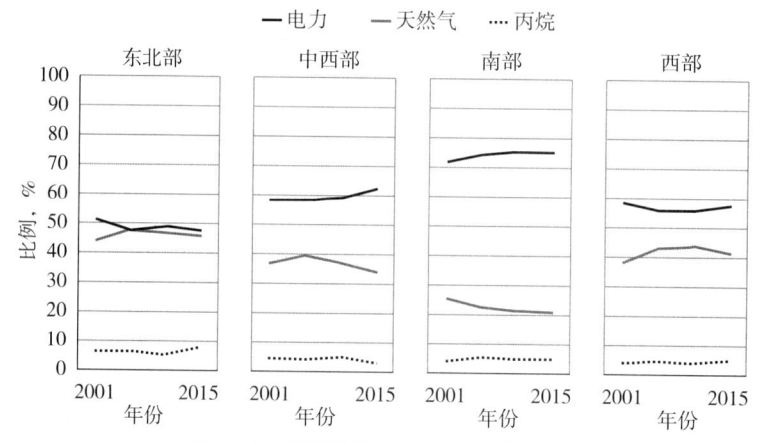

图2-88 美国分地区家庭烹饪能源来源

资料来源：美国能源信息署，2018年11月19日。

美国居民使用的能源来源，主要有三种：电力、天然气和丙烷。电力是美国居民烹饪用得最多的能源，大约 7490 万户家庭（约占美国家庭总户数的 63%），烹饪使用炉灶或烤箱时是用电（图 2-89）。同样，电力也是美国居民取暖的主要能源，59% 的家庭用电取暖。

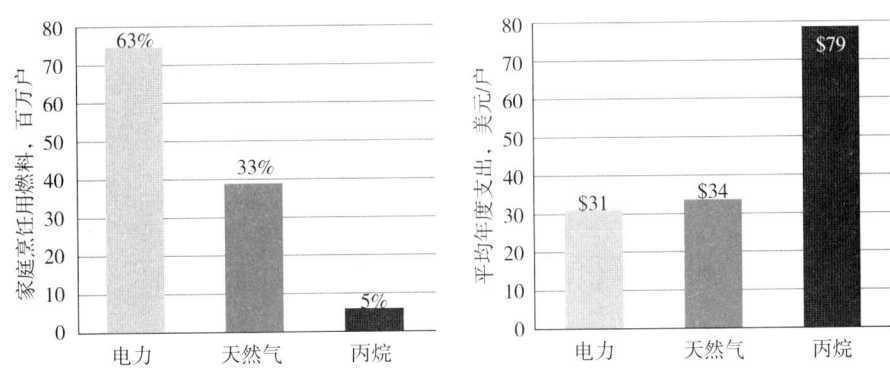

图 2-89　2015 年美国家庭烹饪用燃料和支出

资料来源：美国能源信息署，2018 年 11 月 19 日。

根据 2015—2017 年美国本土 48 州的用电统计，感恩节早晨是美国家庭用电的高峰期，因为要准备食物、庆祝节日并给房子加热，但由于商业机构关门，从全国看感恩节的用电量偏低。

虽然电力是美国居民使用的三种主要能源来源中成本最高的，为 35.77 美元/百万英热单位，但平均下来，在美国居民烹饪的能源来源中，却是支出最低的，仅为 31 美元/年，而天然气用作居民烹饪的支出却是 34 美元/年。

2015 年，电力是美国居民使用最多的烹饪能源来源，南部地区尤其的高，75% 的家庭使用电动的烹饪设备。但是，东北部和西部的居民，大部分用天然气作为烹饪能源来源，比例分别为 46% 和 41%。

美国家庭几乎全部（99%）都有冰箱，其中 30% 左右的家庭有两个或两个以上的冰箱。美国中西部居民中，拥有两个以上的冰箱或独立的冷冻室非常普遍，其中 34% 的家庭有第二个冰箱。平均看，美国家庭中使用最多的冰箱一年的费用为 81 美元，而第二个冰箱一年的费用为 61 美元（图 2-90）。一般来说，家中的第二个冰箱小于最常用的冰箱，而且并不是全年都使用。根据

17%拥有第二个冰箱的家庭统计,2015年这些家庭中第二个冰箱一年中使用的时间为6个月或少于6个月。

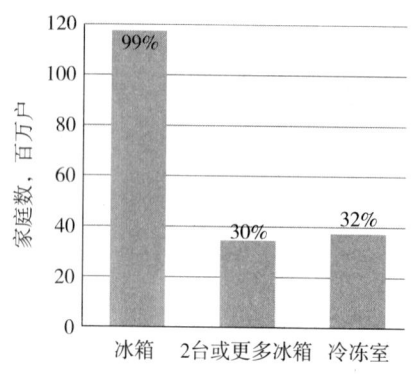 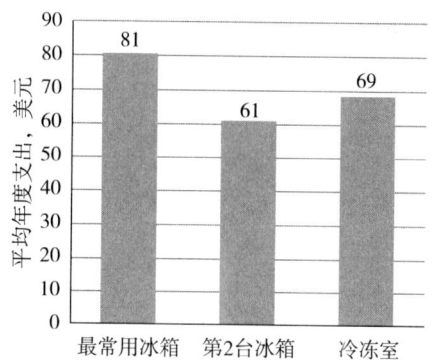

图2-90 2015年美国家庭冰箱独立冷冻室及其能源支出

资料来源:美国能源信息署,2018年11月19日。

2015年,美国32%的家庭拥有独立的冷冻室,而中西部的比例更高达39%。从全美平均看,独立的冷冻室一年的支出为69美元。

2015年,美国96%的家庭拥有微波炉(图2-91),拥有微波炉家庭中的99%一周至少使用一次。从全美平均看,美国家庭微波炉一年的支出为17美元。

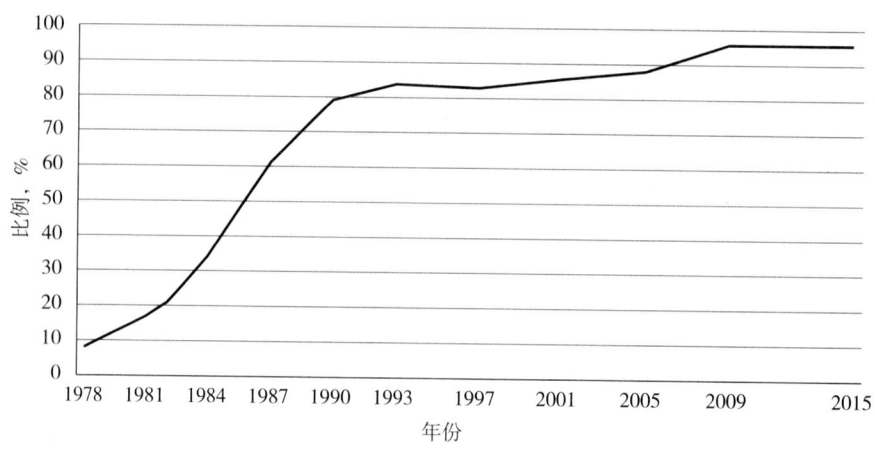

图2-91 1978—2015年美国家庭拥有微波炉的比例

资料来源:美国能源信息署,2018年11月19日。

总结上述内容，第一，假定一个美国家庭使用电力烹饪，拥有一台冰箱和一台微波炉，那么全年烹饪的支出费用是多少呢？129美元，即烹饪31美元、冰箱81美元、微波炉17美元。第二，假定一个美国家庭使用丙烷烹饪，拥有两个冰箱，其中一个为独立的冷冻室，并拥有一台微波炉，全年烹饪的支出为246美元，即烹饪79美元、第一台冰箱81美元、独立的冷冻室69美元、微波炉17美元（表2-7）。

表2-7　2015年美国家庭烹饪费用支出

一类家庭		二类家庭	
项目	金额，美元	项目	金额，美元
烹饪（电力）	31	烹饪（丙烷）	79
冰箱	81	冰箱	81
微波炉	17	独立冷冻室	69
		微波炉	17
合计	129	合计	246

资料来源：美国能源信息署，2018年11月19日。

结果出来后，以为算错了，经反复核对原文和核算，还是这个数。真的是很震惊！当然，上述统计并不完整，我们知道，一般美国家庭还有两件重要的烹饪电器：烤面包机和咖啡机，这两件电器当然要耗电。如果再加上洗碗机，还会消耗更多的电力。因此，一个普遍美国家庭，一年烹饪的费用支出，应该在150美元上下。

那么，您家一年要为烹饪花多少钱呢？

本文撰写于2018年11月，修改更新于2020年8月

2019年美国能源流动树之一：石油

2019年，美国石油产量再创新高，但消费量略有下降，从而带来了石油出口数量持续增加，石油进口数量下降到1960年以来的最低水平。

美国是世界第一大能源生产国和第二大能源消费国，2019年美国已经实现了"能源独立"，美国的能源行业正如特朗普所言正在迈入"黄金时代"。

依据英国石油公司2020年版《世界能源统计评论》和美国能源信息署等机构的有关资料，我们准备了5篇文章，分别为2019年美国能源流动树之石油、天然气、煤炭、电力和一次能源，这五篇文章以较为完整和翔实的数据，图形化展示2019年美国石油、天然气、煤炭、电力和一次能源的生产及消费情况，本文为第一篇，是美国2019年石油生产和消费的全过程数据展示。

一、能源流动树的概念

能源流动树，来源于美国能源信息署提出的美国petroleum flow、natural gas flow和coal flow等，原意指的是，通过图形，可视化地展示一个年度美国石油、天然气、煤炭、电力和一次能源的供应（具体包括生产、进口和库存动用）和处置（消费、出口和增加库存）情况，因为主要展示的是非常像树形的一个图示，我们姑且将之称为能源流动树。

从能源研究来说，翔实而丰富的数据，对于了解一个国家的能源行业，乃至国民经济都非常有价值。因此，本系列5篇有关能源流动树的文章，能直观地加深对美国能源行业的了解和认识。

二、2019 年美国的一次能源消费和生产

美国是世界第二大能源消费国。根据英国石油公司 2020 年版《世界能源统计评论》，2019 年美国的一次能源消费总量为 94.65 艾焦耳（Exajoules，100 亿亿焦耳），占全球一次能源消费总量的 16.2%，低于中国的 141.7 艾焦耳，排名世界第二。

根据美国能源信息署和中国国家统计局公布的数据，2018 年美国是世界第一大能源生产国，一次能源生产总量为 95.616 千万亿英热单位，折算约为 40 亿吨标准煤，而同年中国一次能源生产总量为 37.7 亿吨标准煤，中国排名世界第二。2019 年，美国一次能源生产总量增加到 101.038 千万亿英热单位，折算约为 42.3 亿吨标准煤，同年中国一次能源生产总量为 39.7 亿吨标准煤。

作为世界两个最大的能源消费和生产国，中美两国一次能源消费和生产都高度依赖传统能源，尤其是石油、天然气和煤炭三大传统化石能源。2019 年，中美国两国一次能源消费中对传统能源的依赖，分别高达 95.32% 和 93.84%，其中对三大传统化石能源的依赖分别为 85.14% 和 83.26%。

2019 年，美国 100.165 千万亿英热单位一次能源消费总量中，石油排名第一，为 36.66%；天然气排名第二，为 32.05%；可再生能源排名第三，为 11.44%；煤炭排名第四，为 11.3%。以上四者合计，为 91.45%。

2019 年，美国已经是能源净出口国，净出口的能源数量为 0.775 千万亿英热单位，但仍净进口原油，原油的净进口数量为 8.863 千万亿英热单位，相当于每天净进口量为 381.7 万桶原油。

三、2019 年美国的石油流动树

美国是世界第一大石油消费国，由原油和汽油、柴油、丙烷等成品油组成的石油，是美国最大的一次能源消费来源。根据英国石油公司 2020 年《世界能源统计评论》的数据，2019 年美国的石油消费总量为 2046.6 万桶/日，占全球石油消费总量的 20.3%，占当年美国一次能源消费总量的 36.66%，比 2018 年的石油消费总量（2049.2 万桶/日）下降了 2.6 万桶/日，降幅为 0.13%。

图 2-92 为 2019 年美国石油流动树。

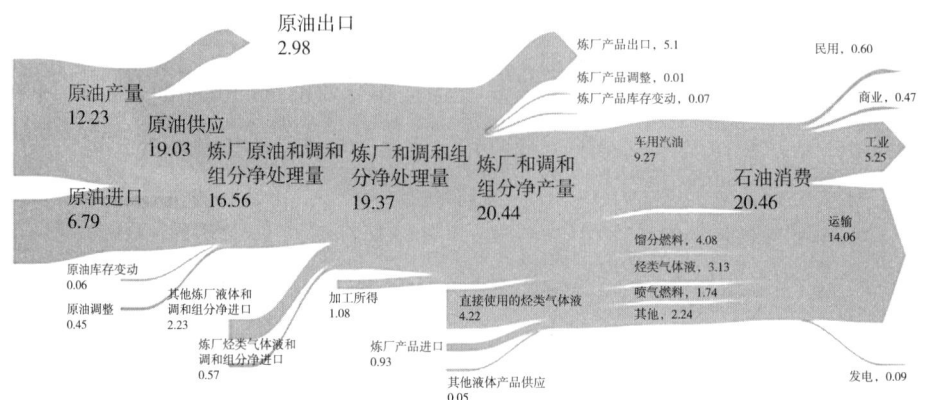

图 2-92　2019 年美国石油流动树

注：单位为百万桶/日。
资料来源：美国能源信息署，月度能源评论，2020 年 4 月。

从 2013 年开始，美国石油产品的总供给量就恢复增长，2018 年超过 2000 万桶/日，2019 年是美国石油产品供应连续七年增长。

原油经炼油厂加工后，可以产生车用汽油、中间馏分燃料油、烃类气体液和航空燃料等，用于不同的终端消费部门。1950—2019 年美国分类石油产品消费如图 2-93 所示。

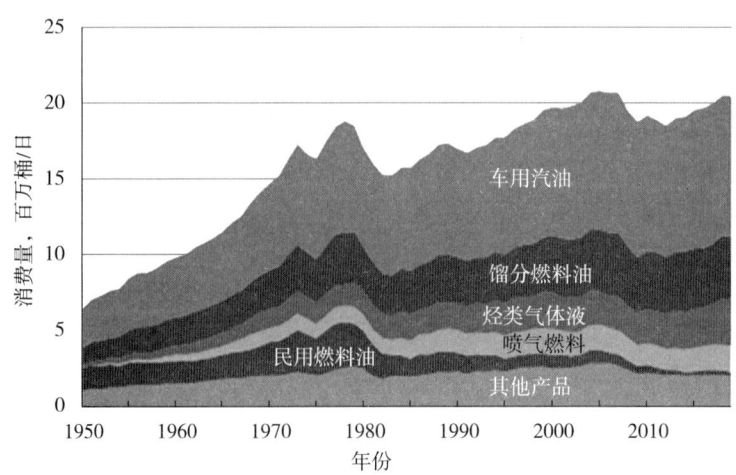

图 2-93　1950—2019 年美国分类石油产品消费
资料来源：美国能源信息署，2020 年 6 月 22 日。

美国三分之二的成品油用于交通运输领域。自美国能源信息署1949年有数据记录以来，交通运输行业就一直是美国成品油消费的最大用户。2019年，美国石油产品消费中的约69%用于运输领域，其中车用汽油占了美国石油产品消费总量的约45%。2019年，美国交通运输行业消费的成品油数量为1406万桶/日，而2018年交通运输行业消费的成品油数量约为1400万桶/日。

工业排名交通运输行业之后，是美国第二大成品油消费行业。2019年，美国工业领域消费了525万桶/日的成品油，而2018年成品油的消费量大约为500万桶/日。

除上述两大终端消费部门外，美国的成品油消费还用于民用、商业和发电等部门。

2019年，包括原油、凝析油和天然气液等在内的美国石油产量，超过1700万桶/日，创下了新的历史纪录。其中，原油产量为1200万桶/日，天然气液达到500万桶/日。而2018年，包括原油、凝析油和天然气液等在内的美国石油产量超过1500万桶/日，其中原油产量为1100万桶/日以上，比2017年增长了17%；天然气液的产量超过400万桶，比2017年增长15%。在过去的10多年里，美国石油产量之所以能一再创下新的历史纪录，主要是由于页岩油气和致密油气产量不断增长的推动。图2-94为1950—2019年美国油田石油产量变化。

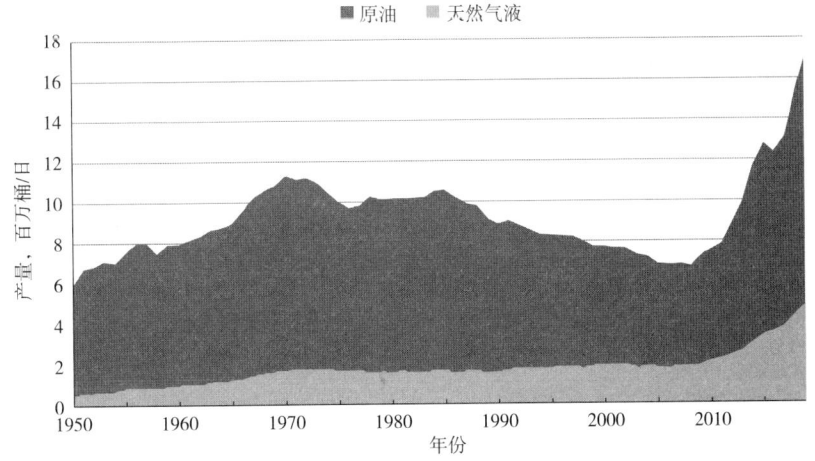

图2-94　1950—2019年美国油田石油产量

资料来源：美国能源信息署，2020年6月22日。

近年来，随着国内石油产量的不断增长，美国的石油国际贸易量也持续上升，美国在全球石油贸易中的地位和影响力不断增强。2019年和2018年进出口合计，美国石油贸易量均超过1750万桶/日。其中，2019年美国石油进口超过900万桶/日，石油出口超过850万桶/日，石油净进口量为59.4万桶/日，是1960年以来的最低水平，当年第4季度美国出口的石油数量已大于进口数量；而2018年，美国石油的净进口量为234.1万桶/日，是1967年以来的最低水平。

2019年，美国原油出口数量约为300万桶/日，比2018年增长45%。而2018年，美国原油出口达到创纪录的200万桶/日，比2017年增长了80万桶/日。从2016年年初国会解除原油出口禁令后，美国原油出口数量不断增长。2019年，美国原油的进口数量已小于700万桶/日，处于1993年以来的最低水平，而2018年美国原油进口量为770万桶/日，比2017年下降3%。

2005年，美国原油进口数量达到历史最高位，为1010万桶/日，自此之后就不断下降，2014年下降到日均730万桶，减少了280万桶/日（图2-95）。

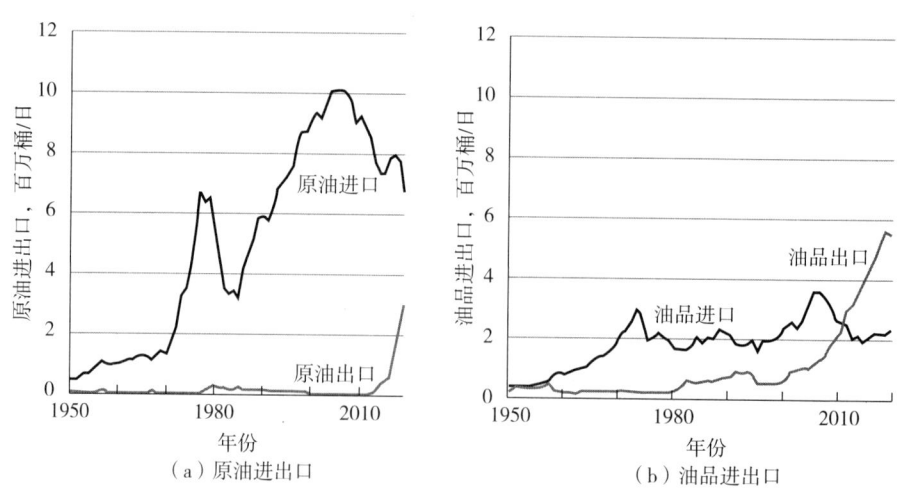

图2-95　1950—2019年美国分类石油进出口

资料来源：美国能源信息署，2020年6月22日。

2019 年，美国成品油的出口数量为 550 万桶/日，比 2018 年下降了 1%。2018 年，美国成品油的出口数量达到创纪录的 560 万桶/日，比上一年增加了 30 万桶/日。2019 年，美国仍然进口成品油，当年成品油的进口数量为 200 万桶/日。

由于美国拥有世界第一的炼油能力，因此美国的石油工业可以充分利用国内国际两个市场，既进口但同时更出口原油及成品油。由于世界各地的原油品质差异很大，成品油需求也各不相同，美国出口的大都是轻质、低硫原油，而进口的更多是重质、高硫原油，通过炼厂加工后，大量油品，诸如中间馏分燃料油、汽油和丙烷等，出口到国际市场，从而使得美国的炼油行业获取了比世界其他地区更高的加工毛利，为美国的石油工业赚取了丰富的利润和可观的经济效益。

本文撰写于 2019 年 8 月，修改更新于 2020 年 9 月

2019年美国能源流动树之二：天然气

美国是世界第一大天然气生产和消费国，2019年天然气产量超过9000亿立方米，消费量超过8400亿立方米，60%以上产量为页岩气。

依据英国石油公司2020年版《世界能源统计评论》和美国能源信息署等机构的有关资料，我们准备了5篇文章，分别为2019年美国能源流动树之石油、天然气、煤炭、电力和一次能源，本文为第二篇，是美国2019年天然气生产和消费的全过程数据展示。

2019年美国的天然气流动树

美国是世界第一大天然气生产国和消费国。根据英国石油公司2020年版《世界能源统计评论》，2019年美国的天然气产量为9209亿立方米，占世界天然气总产量的23.1%；天然气消费量为8466亿立方米，占世界天然气总消费量的21.5%。因此，仅美国一个国家，2019年无论其天然气产量和消费量，均占了全球的五分之一以上。图2-96为2019年美国天然气流动树。

根据美国能源信息署的统计，自2000年年中以来，美国天然气产量和消费量双双不断增长。2018年和2019年，美国消费级的天然气，即干气的产量和消费量连续创下了30多万亿立方英尺的历史纪录。其中，2019年美国天然气干气的产量近34万亿立方英尺，天然气的消费量超过31万亿立方英尺（图2-97），双双创下了新的历史纪录。

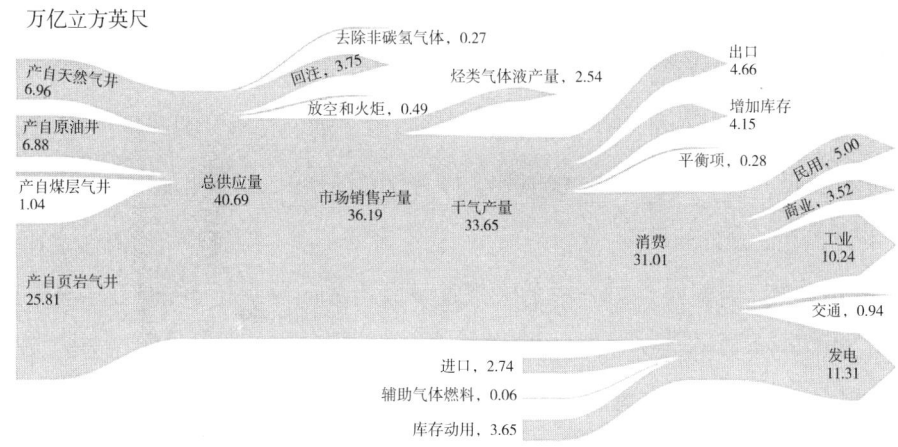

图 2-96　2019 年美国天然气流动树

注：单位为万亿立方英尺。
资料来源：美国能源信息署，月度能源评论，2020 年 4 月。

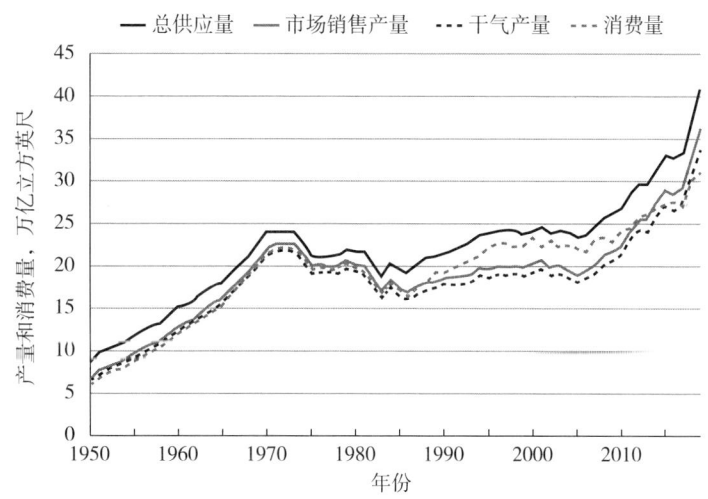

图 2-97　1950—2019 年美国天然气产量和消费量

资料来源：美国能源信息署，2020 年 7 月 10 日。

在过去的十多年时间里，随着水平钻井和水力压裂技术的推广使用，从页岩中生产天然气的经济性越来越好，美国天然气产量持续增加。目前，页岩气在美国天然气产量中占了很大的比重，大大高于常规气田和油井中伴生气的产量。此外，还有少部分天然气产生于煤炭生产中，被称之为煤层气。

2018 年，美国在井口开采的天然气及其组分的总量达 37 万亿立方英尺，其中一半以上来自页岩气井。不包括用于回注以保持生产井压力的天然气、放空和火炬气以及其他非烃类气体，当年美国市场销售天然气的产量接近 33 万亿立方英尺，其中加工成干气的量为 30 万亿立方英尺，分离为烃类气体液的数量为 2 万亿立方英尺。

2019 年，美国在井口开采的天然气及其组分的总量达 40.69 万亿立方英尺，其中 63% 以上来自页岩气井。不包括用于回注以保持生产井压力的天然气、放空和火炬气以及其他非烃类气体，当年美国市场销售天然气的产量为 36.19 万亿立方英尺，其中加工成干气的量为 33.65 万亿立方英尺，分离为烃类气体液的数量高达 2.54 万亿立方英尺。因此，与 2018 年相比，美国能源信息署的统计数据显示，2019 年美国天然气的产量增长了 10%，全年平均每天的天然气总供应量达到了创纪录的 1115 亿立方英尺，其中 2019 年 11 月份天然气的总供应量更是创下了 1168 亿立方英尺 / 日的新纪录，当月市场销售的天然气为 1036 亿立方英尺 / 日，干气的产量为 964 亿立方英尺 / 日。

自 1966 年以来，2017 年、2018 年和 2019 年美国干气的产量，都大大高于消费量。随着国内天然气产量的不断增长，美国天然气出口量也持续增加，并于 2017 年超过进口量成为天然气的净出口国。2018 年，美国天然气的出口达到创纪录的近 4 万亿立方英尺，主要通过管道出口到墨西哥和加拿大，并作为液化天然气出口到海外，天然气的进口量下降到 3 万亿立方英尺。而 2019 年，美国天然气的出口量增加到了 4.66 万亿立方英尺，而进口已降至 3 万亿立方英尺之下，为 2.74 万亿立方英尺，是 2015 年以来的最低水平（图 2-98）。

2019 年，美国天然气的日均出口量为 128 亿立方英尺，与 2018 年相比出口增长 29 亿立方英尺 / 日，其中液化天然气出口占了 20 亿立方英尺 / 日。2019 年 12 月，美国管输天然气和液化天然气出口均创下了月度新的纪录，分别为 84 亿立方英尺 / 日和 71 亿立方英尺 / 日（图 2-99）。2019 年，美国天然气的净出口量为 52 亿立方英尺 / 日，由于向加拿大和墨西哥管输出口能力的扩大，2019 年美国首次成为自 1985 年以来管输天然气的净出口国。

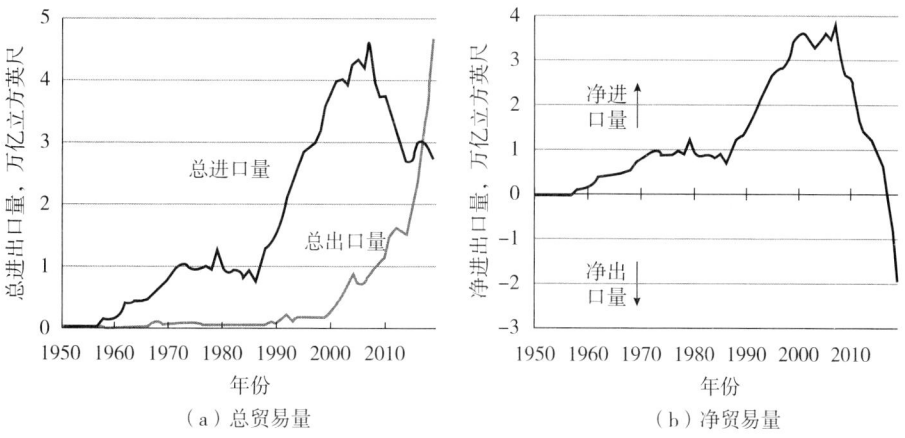

图 2-98　1950—2019 年美国天然气总进口量、总出口量和净进口量
资料来源：美国能源信息署，2020 年 7 月 10 日。

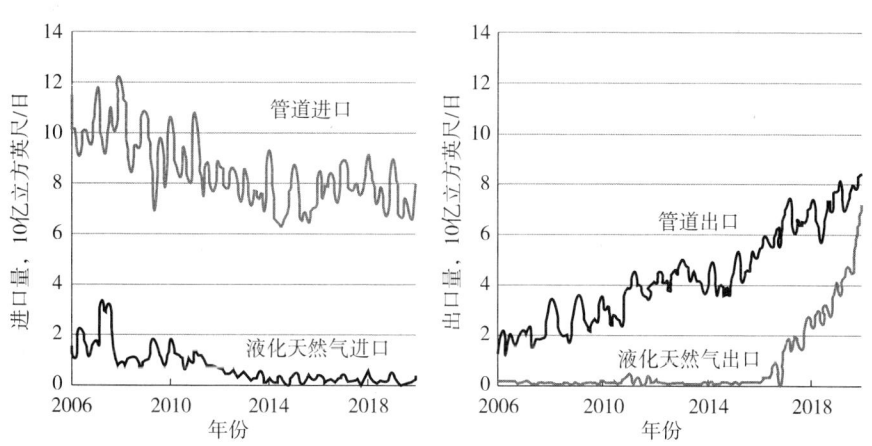

图 2-99　2006—2019 年美国月度天然气进出口
资料来源：美国能源信息署，2020 年 3 月 10 日。

为保持正常生产和消费过程的稳定，除大量的天然气用于消费和出口外，近年来，美国每年有很大数量的天然气被注入库存或从库存中被动用。在需求量低的季节里，尤其是在春天和秋天，天然气被注入库存，而在需求量高的季节里，大量天然气从库存中被动用。在美国，一般来说，天然气被储存在地下储气库中，或作为液化天然气被储存在地面储气罐中。

从 2018 年和 2019 年的统计数据看,美国干气消费量中的一半以上,用于发电和工业行业,其余的分别用于住宅、商用、运输行业,出口和被用于库存。1950—2019 年美国分类天然气消费情况如图 2-100 所示。

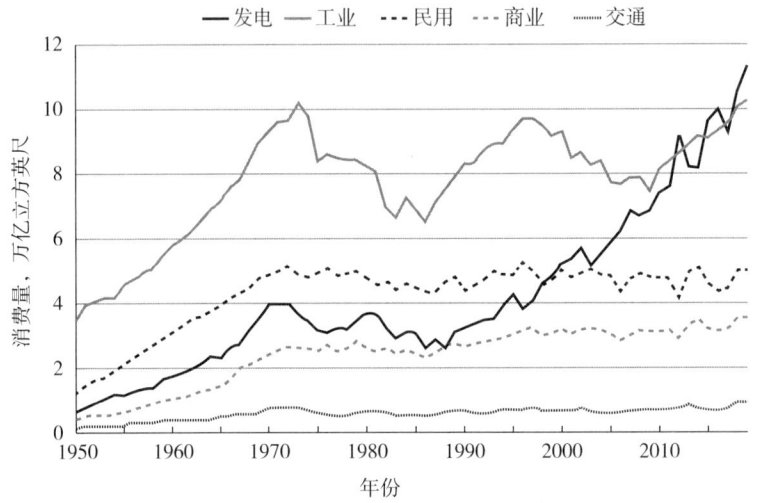

图 2-100　1950—2019 年美国分类天然气消费

资料来源:美国能源信息署,2020 年 7 月 10 日。

自 2012 年首次超越工业行业后,过去 5 年里有 4 年时间电力行业是美国天然气消费最大的终端用户。自 2016 年超过煤炭之后,天然气已成为美国最主要的发电用燃料。2018 年,美国天然气消费中的约 35% 被用于发电和供热,而 2019 年上升到 36.47%。

2018 年,工业行业消费了美国天然气消费的 34%,主要用于供热,热电联产的燃料,化工、肥料和制氢的原料。住宅和商业行业使用天然气,也主要用于供热,而 2019 年工业部门消费天然气的比例为 33.02%。

本文撰写于 2019 年 8 月,修改更新于 2020 年 9 月

2019年美国能源流动树之三：煤炭

美国是世界上煤炭资源最丰富的国家，2019年是世界第三大煤炭生产国，煤炭占一次能源消费11.30%，自1949年以来一直净出口煤炭。

依据英国石油公司2020年版《世界能源统计评论》和美国能源信息署等机构的有关资料，我们准备了五篇文章，分别为2019年美国能源流动树之石油、天然气、煤炭、电力和一次能源，本文为第三篇，是美国2019年煤炭生产和消费的全过程数据展示。

2019年美国的煤炭流动树

美国是世界第三大煤炭生产和消费国，仅次于中国和印度。根据英国石油公司2020年版《世界能源统计评论》的数据，2019年美国的煤炭产量为14.3艾焦耳，占世界煤炭总产量的8.5%；煤炭消费量为11.34艾焦耳，占世界煤炭总消费量的7.2%。图2-101为2019年美国煤炭流动树。

煤炭是美国主要能源来源之一，美国生产的煤炭主要供其国内电力部门消费，还有部分煤炭被出口到海外。自2008年煤炭产量达到峰值11.72亿短吨、2007年消费量达到峰值11.28亿短吨之后，美国煤炭产量和消费量都一直在下降（图2-102）。

根据美国能源信息署的统计，2019年美国的煤炭产量占一次能源总产量的14%，而2018年煤炭产量则占美国一次能源总产量的16%，2019年下降了两个百分点。

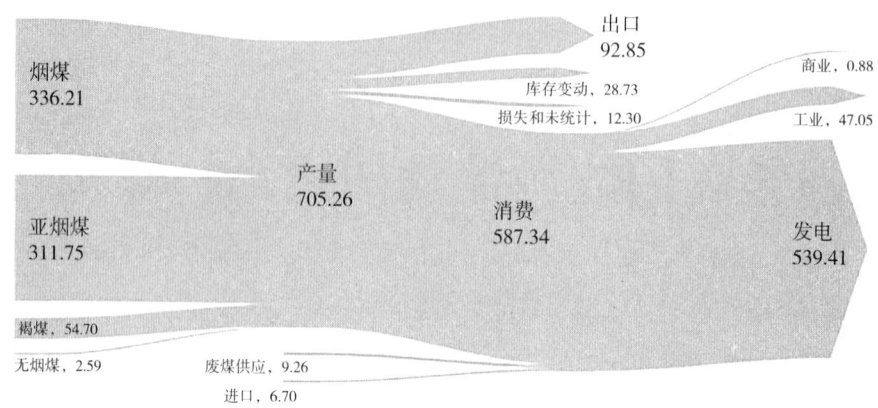

图 2-101　2019 年美国煤炭流动树

注：单位为百万短吨。
资料来源：美国能源信息署，月度能源评论，2020 年 4 月。

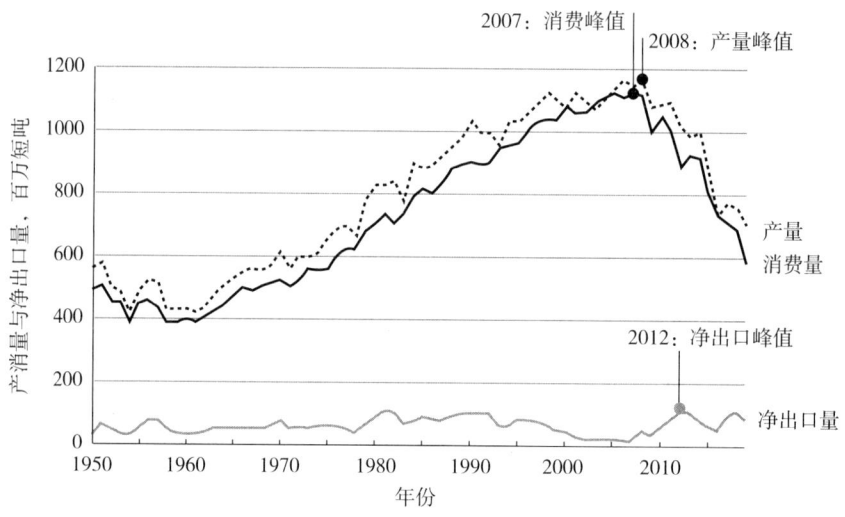

图 2-102　1950—2019 年美国煤炭产量、消费量和净出口量
资料来源：美国能源信息署，2020 年 6 月 18 日。

2019 年，美国的煤炭总产量为 7.05 亿短吨，是 1978 年以来的最低水平，比 2018 年的 7.55 亿短吨，减少了约 5000 万短吨。在 2019 年的 7.05 亿短吨煤炭产量中，发电消耗的煤炭为 5.39 亿短吨，工业行业消耗了 4800 万短吨煤炭，93 万短吨的煤炭出口到海外；而 2018 年，美国发电消耗的煤炭为 6.36 亿短吨，工业行业消耗了 5000 万短吨煤炭，1.16 亿短吨的煤炭出口到海外。

美国生产的煤,大部分是烟煤或亚烟煤,烟煤占了 2019 年美国煤炭产量的 48%,碳含量在 45%～86% 之间,主要产自西弗吉尼亚州、伊利诺伊州、宾夕法尼亚州、肯塔基州和印第安纳州。

亚烟煤占 2019 年美国煤炭产量的 44%,碳含量在 35%～45% 之间,热值低于烟煤,大部分产自怀俄明州。此外,美国也生产少量的低能量褐煤,碳含量在 25%～35% 之间,以及高能量无烟煤,碳含量在 86%～97% 之间。

美国的大部分褐煤,产自北达科他州和得克萨斯州;美国生产的无烟煤,都来自宾夕法尼亚州。

2019 年,美国的煤炭消费量为 5.87 亿短吨,而 2018 年煤炭的消费量为 6.87 亿短吨,2019 年比 2018 年煤炭的消费量大幅下降了 1 亿短吨,是自 1975 年以来的最低水平。

自 1961 年以来,电力行业就一直是美国煤炭的最大消费行业,超过工业行业。2019 年,电力行业消费了美国煤炭消费的 92%,而 2018 年的比重为 93%,主要用于发电和供热。其余美国消耗的煤炭由工业行业使用,主要用于生产焦煤、水泥、造纸和钢铁。商业、住宅和交通运输行业,仅消耗非常少的煤炭(图 2-103)。

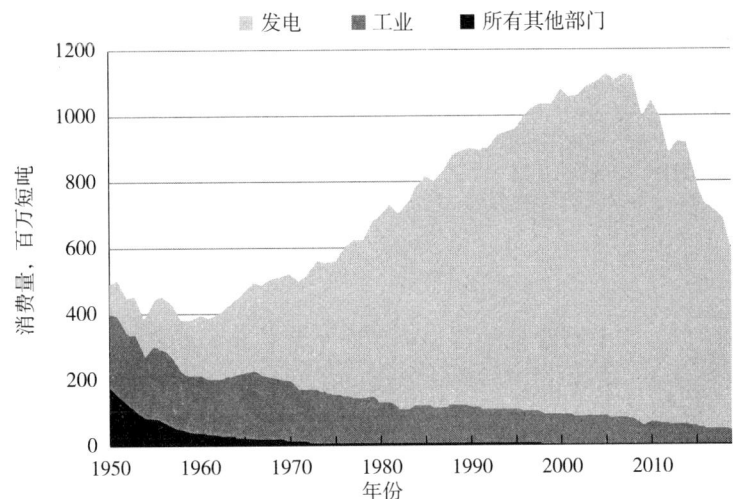

图 2-103　1950—2019 年美国分部门煤炭消费

资料来源:美国能源信息署,2020 年 6 月 18 日。

2019年，美国煤炭库存的81%由电力部门持有，此外生产商和分销商持有煤炭总库存的15%左右，而工业部门持有4%（图2-104）。

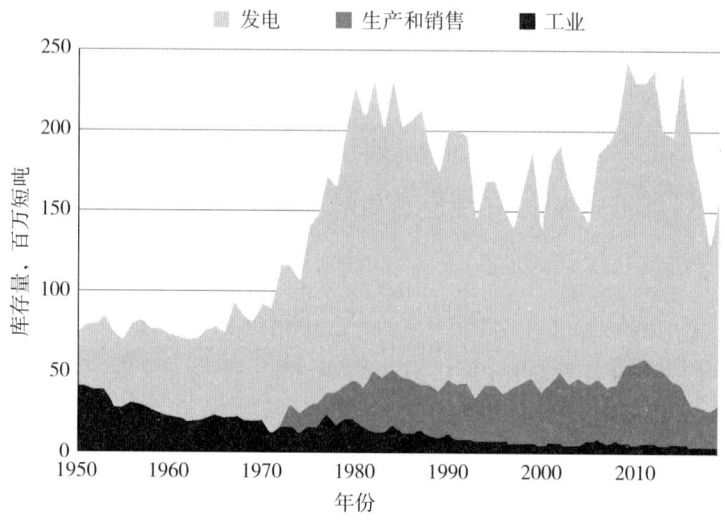

图2-104　1950—2019年美国分部门煤炭库存
资料来源：美国能源信息署，2020年6月18日。

美国生产的煤炭并不全部用于国内消费，自1949年美国能源信息署有关于煤炭贸易数据以来，美国就一直是煤炭的净出口国。2012年，美国的煤炭出口达到最高水平，为1.26亿短吨，等于当年煤炭产量的12%。2019年，美国煤炭出口总量为9300万短吨，比2018年下降了20%，约等于煤炭产量的13%。而2018年，美国出口了1.16亿短吨的煤炭，是2013年以来的最高水平，等于当年煤炭产量的15%。

2019年，美国的煤炭出口到世界上71个国家和地区，其中的53%出口到以下5国，这5个国家是美国最大的5个煤炭出口目的地国：印度，1283万短吨，14%；日本，1099万短吨，12%；荷兰，1006万短吨，11%；巴西，751万短吨，8%；韩国，736万短吨，8%（图2-105）。而2018年美国的煤炭出口到世界上 52 个国家，前 5 大出口国占比 50%，分别为：印度，1719 万短吨，占比 15%；荷兰，1236 万短吨，占比 11%；日本，1039 万短吨，占比 9%；韩国，932 万短吨，占比 8%；巴西，860 万短吨，占比 7%。

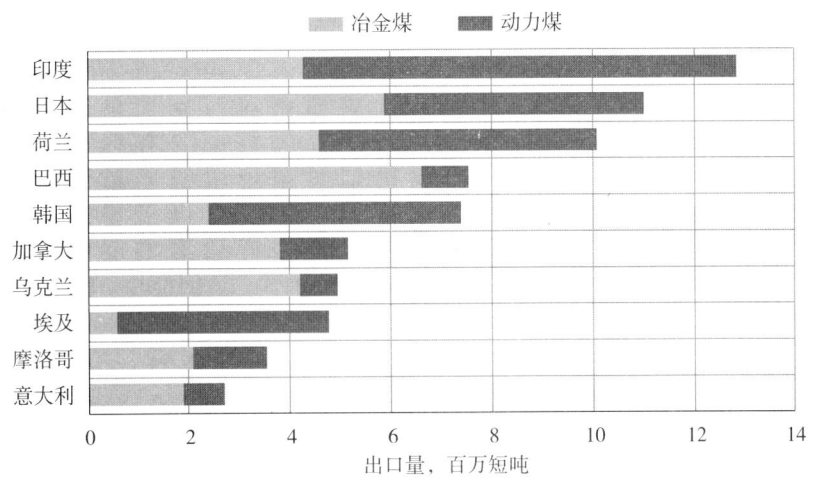

图 2-105　2019 年美国煤炭出口十大目的地

资料来源：美国能源信息署，2020 年 3 月 18 日。

作为煤炭生产大国，在出口煤炭的同时，美国也进口煤炭。2019 年，美国煤炭的进口量为 700 万短吨，约占美国煤炭消费总量的 1%，主要来源于南美地区的哥伦比亚（503 万短吨，占比 75%）和加拿大（82 万短吨，占比 12%）。而 2018 年，美国煤炭的进口总量为 600 万短吨，占同期煤炭消费的 0.9%，前 5 大进口国分别为：哥伦比亚（406 万短吨，占比 68%）、印度尼西亚（92 万短吨，占比 15%）、加拿大（77 万短吨，占比 13%）、俄罗斯（8 万短吨，占比 1%）和南非（5 万短吨，占比 1%）。

美国出口的煤炭主要为冶金煤和动力煤，而进口的煤炭主要为动力煤。2019 年，冶金煤约占美国煤炭出口总额的 59%，动力煤占美国煤炭进口总额的 89%。2001—2019 年美国煤炭出口情况如图 2-106 所示。

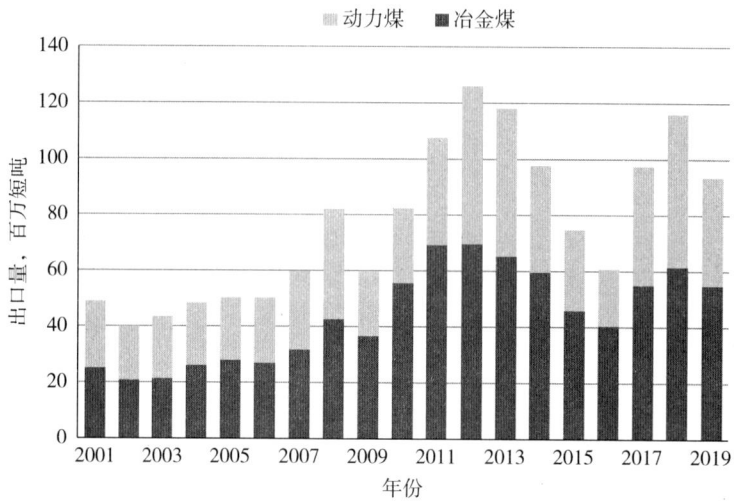

图 2-106 2001—2019 年美国煤炭出口

资料来源：美国能源信息署，2020 年 3 月 18 日。

美国是世界上煤炭资源最丰富的国家。2020 年 1 月 1 日，美国剩余煤炭探明储量为 2495.37 亿吨，世界排名第一，占世界的 23.37%。

本文撰写于 2019 年 8 月，修改更新于 2020 年 9 月

2019年美国能源流动树之四：电力

2019 年，美国是世界第二大电力消费国，发电总量为 4.1 万亿千瓦时，近年来美国的发电装机类型和燃料来源正在发生着巨大的改变。

依据英国石油公司 2020 年版《世界能源统计评论》和美国能源信息署等机构的有关资料，我们准备了五篇文章，分别为 2019 年美国能源流动树之石油、天然气、煤炭、电力和一次能源，本文为第四篇，是美国 2019 年电力生产和消费的全过程数据展示。

2019 年美国的电力流动树

美国是世界第二电力大国，仅次于中国。根据英国石油公司 2020 年版《世界能源统计评论》的数据，2019 年美国总发电量为 4401.3 万亿瓦时，占世界总发电量的 16.3%。

根据美国能源信息署的统计数据，2019 年，美国规模以上发电企业的净发电为 4.1 万亿千瓦时，此外还有 350 亿千瓦时（约 0.04 万亿千瓦时）的电力，由规模以下的光伏企业生产，大部分直接使用。而 2018 年，美国规模以上发电企业的净发电量约为 4.2 万亿千瓦时；另有 300 亿千瓦时（或 0.03 万亿千瓦时）来自小型太阳能光伏系统。图 2-107 为 2019 年美国电力流动树。

电是二次能源，由一次能源（如天然气、煤炭、风能）转化而产生。当能量从一种形式转换到另一种形式并从一个地方转移到另一个地方时，一些输入的能量会在这个过程中丢失，一些输入的能量在发电过程以及其他过程中（如车辆燃烧汽油时）也会损失。

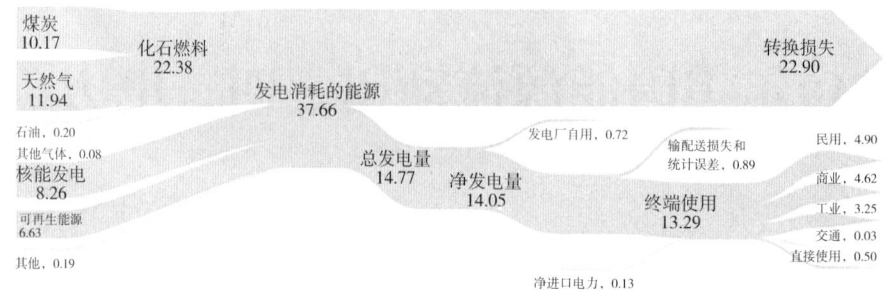

图 2-107　2019 年美国电力流动树
注：单位为千万亿英热单位。
资料来源：美国能源信息署，月度能源评论，2020 年 4 月。

根据美国能源信息署的统计，2019 年，美国规模以上发电企业消耗了 37.66 千万亿英热单位的能源，提供了 14.77 千万亿英热单位的电力，发电过程中的损耗高达 60.81%。

发电所用的技术和燃料类型，影响发电厂的效率。2019 年，美国用于发电的 11.9 千万亿英热单位天然气，有 45%（5.4 千万亿英热单位）转化为净发电量；相比之下，用于发电的 10.2 千万亿英热单位的煤炭消耗量中，只有 32%（3.3 千万亿英热单位）转化为净发电量。

转换率的差异是因为美国的燃煤发电厂，通常比许多天然气发电厂老，效率低。在美国的发电厂中，用煤发电 1 千瓦时的能源消耗，比用天然气发电 1 千瓦时的能源消耗平均多出三分之一。正因为如此，虽然 2016 年，美国天然气的发电量就已超过了煤炭的发电量，但直到 2019 年，用于发电的天然气消耗量才超过煤炭。1950—2019 年美国发电能源消耗及发电量热含量如图 2-108 所示。

近几十年来，美国电网的燃料结构已经从主要依赖煤炭转向了更多样化的燃料选择，包括天然气和可再生能源，特别是向使用联合循环发电机的较新、更高效的天然气发电厂转变，使以矿物能源为燃料的发电厂平均效率不断提高，并使总的转换损失逐渐降低。

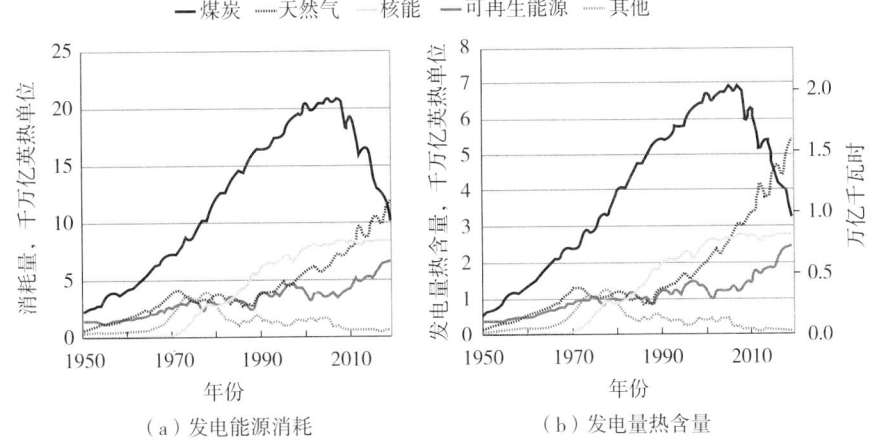

图 2-108　1950—2019 年美国发电能源消耗及发电量热含量
资料来源：美国能源信息署，2020 年 7 月 21 日。

正是由于电力产生过程中存在巨大的转换损失，加之近 10 多年来页岩革命成功后天然气产量的迅速增加和价格不断走低，近年来美国发电装机类型及其燃料来源正在发生巨大的改变，这将深刻影响着当前和未来相当长时间美国电力产业的结构和竞争能力，也将对美国经济的整体竞争能力产生巨大而深远的影响。

2019 年，美国燃煤发电机组的发电量降至 9.66 亿兆瓦时，为 1976 年以来的最低水平，而 2018 年煤炭发电量的下降是历史上最大的百分比降幅（16%），以绝对值计算也是第二大降幅（24 万吉瓦时）。1970—2019 年美国发电用能源来源如图 2-109 所示。

尽管 2019 年电力需求下降是燃煤发电减少的部分原因，但主要原因是天然气发电和风力发电的增加。2019 年，天然气发电创下了近 160 万吉瓦时的历史纪录，比 2018 年增长 8%；风力发电也创下了新的纪录，超过 30 万吉瓦时，比 2018 年增长了 10%。

2011 年，美国燃煤发电能力达到 318 吉瓦的峰值，此后一直下降，原因是许多电厂退役或改用其他燃料，而且几乎没有新的燃煤电厂投入使用。到 2019 年年底，美国燃煤发电能力降至 229 吉瓦。

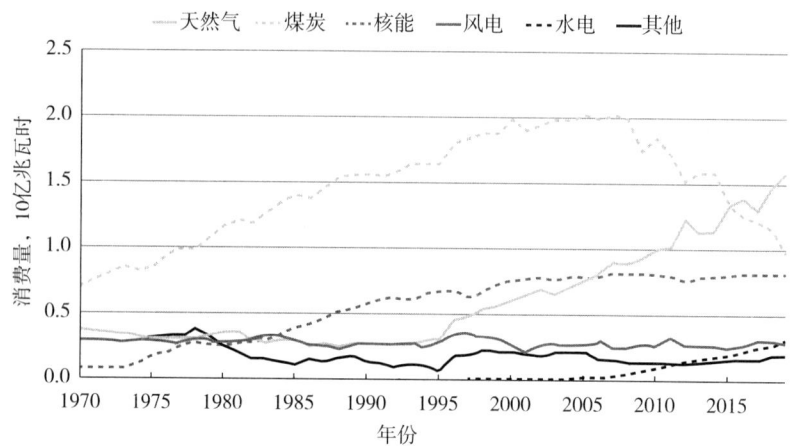

图 2-109　1970—2019 年美国发电用能源来源

资料来源：美国能源信息署，2020 年 5 月 11 日。

与此同时，燃煤电厂的开工率或利用率也一直在下降。按当时的可运营能力计算，2010 年美国燃煤发电厂利用率为 67%。自此之后，燃煤电厂的利用率一直在下降，到 2019 年，利用率降至 48%。

燃煤电厂利用率下降的同时，竞争性能源的发电量却在增加，2019 年天然气联合循环涡轮机发电厂利用率达到了装机容量的 57%。2010—2019 年美国燃煤发电能力、利用率和发电量如图 2-110 所示。

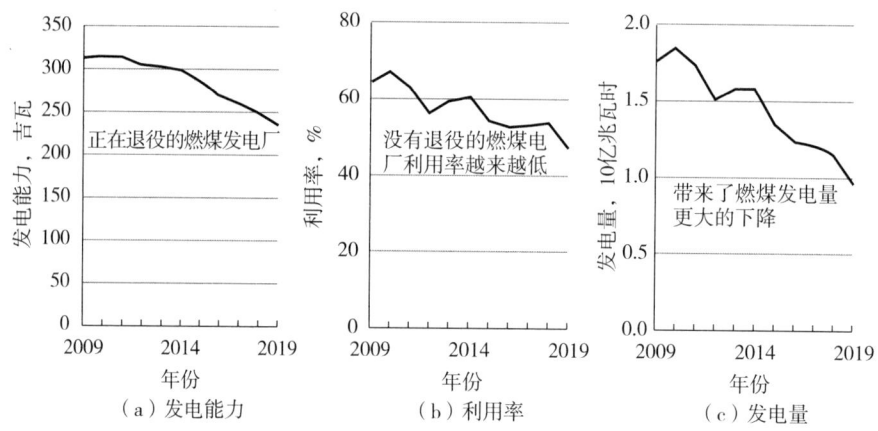

图 2-110　2010—2019 年美国燃煤发电能力、利用率和发电量

资料来源：美国能源信息署，2020 年 8 月 5 日。

美国各地的燃煤发电都在减少，尽管中西部和西部一些地区的燃煤电厂退役数量减少，运行更加稳定，但2019年每个地区的发电量都出现了大幅下降，即使煤炭产能较大的东南、中东部和中西部地区，燃煤发电量降幅也均在18%以上。

廉价天然气供应的增加，是减少燃煤发电的最大因素。燃烧相对廉价天然气的高效天然气联合循环涡轮机发电厂，迫使燃煤电厂减少了向电网输送电力的数量，这一因素降低了燃煤电厂的平均利用率，并迫使一些燃煤电厂提前退役。

发电厂的煤炭平均交付价格一直在下降。截至2015年，煤炭的成本平均为2.25美元/百万英热单位，但到2019年年底已降至不到2.00美元/百万英热单位。尽管美国电厂的煤炭成本低于天然气，但要想让煤炭具有竞争力，其输送成本必须至少降低30%，才能弥补典型燃煤电厂和典型天然气电厂之间的效率差异。对于效率更高的天然气联合循环发电厂来说，这种差别甚至更大。此外，燃煤电厂还必须抵消更高的排放控制设备和其他操作的成本。2010—2020年美国煤炭和天然气成本、热值和发电成本的对比如图2-111所示。

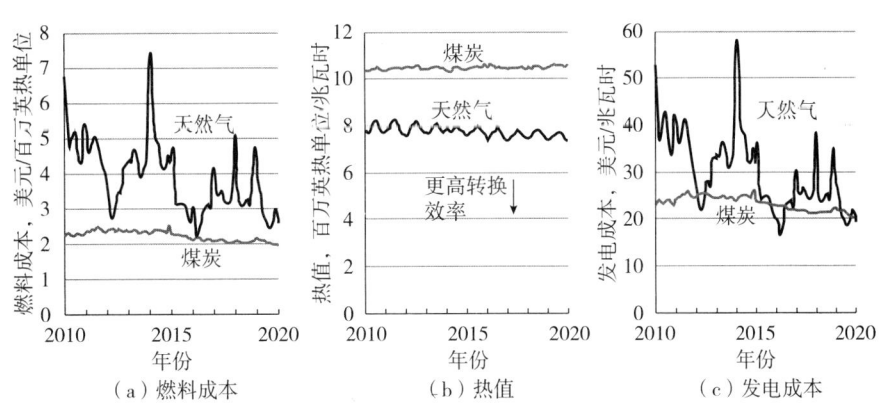

图2-111 2010—2020年美国煤炭和天然气成本、热值和发电成本
资料来源：美国能源信息署，2020年8月5日。

根据美国能源信息署的统计数据，2011年至2019年间，美国有121座燃煤发电厂重新调整用途，燃烧其他类型的燃料，其中103座被转换为或被天然气发电厂取代。2010年年底，美国的燃煤发电能力为316.8吉瓦，但到2019年年底，其中49.2吉瓦已退役，14.3吉瓦的锅炉改为燃烧天然气，15.3吉瓦被天然气联合循环取代。更严格的排放标准、较低的天然气价格和更高效的新天然气涡轮机技术，推动了发电厂从煤改为天然气。

用两种不同的方法将燃煤电厂转换为天然气。第一种方法是淘汰燃煤电厂，并用新的天然气联合循环电厂取代。第二种方法是将燃煤蒸汽发电厂的锅炉改为燃烧其他类型的燃料，如天然气。图2-112为2011—2019年美国退役的燃煤发电能力或转换为天然气发电的发电能力概况。

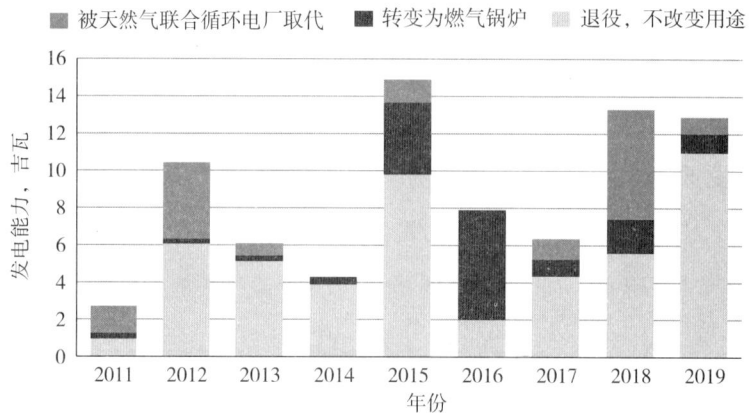

图2-112　2011—2019年美国退役的燃煤发电能力或转换为天然气发电
资料来源：美国能源信息署，2020年8月5日。

2011年至2019年间，17家燃煤电厂的业主采用了第一种方法，用新的天然气联合循环电厂取代旧的燃煤电厂。新的天然气联合循环发电厂的总发电能力为15.3吉瓦，比它们取代的燃煤发电厂的7.9吉瓦容量多94%。发电能力增加的主要原因，是由于新的天然气联合循环发电厂安装了先进的涡轮机技术。

与此同时，104家燃煤电厂采用了第二种方法，将燃煤蒸汽锅炉转换为燃烧其他燃料，最常见的是天然气，尽管有些电厂被配置为燃烧石油焦（炼油厂的副产品）、造纸和纸浆生产的废料或木材废料。104座燃煤电厂中，已有86座将锅炉改为燃烧天然气，相当于取代了14.3吉瓦的发电能力。

本文撰写于2019年8月，修改更新于2020年9月

2019年美国能源流动树之五：一次能源

2019年，美国能源产量大于消费量，67年来首次成为能源净出口国，实现了能源独立，在产量持续增长的同时，使用效率提升使消费下降。

依据英国石油公司2020年版《世界能源统计评论》和美国能源信息署等机构的有关资料，我们准备了五篇文章，分别为2019年美国能源流动树之石油、天然气、煤炭、电力和一次能源，本文为第五篇也是本系列的最后一篇文章，是美国2019年一次能源生产和消费全过程数据展示。

一、2019年美国的一次能源流动树

美国是世界第二大能源消费国。根据英国石油公司2020年版《世界能源统计评论》，2019年美国的一次能源消费总量为94.65艾焦耳（Exajoules，100亿亿焦耳），占全球一次能源消费总量的16.2%，低于中国的141.7艾焦耳，排名世界第二。

根据美国能源信息署的统计，2019年美国一次能源消费总量为100.165千万亿英热单位，比2018年下降了0.91%。2018年美国一次能源消费总量为101.085千万亿英热单位，比2017年增长了3.57%，创下了2007年以来的最高纪录，并出现了自2007年十多年以来的首次恢复性增长。图2-113为2019年美国一次能源流动树。

2018年之前，2007年是美国一次能源消费总量最高的年份，为100.971千万亿英热单位，自此之后的十多年间，美国一次能源消费总量都没有超过2007年。

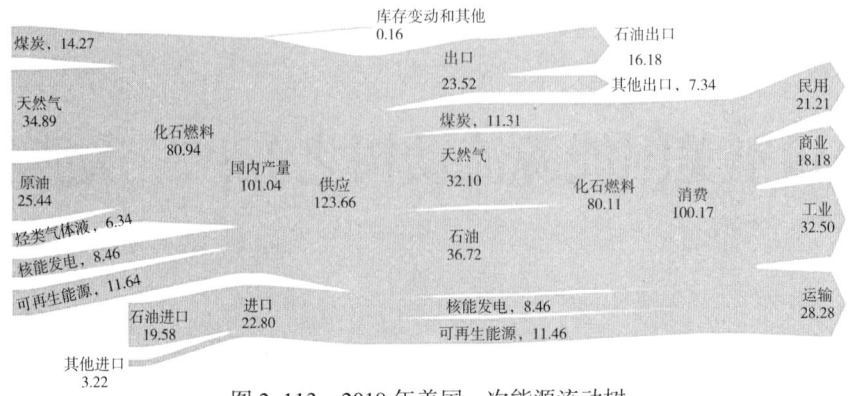

图 2-113　2019 年美国一次能源流动树

注：单位为千万亿英热单位。
资料来源：美国能源信息署，月度能源评论，2020 年 4 月。

石油、天然气和煤炭三大化石能源，是美国能源消费的主体，占 2019 年美国一次能源消费总量超过 80%，与 2018 年相比下降了 1.35%，其中石油消费量达到 2046.4 万桶/日，约等于 36.718 千万亿英热单位，比 2018 年下降 0.1%；天然气消费为 310140 亿立方英尺，约等于 32.098 千万亿英热单位，比 2018 年增长 3.3%，创下了新的历史纪录；煤炭消费量为 5.9 亿短吨，约等于 11.315 千万亿英热单位，比 2018 年大幅下降 17.7%，为 1978 年以来的最低水平。

从总的趋势看，2019 年美国的一次能源消费处于下降过程中。2018 年美国一次能源消费总量中，石油、天然气和煤炭合计虽然也超过 80%，但比 2017 年增长了 4%。其中，石油消费达到 2050.4 万桶/日，约等于 36.882 千万亿英热单位，创 2005 年以来的最高水平，比 2017 年增长了 50 万桶/日；天然气消费为 300750 亿立方英尺，约等于 31.086 千万亿英热单位，与 2017 年相比增长了 10%，也创了历史纪录；煤炭消费量为 6.87 亿短吨，比 2017 年下降了 4%，当年是自 1978 年以来的最低水平。

2019 年，美国的可再生能源消费总量达到 11.46 千万亿英热单位，比 2018 年增加 0.159 千万亿英热单位，增长了 1.41%，主要是由新增的风力和太阳能发电推动的，其中水力发电量减少了 6.42%。2018 年，美国可再生能源消费与 2017 年相比增长了 3%，达到 11.301 千万亿英热单位。

2019年，美国的核能发电为8.462千万亿英热单位，比2018年增长了0.28%，而与2017年相比，2018年美国核电增长也仅为0.24%。

工业、交通运输、住宅和商业是四大终端用能部门，分别占2019年美国一次能源消费总量的32%、28%、21%和18%。2018年，上述四大终端用能部门占美国一次能源消费总量的比重，分别为32.21%、28.04%、21.37%和18.38%。

根据美国能源信息署和中国国家统计局公布的数据，从供给端来看，2018年美国是世界第一大能源生产国，一次能源生产总量为95.616千万亿英热单位，折算约为40亿吨标准煤，而同年中国一次能源生产总量为37.7亿吨标准煤，中国排名世界第二。2019年，美国一次能源生产总量增加到101.038千万亿英热单位，折算约为42.3亿吨标准煤，同年中国一次能源生产总量为39.7亿吨标准煤。

2019年，美国一次能源生产总量比2018年增长了5.68%，而2018年美国一次能源生产总量比2017年大幅增长了8%，创出了历史最高的纪录，而且这一年美国一次能源生产总量的增长速度比一次能源消费增长速度高出了4个百分点。

2019年，美国原油和天然气产量分别比2018年增长了11.14%、10.14%，两者合计占当年美国一次能源生产总量的59.72%；烃类气体液比2018年增长了10.65%。而2018年，美国原油和天然气产量增长更加迅速，分别比2017年增长了17%和12%，当年两者合计占美国一次能源生产总量的57%；与此同时，2018年美国烃类气体液的产量比2017年大幅增长14%。

2019年，美国可再生能源产量比2018年增长1.12%，而2018年可再生能源比2017年增长的幅度为4%，其中太阳能大幅增长了22%，风能增长了8%，生物质能增长了2%。

2019年和2018年，美国核发电量基本保持稳定，与上一年的增长基本微不足道，均保持在0.2%以上。

近年来，美国的煤炭产量持续下降。2019年，美国的煤炭产量比2018年大幅下降了7.13%，而2018年的煤炭产量与2017年相比仅下降1.68%。

目前，我们能够查询到的美国能源信息署有关能源消费来源和终端用能图示最早的数据，是1950年。同口径对比70年后2019年的数据，我们发现，

70年间美国一次能源消费、电力部门和终端用能分别增长了2.89倍、7.89倍和2.46倍。仔细对比研究这些数据：第一，70年间美国一次能源的消费来源和终端消费部门所占比重的变化并不是很大，这说明就美国经济社会发展的形态来说，早在70年前的1950年就基本定型的；第二，电力消费增长的比例最高，说明1950年以来的70年间，美国经济社会和大众的电力消费迅速增长，美国完成了以电气化为标志的第二次工业革命。图2-114为1950年及2019年美国能源消费来源和终端用能。

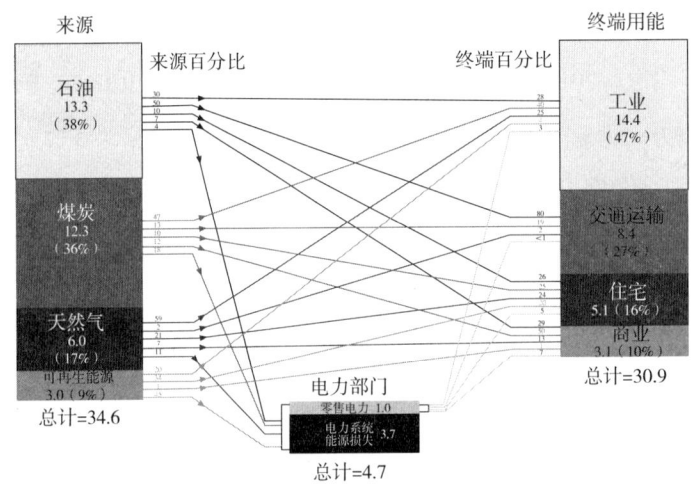

(a) 1950年美国的能源消费来源和终端用能

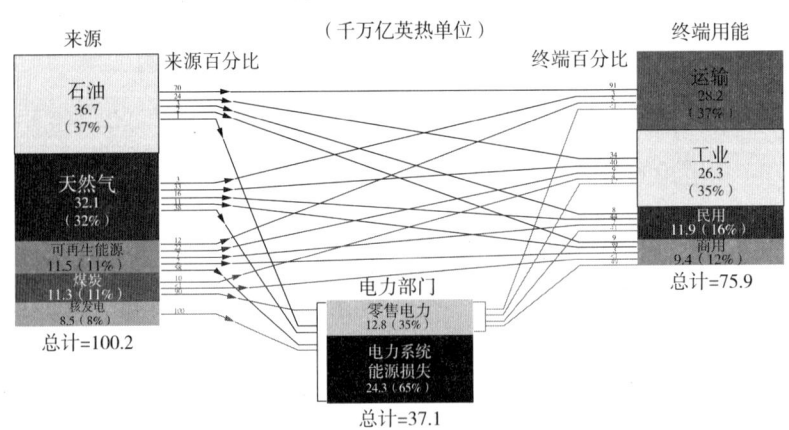

(b) 2019年美国的能源消费来源和终端用能

图2-114 1950年及2019年美国能源消费来源和终端用能

注：单位为千万亿英热单位。
资料来源：美国能源信息署，月度能源评论，2019年4月。

二、2019 年美国已经实现了能源独立

从 1953 年开始，美国就成为能源的净进口国，当年能源净进口的数量为 0.447 千万亿英热单位，仅占能源消费总量的 1.19%。自此之后，美国净进口能源的数量就不断增长，2005 年达到峰值，能源净进口的数量为 30.197 千万亿英热单位，能源对外依存度为 30.15%。

页岩革命成功后，美国能源净进口的数量和对外依存度不断下降。2018 年，美国一次能源产量虽然大涨 8% 并高于一次能源消费的增长速度，但是美国仍是能源的净进口国，净进口的能源数量为 3.611 千万亿英热单位，能源对外依存度下降到只有 3.57%，是 1964 年以来的最低水平，其中主要是仍净进口原油，石油对外依存度为 11.24%。

2019 年，美国能源出口数量达到创纪录的 23.588 千万亿英热单位，而能源进口数量为 22.813 千万亿英热单位，能源出口大于进口 0.775 千万亿英热单位，67 年来首次美国已经成为能源净出口国，美国已经实现了能源独立。

不过，2019 年美国仍净进口原油，原油的净进口量为 8.863 千万亿英热单位，相当于每天净进口量为 381.7 万桶原油。

据美国能源信息署的统计，以 2012 年美元计算，1980 年美国一次能源消费与国内生产总值的比率，即单位 GDP 能耗为 11.54 千英热单位，2019 年下降到只有 5.25 千英热单位（图 2-115），这就是说 40 年间，美国的能源使用效率提高了一倍以上，2019 年美国单位国内生产总值的能源消耗仅是 1980 年的 45.49%。因此，除因页岩革命成功后，石油天然气等一次能源产量的迅速增加外，能源效率的大幅度提高使得能源消费保持稳定，也是美国实现能源独立的主要原因之一。

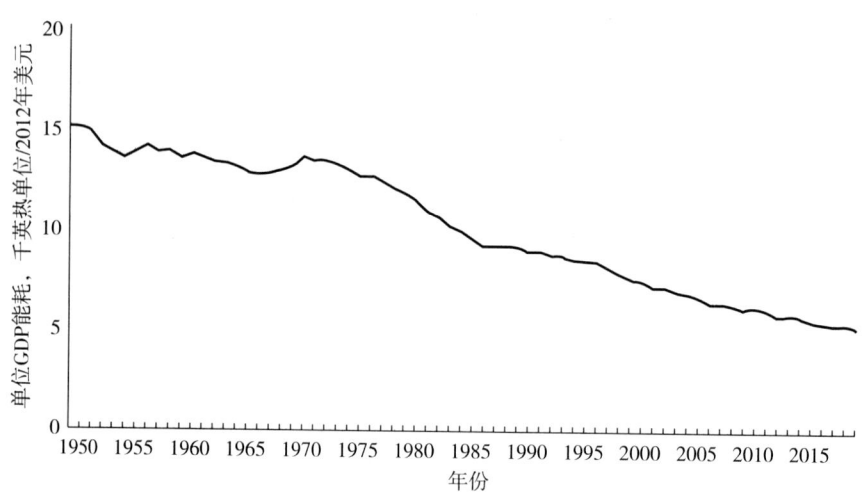

图 2-115　1949—2019 年美国单位国内生产总值的能源消耗

资料来源：美国能源信息署，月度能源评论，2020 年 5 月。

本文撰写于 2019 年 8 月，修改更新于 2020 年 9 月

第3编

美国的能源贸易

大进大出充分利用国内国际两个能源市场

实现了能源独立，并不意味着不再进口石油天然气或诸如煤炭之类的能源资源。事实上，无论是能源独立前或是能源独立后，美国一直都在大进大出各种能源资源，充分利用国际国内两个能源市场，最大限度地利用国际国内各种能源资源的比较优势，取得最佳的企业和社会经济效益，这正是美国能源行业强大的市场竞争力之所在。

美国一直是煤炭的净出口国，多年来也一直在出口成品油和天然气。20世纪70年代第一次石油危机之后，美国对出口原油进行限制，除出口到加拿大自用等极少数特殊情况外，禁止原油出口。2015年12月18日，美国国会参众两院投票通过2016财年综合拨款及税收优惠法案，解除了延续40年之久的原油出口禁令，当天美国总统奥巴马签署了该法案使之生效。2016年1月2日，被美国众议院能源和商务委员会委员们称为"液化美国自由（Liquid American Freedom）"的 Theo T 油轮，装载60万桶轻质低硫原油离开得克萨斯州的科珀斯克里斯蒂港，运往意大利，美国原油出口正式解禁。美国的炼油工业规模世界第一，深加工能力强，大量从加拿大、委内瑞拉等国进口重质、含硫原油，出口数量巨大的成品油，从而形成了美国石油业大进大出的局面。与此同时，随着美国天然气产量的不断上升，2017年美国成为天然气的净出口国。这样，虽然目前仍净进口原油，但美国已成为煤炭、天然气、成品油和生物质燃料的净出口国。

中美两国能源交流和合作的历史很长。早在1863年，中国就自美国进口灯用煤油，中国人称之为"洋油"。19世纪末20世纪初，美孚公司成为中国"洋油"市场垄断者，"美孚灯"传遍中国各地。抗日战争期间，中国使用的全部石油主要来自美国，美国建设了中印成品油输油管道。改革开放后，中国石油工业开始进行合作开发，最先起步的是与美国石油公司的合作，美国石油公司参与中国境内油气勘探开发合作项目20多个，累计投资40多亿美元，石油产量1800万吨，约占中国中外合资油田总产量的85%。近年来，中美两国贸易争端中，能源合作和能源贸易是双方协商的主要话题之一，也是双方都希望借以解决或缓和贸易争端的主要手段。

本编的10篇文章，从美国能源进出口的整体情况开始，逐步讨论美国的能源出口到什么地方、能源进口来源地是哪里，美国—加拿大—墨西哥如何实现了区域能源贸易的一体化，中美两国能源贸易现状、存在问题及美国能源独立对我们的借鉴意义。本编主要目的在于从能源贸易的角度，分析和研究美国能源独立的另一层次内涵。更为重要的是，希望通过这些文章，说明美国能源行业强大的市场竞争力之所在，这应该是我们可以从美国学习、借鉴的最主要内容，也应是中国能源行业当前改革和未来发展的主要方向。

美国的能源进出口情况及其启示

虽然是世界第一大能源生产国，但美国既出口同时也进口能源，充分利用国内国际两个市场，从而使美国的能源产业具有极强的竞争力。

作为世界第一大能源生产国，美国既从世界其他国家进口大量能源，更大量出口能源物品，基本形成了经济发展和社会大众对能源消费较合理的配置，不同地区的消费者可根据自身的需要选择国内生产的能源或进口能源。尤其具有鲜明特色的是，美国与加拿大和墨西哥，形成了非常强的能源贸易纽带关系，三国的石油、天然气和电力能根据各国的需要，顺畅地进行贸易，其中连接三国的油气管网、电网发挥了重要的作用。因此，如果仅从能源安全的角度来看，美国、加拿大和墨西哥的能源资源可以相互供应，基本上可以解决三国的能源供应安全保障问题，这在世界其他地区是很难看到的。

基于美国能源信息署和英国石油公司 2018 年版《世界能源统计评论》等有关资料，本文简要地简介近年来美国的能源贸易情况及其对我们的启示。

一、美国的能源进口

过去十年时间里，美国能源贸易赤字在不断收窄。2003—2007 年间，美国能源进口的货值是出口的 10 倍以上，但是到 2017 年能源进口货值已下降到只有出口货值的 1.5 倍。

美国能源进口的大头是原油，占整个能源进口货值的三分之二。包括 LPG、汽油和柴油等的石油产品，是第二大能源进口物品，占能源进口货值的 20%。

2000—2017年美国原油、油品、天然气和煤炭贸易如图3-1所示。

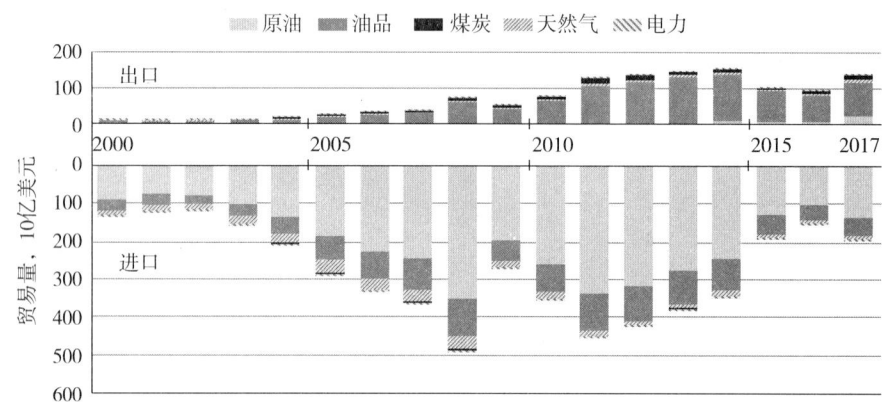

图3-1　2000—2017年美国原油、油品、天然气和煤炭贸易

资料来源：美国能源信息署，2018年10月16日。

加拿大是美国最大的能源贸易伙伴，2017年美国从加拿大进口的能源物品总价值为730亿美元。沙特阿拉伯位居第二，委内瑞拉、墨西哥、伊拉克、哥伦比亚和俄罗斯紧随其后，2017年这些国家合计占美国能源进口货值的72%（图3-2）。

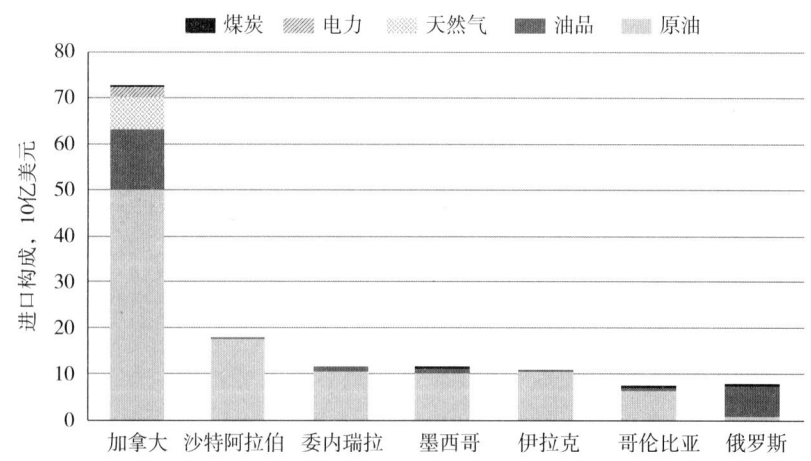

图3-2　2017年美国能源进口来源及其进口构成

资料来源：美国能源信息署，2018年10月16日。

除俄罗斯外，上述国家向美国出口的主要能源物品是原油，而俄罗斯出口能源物品主要是石油产品。美国电力进口主要来源于邻国加拿大,墨西哥也出口少许电力。美国进口天然气的绝大部分,也来源于加拿大。

二、美国的能源出口

美国出口的主要能源物品是石油产品,2017 年油品出口占美国能源出口货值的 70%。不过,随着 2015 年 12 月美国原油出口的解禁,美国原油出口在迅速增加。2017 年,原油出口占美国能源物品出口货值的 16%,煤炭和天然气分别占 7% 和 6%。

除加拿大和墨西哥外,美国能源物品出口主要目的地国与进口主要来源国差别很大。2017 年,巴西是美国能源物品出口的第三大国,中国紧随之后,并在近年来成为美国日益重要的能源出口目的地。不同于进口,美国能源出口高度分散,7 大出口目的地国占美国整个能源物品货值的比重为 57%,而 7 大进口来源国所占比重为 72%。

2017 年,美国四大能源出口国中,石油产品占主要比重,中国、加拿大、荷兰和韩国还进口了部分原油。墨西哥是 2017 年最大的美国天然气出口国,加拿大紧随其后(图 3-3)。

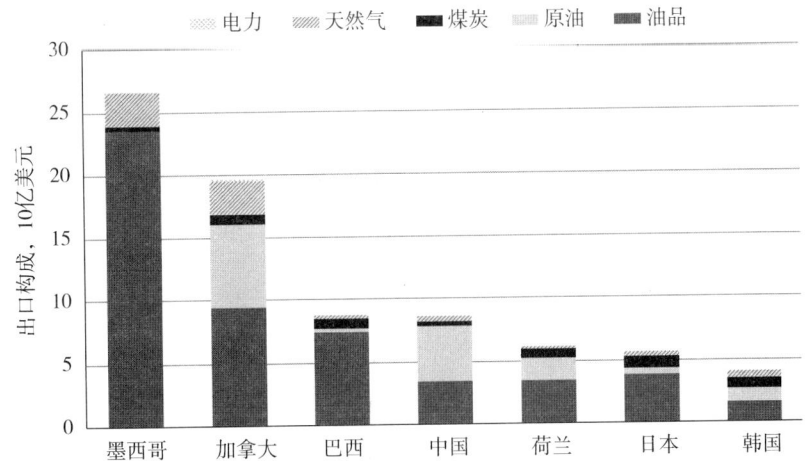

图 3-3 2017 年美国能源出口国及其出口构成

资料来源:美国能源信息署,2018 年 10 月 16 日。

三、美国能源进出口平衡预测

目前,美国仍是能源净进口国。早在 2015 年 4 月,美国能源信息署就对什么时候美国能够做到能源进出口的平衡进行了四种情景的分析和预测(图 3-4)。

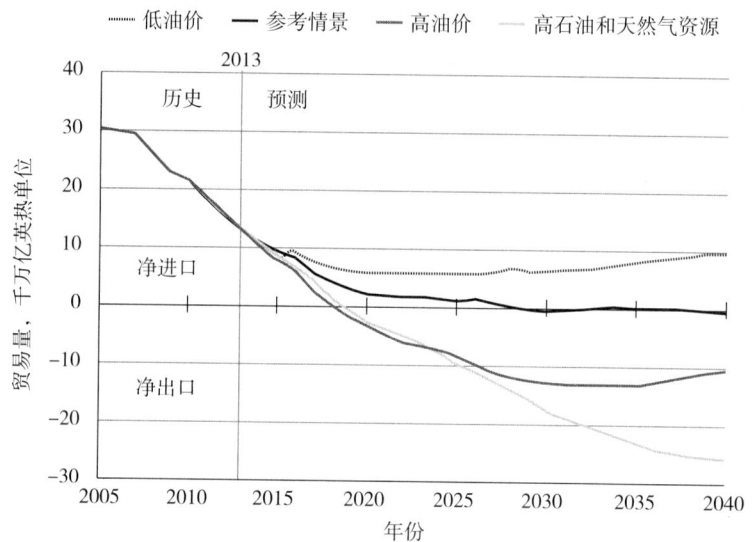

图 3-4 2005—2040 年美国能源贸易平衡的四种情景
资料来源:美国能源信息署,2015 年 4 月 15 日。

参考情景方案是,2028 年美国能够做到能源进出口的平衡。不过,如果油价较高,则 2019 年,美国就可以成为能源净出口国,但如果油价较低的话则实现能源进出口平衡的时间会推迟到 2040 年。

在大部分情景下,天然气将成为美国最主要的出口能源物品,原油和液体燃料也日益重要。在所有的情景方案中,2017 年美国就将成为天然气的净出口国,主要是通过管道向墨西哥出口,液化天然气也将出口到世界上很多国家。

即使石油产品的出口不断增长,但大部分情景下,美国仍将是原油的净进口国。

在所有情景方案下,美国作为煤炭净出口国的地位不会改变。

四、重要的启示

从上述的数据可以看出，2017年，美国能源进口的大头是原油，而出口的大头是石油产品，这些数据对我们有非常重要的启示，即目前美国的石油工业已经做到了充分利用国内国际两个市场，实现了资源的优化配置，基本达到了产业的较理想状态。具体可包括以下三点：

一是说明美国有一个强大的石油加工工业。2017年，美国的炼油能力为1856.7万桶/日，约为9.3亿吨/年，世界第一，占世界炼油能力的18.9%。目前，美国的炼油工业除供应国内所需石油产品外，还大量向世界出口加工过的油品。2017年，美国石油产品的出口量高达521.8万桶/日，约为2.6亿吨，其中石油产品的净出口量为304.3万桶/日，约1.52亿吨。

二是从有关统计数据看，美国出口的石油产品不仅数量大，而且利润也非常高。2017年，美国墨西哥湾中质高硫原油焦化的炼油毛利，分季度分别为9.04美元/桶、9.47美元/桶、13美元/桶和7.83美元/桶，大大高于世界其他地区的炼油毛利。

三是由于页岩革命的成功，美国越来越多的自产原油是轻质原油。2017年，美国本土48州所产原油的53%API度高于40度，而2015年只有50%，2018年上半年轻质原油产量还在持续增加。与此相反的是，美国进口的原油大部分是较重的原油，2017年美国进口原油的96% API度低于40度。这样，就形成了我们日常在市场中看到的现象，即美国出口的是品质较好的轻质原油，而进口加工的却是品质轻差的重质原油。这样，通过进出口原油的品质差，美国石油产业上中下游各环节都可以获得轻高的利润。图3-5为2015—2017年美国进口原油和国产原油API度分类。

从2015年以来，中国的炼油工业也正在发生如同美国一样的变化，即从世界各地进口原油，加工后向世界各地出口成品油，中国的炼油工业也正在日益成为国际化的产业。

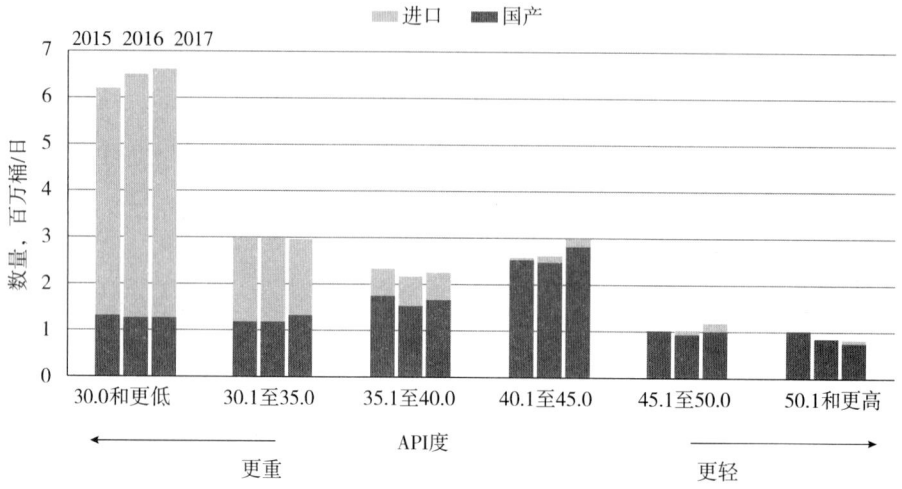

图 3-5　2015—2017 年美国进口和国产原油 API 度分类

资料来源：美国能源信息署，2018 年 10 月 9 日。

本文撰写于 2018 年 10 月

美国进口的石油来源于哪些国家?

2017年美国还是世界第一大石油进口国,欧佩克成员国是其主要进口来源国,但自2018年开始美国进口石油的情况发生了很大的变化。

2017年,美国石油进口量为1014万桶/日,来源于世界84个国家,包括原油、石油产品、乙醇和生物柴油在内的生物燃料等。其中,原油占全部石油进口的79%,非原油类石油产品占21%。当年,美国向世界168个国家出口了石油,数量为638万桶/日,其中18%为原油,82%为非原油类石油产品。

从2017年有关数据对比中,我们可以看出,美国出口的绝大多数是加工过的石油产品,进口的原油则占绝对的比重,这说明美国的石油加工业非常发达,除满足本国的需要外,还可以向世界市场出口大量的石油产品,相比于以出口原油为主的石油出口国,美国的石油行业可以获取更多的额外利润。

在2017年美国的石油进口来源中,欧佩克国家的数量为337万桶/日,占比33%;来源于波斯湾国家的数量为175万桶/日,占比17%(表3-1)。

表3-1 2017年美国石油进口统计

单位:百万桶/日

项目	进口	出口	净进口
总量	10.14	6.38	3.77
欧佩克	3.37(33%)	0.19	3.18
波斯湾国家	1.75(17%)	0.01	1.74

资料来源:美国能源信息署,2018年9月28日。

2017年，美国石油净进口量为377万桶/日，石油对外依存度为19%。虽然从总体进口数量看，欧佩克和波斯湾国家占美国进口石油的比重不高，但是这些国家却在当年美国石油净进口中，占有极高的比重。2017年，在美国净进口的石油中，84.08%来源于欧佩克国家，45.89%来源于波斯湾国家，这也就是说美国净进口的石油，主要来源于欧佩克和波斯湾国家。

2017年，美国前五大石油进口来源国为：加拿大、沙特阿拉伯、墨西哥、委内瑞拉、伊拉克，具体数量如表3-2所示。

表3-2 2017年美国前五大石油进口来源国

单位：百万桶/日

国家	进口	出口	净进口
加拿大	4.05（40%）	0.87	3.18
沙特阿拉伯	0.96（9%）	<0.01	0.95
墨西哥	0.68（7%）	1.08	-0.4
委内瑞拉	0.67（7%）	0.06	0.61
伊拉克	0.60（6%）	<0.01	0.6

资料来源：美国能源信息署，2018年9月28日。

2018年1—7月，美国石油进口量为1016.4万桶/日，其中，来自欧佩克国家的数量为298万桶/日，占比29.32%；来自波斯湾国家的数量为161.87万桶/日，占比15.93%。相比2017年，比重均有所下降。

2018年7月，美国石油进口前五名的国家为：加拿大第一，415.7万桶/日；沙特阿拉伯第二，87.6万桶/日；墨西哥第三，68.1万桶/日；委内瑞拉第四，62.5万桶/日；伊拉克第五，48.5万桶/日。2018年1—7月，美国石油进口及其主要来源国的数据，如表3-3所示。

表3-3 2018年1—7月美国石油进口来源统计

单位：千桶/日

项目	2018.1	2018.2	2018.3	2018.4	2018.5	2018.6	2018.7
总量	10274	9580	9821	10364	10228	10706	10176
OPEC	3009	2740	2843	3523	2737	3041	2971

续表

项目	2018.1	2018.2	2018.3	2018.4	2018.5	2018.6	2018.7
波斯湾国家	1591	1554	1738	1899	1573	1487	1489
加拿大	4424	4259	4191	4269	4452	4545	4157
沙特阿拉伯	744	667	760	904	872	847	876
墨西哥	669	713	784	632	608	876	681
委内瑞拉	528	472	559	632	559	643	625
伊拉克	699	617	721	834	588	421	485
俄罗斯	386	297	356	243	491	439	454
哥伦比亚	512	477	364	282	437	240	319
厄瓜多尔	161	123	136	225	162	173	288
阿尔及利亚	234	119	107	208	134	147	243
安哥拉	71	34	10	169	118	193	188
巴西	272	187	84	184	123	283	179
挪威	57	56	90	122	72	85	166
英国	80	110	94	205	180	151	164
哈萨克斯坦	31	18	31	11	44	36	125
韩国	94	49	61	84	133	108	124

资料来源：美国能源信息署，2018年9月28日。

自2012年以来，美国没有从伊朗进口原油和石油产品。

本文撰写于2018年10月，修改更新于2020年8月

2018年上半年美国的石油天然气出口创历史纪录

2018年上半年，美国分别超过沙特阿拉伯和俄罗斯，成为世界第一大原油生产国，加之天然气产量迅速增加，刺激了美国石油天然气出口量大增。

2018年2月美国20多年来首次超越沙特阿拉伯，6月和8月美国自1999年2月以来首次超越俄罗斯，成为世界第一大原油生产国。与此同时，与2017年同期相比，2018年上半年美国天然气的产量增加了74亿立方英尺/日，增长了10%。油气产量不断增长带来的最直接的结果，就是2018年上半年美国油气出口创历史纪录。

依据美国能源信息署的最新统计数据，本文将简要地分析并主要通过图形展示、介绍2018年上半年美国的原油、石油产品和天然气的出口情况。需要说明的是，由于统计口径的不同，不同统计机构和同一统计机构的有关统计数据存在一定的差距；部分行业专业名词、美国地名和机构没有统一的译名，文中仅是自己的理解，可能不一定准确，敬请谅解并指正。

一、原油和石油产品的出口情况

2018年上半年，美国出口的原油和石油产品为730万桶/日，是历史上上半年石油出口数量最多的年份，其中原油和烃类气体液的出口数量都创出了月度最高纪录。与2017年同期相比，美国的原油、烃类气体液和车用汽油的出口数量都有较大幅度的增长，但中间馏分油出口的数量下降。

原油超过烃类气体液，成为2018年上半年美国最大的石油出口物品，日均为 180 万桶，其中 6 月份达到创纪录的 220 万桶/日。相比 2017 年同期，2018 年上半年美国的原油出口增加了 78.7 万桶/日，增长了 80%（图 3-6）。

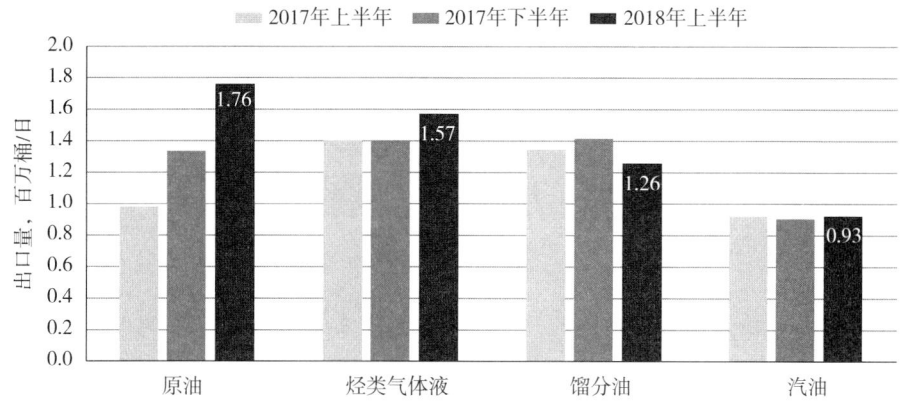

图 3-6　2017 年 1 月至 2018 年 6 月美国石油出口

资料来源：美国能源信息署，2018 年 9 月 24 日。

2018 年上半年，美国原油出口的绝大部分流向了亚太地区的中国、韩国和印度；欧洲是美国第二大原油出口地，主要流向了意大利、英国和荷兰（图 3-7）。与 2017 年同期相比，美国向加拿大出口的原油数量大幅度下降，加拿大也是 2018 年上半年美国原油出口目的地数量减少的主要国家。

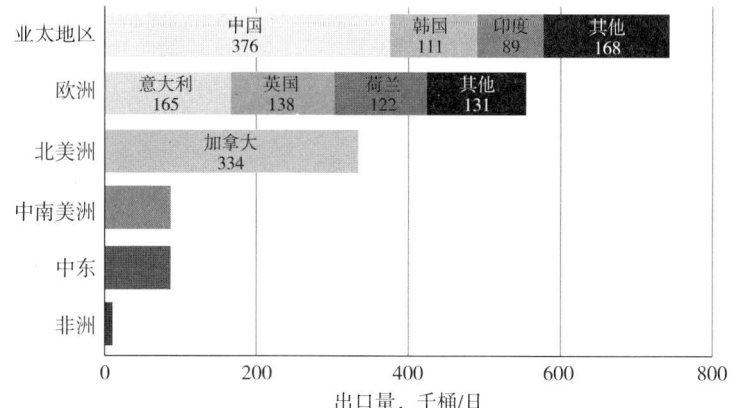

图 3-7　2018 年 1—6 月美国原油出口目的地

资料来源：美国能源信息署，2018 年 9 月 24 日。

由丙烷、乙烷、丁烷和天然汽油组成的烃类气体液，是 2018 年上半年美国出口第二大的石油产品，日均出口数量为 160 万桶。与原油一样，烃类气体液也主要流向亚太地区的日本、韩国、中国和印度，这些地区的石化企业进口美国的烃类气体液用作化工原料（图 3-8）。2018 年 5 月，美国的烃类气体液出口数量创历史纪录，为 170 万桶/日。

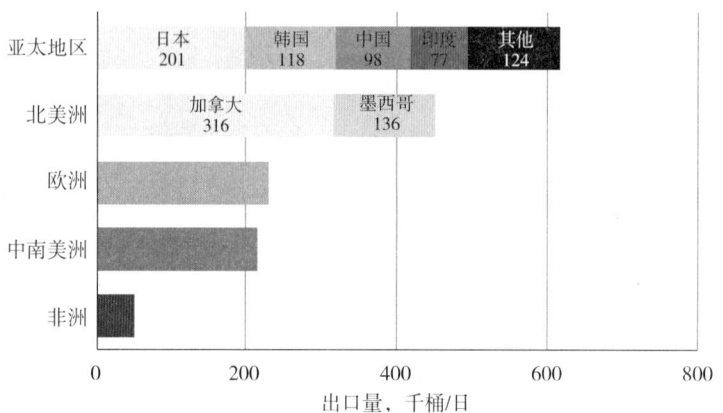

图 3-8　2018 年 1—6 月美国烃类气体液出口目的地
资料来源：美国能源信息署，2018 年 9 月 24 日。

2018 年上半年，美国向 49 个目的地出口中间馏分油，日均出口数量为 130 万桶，主要流向了中南美洲（图 3-9）。相比 2017 年同期，2018 年上半年美国中间馏分油出口数量是下降的，但预计下半年的出口数量会有所增长。

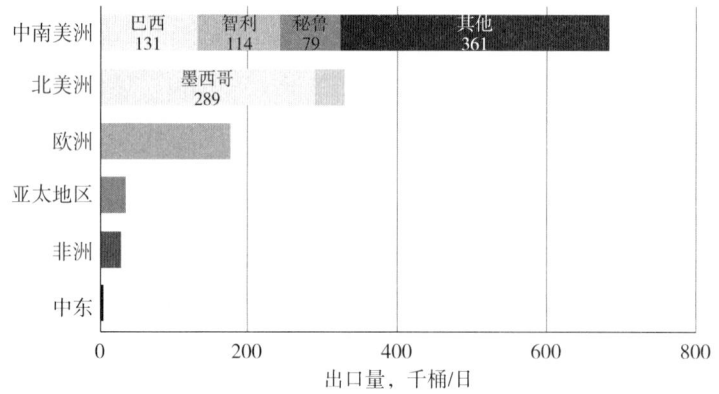

图 3-9　2018 年 1—6 月美国中间馏分油出口目的地
资料来源：美国能源信息署，2018 年 9 月 24 日。

美国车用汽油的出口数量，2018年上半年为91.3万桶/日，相比2017年同期增加了14.4万桶/日。近年来，由于炼厂开工率持续低迷，墨西哥大量从美国进口车用汽油和其他石油产品。2018年上半年，墨西哥是美国最大的车用汽油出口目的地，美国车用汽油出口数量的半数以上流向了墨西哥，为50.4万桶/日，占该国消费60%以上（图3-10）。

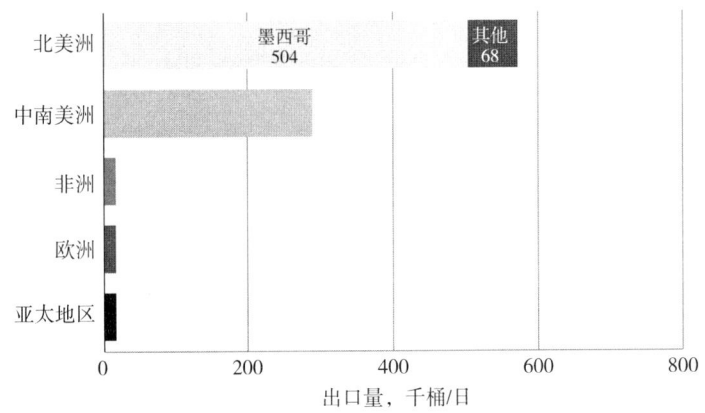

图3-10　2018年1—6月美国车用汽油出口目的地
资料来源：美国能源信息署，2018年9月24日。

二、天然气的出口情况

2017年是近60年来，美国第一次成为天然气的净出口国。2018年上半年，美国天然气的净出口量为8.7亿立方英尺/日，是2017年日均天然气净出口量（3.4亿立方英尺/日）的2倍以上。2018年上半年，美国天然气出口数量大增的主要原因，是本土48州新增的液化天然气设施投产所致。与2017年同期相比，2018年上半年美国液化天然气的出口增长了58%，为日均27.2亿立方英尺/日。

2018年3月，美国液化天然气的出口能力为36亿立方英尺/日。第四条生产线投产后，切尼尔萨宾帕斯液化天然气终端出口能力达到28亿立方英尺/日。马里兰州凹点液化天然气终端（Cove Point LNG）的出口能力为8亿立方英尺/日，2018年3月第一船出口液化天然气发货，4月投入正式的商业运营。2018年5月、6月,凹点液化天然气终端日均出口5.7亿立方英尺的液化天然气,达到其设计能力的76%。目前,美国有4个液化天然气终端在建,将于2019年年底投入运营,届时美国液化天然气的出口能力将达到96亿立方英尺/日。

不同于不断增长的液化天然气出口,2018年上半年美国管输天然气的出口,与2017年同期相比有增有减,其中向墨西哥出口的管输天然气增长了4%,向加拿大出口的管输天然气下降了14%(图3-11)。

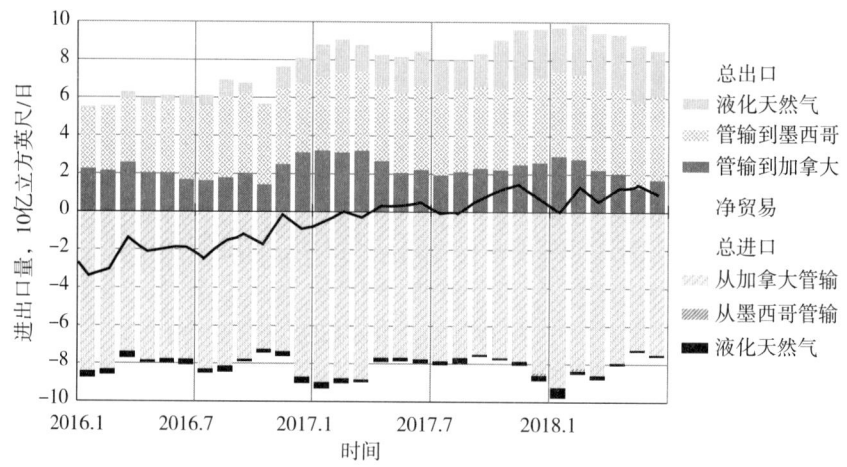

图3-11 2016年1月至2018年6月美国天然气月度进出口
资料来源:美国能源信息署,2018年10月1日。

2018年1月,美国还是天然气的净进口国,是由于极端的寒冷天气,天然气需求达到创纪录的水平,从而导致从加拿大进口的天然气达到92.5亿立方英尺/日,是2014年1月以来的最高水平。同期,美国液化天然气的进口达到5.3亿立方英尺/日,大大高于这一年冬季的前两个月。正是为了应对极寒的天气,2018年1月28日,马萨诸塞州的埃弗雷特天然气终端,从现货市场购买了一船31亿立方英尺的液化天然气。正是这一船液化天然气,使2018年1月美国从天然气净出口国变成了净进口国。图3-12和图3-13分别为2016年1月至2018年6月美国液化天然气月度贸易及美国与加拿大管输天然气月度贸易。

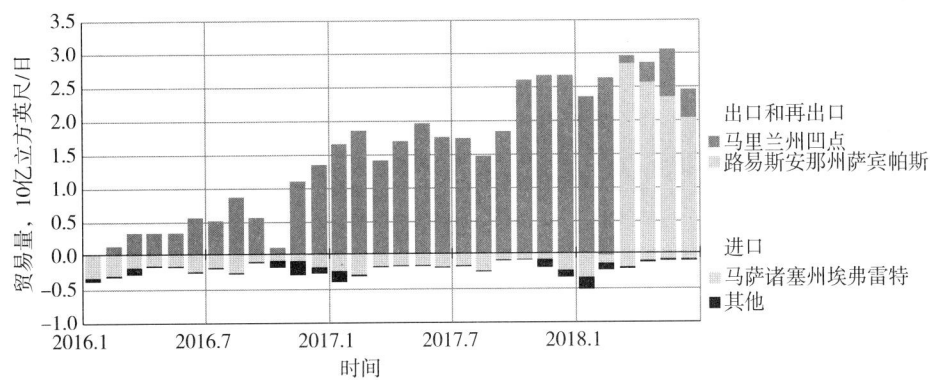

图 3-12　2016 年 1 月至 2018 年 6 月美国液化天然气月度贸易

资料来源：美国能源信息署，2018 年 10 月 1 日。

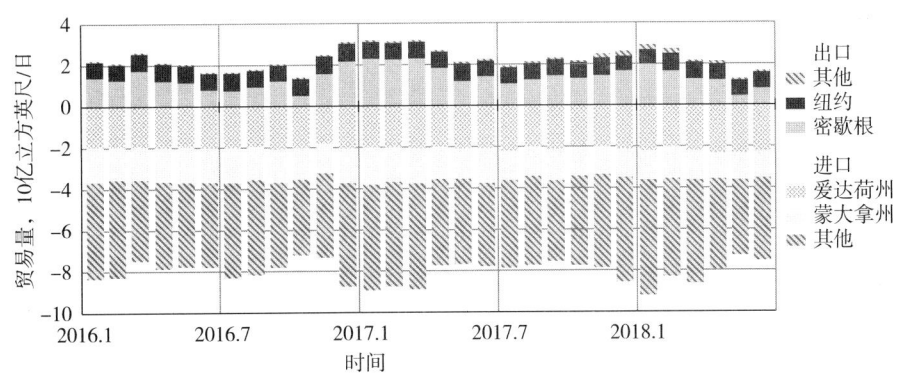

图 3-13　2016 年 1 月至 2018 年 6 月美国与加拿大管输天然气月度贸易

资料来源：美国能源信息署，2018 年 10 月 1 日。

美国能源信息署估计，随着新的液化天然气终端不断投入运营，2018 年美国天然气的日均净出口能力为 20 亿立方英尺，2019 年将上升到 58 亿立方英尺 / 日。

本文撰写于 2018 年 10 月

美国从欧佩克进口原油降到30年来最低水平

历史上欧佩克国家的原油曾占美国进口原油一半以上，但随着页岩革命的成功和美国原油产量不断增加，2019年前3个月美国从欧佩克进口原油数量大降。

6月24日，美国总统特朗普连发两条推文，称中国91%和日本62%的石油需要通过霍尔木兹海峡，其他许多国家也是如此，这些国家应该保护自己的船只通过这条危险的航线。如今美国已不需要这条航线，美国已成为迄今为止世界上最大的能源生产国。

2018年，美国通过霍尔木兹海峡从波斯湾国家进口的原油和凝析油为140万桶/日，占进口数量的18%和石油消费的7%。到2019年3月，美国从欧佩克进口的原油，已下降到30年来的最低水平。因此，如果仅从石油进口数量看，美国确实到了可以撤出中东、不关心波斯湾事务的时候了。依据美国能源信息署的有关统计数据，本文将简要介绍当前美国从欧佩克进口原油的基本情况。

一、当前美国从欧佩克进口原油概况

在过去的10多年里，得益于页岩革命的成功，随着国内原油产量的不断增长，美国从欧佩克进口原油的数量持续下降。2019年3月，美国从欧佩克进口的原油数量，为150万桶/日，是1986年3月以来的最低水平。

20世纪80年代早期至21世纪第一个10年的晚期，来自欧佩克成员国的原油，占了美国进口原油数量的一半以上。但是，在过去的10年时间里，美国进口原油数量不断下降，欧佩克成员国所占份额持续减少。加拿大、墨西哥、巴西和哥伦比亚等非欧佩克产油国的原油，占了美国进口原油的绝大部分。过去的 4 年里，仅从加拿大一国进口的原油，就比欧佩克所有成员国对美国出口原油的数量都要大。图 3-14 为 1973 年 1 月至 2019 年 3 月美国从欧佩克月均原油进口情况。

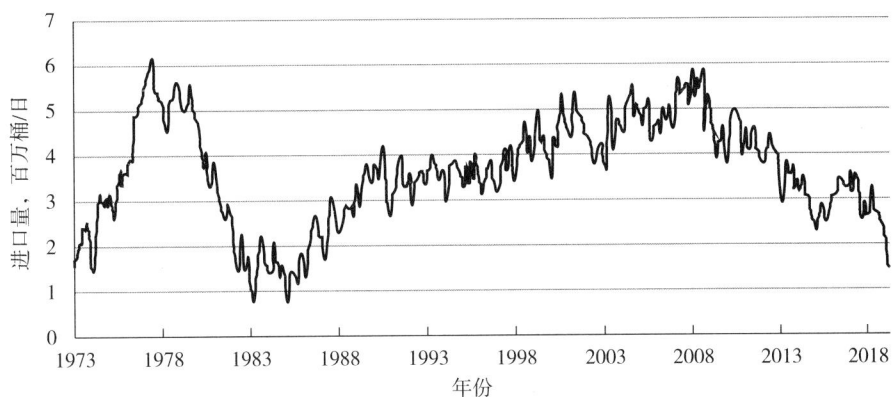

图 3-14　1973 年 1 月至 2019 年 3 月美国从欧佩克月均原油进口

资料来源：美国能源信息署，2019 年 6 月 13 日。

二、美国减少从欧佩克进口原油的主要原因

2019 年前 3 个月，美国从欧佩克成员国委内瑞拉和伊拉克进口原油的数量下降最快。2016 年 1 月至 2019 年 3 月美国从欧佩克原油进口情况如图 3-15 所示。

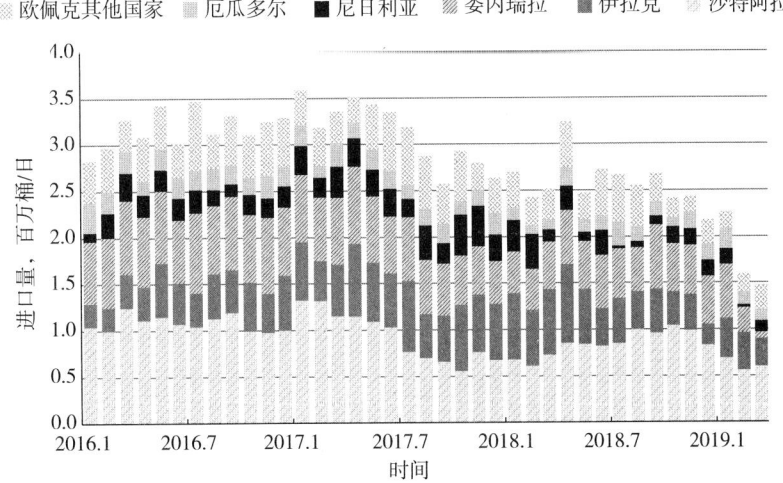

图 3-15　2016 年 1 月至 2019 年 3 月美国从欧佩克原油进口

资料来源：美国能源信息署，2019 年 6 月 13 日。

2018年，委内瑞拉向美国日均出口原油50.5万桶，占欧佩克的20%。但是，2019年3月，美国从委内瑞拉进口的原油下降到仅为4.7万桶/日，而在2019年3月和5月的数周里进口数量下降到了零，具体请见图3-16。

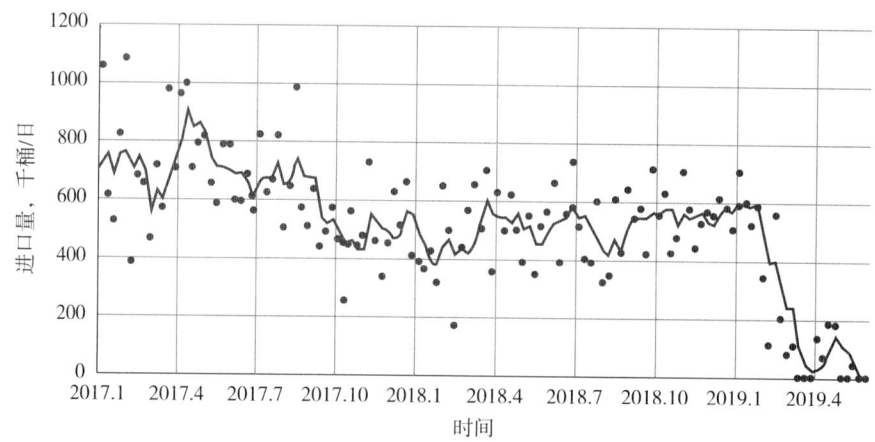

图3-16　美国从委内瑞拉进口的原油

资料来源：美国能源信息署，2019年6月5日。

由于美国实施了针对委内瑞拉能源行业，尤其是委内瑞拉国家石油公司的制裁，使得美国从委内瑞拉进口原油的数量下降到最低水平。在美国实施制裁前，由于委内瑞拉石油工业长期管理不善，加之2019年年初以来越来越严重的电力短缺，委内瑞拉原油产量持续下降，使得美国从委内瑞拉进口原油的数量不断减少。

此外，2016年11月份开始的欧佩克和主要非欧佩克产油国的联合减产，也导致美国从欧佩克进口原油数量不断下降。由于联合减产，欧佩克成员国减少了对美国的原油出口，而将原油更多地出口到需求不断增长的亚洲市场。

2018年，沙特阿拉伯和伊拉克两个国家，是美国从欧佩克进口原油的主要来源国。2019年前3个月，美国从沙特阿拉伯和伊拉克进口原油的数量，比2018年平均水平分别下降了26%和28%。

三、分地区美国从欧佩克进口原油情况

2018年，美国墨西哥湾地区（石油国防管理3区）日均从欧佩克进口原油140万桶，占美国从欧佩克原油进口总量的55%。2019年3月，墨西哥湾地区从欧佩克进口的原油下降到了仅为51.3万桶/日（图3-17），低于西海岸，历史上第一次使得墨西哥湾地区不再是美国从欧佩克进口原油的主要地区。

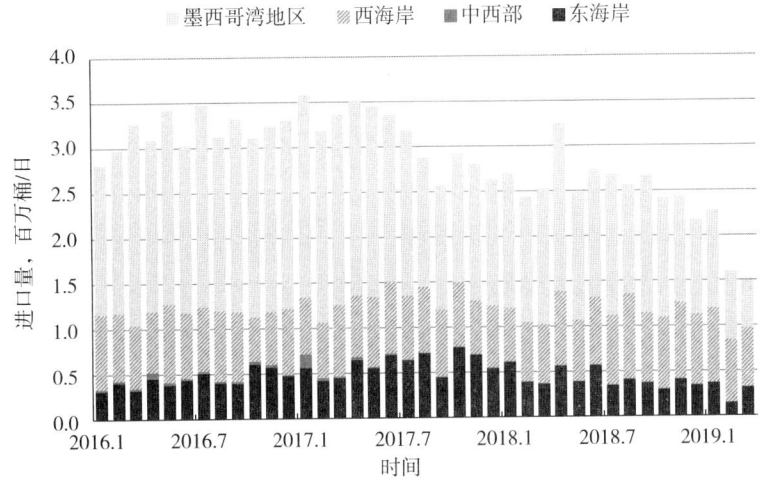

图3-17 2016年1月至2019年3月美国从欧佩克原油进口地区分布
资料来源：美国能源信息署，2019年6月13日。

2018年，墨西哥湾地区进口原油的20%来源于委内瑞拉，年均为49.8万桶/日，占美国当年从委内瑞拉进口原油总量的98%。2019年1月至3月，墨西哥湾地区从委内瑞拉进口原油的数量，从49.8万桶/日下降到4.7万桶/日。由于墨西哥湾地区进口量的大幅度下降，4周平均美国从委内瑞拉进口的原油数量，从1月25日当周的60.3万桶/日，下降至3月31日当周的1.2万桶/日。

2018年11月至2019年3月间，由于进口下降和出口增加，墨西哥湾地区已成为原油净出口地区。自2018年年初以来，美国原油出口总量90%以上，都由墨西哥湾地区装船出口。

从原油进口总量看，2018年11月至2019年3月，中西部地区（石油国

防管理2区）进口的原油数量高于墨西哥湾地区，且几乎全部来自于加拿大。2017年1月至2019年3月美国分地区原油进出口情况如图3-18所示。

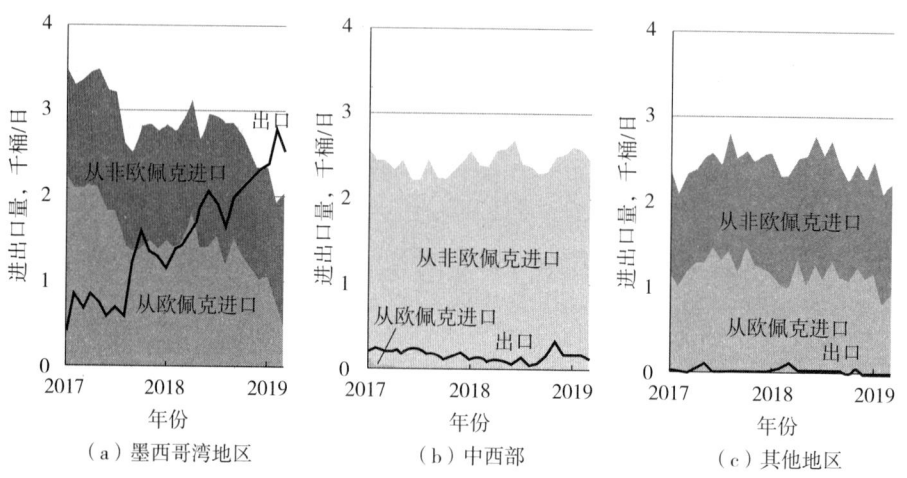

图3-18　2017年1月至2019年3月美国分地区原油进出口
资料来源：美国能源信息署，2019年6月13日。

2019年1月，美国能源信息署发布报告，称2020年至2050年美国将成为能源净出口国，天然气和石油将成为美国主要出口能源资源，美国真的有可能很快不再需要欧佩克和波斯湾地区的石油了。作为世界第一大石油和天然气进口国的中国，如何面对复杂的中东地区形势以及如何保护至关重要的霍尔木兹海峡航线，将越来越成为一个不得不认真思考的严峻话题。

本文撰写于2019年6月

区域能源市场的现实：
美国与加拿大和墨西哥的能源贸易

北美能源贸易市场在目前世界最有代表性，加拿大是美国最大的能源贸易伙伴，能源顺差巨大，而墨西哥则是美国能源主要出口目的地国。

无论从国际政治还是经济关系看，国家间的能源，尤其是石油天然气贸易都是一个十分敏感的话题。历史上，因阿拉伯产油国对美国等西方国家的禁运，引发了第一次石油危机。今天，美国对伊朗发起了石油出口禁运，更将石油与国际政治和经济复杂的关系，直接摆到了世界各国面前，进一步给世人加深了能源作为武器的直观印象。

纵观当今世界，可能只有一个地区，能源贸易只是简单的商品交换关系，而不具有任何政治或战略意义可言，那就是北美的美国、加拿大和墨西哥三国。根据美国能源信息署的有关资料，下面我们将简要介绍美国与加拿大和墨西哥之间的能源贸易情况。

一、加拿大是美国最大的能源贸易伙伴

基于能源进出口价值，加拿大是美国最大的能源贸易伙伴。虽然过去10多年里，双边能源贸易的价值不断地发生变化，但总体上贸易平衡却基本不变，即加拿大出口到美国的能源远大于从美国进口的能源。

2018年，美国从加拿大进口了840亿美元的能源资源，占加拿大对美国出口总值的26%。其中主要包括：

原油：2018年美国从加拿大进口的原油从2017年的350万桶/日增长到

370万桶/日，占美国原油进口的48%。由于前3个季度数量和价格的上涨，2018年美国从加拿大进口原油的价值增长到610亿美元。

天然气：来源于加拿大的天然气占2018年美国天然气进口的97%，为78亿立方英尺/日，价值60亿美元。美国从加拿大进口的天然气，来源于加拿大西部，通过船运进口到美国西部和中西部地区。

成品油：无论从数量还是价值看，美加两国的成品油贸易基本是平衡的。2018年，加拿大从美国进口的成品油为58.1万桶/日，占美国成品油出口的10%，价值130亿美元以上。

电力：虽然从区域看非常重要，但美加两国之间的电力贸易占能源贸易的比重极小。2018年，美国从加拿大进口的电力价值超过20亿美元，总量为6100万兆瓦时，主要输往美国东北部和中西部地区，而美国出口到加拿大的电力总量为1300万兆瓦时，基本全部来源于美国西北太平洋地区。

2008—2018年美国与加拿大能源贸易如图3-19所示。

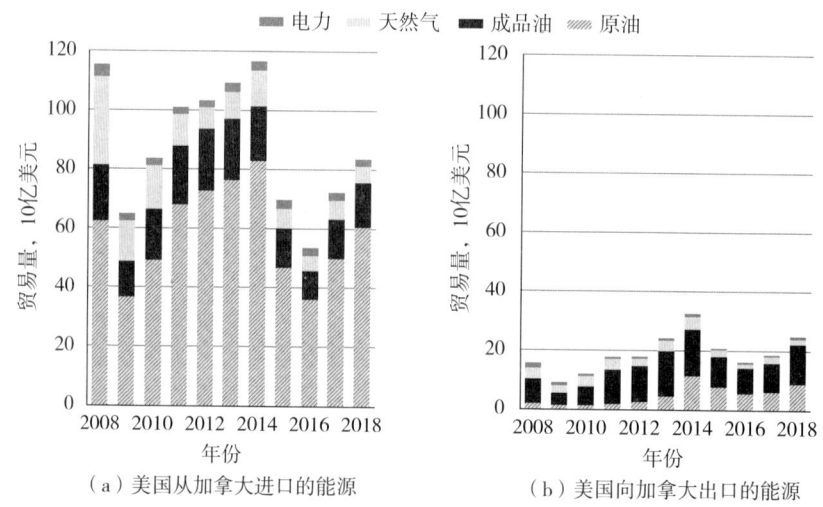

图3-19　2008—2018年美国与加拿大能源贸易

资料来源：美国能源信息署，2019年5月28日。

2018年，美国出口到加拿大的能源价值250亿美元，占美国对加拿大出口总额的8%，是2014年以来的最高水平。从贸易额看，加拿大位居墨西哥之后,是美国第二大能源出口目的地国。

2015年,美国原油出口解禁后,虽然加拿大从美国进口原油的比重有所下降,但仍是美国原油出口第一大目的地国。美国向加拿大出口的原油,是轻质低硫原油,通过船运出口到加拿大东部,而进口的则是源于加拿大油砂的重质原油,来源于加拿大西部。2016年1月至2018年12月美国与加拿大月度能源贸易如图3-20所示。

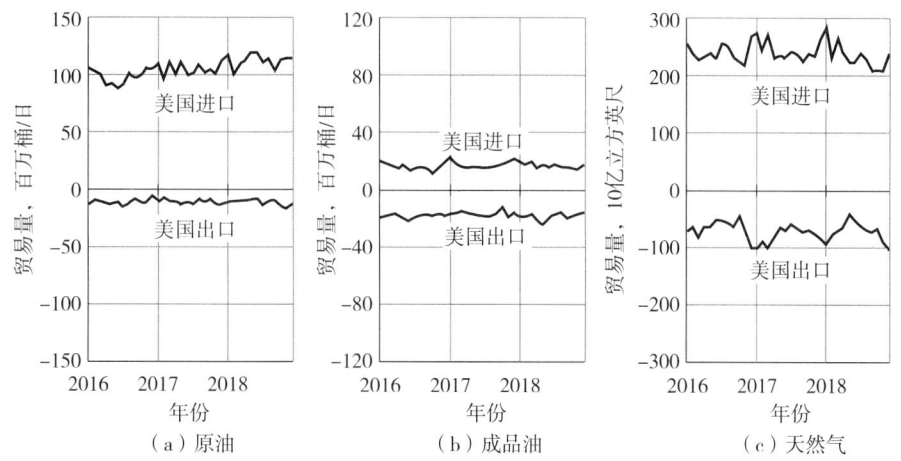

图3-20　2016年1月至2018年12月美国与加拿大月度能源贸易
资料来源:美国能源信息署,2019年5月28日。

2018年,美国出口到加拿人的天然气为日均23亿立方英尺,总价超过20亿美元,主要出口到加拿大东部地区。2019年2月,美国出口到加拿大的天然气为33亿立方英尺/日,创造了历史最高水平。

因此,从能源贸易来看,事实上美国与加拿大之间形成了非常紧密的互供关系,加拿大是美加能源贸易的顺差国,2018年加拿大能源贸易的顺差为590亿美元。

二、美国是墨西哥主要成品油和天然气供应国

与紧密而复杂的与加拿大能源贸易关系不同的是,美国与墨西哥之间的能源贸易要简单得多,美国事实上是墨西哥能源资源的主要供应国和顺差国。

2018年,能源贸易占美国对墨西哥出口总值的12%,从墨西哥进口总值

的 5%。多年来，美国与墨西哥之间的能源贸易，主要受墨西哥向美国出口原油，而美国向墨西哥净出口成品油推动。2008—2018 年美国与墨西哥能源贸易如图 3-21 所示。

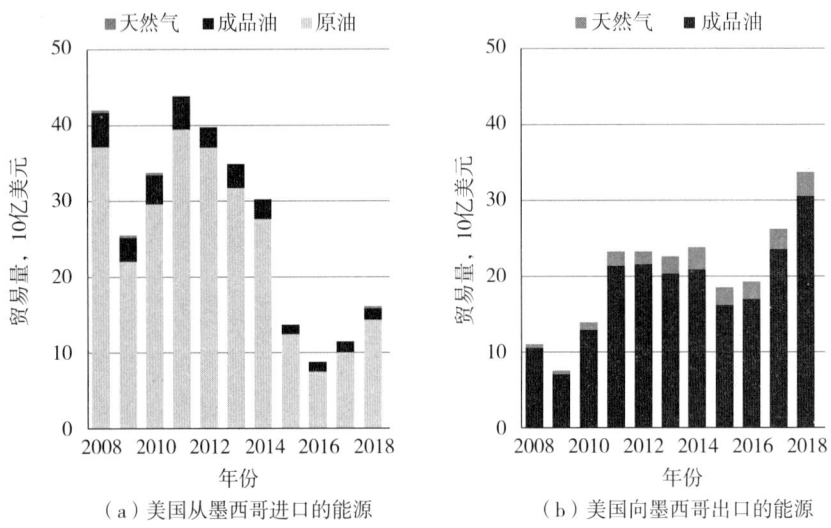

图 3-21　2008—2018 年美国与墨西哥能源贸易

资料来源：美国能源信息署，2019 年 4 月 22 日。

2014 年，美国从墨西哥进口的原油是两国能源贸易的主体。从 2015 年开始，随着墨西哥向美国出口原油数量的下降，美国对墨西哥迅速增加的成品油和天然气出口，使美国对墨西哥出口能源资源的价值超过了美国从墨西哥进口能源资源的价值。

2018 年，美国出口到墨西哥的成品油在 2008 年 104 亿美元的基础上，增长了近两倍，达到 305 亿美元，而美国从墨西哥进口的能源总值为 158 亿美元，是近年来第二低的水平。

原油是美国从墨西哥进口的主要能源资源，2018 年为日均 66.5 万桶/日，占美国原油进口的 9%，墨西哥排名加拿大和沙特阿拉伯之后，位居第三。2017 年，美国从墨西哥进口的原油价值 100 亿美元，2018 年上升到 140 亿美元。

从货值看，成品油是美国出口到墨西哥的主要能源资源。2018 年，墨西哥从美国进口的成品油日均超过 120 万桶，总值大于 300 亿美元。2018 年，美国向墨西哥出口的成品油，占美国全部成品油出口的22%，绝大部分是车用汽油和中间馏分燃料油。2018年，美国向墨西哥出口的成品油量价齐增。由于炼厂加工负荷的变化，造成了墨西哥汽油国内供应和需求缺口很大，从而使得美国出口的汽油占了墨西哥汽油消费一半以上。

2018年，美国向墨西哥出口的天然气总量为20900亿立方英尺，其中的90%通过管道输送。此外，墨西哥仅次于韩国，是美国2018年液化天然气第二大出口目的地。2016年8月至2018年12月，美国向墨西哥出口了3500亿立方英尺液化天然气，占美国同期液化天然气出口总量的18%。2016—2018年美国与墨西哥月度能源贸易如图3-22所示。

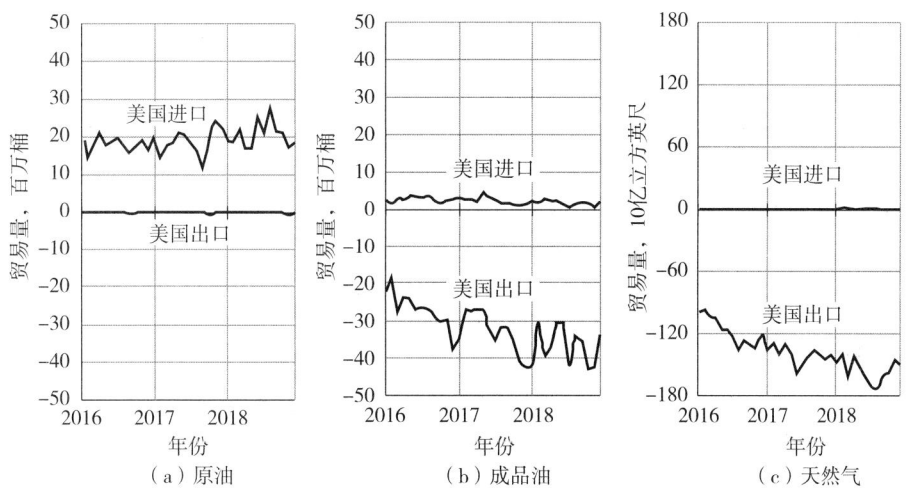

图3-22　2016—2018年美国与墨西哥月度能源贸易
资料来源：美国能源信息署，2019年4月22日。

由于独特的地理位置、能源资源禀赋和产业政策等一系列因素，美国与加拿大、墨西哥三国事实上形成了一个区域性的能源市场，原油、成品油和天然气等能源资源，虽然事实上存在着较大的能源贸易不平衡，但均作为普通的商品，在三国间按市场供需关系自由流动。

由美国、加拿大和墨西哥三国构成的北美自由贸易谈判，不时成为热点新闻，三国有关贸易政策和商品关税等存在一定的分歧。5月30日，特朗普发推文，宣布从6月10日起，对所有墨西哥输美产品征收5%的关税，直到非法移民不再通过墨西哥进入美国。根据美国媒体披露，到 2019 年 10 月 1 日，墨西哥输美商品关税有可能提高到 25%。2018 年，由原油为主构成的墨西哥输美能源产品价值 158 亿美元。如果届时墨西哥政府采取对应的反制措施，有可能影响到美国对墨西哥出口的成品油和天然气等能源产品。

北美地区的美国、加拿大和墨西哥之所以形成一个事实上的能源区域市场，能源回归成普通的商品，其原因是十分复杂的，更为重要的是三国具有很难复制的地理环境条件。我们衷心希望，世界其他地区或从更高层次的当今全世界，能源也应尽可能地回归成简单的商品属性，用于造福人类社会，而不再被用作武器或政治的工具。

本文撰写于 2019 年 5 月

互为最大能源贸易伙伴的美国和加拿大

拥有庞大能源资源和巨大的石油天然气产量,但在国际能源市场却不声不响,专注于通过与美国的能源贸易发大财,为国民创造幸福生活。

当今国际能源市场上,有一个奇特的国家,拥有庞大的能源资源和巨大的石油天然气产量,但基本上不为人们所关注,既不见其借助巨大的石油产量去影响世界石油价格,更不见其借助能源发挥什么国际影响力,争夺什么世界话语权,这个奇特的国家,就是位于北美洲的加拿大。

得益于庞大的能源资源和巨大的油气产量,能源为加拿大创造了巨额的财富,为其国民带来了幸福的生活。根据联合国、加拿大官方、英国石油公司《世界能源统计评论》和美国能源信息署等的资料,本文将介绍加拿大能源生产,尤其是石油天然气生产和贸易方面的情况,以便对国际能源市场上这个奇特的国家有更加深入和清晰的了解。

一、拥有丰富资源的能源生产大国

位于北美洲北部的加拿大,面积 998 万平方千米,世界第二,人口约 3740 万。

根据加拿大官方公布的数据,2019 年加拿大国内生产总值为 23039 亿加元,约合 1.736 万亿美元,世界排名第十位。按照当年 3740 多万人口计算,2019 年加拿大的人均国内生产总值约为 4.64 万美元。

加拿大是世界能源资源最丰富的国家之一。2020 年 1 月 1 日,加拿大剩余探明石油储量为1697亿桶，仅次于委内瑞拉和沙特阿拉伯，世界排名第三，占世界的9.8%。除庞大的石油资源外，2020年1月1日加拿大的剩余探明天然气储量为2万亿立方米，剩余探明煤炭储量为65.82亿吨，都排名世界前列。

油砂是加拿大最主要的石油资源，也是加拿大石油工业的代名词，占加拿大剩余探明石油储量约96%，主要位于阿尔伯塔省和萨斯喀彻温省的阿萨巴斯卡、冷湖及和平河3个地区，约14.2万平方千米。

2019年，加拿大的石油产量为2.75亿吨，排名美国、俄罗斯和沙特阿拉伯之后，世界第四，占当年世界石油总产量的6.1%；天然气产量1731亿立方米，排名美国、俄罗斯、伊朗、卡塔尔和中国之后，世界第六，占当年世界天然气总产量的4.3%。

作为世界第四大石油生产国，加拿大不是欧佩克成员国。多年来，无论国际石油市场如何变幻，鲜见加拿大政府发声。从2020年5月1日开始，沙特阿拉伯和俄罗斯等世界主要石油生产国开始了史上最大规模的减产行动，虽然加拿大参与了减产行动的讨论，但加拿大政府表示，没有承诺参与减产，因为石油生产是各省而不是政府管理的事项。正因为如此，从媒体报道中，我们经常看到的是阿尔伯塔省政府官员就石油形势发表谈话，本次联合减产行动中，更多的是因为油价过低，导致石油生产企业被迫自动减产所致。

正是由于丰富的能源资源和巨大的石油天然气产量，2019年能源行业创造了加拿大国内生产总值的11%，直接和间接地雇用了83.2万人就业，全球165个国家与加拿大有能源贸易关系。

根据联合国发布的世界幸福指数报告，2020年加拿大排名第七位。

二、加拿大与美国互为最大的能源贸易伙伴

2019年，加拿大原油出口总量为1.97亿吨，其中的1.897亿吨出口到了美国，占加拿大原油出口总量的96.29%（表3-4）；成品油出口总量为3470万吨，其中的2920万吨出口到了美国，占加拿大油品出口总量的84.15%（表3-5）。加拿大通过管输出口的天然气，全部出口到美国。因此，加拿大的能源

出口，基本上就是流向美国一个国家。

表 3-4 2019 年加拿大原油出口流向

	数量，百万吨	比重，%
美国	189.7	96.29
欧洲	3.7	1.88
中国	2.2	1.12
印度	0.9	0.46
中南美洲	0.3	0.15
亚洲其他国家	0.2	0.10
合计	197	100

资料来源：英国石油公司，世界能源统计评论，2020 年 6 月。

表 3-5 2019 年加拿大成品油出口流向

	数量，百万吨	比重，%
美国	29.2	84.15
欧洲	1.7	4.90
中南美洲	1	2.88
中国	0.9	2.59
日本	0.8	2.31
墨西哥	0.6	1.73
印度	0.1	0.29
新加坡	0.1	0.29
亚洲其他国家	0.4	1.15
合计	34.7	100

资料来源：英国石油公司，世界能源统计评论，2020 年 6 月。

与此同时，加拿大也是美国最大的能源进口来源国和仅次于墨西哥的第二大能源出口目的地国，能源是美加两国最重要的贸易物品。2019 年，美国从加拿大进口了 850 亿美元的能源物品，占美国从加拿大进口总额的 27%，其中原油和油品占美国从加拿大能源进口的 91%。当年，美国向加拿大出口了 230

亿美元的原油、油品、天然气和电力，占美国对加拿大出口总额的8%，是自2014年之后第二高的年份，其中原油和油品占美国对加拿大出口能源的89%（图3-23）。2019年，加拿大对美国的能源贸易顺差为620亿美元。

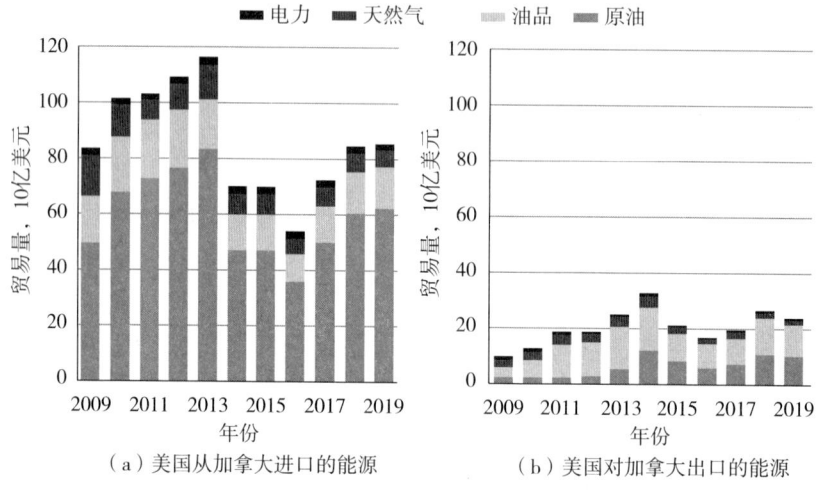

图3-23　2009—2019年美国与加拿大的能源贸易

资料来源：美国能源信息署，2020年6月5日。

根据联合国统计署的统计，2019年加拿大货物进出口总额为8994.4亿美元，贸易逆差为67.2亿美元，其中第一大顺差来源国是美国，为1073.47亿美元，能源顺差占了其中的57.76%。因此，可以肯定地说，主要是能源贸易，尤其是与美国之间的能源贸易，填补并保证了加拿大的货物贸易平衡。

2019年，从加拿大进口的原油占美国原油进口的56%，日均为380万桶。当年，美国向加拿大出口的原油为45.9万桶/日，加拿大是美国最大的原油出口目的地国。美国向加拿大出口的是轻质的、低硫原油，通过船运出口到加拿大的东部，而美国从加拿大进口的通常是来源于阿尔伯塔（加拿大西部）油砂的重质、含硫原油，其中的绝大部分流向了美国中西部炼油厂。

无论是数量还是贸易额，美国与加拿大之间的油品贸易基本是平衡的。加拿大是美国最大的石油产品进口来源国，2019年美国从加拿大进口了创纪录的61万桶/日油品，占当年美国进口油品总量的26%，价值超过140亿美元。

美国与加拿大之间的天然气贸易,主要通过管输方式,美国从加拿大进口天然气占 2019 年美国进口天然气的 98%。历史上,美国通过管输从加拿大进口的天然气,远大于向加拿大的出口量。2019 年,美国向加拿大进口了 74 亿立方英尺/日的天然气,价值 60 亿美元。美国从加拿大进口天然气的绝大部分,来源于加拿大西部,输送到美国西部和中西部地区,而美国向加拿大出口的天然气主要出口到加拿大东部地区。图 3-24 为 2017 年 1 月至 2019 年 12 月美国与加拿大的月均能源贸易。

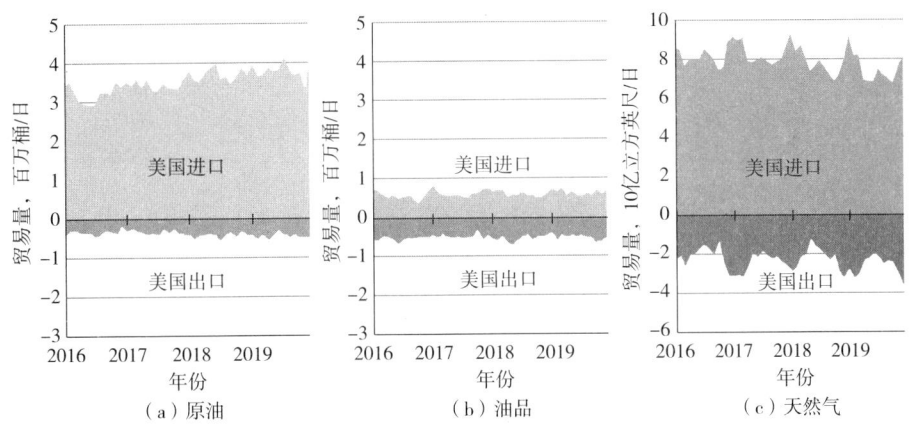

图 3-24 2017 年 1 月至 2019 年 12 月美国与加拿大的月均能源贸易
资料来源:美国能源信息署,2020 年 6 月 5 日。

美国与加拿大之间的电力贸易,从规模上来说虽小,但对于局部地区非常重要。美加两国的电力系统完全互联,共享了 30 多条跨境输电线路,支持并保证了两国电力系统的稳定可靠。2019 年,美国从加拿大进口了 5200 兆瓦时的电力,与此同时也向加拿大出口了 1400 兆瓦时的电力。美国向加拿大出口的电力,主要市场是加拿大西北太平洋地区,而从加拿大进口的电力主要输往东北部。

三、加拿大提供了半数以上的美国原油进口量

2005 年,美国炼厂高度依赖进口原油,当年原油进口总量达到创纪录的 1010 万桶/日,其中的 60% 来源于 4 个国家:加拿大、墨西哥、沙特阿拉伯

和委内瑞拉,分别占当年美国原油进口总量的 12%～16%。

2007 年,美国进口原油仍然处于高位,但由于 2008—2009 年经济衰退导致油品需求下降,原油进口数量也随之减少。2010 年之后,由于国内原油产量的增加,虽然经济恢复增长,但原油进口并没有随之增加。2019 年,美国原油进口数量下降到 680 万桶/日,比 2005 年减少了约三分之一。2005—2019 年美国原油进口来源如图 3-25 所示。

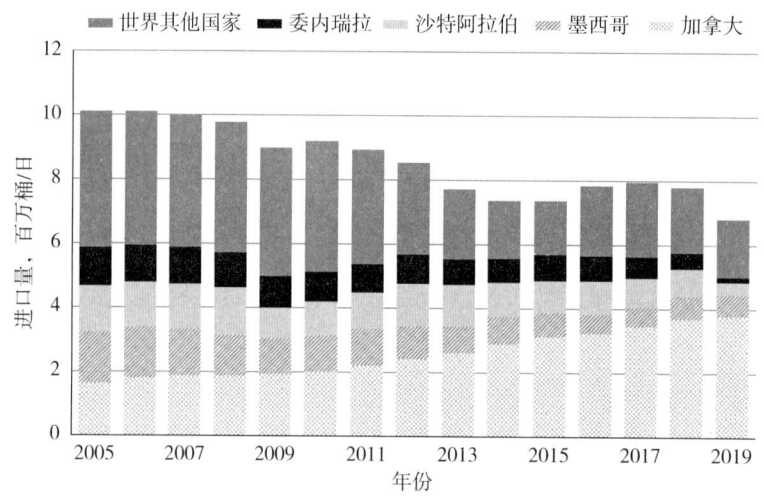

图 3-25 2005—2019 年美国原油进口来源

资料来源:美国能源信息署,2020 年 3 月 19 日。

2009 年以来,美国国内炼厂从加拿大进口原油的数量逐年增长,但从沙特阿拉伯、墨西哥和委内瑞拉进口原油的数量却不断减少,其中的主要原因是从加拿大进口的原油价格相对较低和炼厂毛利较高,从而取代了越来越多的沙特阿拉伯原油。与此同时,由于墨西哥原油产量的下降和美国对委内瑞拉的制裁,使得 2019 年美国从这两个国家进口原油数量下降。

正因为如此,2019 年美国的原油进口格局发生了根本性变化。从总量上,虽然美国原油进口的数量大幅度下降,但从加拿大进口的原油却大增到 380 万桶/日的水平,是 2005 年的两倍多,占到了美国原油进口总量的 56%。

2019 年,美国从加拿大每天进口原油的数量为 380 万桶,而 2018 年为

370万桶/日，是从沙特阿拉伯进口原油（50万桶/日）的7倍多，是从墨西哥进口原油（59.9万桶/日）的6倍多。

由于管输能力的不足，随着加拿大原油产量的不断增加，美国从加拿大进口的原油通过火车运输非常常见。2016年，美国从加拿大进口原油通过火车运输的量为9.1万桶/日，而2019年增长了两倍多，为30万桶/日，其中的一半以上（17.1万桶/日）流向了美国墨西哥湾地区。图3-26为2011—2019年美国从加拿大进口原油的运输方式。

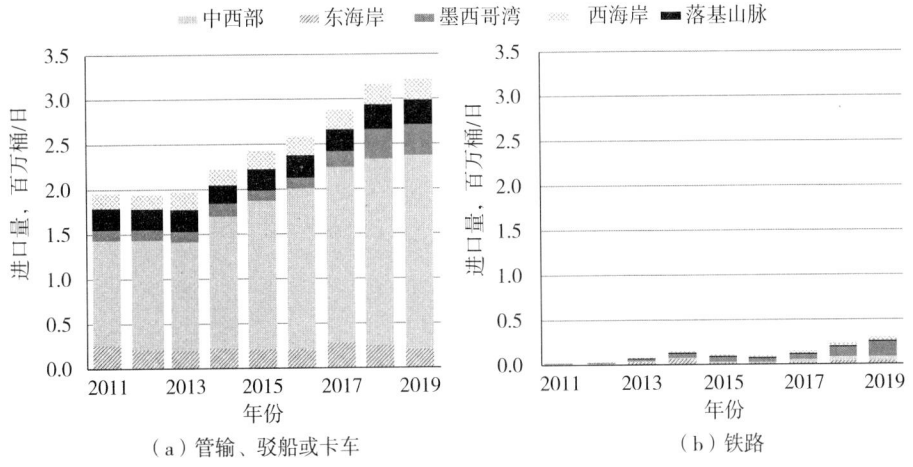

图3-26　2011—2019年美国从加拿大进口原油的运输方式
资料来源：美国能源信息署，2020年6月5日。

四、2020年上半年加拿大石油产量大幅度下降

从2020年年初以来，不断蔓延的新冠肺炎疫情重创了世界经济，全球石油天然气行业更是首当其冲，作为世界石油生产大国的加拿大也未能幸免。2020年上半年，由于国际石油价格暴跌和加拿大、美国石油需求的萎缩，石油产量占加拿大总产量80%以上的阿尔伯塔省政府持续减产，加拿大的石油产量下降了20%。

2019年，加拿大的石油产量与2018年大致相当。2018年年底，加拿大西部精选原油的价格处于历史低位。阿尔伯塔省政府于2019年年初宣布减产，

以减少相关的沥青产量,缓解原油库存增加和出口管道输送能力日益受到的限制,减产行动原定于2019年年底取消,但2019年10月决定延长到2020年年底。

2020年3月,加拿大石油产量为560万桶/日,4月下降到490万桶/日,减少了70万桶/日。加拿大石油产量下降的幅度,与2016年4月至5月间,阿尔伯塔麦克默里堡森林大火期间临时关闭的几个油砂项目减产数量相当,当年加拿大石油产量下降了64万桶/日(图3-27)。

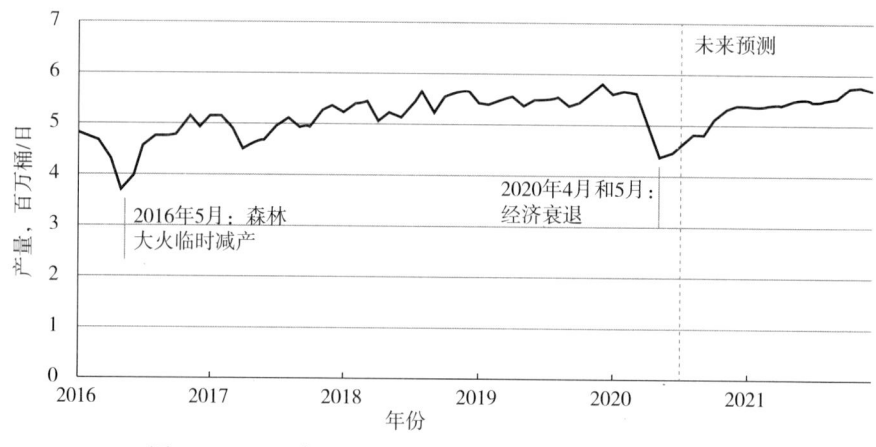

图3-27　2016年1月至2021年12月加拿大月均石油产量
资料来源:美国能源信息署,2020年7月16日。

预计2020年5月,加拿大石油产量还将减少56万桶/日(图3-28),降至440万桶/日,是2016年年中以来的最低水平。2020年5月加拿大石油产量的下降,高于欧佩克某些成员国,也高于10个自愿与欧佩克联合减产国家中的大多数。在所有联合减产的非欧佩克国家中,加拿大减产的数量位居第三位,仅次于俄罗斯和美国。

随着世界经济,尤其是美国经济的重启,加拿大和美国石油需求开始回暖,2020年6月加拿大石油产量将轻微回升,2020年剩余时间里,加拿大的石油产量都将略低于2019年,2021年上半年也将受到全球石油需求下降的影响。预计2020年,加拿大的石油产量为日均510万桶,2021年为日均550万桶/日。

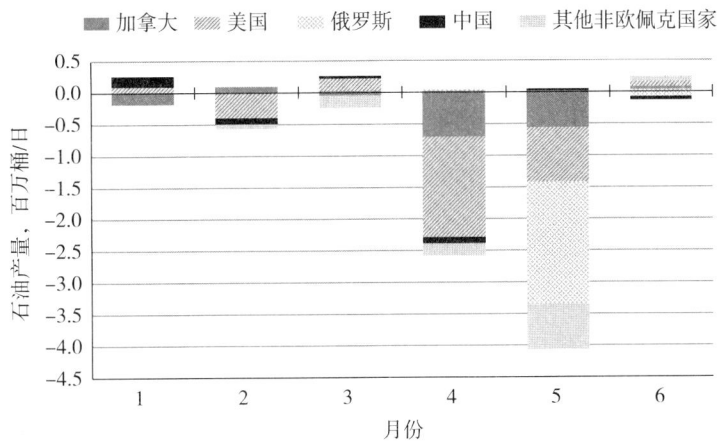

图 3-28　2020 年 1—6 月非欧佩克月均石油产量变化
资料来源：美国能源信息署，2020 年 7 月 16 日。

五、加拿大出口到美国的天然气正在减少

2020 年 4 月和 5 月，在西部地区跨境的美国从加拿大管输天然气进口，下降到日均 62 亿立方英尺和 63 亿立方英尺（图 3-29）。加拿大通过管道输往美国西部各州的天然气，占美国天然气进口的绝大部分，不过与美国东部从加拿大进口的管输天然气相比，其季节性的特点较弱。

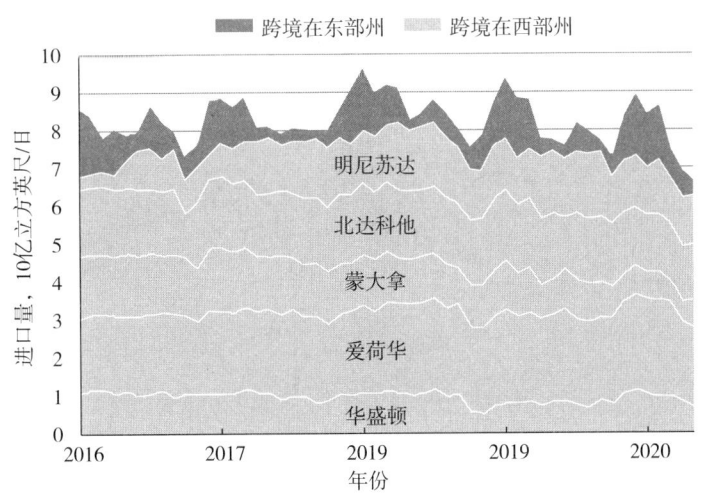

图 3-29　2016 年 1 月至 2020 年 5 月美国月均从加拿大管输进口天然气
资料来源：美国能源信息署，2020 年 6 月 19 日。

近几个月，加拿大天然气的主产地阿尔伯塔天然气现货价格，高于美国天然气标杆亨利中心的价格。从 2017 年年中至 2019 年年底，加拿大阿尔伯塔 NOVA/AECO-C（AECO）贸易中心的天然气现货价格，在 1 美元 / 百万英热单位和 2 美元 / 百万英热单位之间波动。2020 年 4 月和 5 月，虽然包括亨利中心在内的很多地区天然气现货价格大幅度下降，但加拿大阿尔伯塔 AECO 贸易中心的天然气现货价格却上涨了。

过去几年，阿尔伯塔 AECO 贸易中心价格的变动，反映了加拿大西部管道运营的监管变化。2017 年 8 月，泛加拿大公司（现更名为 TC 能源公司）改变了其 NOVA 系统的运营，优先考虑企业公司的服务，在维护期间停止向可中断客户（包括存储运营商）提供服务，这一变化使得 AECO 天然气现货价格加速波动，并减少了对阿尔伯塔省天然气库存的注入。

2019 年 9 月下旬，加拿大能源监管机构批准了 NOVA 管道系统的临时服务协议，该协议允许在维护期间提供额外的服务灵活性，尤其是允许在系统受到限制的时期向库存设施注气。临时服务协议批准后不久，AECO 现货价格与亨利中心之间的价差缩小（图 3-30）。

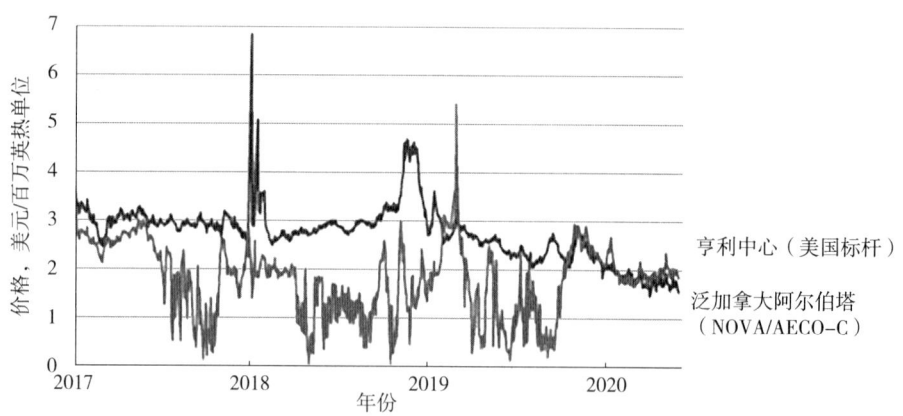

图 3-30　2017 年 1 月至 2020 年 6 月 1 日美国和加拿大天然气现货价格
资料来源：美国能源信息署，2020 年 6 月 19 日。

与美国一样，加拿大的天然气库存通常在春季达到季节性低点，因为在冬季的几个月里，天然气会从库存中动用，以满足对天然气供暖的更高需求。

2020年3月和4月，阿尔伯塔省的天然气库存处于多年来的最低水平，略高于3000亿立方英尺。

加拿大西部天然气管道系统的这些运营变化和现货价格差异的缩小，导致出口到美国天然气数量的下降，尤其是在蒙大拿州和北达科他州的过境点。与2019年前5个月相比，蒙大拿州和北达科他州的天然气进口量，2020年前5个月分别减少了4亿立方英尺/日和3亿立方英尺/日。

美国能源信息署认为，99%以上来自加拿大的通过管道进入美国的天然气总进口量，将从2019年的74亿立方英尺/日下降到2020年的70亿立方英尺/日，不过2021年将增加到79亿立方英尺/日。美国能源信息署预测，2020年美国管输天然气进口量为70亿立方英尺/日，是20世纪90年代中期以来天然气管输进口量的最低水平。

本文撰写于2020年7月

中美能源议题：短期平衡贸易但更要有长远战略考量

2017年是中美能源贸易元年，美国正在进入"能源黄金时代"并努力实现"能源统治"，我们要认真学习美国能源独立的成功经验。

2018年5月19日，中美两国在华盛顿就双边经贸磋商发表联合声明，双方同意将采取有效措施实质性减少美国对中国货物贸易逆差，有意义地增加美国能源出口。从官方声明中，我们可以看出，能源是中美双方都给予高度关注的焦点议题，对于稳定和改善中美贸易关系起到了非常重要的作用。

中美两国的能源形势如何？当前中美两国的能源贸易真实的内容究竟是什么，未来会有多大的发展空间？更为重要的是，中美高度关注的能源议题，从长期战略的角度将给我们带来什么样的启迪，应是我们要认真思考的问题。

一、中美两国的能源形势正在朝完全相反的方向发展

今天，美国和中国分别为世界第一和第二大经济体。从2009年开始，中国就超过美国成为世界第一大能源消费国，并一直保持了这一位置。

2017年，中国能源消费总量为31.43亿吨油当量，能源对外依存度为20.04%。美国2017年的能源消费总量为24.43亿吨油当量，能源对外依存度只有7.61%（图3-31）。

2017年，中国石油净进口量为4.19亿吨，超越美国成为世界第一大石油进口国，对外依存度约为70%；进口了940亿立方米天然气，对外依存度为39.61%，是仅次于日本的世界第二大液化天然气进口国；煤炭进口量为2.62

亿吨，对外依存度为 9.66%。

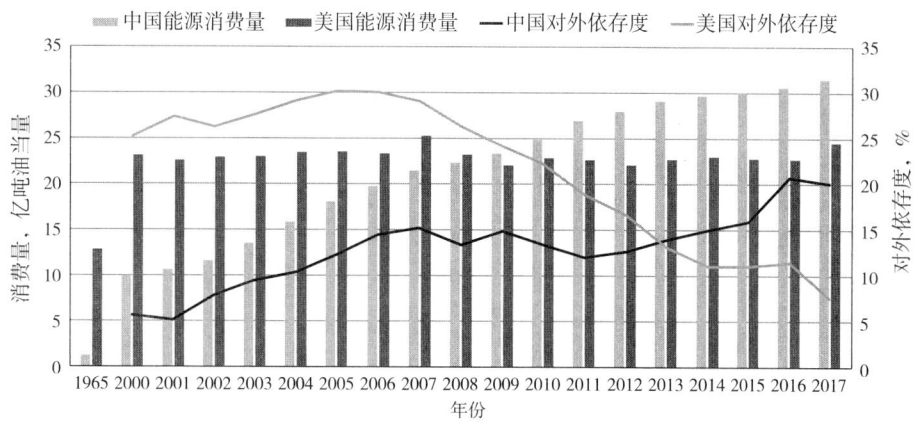

图 3-31　1965—2017 年中美能源消费量和对外依存度的变化
资料来源：英国石油公司，世界能源统计评论，2018 年 6 月。

2017 年，美国的能源净进口量下降到 1982 年以来的最低水平。2005 年美国的能源净进口量最高，为 7.55 亿吨油当量，能源对外依存度为 30.14%。2007 年，美国的能源消费达到了最高值，为 25.25 亿吨油当量。在保持经济稳定增长的同时，2017 年美国能源消费总量都没有超过 2007 年的水平，而国内的能源产量却在不断增长，从 2007 年的 17.85 亿吨油当量，增长到 2017 年的 21.88 亿吨油当量。2011 年，美国就成为石油产品的净出口国，2017 年又成为天然气的净出口国。目前，除仍净进口原油外，美国已成为煤炭、焦炭、石油产品、天然气和生物质能的净出口国。

这些数据的对比说明，中国和美国的总体能源形势正在朝两个完全相反的方向发展，中美两国经济社会发展处在完全不同的阶段，更直观地说明了中美两国经济质量的巨大差距。

二、当前和未来相当长时期，中美两国的能源贸易规模都将十分有限

（一）2017 年是中美能源贸易的元年

2017 年，中国从美国进口了 765.43 万吨原油，占进口总量的 1.80%，是

进口来源国的第 14 位；进口液化天然气 151 万吨（美国的统计为 29.2 亿立方米），占天然气进口总量的 2.25%；进口煤炭 317 万吨，占进口总量的 1.21%。

从总量和比重看，2017 年美国三大能源资源在中国进口能源中数量偏小，所占比重也偏低，但是却有非常重要的意义。2016 年，中国从美国进口的煤炭数量是零；进口的原油数量不到 50 万吨，2017 年增长了 14.3 倍；进口的液化天然气 4.9 亿立方米，2017 年增长了 5 倍。冬季气荒的刺激下，2017 年 10 月至 12 月，中国从美国购买了创纪录的液化天然气，一跃成为美国第三大液化天然气进口国。

2017 年，中国从美国进口了 337 万吨丙烷，占进口总量的 25.25%，美国事实上是中国第一大丙烷进口来源国。2017 年，中国还从美国进口了 8 万吨甲醇。

2017 年，中国从美国进口的原油、液化天然气贸易额约为 43 亿美元，丙烷的贸易额约为 17.61 亿美元，合计约为 60.61 亿美元。

（二）美国能源资源的出口高度分散化，中国已占相当的比重

2017 年，美国能源资源的出口总量为 17.899 千万亿英热单位，石油产品、天然气、煤炭（包括焦炭）、原油是四大出口数量最多的能源品种，占出口总量的 98.66%（图 3-32）。

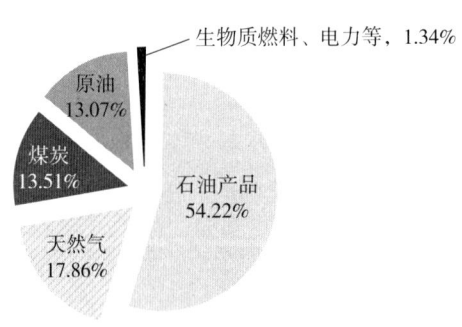

图 3-32　2017 年美国能源出口构成

资料来源：美国能源信息署，月度能源统计评论，2018 年 4 月。

2017 年，美国炼厂的加工量为 1690 万桶 / 日，开工负荷高达 91%，石油产品的出口量为 520 万桶 / 日，主要包括丙烷、馏分油和汽油。馏分油是第一大出口产品，27% 的馏分油出口到世界 79 个国家和地区，主要是墨西哥和中

南美洲；丙烷是第二大出口产品，占石油产品出口总量的17%，出口量为90.5万桶/日，出口到世界58个国家和地区，亚洲地区的化纤企业是主要的出口对象，前五大进口国分别为日本、墨西哥、中国、韩国和新加坡，包括中国在内的亚洲4个国家丙烷进口量为45.2万桶/日，占美国丙烷出口量的一半。2017年，美国出口汽油82.1万桶/日，出口到世界69个国家和地区，一半出口到墨西哥。目前，美国是汽油净出口国，2017年汽油的净出口量为18.5万桶/日。

2017年，是美国原油出口解禁后的第二个完整年份，原油出口量为110万桶/日，比2016年增长了89%，出口目的地有37个。加拿大、中国、英国、爱尔兰、韩国、意大利、法国、新加坡、日本和印度，是2017年美国十大原油出口国，其中中国位居第二位，所占比重为20%。

2017年，美国的液化天然气出口量为5430万立方米/日，由路易斯安那州的萨宾帕斯终端出口到世界25个国家和地区。美国出口液化天然气中的53%，输往墨西哥、韩国和中国三国，墨西哥20%，韩国占18%，中国占15%。

2017年，美国的煤炭产量为7.01亿吨，比2016年增长4082万吨，是2001年以来产量增长最快的一年。2017年，美国煤炭出口总量为8618万吨，比2016年增长了58%。其中，出口到亚洲的中国、日本和印度的煤炭数量为2812万吨，比2016年增长了近一倍，主要原因是2017年4月份黛比飓风造成的澳大利亚煤炭减产；出口到欧洲的为3628.8万吨，比2016年增长了1180万吨。

（三）从中短期看，美国对中国出口能源产品的数量增长将十分有限

当前和未来一段时间，煤炭和馏分油、汽油等石油产品，不会成为中美两国能源贸易的主导产品，原油、液化天然气和丙烷会成为两国能源贸易的主导产品，但是由于美国能源产品出口的基础设施都正在大规模建设过程中，从建设到投运需要一段相当长的时间，因此从中短期看，美国对中国出口的能源产品数量增长将十分有限。据媒体报道，美国方面预计，未来3～5年内，中美两国每年的能源贸易才能达到500亿～600亿美元，这应该是客观和现实的。

液化天然气是中美两国最看好的能源贸易品种。2009年超越俄罗斯以来，美国一直是世界第一大天然气生产国。2017年，美国天然气产量约为9366亿

立方米，2022年开采总量将突破万亿立方米大关。目前，美国天然气消费量不到7000亿立方米，其中发电用气近40%，工业用户近33%，居民用气约16.5%上下。未来相当长时间，美国天然气出口压力会越来越大。美国的天然气出口以管道出口为主，液化天然气出口为辅，其中通过管道出口到加拿大、墨西哥的天然气分别占出口总量的29%和49%，液化天然气仅占22%。2016年以来，路易斯安那州的萨宾帕斯和马里兰州的科弗角两个项目的投产，使美国液化天然气的出口能力提升到1亿立方米/日。未来两年内，美国还有4个液化天然气项目投产，分别为2018年的佐治亚州厄尔巴岛和路易斯安那州的卡梅伦项目，2019年的得克萨斯州的弗里波特和克里斯蒂项目。2019年年底，美国液化天然气的出口能力将大幅提升到2.7亿立方米/日。2020年，美国将超越马来西亚，成为仅次于澳大利亚、卡塔尔的世界第三大液化天然气出口国。

2017年年底，美国的原油产量已经超过1000万桶/日，出口量为110万桶/日。2018年前4个月稳定在1050万桶/日以上，5月初原油出口量增长到260万桶/日的历史高位，5月份计有2500万桶原油出口到亚洲的中国、韩国、新加坡、印度和马来西亚。预计，2018年全年美国的原油出口会增长到160万桶/日。目前，美国用于原油出口的港口主要位于墨西哥湾地区，这些地区的港口水深等条件十分有限，大部分只能用于50万桶的阿芙拉型油轮的装载，用于90万~100万桶的苏伊士型油轮装置的码头十分有限，无法满足200万桶的VLCC油轮的装载条件。为了装载VLCC油轮，必须用4条阿芙拉型油轮或两条苏伊士型油轮进行转运，大大增加了美国出口原油的运输成本。美国目前唯一具有VLCC使用条件的码头，是路易斯安那海上单点系泊码头（Louisiana Offshore Oil Port，LOOP），主要用于进口原油，但已改造可用于出口原油。目前，负责港口建设事务的美国海事管理局，还没有接到有关企业深水港口的建设计划。最有可能改造为装载VLCC油轮能力的得克萨斯南部圣体市港口，目前主要用于周边油田的生产活动。

2018年第1季度，中国购买了20亿美元的美国石油。预计，2018年下半年，中国每日进口的美国石油在30万~40万桶区间，全年进口的美国原油可能增加至 90 亿~110 亿美元。

丙烷是中美两国能源贸易的重要品种。2017 年，中国进口的丙烷总量为 1335.2 万吨，进口来源地主要为阿拉伯联合酋长国、美国、卡塔尔、科威特、沙特阿拉伯、尼日利亚。目前，中国有 8 套合计 467 万吨/年的纯丙烷脱氢装置在运行。2018—2022 年年底，还将新增纯丙烷脱氢装置约 600 万吨，总产能将达到 1100 万吨左右，丙烷进口需求约 1320 万吨。因此，预计 2022 年前，中国丙烷进口量将维持较快的增长。

美国还有一项重要的能源资源，也是重要的化工原料中国尚未进口，即乙烷。2016 年，世界乙烯原料构成中，乙烷的比例为 36.2%，预计 2021 年乙烷将提高到 40.4%。2014 年，美国超越中东成为世界最大的乙烷生产地。2016 年，美国乙烷产量为 2521.2 万吨，净出口量为 345 万吨，通过管道出口至加拿大，以及通过船运出口至西欧和印度。2017 年，美国乙烷产量是 2980 万吨，出口量为 556 万吨，乙烷过剩约 31.1%。2021 年，美国乙烷生产潜力将达 5601 万吨/年，净出口量将达 732.3 万吨，仍有 24.5% 的过剩乙烷。目前，中国已有数个 100 万吨级及以上的乙烷制烯烃项目正在建设或规划中，总产能为 1150 万吨/年，所需乙烷数量约为 1500 万吨/年，部分项目已经同美国供货商达成了供应协议。因此，乙烷将有可能很快超越丙烷，成为中美之间贸易规模和贸易额比较大的能源商品。

三、应从战略的高度，全面介入美国的能源建设并认真学习美国的成功经验，尽快实现中国的能源独立

（一）美国正在进入"能源黄金时代"并努力实现"能源统治"的目标

当前，美国的能源行业之所以出现如此繁荣的景象，是 20 世纪 70 年代第一次石油危机后 40 多年间，历任美国政府持续强调能源安全、大力推进能源产业市场化的结果。美国这样的多党执政国家，无论是民主党还是共和党执政，都少有地持续强调能源安全问题，采取一系列措施加以持续推动，实属难得。

2017年1月，特朗普就任总统后不久，提出优先处理的6大"头号问题"，第一条就是"美国第一能源计划"，"为辛勤工作的美国人降低能源价格，尽量开发本土能源，减少国外石油进口"。2017年1月24日，特朗普签署了拱心石和达科他输油管线工程的行政命令；3月28日，签署"能源独立"行政命令，解除对美国能源生产的限制，废除政府的干涉。特朗普称，这是"美国能源生产一个新时代的开始"。2017年7月6日，在波兰参加"三海峰会"上，特朗普表示可以在15分钟内启动一个液化天然气的合作协议。2018年4月，特朗普直接向德国总理默克尔施压，要求德国放弃对俄罗斯北溪天然气2号管道项目的支持，更多地购买美国的液化天然气。特朗普已成为美国最大的能源推销员。

2018年3月5日至9日，第37届剑桥能源周期间，美国能源部长里克·佩里提出了"新能源现实主义"的口号，称能源是美国优势产业，将加大相关基础设施建设，向国际市场出口更多原油和天然气，美国将回归到"现实主义"的政策上来，更多地依靠国内能源，更多依靠技术创新来解决能源安全问题，不是要去除化石能源，而是能更清洁、高效地利用化石能源，要让能源产业成为美国经济增长的主力，解决更多就业问题。

美国能源信息署估计，2018年全球石油消费预计仅增长170万桶/日，而美国的石油产量将增长200万桶/日，全球石油消费增长将全部由美国石油生产商提供。2018年3月份，国际能源署发表的最新市场报告预测，预计2017—2020年间全球石油消费将增加370万桶/日，同期美国石油产量将增长近300万桶/日，仅美国的产量就能满足未来5年世界石油需求增长量的60%以上。今天，我们看到的就是，繁荣的天然气、石油和煤炭出口，美国的能源行业正在进入"黄金时代"，特朗普正在将就职演说中的"美国第一优先"转变为"能源统治"，即美国内政部长瑞安·津克所言的，美国"就是在环境、经济和道义层面统治能源世界"。

（二）除直接进口美国的能源资源外，中国企业更应积极地介入美国的能源开发和基础设施建设

中国增加对美国原油、液化天然气等能源资源的进口，当然可以在短期内减少贸易顺差。在 5 月 19 日的联合声明中，我们还看到，中美双方同意加强投资方面的合作。我们认为，从长期看，中国企业应积极地介入美国能源资源的开发和基础设施的建设，这对于强化中美两国之间互惠的经贸关系，将更加具有意义。

多年来，中国就有很多企业，投资了美国页岩油气的勘探开发活动。客观地说，美国油气行业的繁荣，也有中国企业的贡献。2017 年 11 月 8—10 日特朗普对中国的国事访问期间，双方签订了 2535 亿美元经贸大单，能源项目几乎占了半壁江山，这些项目的顺利实施，将为未来美国油气行业的发展和平衡中美之间的贸易，做出更加积极的贡献。

从美国自身来说，原油、液化天然气、丙烷和乙烷的出口设施，都存在较大的不足，严重影响了这些能源产品的出口。更为严重的是，由于美国独特的地理位置，对于像中国这样位于亚太地区的国家，如要进口美国的能源产品或其他商品，都不可避免地面临长距离的运输问题，尤其是需通过巴拿马运河。特朗普政府执政以来，推出了庞大的基础设施建设计划，并正在大力推进中。通过改革开放 40 年的实际锻炼，中国企业拥有强大的港口、铁路等基础设施建设和管理能力。因此，一方面，中国企业自身应该积极争取或通过中美两国政府的支持，参加美国能源基础设施项目的建设，尽快解决美国能源出口能力的瓶颈；另一方面，我们应该呼吁美国政府，尽快规划并建设面向太平洋的美国能源出口通道，提升美国能源产品的国际市场竞争力，为当前和未来能源需求最旺盛的亚太地区国家提供运输便利。

（三）认真学习美国的成功经验，尽快实现中国的能源独立

根据"中国梦"和"两个一百年"的奋斗目标，到 21 世纪中期，要全面建成小康社会和社会主义现代化强国，中国的能源消费仍将保持一定的增长，能源消费的峰值可能在 2030 年或之后才能到来。2030 年前后，中国能源对外依存度还将上升，石油对外依存度有可能达到 80%。在能源领域，今天中国正在经历的，正是美国 20 世纪 70 年代后期走过的路，面临美国 20 世纪 70 年代第一次石油危机后同样的能源形势。

石油的奇迹　数说美国能源独立

大国必须实现"能源独立",能源是一国经济社会正常运转的"血液",我们不能对任何国家形成能源的依赖,这是"中国梦"和建成社会主义现代化强国的必要前提。

通过40多年的努力,美国不但实现了能源独立,能源更成为对内对外政策强有力的工具。美国能源行业的市场化始于20世纪70年代末的里根政府时期,页岩革命的成功更是来源于强大的市场机制。今天,我们看到的美国油气行业现状就是,大批具有创新能力的中小型油气企业,竞争性的油田服务及设备行业,良好的能源基础设施,透明和可信赖的监管环境,石油天然气地质数据公开透明,石油和天然气资源自由定价等。据不完全统计,目前涉及页岩油气生产各环节的企业超过8000家,其中7900家以上是中小企业。美国页岩油气革命的成功,功在中小企业。为打破近年来油气生产停滞不前的局面,中国要进一步开放国内油气勘探开发活动,培养出众多拥有一定技术能力和经济实力的中小企业,让这些中小企业成为国内油气勘探开发市场主体,尽快使中国油气勘探开发出现美国页岩油气生产那样繁荣的局面,立足国内,实现并确保中国的"能源独立"。我们认为,大国实现能源独立不仅是可能的,也是现实的,我们可以通过复制美国的成功来实现中国的"能源独立"。

美国的新能源现实主义口号,当下非常值得我们学习和借鉴。目前,中国能源消费总量巨大,化石能源占绝对地位,鼓励、发展新能源和可再生能源,有环境和社会的意义,但传统化石能源的清洁化、高效使用更具现实意义,中国拥有十分丰富的煤炭和油气等传统化石能源资源,这些资源应在现代技术的驱动下被清洁、高效地使用,在支撑中国经济社会发展和保障中国能源安全的同时,充分发挥出传统化石能源资源应有的价值和作用。

增加进口能源产品,可以平衡中美两国的贸易,当然值得自豪并令人愉快,但我们更希望看到的是,2018年5月被摆上桌面的中美能源议题,是警醒,警醒我们必须采取更加积极的多种措施,加快实现中国的能源独立!

本文撰写于2018年5月

超越数字，扩大中美能源贸易带给我们的战略思考

两年 524 亿美元的能源进口不是难事，更为重要的是，我们应认真学习美国能源行业的成功经验，努力实现中国的能源独立。

2020 年 1 月 15 日，中美第一阶段经贸协议在美国首都华盛顿签署。至此，历时 22 个月的中美两国贸易争端告一段落。

两年从美国进口 524 亿美元的石油、天然气和煤炭等能源产品，无疑是中美经贸协议中最重要的，同时也是最具体的内容之一。对于中国来说，既有执行协议的现实市场条件，也可为改善能源安全起到一定的积极作用。更为重要是，作为世界第一大石油和天然气进口国，我们应认真学习美国实现能源独立的成功经验，努力实现中国的能源独立，这才是扩大中美能源贸易带给我们最重要的战略思考。

一、2017 年是中美能源贸易的元年，也是阶段性的高峰年

除净出口煤炭外，2016 年，美国仍是世界第一大石油进口国和天然气净进口国，当年中国从美国进口的能源数量不大，在两国庞大的经贸规模中几乎微不足道。2017 年，中美能源贸易规模急剧增加，中国成为美国某些能源资源出口重要的目的地，能源贸易在两国经贸关系中的地位日益重要。

2017 年，美国出口到中国的原油数量为 22.1 万桶/日，中国是美国第二大原油出口目的地国；出口到中国的油品数量为 22.6 万桶/日，中国是美国第五大油品出口目的地国。

由丙烷、乙烷、丁烷和天然汽油组成的烃类气体液，是美国出口的重要能源产品。2017年，美国出口到中国的烃类气体液数量为14.6万桶/日，占出口总量的10.4%，中国是美国第三大出口目的地国。

2017年，美国首次成为天然气的净出口国，出口到中国的天然气为1034.1亿立方英尺（约29.28亿立方米），占出口总量的14.62%。受冬季气荒的刺激，2017年10月至12月，中国从美国购买了创纪录的液化天然气，一跃成为美国第三大液化天然气出口目的地国。

2017年，美国煤炭出口量为9700万短吨，出口到中国的为323.82万短吨，占出口总量的3.3%，中国是美国第十大煤炭出口目的地国。

2018年6月15日，中美两国贸易争端开始，能源贸易成了重灾区。2018年，中国从美国进口的石油数量为37.4万桶/日，比2017年下降了16.33%；烃类气体液仅为8万桶/日，比2017年降幅高达45.21%；液化天然气为904.73亿立方英尺，比2017年下降了12.51%；煤炭为261.57万短吨，比2017年下降了19.22%。

进入2019年以后，随着两国贸易争端的不断升级，除极少量的原油和油品外，中国从美国进口的能源产品数量急剧下降，其中液化天然气基本归零，两国能源贸易事实上回到了2017年以前的状态。

因此，2017年不但是中美两国能源贸易的元年，更成为阶段性的高峰年。对于中美两国来说，2017年更重要的意义还在于，这一年中国超越美国成为世界第一大石油进口国，而美国成为天然气净出口国。正是双方在国际能源格局中地位的这一变化，为当前和未来中美两国之间扯不断的能源贸易关系埋下了伏笔。

二、迈向能源独立的背后，是美国拥有强大的能源，尤其是油气产业

得益于页岩革命的成功，今天的美国是世界第一大石油天然气生产国，正在实现能源独立。比枯燥的数字更重要的是，作为全球油气价格洼地造福百姓

的同时，高度的市场化使美国油气企业具有全球竞争力，也推动着全球能源格局正在发生积极的变化。

（一）能源独立的同时，大进大出充分利用国际国内市场

目前，美国是天然气和煤炭的净出口国，但仍净进口少量石油。初步统计，2019年美国石油净进口量为50万桶/日（2500万吨/年）。

1953年，美国成为能源净进口国，2005年能源对外依存度达到峰值30.15%。2018年，美国能源对外依存度下降到只有3.57%。2019年，美国能源生产和消费总量将基本持平。预计2020年，美国能源生产总量将大于消费量，首次成为能源净出口国，其中净出口石油的数量为80万桶/日。68年后的2020年，美国将实现能源独立。

2019年，包括天然气液在内，美国的石油产量为1704万桶/日（约为8.52亿吨/年），天然气干气产量为920亿立方英尺/日（约为9508.7亿立方米/年），煤炭产量为6.9亿短吨（约为6.26亿吨）。

实现能源独立，并不意味着美国只依靠本土所生产的能源资源。事实上，无论是石油、天然气还是煤炭，今天的美国都是有进有出，其中石油和天然气更是大进大出，充分利用国内国际两个市场。

从石油看，以2020年1月10日当周为例，美国原油产量为1300万桶/日，在出口348.1万桶/日原油、481.5万桶/日油品的同时，还进口了655.2万桶/日原油、181.8万桶/日成品油。

从天然气看，2019年10月，美国出口的天然气总量为4248.66亿立方英尺；从加拿大和墨西哥进口了2049.77亿立方英尺管输天然气，从特立尼达和多巴哥进口了55.32亿立方英尺液化天然气，从加拿大进口了2800万立方英尺压缩天然气，天然气进口总量为2105.37亿立方英尺。

从煤炭来看，2019年美国向世界40多个国家出口煤炭9200万短吨，但从世界约15个国家进口了497.38万短吨的煤炭，其中从中国进口的煤炭数量为2.3万短吨。

（二）能源价格洼地，油气企业却具强大的全球竞争力

美国号称是汽车轮子上的国家，汽油价格是上至总统下至百姓，都必须关心的话题。

2019年，全美普通汽油零售均价为2.6美元/加仑，比2018年低11美分/加仑，下降了4%。感恩节是美国最重要的节日之一，2019年感恩节期间美国有超过5500万人驾车旅行，是2005年以来人数最多的一年，节前周一，普通汽油零售均价仅为2.58美元/加仑。

天然气是美国消费的第二大能源。2019年，美国亨利中心天然气现货价格为2.57美元/百万英热单位，比2018年低60美分，是2016年以来的最低水平。2019年夏天，美国天然气现货价格更是创下了20年来的最低价。2020年1月15日，美国天然气期货价格仅为2.12美元/百万英热单位，是1996年1月以来的最低水平。

美国是世界第二大电力生产和消费国，仅次于中国，但人均电力消费是中国的2.7倍左右。2019年，除得克萨斯州部分地区外，美国平均电力批发价比2018年下降了15%~30%。2019年10月，美国民用电力零售价仅为12.84美分/千瓦时。

虽然国内能源价格极为低廉，但美国的能源企业却是世界竞争力最强的企业之一，低廉的国内能源价格并没有拖能源企业的后腿。

2019年世界500强最赚钱的50家公司中，美国埃克森美孚、雪佛龙，分别位列第16和26位，作为世界第二大和第四大公司的中国石化、中国石油榜上无名。作为2019年世界第八大公司的埃克森美孚公司利润，是中国石化、中国石油合计利润的2.57倍，中国所有上榜油气类能源企业的利润总和只有埃克森美孚的一半左右。

美国的炼油工业不但全球规模第一，竞争力更是最强的。2019年，美国炼油能力为1808.8万桶/日，2019年12月27日当周的加工负荷高达94.5%。近年来，美国炼厂加工负荷基本保持在90%以上，经常出现99%左右的高比例，世界绝无仅有。2019年12月6日当周，欧洲西北部布伦特原油裂解的毛

利为 1.71 美元 / 桶，美国中西部 WTI 原油焦化的毛利为 9.95 美元 / 桶，新加坡迪拜原油加氢的毛利仅为 0.38 美元 / 桶。正因为如此，油品成为美国出口最大的能源产品。

（三）拼抢市场份额，但带来了全球能源格局的积极改变

上任以来，作为美国总统，特朗普被视为美国能源行业第一推销员，向世界各国强推美国的石油、天然气和煤炭等能源资源。不管如何评价特朗普在对外贸易中强推能源产品的出口，但客观上，美国的强势进入，正在深刻并积极改变着全球能源市场的形势和格局。

全球石油市场进入供应宽松且价格相对合理的时期。从 2017 年 1 月 1 日开始，欧佩克联合俄罗斯等世界主要石油生产国，开始限产，并在 2020 年 1 月 1 日加码，以求稳定国际石油市场。与进入 21 世纪前 15 年相比，国际石油市场进入供应宽松的时期，国际油价从 100 多美元 / 桶的高位，回落到 60 美元 / 桶左右的水平。

全球天然气市场寡头操控的时代已经过去。多年来，全球天然气市场控制在俄罗斯和卡塔尔等少数国家手中。随着澳大利亚，特别是美国液化天然气生产能力的迅速增加，并更多地通过现货交易来抢占市场份额，"30 年照付不议"合同、与油价挂钩等传统模式逐渐瓦解，全球化的、更加公开透明的天然气市场正在形成。

争取市场份额、尽快兑现油气资产价值成为全球油气生产和出口国共同追求的目标。长期议而不决的中俄东线天然气工程不但很快上马，而且迅速通气；俄罗斯不顾美国的公开反对，积极推动北溪天然气 2 号管道项目；作为政府心头肉的沙特阿拉伯阿美石油公司，也不顾一切地公开上市。客观地说，上述变化有利于世界经济的稳定和增长，更有利于作为世界第一大石油天然气进口国的中国。

从当前美国能源行业的现实看，能源独立应具有三重含义：一是总量上，不依赖进口能源，成为净出口国，但同时充分利用国际国内两个市场，实现能源资源的最佳配置；二是国民享受最经济的消费能源价格，最大限度地得到能

源独立的福利，但同时能源企业也取得优异的经营效益，具有全球市场竞争能力；三是努力为自己的能源企业争取最大国际市场份额的同时，给世界人民送去能源独立的福祉，推动全球能源市场合理公平地运行，全球能源行业健康稳定地发展。

三、比进口更多能源更重要的是，应认真学习美国能源独立的成功经验

两年进口美国 524 亿美元能源产品，不是一件难事，重要的是，我们应充分利用贸易协议签署使中美两国经贸关系改善的机会，认真学习美国能源独立的成功经验，努力实现中国的能源独立。

（一）对部分国家、地区的过度依赖和价格的不合理，是中国油气安全的两大核心问题

目前，中国是世界第一大能源消费国，第一大石油天然气进口国。2019年，中国进口原油 5.1 亿吨，进口占原油加工量的 78.46%；进口天然气 9656 万吨，占消费总量的 45.2%；进口煤炭 3 亿吨。过高的能源对外依赖，是当前我们必须面对的重大安全问题。

从供应看，目前国际市场供应宽松，总量上中国进口石油和天然气都有充足的资源保障。但是，比总量更加突出的是，无论是石油或是天然气，中国已对部分国家和地区形成了较高程度的依赖。俄罗斯、沙特阿拉伯分别占中国进口原油的近 20%，进口原油一半以上来源于动荡的中东地区；澳大利亚占中国进口液化天然气 40% 以上，管输进口天然气中的约 80% 来源于土库曼斯坦。

对某些地区和国家进口过高的依赖，带来了进口价格的不合理和不公平。从天然气看，来源于卡塔尔等国过高的价格，使有关企业背上了长期亏损的包袱。从石油来看，沙特阿拉伯等中东石油出口国长期对包括中国在内的亚洲市场，存在不合理的"亚洲溢价"。近年来，由于中东地区的持续动荡，品质最差的阿曼原油期货价格不但超过了 WTI，而且 2019 年以来逐渐超过布伦特，成为全球最贵的原油，沙特阿拉伯和科威特等将阿曼原油正式定为向中国和亚

美国到底向中国出口了多少能源资源?

在 2017 年大幅度增长的基础上,截至 2018 年 7 月,美国向中国出口的原油、油品、液化天然气和煤炭等能源资源数量,都在持续增长。

目前,美国是世界第一能源生产大国,而中国是世界第一能源消费大国。近年来,随着美国石油天然气产量和出口量的不断增长,中美两国之间的能源贸易关系也日益紧密,以原油、油品、丙烷、液化天然气和煤炭等为主的能源资源,日益成为两国间贸易的重要商品,也是当前形势下多方非常关注的话题。

依据美国能源信息署的最新统计数据,本文将简要地分析并通过图表等展示,介绍 2017 年和 2018 年上半年美国向中国出口的原油、油品、丙烷、液化天然气和煤炭等能源资源的情况。需要说明的是,本文所采用的数据,仅来源于美国能源信息署,没有用中国官方的统计数据加以对比和核实,可能存在一定的差异,仅供参考。

一、2017 年是中美能源贸易的元年

当前,美国是世界第一大油气生产和消费国,截至 2016 年仍是世界第一大原油进口国和天然气净进口国,中美两国之间基本不存在有重要意义的能源贸易关系。

2016年,中国从美国进口的原油和油品为 20.3 万桶/日,其中原油仅为 2.2 万桶/日,烃类气体液为 11.5 万桶/日,液化天然气为 172.21 亿立方英尺(约

4.88亿立方米），煤炭为99.59万短吨（约90.35万吨），这些数据在两国经贸关系中几乎都微不足道。

不过，从2017年开始，中美两国之间的原油、丙烷和液化天然气等贸易数量急剧增加，中国成为美国某些能源资源出口重要的目的地，能源贸易在两国经贸关系中的地位日益重要。因此，从行业研究和企业实务看，2017年可以视为中美两国能源贸易的元年。

二、原油和石油产品的出口情况

2017年，美国原油和石油产品出口的数量为637.6万桶/日，前五大出口目的地国为：墨西哥第一，108.1万桶/日；加拿大第二，87.1万桶/日；巴西第四，39.5万桶；日本第五，35万桶/日。中国位居第三，为44.7万桶/日，占当年美国原油和石油产品出口的7%。

2017年美国原油出口数量为115.8万桶/日，中国是美国第二大原油出口目的地，占当年美国原油出口数量的19.08%，仅次于加拿大的29%，大大高于第三名英国的9%和第四名荷兰的8%，当年美国每天向中国出口原油的数量为22.1万桶（图3-33）。

图3-33　2016—2018年7月美国向中国出口原油统计
资料来源：美国能源信息署，2018年9月28日。

2018年上半年，中国从美国进口的原油持续增长，并成为美国第一大原油出口目的地国，数量为37.6万桶/日，而传统是美国原油出口第一大国的加拿大则下降到第二位，为33.4万桶/日。中国从美国进口的原油，主要来源于墨西哥湾地区。2018年7月份，美国向中国出口原油的数量进一步增长，为38.4万桶/日。

2017年是中美两国能源贸易中具有特殊意义的一年，就是在这一年，中国首次超过美国成为世界第一大原油进口国，当年中国原油进口的数量为840万桶/日，而美国为790万桶/日。

石油产品是2017年美国出口石油中的大头，数量为521.8万桶/日，占原油和石油产品出口总量的81.84%。其中，向中国出口的油品数量为22.6万桶/日，位居第五，占美国油品出口总量的4.33%。2018年上半年，美国向中国出口的油品数量为18.73万桶/日，7月份下降到16万桶/日。

三、烃类气体液和丙烷的出口情况

由丙烷、乙烷、丁烷和天然汽油组成的烃类气体液，是美国出口的重要能源产品，2017年出口数量为140.4万桶/日。第一大出口目的地国为加拿大，数量为24.7万桶/日；日本第二，为22.5万桶/日。中国是美国烃类气体液第三大出口目的地国，2017年数量为14.6万桶/日，占出口总量10.4%。2018年上半年，美国向中国出口的烃类气体液日均为9.82万桶，7月份上升到12.3万桶/日。

2017年，美国丙烷的出口数量为91.4万桶/日。第一大出口目的地国是日本，数量为21万桶/日；墨西哥第二，为13.8万桶/日。中国是2017年美国第三大丙烷出口目的地国，数量为12.6万桶/日，比重为13.79%，占当年中国进口丙烷总量的25.25%，事实上是中国第一大丙烷进口来源国。2018年上半年，中国仍是美国第三大丙烷出口目的地国，日均数量为7.82万桶，7月份为9.1万桶/日。2018年1—7月美国向中国出口的石油资源统计如表3-6所示。

表 3-6　2018 年 1—7 月美国向中国出口的石油资源统计

单位：千桶/日

2018 年	原油	油品	烃类气体液	丙烷
1 月	313	194	135	102
2 月	382	227	94	94
3 月	380	215	117	100
4 月	248	178	82	69
5 月	427	141	52	37
6 月	510	169	109	67
7 月	384	160	123	91

注：丙烷数量含在烃类气体液中。
资料来源：美国能源信息署，2018 年 9 月 28 日。

四、液化天然气的出口情况

2017 年，美国首次成为天然气的净出口国，平均每天出口液化天然气的数量为 19 亿立方英尺，其中的 14.62% 出口到了中国，合计数量为 1034.1 亿立方英尺（约 29.28 亿立方米），价格为 4.32 美元/千立方英尺，中国是美国第三大液化天然气出口目的地，仅次于墨西哥和韩国。2017 年，中国超过韩国成为世界第二大液化天然气进口国。

2018 年上半年，中国仍是美国第三大液化天然气出口目的地国，仅次于韩国和墨西哥，累计进口的数量为 619.24 亿立方英尺（约 17.53 亿立方米）（图 3-34），7 月份的数量为 106.44 亿立方英尺（约 3 亿立方米）。2018 年 1—7 月份，中国从美国进口的液化天然气月度波动幅度很大，4 月份最高为 175.09 亿立方英尺，而 6 月份则低到了不可思议的 29.26 亿立方英尺，7 月份又回升到 106.44 亿立方英尺。

2018 年以来，与进口数量波动大相一致的是，美国向中国出口的液化天然气价格波动也较大，4 月份为 3.67 美元/千立方英尺，6 月份最高为 6.56 美元/千立方英尺，而到 7 月份则下降到了 3.53 美元/千立方英尺（表 3-7）。

图 3-34　2018 年 1—7 月美国向中国出口液化天然气统计

资料来源：美国能源信息署，2018 年 9 月 28 日。

表 3-7　2018 年 1—7 月美国向中国出口的液化天然气统计

2018 年	数量，百万立方英尺	价格，美元/千立方英尺
1 月	13584	4.84
2 月	6750	5.93
3 月	10739	4.20
4 月	17509	3.67
5 月	10416	4.31
6 月	2926	6.56
7 月	10644	3.53

资料来源：美国能源信息署，2018 年 9 月 28 日。

五、煤炭的出口情况

2017 年，美国煤炭出口量为 9700 万短吨（约 8799.84 万吨），出口到世界 42 个国家，其中向中国出口的煤炭为 320 万短吨（约 290.3 万吨），占当年美国煤炭出口总量的 3.3%，是美国第十大煤炭出口目的地国。中国从美国进口的煤炭中，90% 是冶金煤，主要用于钢铁行业。

2018 年上半年，美国煤炭的出口数量为 5809.64 万短吨（约 5270.5 万吨），比 2017 年同期大幅增长了 31.7%，平均出口价格为 104.44 美元/短吨，比

2017年同期下降了5.5%。其中，向中国出口煤炭的数量为203.76万短吨（约184.85万吨），比2017年同期增长了16.5%，平均出口价格为128.96美元/短吨，比2017年同期增长了4.7%。

本文撰写于2018年10月，修改更新于2020年8月

中美能源贸易：数字和困扰

2017年是中美能源贸易的元年，第四轮油价暴跌加大了完成第一阶段能源贸易目标的难度，中美两国应更多地关注能源贸易业务的稳定。

2020年1月15日，中美两国在美国华盛顿签署《中华人民共和国政府和美利坚合众国政府经济贸易协议》，根据协议"第6.2条贸易机会"中的1.3款的规定，在2017年基数之上，2020日历年中国自美国采购和进口的能源产品，规模不少于185亿美元，2021日历年不少于339亿美元。

中国是世界第一大能源消费国和第一大石油、天然气进口国，美国是世界第一大石油和天然气生产国，两国存在扩大能源贸易的坚实基础和现实可能。统计数据显示，近年来中美能源贸易虽然增长迅速，但波动大，非常不稳定，不利于两国贸易活动的正常开展，要完成协议设定的能源贸易额目标，在双方共同努力积极推进能源贸易的正常开展外，需在目标的设定上更多地关注贸易货物量而非贸易的货值。

一、2017年是中美能源贸易的元年

除净出口煤炭外，2016年，美国仍是石油和天然气净进口国，当年中国从美国进口的能源数量不大，在两国庞大的经贸规模中几乎微不足道。不过，从2017年开始中美两国的能源贸易规模急剧增加，中国成为美国某些能源资源出口重要的目的地国，能源贸易在两国经贸关系中的地位日益重要。

2017年，中国是美国第二大原油出口目的地国，第五大油品出口目的地国，第三大烃类气体液出口目的地国，第三大液化天然气出口目的地国和第十大煤炭出口目的地国。

据美国商务部的统计数据，2017年，美国对中国出口商品的总值为1303.7亿美元。根据查询到的数据，据不完全统计，2017年中国从美国进口的能源商品价值约61亿美元，仅占当年美国出口中国商品总值的约4.68%。

二、2016年以来中美两国能源贸易增长迅速但极不稳定

自2016年以来，中国从美国进口原油、油品、烃类气体液、液化天然气和煤炭等几乎全部能源商品，双方能源贸易开始时间虽然较晚，但增长迅速，不过其中的原油、液化天然气等贸易非常不稳定。

（一）中美两国的原油贸易开展虽晚但增长迅速

2016年1月，美国解除了延续40年之久的原油出口禁令，同年2月中美两国之间即开始了原油贸易。

根据美国能源信息署的统计数据，按年统计，2016年，中国从美国进口原油的数量为797.8万桶（约合109.29万吨），2017年为8073.2万桶（约合1105.92万吨），2018年增长到8427.4万桶（约合1154.44万吨），2019年为4868万桶（约合666.85万吨）。

按月进行细分，2016年2月以来，中美之间的原油贸易，存在一定的起伏。2016年10月至2018年7月，中国稳定地每月都从美国进口原油。2019年，除1月和10月两个月份外，中美之间的原油贸易正常开展了10个月。2020年1月、2月，中国没有从美国进口原油，3月份恢复，当月进口数量为10.8万桶/日。

从月均原油进口数量来看，2018年3月，中国从美国进口原油的数量最高，为46.9万桶/日；不包括没有进口业务的月份，2018年11月最低，仅为8000桶/日（图3-35）。

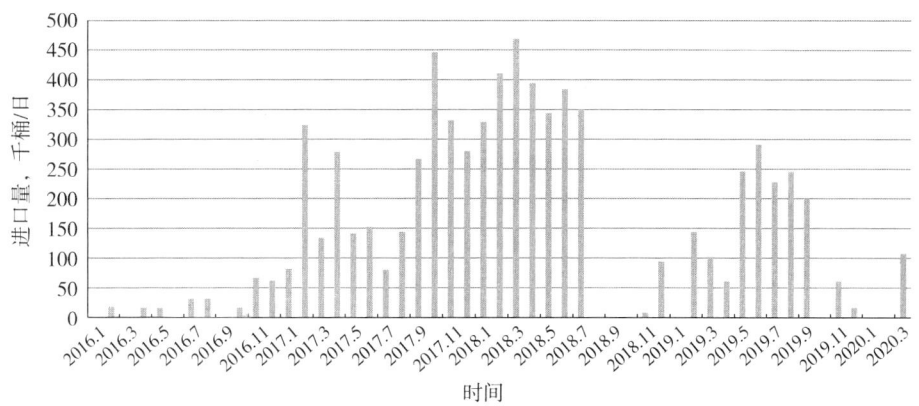

图 3-35 2016 年 1 月至 2020 年 3 月中国月度进口美国原油数量
资料来源：美国能源信息署，2020 年 5 月 29 日。

中美之间的原油贸易，占美国原油出口的比重不大，而且波动非常之高。2016 年，中国从美国进口的原油，仅占美国原油出口总量的 3.69%；2017 年上升到最高比重，为 19.11%，中国仅次于加拿大，成为美国第二大原油出口目的地国；2018 年下降到 11.27%，2019 年更是大降到 4.48%，2020 年 3 月仅为 3.04%。

（二）中美两国的油品贸易开展早且较为稳定

与原油相比，中美之间的油品贸易开展时间较早，早在 2004 年，中国就从美国进口油品，2009 年后数量逐渐增大，2017 年达到近年来的最高值，为 8246.2 万桶。

从美国能源信息署的统计数据看，与原油、液化天然气相比，中美两国之间的油品贸易非常稳定，自 2004 年 1 月 1 日以来，虽然数据上有起伏，但贸易关系一直正常维持，没有发生如同原油、液化天然气那样的中断。

从月度数据看，2017 年 10 月，中国从美国进口的油品数量最大，为 32.6 万桶/日。2020 年前三个月，分别为 9.8 万桶/日、8.2 万桶/日和 14.3 万桶/日（图 3-36）。

美国拥有世界最强大的炼油工业，2019 年 1 月 1 日，可以运营的常压原油蒸馏能力为 1880 万桶/日历日，成品油是美国能源出口的最大品种，2017

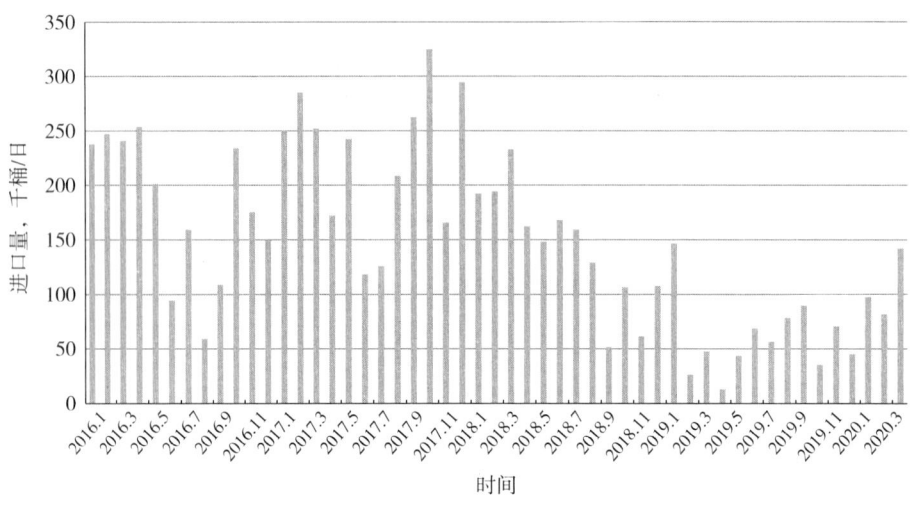

图 3-36　2016 年 1 月至 2020 年 3 月中国月度进口美国油品数量
资料来源：美国能源信息署，2020 年 5 月 29 日。

年以来日均出口量超过 500 万桶/日，2019 年为 552.2 万桶/日，中间馏分油、丙烷和车用汽油（包括调和组分）是美国出口的三大成品油产品。中美两国之间的油品贸易之所以保持稳定，主要是中国从美国稳定地进口丙烷，美国事实上是中国第一大丙烷进口来源国，中国是美国第三大丙烷出口目的地国。

（三）中美两国的烃类气体液贸易未来增长空间大

美国是世界第一大天然气生产国，由此带来的由乙烷、丁烷和天然汽油等组成的烃类气体液成为美国出口的重要能源产品，2016 年美国烃类气体液的出口量超过 100 万桶/日，为 121.1 万桶/日，2019 年大涨到 182.2 万桶/日。其中，由于美国生产的页岩气中富含乙烷，含量往往在 10% 以上，贝肯盆地等部分产区的页岩气中乙烷甚至达到 25%，美国成为世界上最主要的乙烷生产和出口国，乙烷也是美国烃类气体液出口的主要品种。

根据美国能源信息署的统计，从 2014 年以来，中国从美国进口的烃类气体液数量就不断增长。2014 年为 623.1 万桶，2015 年大增到 4105.2 万桶，

2017年最高，为5341.9万桶，2019年基本下降到2014年的水平，仅为672.7万桶。

2020年前三个月，中国仍在稳定地进口美国的烃类气体液，其中1月份为3.7万桶/日，2月份为4.8万桶/日，3月份大幅增长到9.4万桶/日（图3-37）。

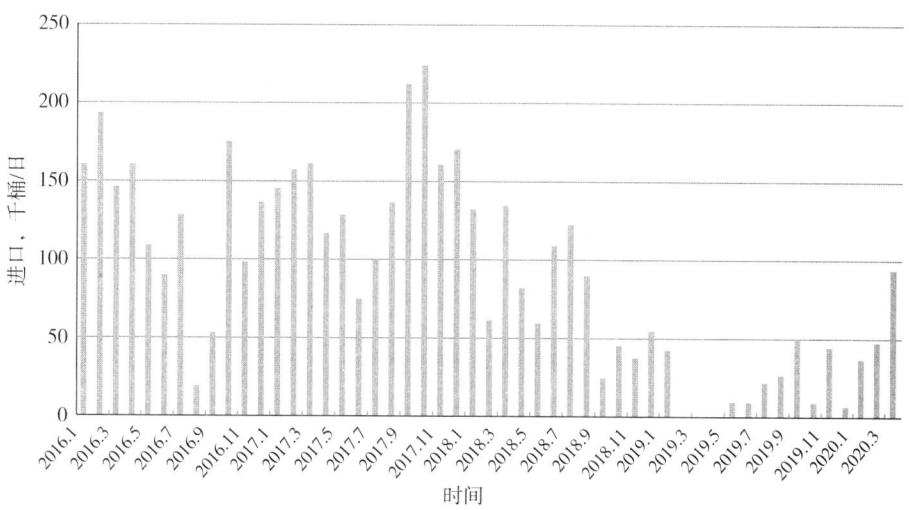

图3-37　2016年1月至2020年3月中国月度进口美国烃类气体液数量
资料来源：美国能源信息署，2020年5月29日。

从所占比例看，2014年中国从美国进口的烃类气体液仅占美国当年出口总量的2.43%，2017年上升到10.42%，2020年3月又下降到仅为4.39%。

据不完全统计，中国有20多个乙烷制烯烃意向项目申报有关政府部门核准，产能合计约为3500万吨/年，每年消耗的乙烷原料资源约为4600万吨，除少量国产乙烷外，绝大部分需要进口。位于江苏泰兴的新浦化学110万吨轻烃综合利用项目，2019年8月19日一次开车投料成功。美国乙烷公司是中国多个乙烷制烯烃项目的原料供应商，签署的合同总金额已超过600亿美元。

（四）中美两国的液化天然气贸易非常不稳定

根据美国能源信息署的统计资料，中美之间的液化天然气贸易，起于2016年7月，当年7月、11月和12月三个月有交易量。2017年9月至2018年8月间，最为正常和稳定，每月都有交易量。按年看，2018年中美两国的液化天然气贸易最为正常，除9月份外，11个月都有交易量。2019年3月至2020年2月的12个月里，中国从美国进口的液化天然气归零，2020年3月恢复。

2016年7月至2020年3月，中国从美国进口的液化天然气共计69船，累计数量为2356.53亿立方英尺（约合66.73亿立方米），占2016年2月以来美国液化天然气出口总量的5.2%，是美国液化天然气出口第六大目的地国。其中，2017年10月进口量最大，为245.88亿立方英尺；2020年3月，为176.99亿立方英尺（图3-38）。

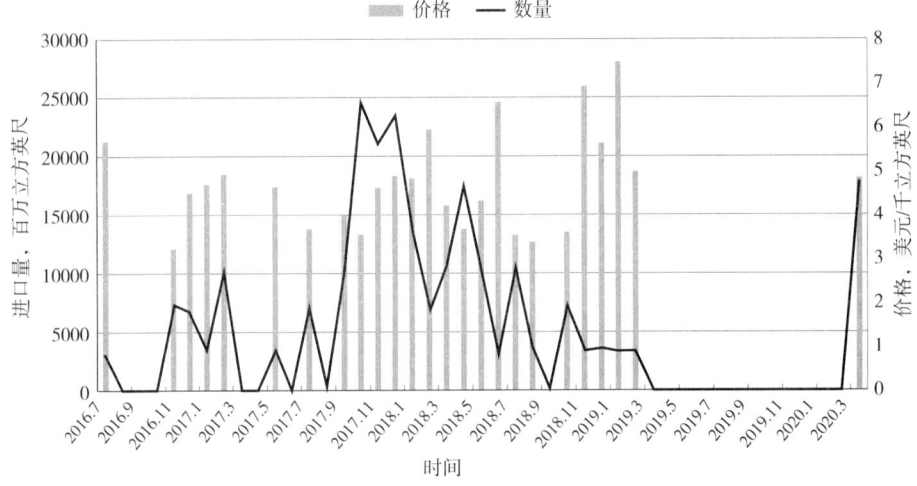

图3-38 2016年7月—2020年3月中国月度进口美国液化天然气数量和价格
资料来源：美国能源信息署，2020年5月29日。

根据美国能源部化石能源办公室出版的2020年5月的《液化天然气月报》，2020年3月，美国计有5船液化天然气出口到中国，分别为：2020年3月26日、27日，连续两船从萨宾帕斯出口到中国，为长期合同，数量分别为3408332百万立方英尺和3488317百万立方英尺；2020年3月22日，一船从卡梅伦终端出口到中国，为长期合同，数量为3805642百万立方英尺；2020年3月21日、31日，两船从自由港终端出口到中国，为长期合同，数量分别为3709702百万立方英尺和3286881百万立方英尺。

2016年7月以来，中国从美国进口的液化天然气均价为4.726美元/千立方英尺。其中，2016年11月价格最低，为3.21美元/千立方英尺；2019年1月最高，为 7.47 美元 / 千立方英尺；2020 年 3 月，价格为 4.83 美元 / 千立方英尺。

（五）中美两国的煤炭贸易持续时间长但数量有限

中国是世界第一大煤炭生产国和消费国，但是，多年来中国与美国之间仍保持一定的煤炭贸易关系，主要是中国从美国进口少量的冶金煤，用于钢铁行业。

2012 年，是近年来中国从美国进口煤炭数量最多的年份，当年中国从美国进口了 1005.5 万短吨的煤炭，其中 688.32 万短吨为冶金煤。自此之后，中国从美国进口煤炭的数量就不断下降，2015 年下降到仅为 22.99 万短吨，2017 年增长到 323.82 万短吨，当年中国是美国第十大煤炭出口目的地国，占美国煤炭出口总量的 3.34%。

2018 年，中国从美国进口的煤炭为 261.57 万短吨，2019 年仅为 117.31 万短吨。

2012 年，美国向中国出口的煤炭价格为 125.03 美元 / 短吨，2015 年为 99.23 美元 / 短吨，2016 年之后上涨到 100 美元 / 短吨之上，其中：2016 年为 126.35 美元 / 短吨，2017 年为 122.44 美元 / 短吨，2018 年为 119.11 美元 / 短吨，2019 年为 109.15 美元 / 短吨（图 3-39）。

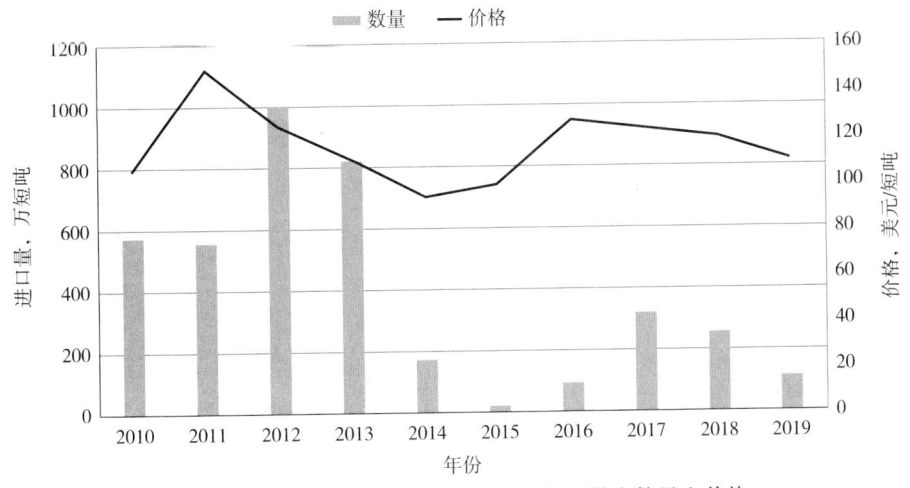

图 3-39　2010—2019 年中国进口的美国煤炭数量和价格

资料来源：美国能源信息署，2020 年 4 月 1 日。

三、中美两国能源贸易的困扰及未来的进一步改善

由于众所周知的原因,如同其他贸易一样,中美两国的能源贸易面临较大的困扰,第四轮油价暴跌,加大了能源贸易协议的执行难度。

(一)中美两国能源贸易面临的困扰

2016年以来的统计数据直白地表明,中美两国能源贸易的最大的困扰,就是不稳定,交易量的波动非常大,不少月份直接归零。

从美国能源信息署的统计数据看,截至2020年第一季度,除液化天然气外,中国从美国进口的所有其他能源产品数量,均小于2017年同期。其中,液化天然气为2017年同期的1.29倍,但原油进口数量仅为2017年同期的不到20%,油品不到41%,烃类气体液不到39%。因此,有媒体报道称,2020年第1季度,中国从美国进口的能源商品,落后双方的协议进度92%。

2020年上半年,发生了史上第四轮油价暴跌。以WTI为例,2020年1月1日至6月16日,均价仅为37.39美元/桶,价格下跌了37.42%;而2017年1月2日至6月16日,WTI均价为50.59美元/桶,是2020年同期的1.35倍。原油价格的暴跌,除直接影响原油业务的贸易额外,也将不可避免地影响到以原油价格为参照的成品油、烃类气体液贸易的计价。

液化天然气现货价格虽然也同原油价格一样剧烈波动,但美国出口到中国的液化天然气价格较为稳定。2017年1月和2月,美国出口到中国的液化天然气均价为4.81美元/千立方英尺,2020年3月的价格为4.83美元/千立方英尺,略高于2017年同期。

(二)中美两国能源贸易应更多地关注贸易量和业务的稳定

根据2020年1月15日中美两国签署的协议,2020年和2021年中国从美国进口能源产品设定的目标为金额,而非实物货量。

国际贸易的一般常识是,某种商品的单价金额越高,这种商品的货值也就越高,因此要实现中美两国能源贸易协议设定的目标,一是要保证一定的贸易量,二是要保证能源商品稳定的价格。

从截至 2020 年第 1 季度的统计数据对比中可以看出，要完成第一阶段 2020 年中美两国设定的能源贸易目标，在液化天然气进口数量保持稳定的同时，2020 年第 2 至第 4 季度的三个季度时间里，中国将不得不进一步加大原油、油品等能源产品从美国进口的数量。

第四轮油价暴跌给我们的启示是，中美两国双方都应该认识到，由于国际石油价格的高度波动性及其对其他大宗商品价格的直接影响，未来中美两国，或世界上其他国家，在谈判和商定商品贸易等协议时，更多要考虑的是商品的贸易数量，而非商品的货值，因为商品的价格与商品的货物量相比，更难把握和控制，更多的是受市场的影响，不是人为所能努力和控制的，落实协议的难度较大。

2020 年 6 月 15 日，美国《华尔街日报》发表文章称，全球贸易前景暗淡之际，对华贸易成为美国外贸的亮点，4 月份中美双边贸易额增至 397 亿美元，较 3 月份增长近 43%，超越美国与墨西哥和加拿大的贸易额。其中，中国对美国玉米、小麦和大豆等农作物的采购量超过了贸易争端之前的水平，截至 6 月 4 日的 5 周中，来自中国的采购量占美国大豆总销售量的三分之二左右。从我们目前得到的有关消息看，中美双方有关部门、媒体都普遍认为，虽然存在一定的困难，但中美第一阶段经贸协议有望如期完成。因此，我们相信，2020 年剩下的时间里和 2021 年，中美两国之间的能源贸易也将能顺利地开展。

本文撰写于 2020 年 6 月

后　记

本书是一部既从宏观，但更多的还是从微观层面，通过大量的数量和图表，分析、展示和说明当前美国能源行业方方面面的专门书籍。作为现代石油工业的诞生地，19世纪末和20世纪二三十年代美国经历了两次石油大繁荣，石油为美国社会创造了巨额财富，并使美国成为两次世界大战的油源供应地。从20世纪90年代后半期开始，通过近20年的努力，页岩革命使美国于2017年重新夺回世界第一石油生产大国的宝座，石油第三次使美国站到了全球能源舞台的中央，时隔67年之后的2019年能源出口大于能源进口，美国实现了能源独立，美国的能源行业正在重回"黄金时代"。

编辑并出版本书，源起于2019年8月初一次讨论中美能源贸易问题的会议。2019年9月，利用一个月闭门学习的时间，完成了1986年至1994年所写文章的整理工作，2019年10月1日之后又完成了1994年至2017年撰写文章的整理。上述工作完成后统计发现，截至2019年11月底公开发表了180多篇文章，其中有40多篇，是讨论美国石油、天然气和能源形势的，因而产生了将这些文章集结成一本有关美国能源独立话题的专集，而选择1986年至2019年年底80篇有代表性的文章作为文集。正是出于这样的考虑，2019年12月初，形成了2020年6月由石油工业出版社出版的《石油的谜·思》文集和这本《石油的奇迹：数说美国能源独立》专集书稿的资料。

自1985年9月开始学习世界石油问题以来，美国的石油和能源问题就一直是学习、思考和关注的重点，很多文章中不可避免会谈到美国，也撰写过有关美国石油和能源问题的专题文章。参加工作，特别是加入中国中化集团公司后，业务工作中与美国同行打交道成了常态，期间多次参加中美油气工业论坛等双边、多边的对话交流等活动，是近20多年来中美能源合作和交流的参与者及见证人。不过，客观地说，对美国石油和能源问题真正投入精力进行系统性和较全面研究的，还是2018年8月之后。

2018年8月6日，拙作《从能源数据看中美差距》在《财经》杂志发表并于网络上刊登后，引起了较大的反响，文章不但被广泛转发，还有曾任国家能源主管部门的老领导、行业专家等撰文与我讨论中美能源问题，更有行业杂志刊发了讨论和分析我的观点的文章。看了这些评论和讨论后，本计划写一篇回应的文章，但在准备过程中，文章越写越长，数据越来越多。考虑到这些数据对公众、包括专业的研究人员能更好地了解美国能源的情况，并从阅读体验友好的角度，一篇文章不宜过长，因此，将原计划的一篇文章改成了由10篇文章组成的系列，从不同的角度介绍美国能源的基本情况，每篇文章控制在2500～3000字，这样就形成了"美国能源知多少系列"，并从2018年10月1日起由个人的自媒体"全说能源"逐日刊发。与此同时，收集到的美国能源问题的资料越来越多，2018年年底"美国能源知多少系列"扩展到了20篇，2019年又撰写了20多篇与美国能源问题有关的文章。这样，到2019年11月底，形成了上述40多篇有关美国能源问题的文章，资料的收集和整理已进入了较为完善的程度，对美国石油、天然气等能源问题研究的广度和深度已与过去不可同日而语，对美国有关能源问题的认识也日益深入和成熟。

与此同时，众所周知的是，从2018年3月下旬开始，中美两国的贸易争端不断升温。在多轮的贸易谈判中，能源贸易一直就是中美两国讨论的主要话题之一，也是双方都寄希望有助于解决贸易争端的重要手段之一。从2018年5月中美两国发表第一个双边经贸磋商联合声明开始，应有关媒体朋友的邀请，我就连续撰写并发表了多篇有关中美能源贸易和合作的文章，在中美油气工业论坛上就加强两国的能源合作与交流发表演讲，并应邀就中美能源贸易进行公开的讲座。正是通过这些活动，使我对中美两国的能源合作和交流，有了更高层次的认识和理解。

2019年12月中旬,《石油的谜·思》文集完成了整理工作,书稿正式提交石油工业出版社后,着手规划并准备本书资料的整理、收集和有关数据的更新工作。2020年春节之后,新冠肺炎疫情越来越严重,不过基本上没有对个人的日常工作和研究产生实质性的影响,每天照旧正常上班。在处理日常工作和研究任务的同时,关注美国能源信息署等官方机构有关2019年能源统计数据的出版和更新成了自己日常工作的重要内容之一。这样,从2020年年初开始截至8月18日,依据美国能源信息署发布的有关美国能源行业最新资料,并同时为分析这一期间的美国能源有关最新动向和话题,新撰写了15篇有关美国能源问题的文章,从而使得有关美国能源独立专集的数据做到了最新,分析和认识也更加全面。

鉴于美国能源信息署已陆续出版2019年美国的能源统计数据,部分新撰写的文章已经完成,《石油的奇迹:数说美国能源独立》内容基本成形,从2020年7月1日开始至8月18日对全部文章进行归纳、整理,撰写有关说明性、总结性的文章,从而形成了由三编、55篇文章和5篇总结、说明性文字构成的书稿。第二编"美国能源知多少"是本书最基础的部分,因此从7月27日至8月18日耗时约20多天,对这部分的25篇文章进行了全部数据更新和部分重写,主要数据更新至2019年年底,部分数据更新至2020年7月31日,并于9月中旬对其中的部分数据进行了统一。

本书最早的一篇文章发表于2017年11月下旬,是赴宁波参加第17届中美油气工业论坛后所撰写的随笔,最后一篇文章撰写于2020年8月中旬,讨论的是美国可再生燃料的生产和消费情况。因此,本书是近四年来,个人对美国能源问题的集中研究成果和心得,也应该是市面上以翔实的数据,全方位展现当前美国能源形势最新的和最全面的书籍。本书能够成形、集结成集并正式出版,需要感谢行业内外很多的领导、同仁和各界朋友们。

首先,需要感谢的,是国家发展和改革委员会原副主任、国家能源局原局长张国宝先生和中国能源网首席信息官韩晓平先生。2018年8月6日,拙作《从能源数据看中美差距》在《财经》杂志发表并于网络上刊登后，影响较广，评论甚多，其中最有影响和代表性的有：8月10日张国宝先生撰写了《中美能源的客观比较》，从6个方面讨论中国能源存在的优势；8月15日韩晓平先生发表《也谈从能源数据看中美真实差距》，从7个方面谈了对中美能源对比的看法；2018年第9期的《节能与环保》杂志，发表了韩晓平先生的特稿《中美贸易战中的中国能源行业更需要冷静和自信》，从7个方面与我探讨对中美能源行业、中美能源贸易等问题。正是张国宝先生和韩晓平先生等的这些文章及社会的广泛关注，促使我撰写了20多篇的"美国能源知多少系列"文章，形成了本书的主体内容，并使我对美国能源问题持续长期关注和跟踪研究。

自2003年下半年开始，我参与了国家发展改革委及其所属的能源局和后来的国家能源局大量工作，期间张国宝先生作为分管能源工作的副主任和首任国家能源局局长，日常工作中经常打交道。张国宝先生对中国能源行业情况非常熟悉，很多数据能脱口而出，给我留下了深刻的印象。尤其记忆深刻的是，日常工作中就有关材料中的名词、说法或数据，张国宝先生经常直接到拥挤的办公室与我和大家进行讨论，直到清楚和明白了为止。多年来，张国宝先生给我所在企业相关业务提供了非常重要的支持、指导和帮助，我个人不断提高的对中国和世界能源问题的认识及看法也从张国宝先生处受益匪浅，在此仅以个人的名义深表感谢。2019年10月4日，张国宝先生仙逝，愿先生安息。

其次，本书能够成形，要感谢的是2017年以来媒体界的众多朋友们，正是在你们索稿的不断催促和重压下，迫使我在不到三年的时间里撰写了50多篇有关美国能源问题的文章，为本书的出版发行准备了充足的内容和丰富的数据。这些朋友们包括《财经》杂志、《中国石油报》、《石油商报》、《中国电力报》、《中国石油化工》杂志、环球网、澎湃新闻网和新浪网等，还有大量看到个人文章后给予推荐、转载的媒体及朋友们。鉴于在拙著《石油的谜·思》中已经列出众多朋友们的大名，在此就不再重复了，衷心感谢朋友们近三年来给我提供的无私帮助和持续的鞭策。

再次，感谢大量的行业领导、同仁和研究界的众多朋友们。本书来源于

后记

2019年8月的一次中美能源问题的研讨会，书中的很多文章也来源于差不多类似的会议及研究界的或内部或公开的研讨及观点、思想碰撞等，这些活动对我的启发很大，促使我不断加强对美国能源问题的研究，收集更多的资料。本书中的大部分文章，就是在这种背景下撰写和产生的。在此对诸位在研究工作中的讨论、观点和意见及其对我的启示，表示衷心的感谢。

最后，感谢我的几位同事。姜霖和王海滨同志，承担了大量日常工作，使得我有精力和时间得以专心研究，在拙著《石油的时代》和《石油的谜·思》写作期间如此，本书撰写期间也是如此；个人自媒体在准备、上线和日常维护中，得到了孙黎明同志和其专业的同事们的大力支持、指点和帮助。在此，再次衷心感谢各位数十年来，默默无私的帮助和支持！

需要说明的是，构成本书的55篇文章，绝大多数是时评性的文章，不是严格意义上的学术论文。本书所引用的资料和数据，主要来源于美国能源信息署的官方报告和统计。虽然尽最大努力力求使数据保持一致，但由于文章撰写的时间不同、引用资料出版的时间不同等多方面的原因，同一名词或概念下的数据会有一定的差异，代表的是不同时点的结果；美国能源信息署很多报告和统计数据，为了简化，经常只将数据取整或仅取小数点后一位，且一再注明，由于统计误差，各分项的合计不一定等于100%。以上，特此说明，并请予以理解。美国能源信息署提供的种类繁多的官方报告和能源统计数据，不但来源可查，更重要的是数据非常系统并可长达70多年进行溯源。因此，本书既是一本分析美国能源行业最新形势的专业书籍，同时也是一本有关美国能源行业较全面的和最新的数据集。在此，向美国能源信息署表示感谢，当今世界上没有第二个国家能有如此丰富、系统、及时和公开的能源数据，这是能源问题研究界，尤其是研究美国能源问题之幸！

本书的出版发行，使得由《石油的奇迹：数说美国能源独立》《石油的时代》和《石油的谜·思》组成的石油三部曲完成了全部撰写和出版工作。其中，作为聚焦的专门书籍，《石油的奇迹：数说美国能源独立》全面分析和展示了第三次重回世界第一石油生产大国后，美国能源行业的方方面面，是从微观的、仅仅一个国别的层面来解构石油及能源问题；作为大部头的学术专著，《石油的时代》叙述的是近 160 年精彩的世界石油市场变迁和个人对此的诠释，是从宏观的、全世界的角度看石油及能源问题；作为一本文集，《石油的谜·思》在记录不同时期世界和中国石油、能源行业风云变幻的同时，反映的是 30 多年来个人对世界和中国石油及能源问题的认知过程，展示的是个人同时也应是我们所经历时代的印记。至此，自 1985 年 9 月踏入世界石油和能源问题研究以来 36 年的书写行业的心愿及梦想，通过自 2017 年以来三年多时间的努力，终于较圆满地实现。

石油三部曲，是个人 36 年来对一个行业的不懈坚守，这些不完整的记录、不成熟的思考和需进一步完善的文字，是个人对我们身处的这个行业和我们所经历时代的守望！

2020 年 9 月 30 日

读石油版书，获亲情馈赠

亲爱的读者朋友，首先感谢您阅读我社图书，请您在阅读完本书后填写以下信息。我社将长期开展"读石油版书，获亲情馈赠"活动，凡是关注我社图书并认真填写读者信息反馈卡的朋友都有机会获得亲情馈赠，我们将定期从信息反馈卡中评选出有价值的意见和建议，并为填写这些信息的读者朋友**免费**赠送一本好书。

石油的奇迹

1. 您购买本书的动因（可多选）
   - □ 书名　　　□ 封面　　　□ 内容　　　□ 价格
   - □ 装帧　　　□ 纸张　　　□ 双色印刷
   - □ 书店推荐　□ 朋友推荐　□ 报刊文章推荐
   - □ 作者　　　□ 出版社　　□ 其他 _____

2. 您在哪里购买了本书（若是书店请写明书店地址和名称）？
   _____ 购书时间 _____

3. 您是怎样知道本书的（可多选）？
   - □ 报刊介绍_____（报刊名称）　□ 朋友推荐_____
   - □ 网站_____（网站名称）　　　□ 书店广告_____
   - □ 书店随便翻阅　　　　　　　　　　　□ 其他_____

4. 您对本书的印象如何（可多选）？
   - 封面：□ 新颖　　□ 吸引眼球　□ 一般，没创意　□ 不适合本书内容
   - 内容：□ 丰富　　□ 有新意　　□ 一般　　　　　□ 较差
   - 排版：□ 新颖　　□ 一般　　　□ 太花哨　　　　□ 较差
   - 纸张：□ 很好　　□ 一般　　　□ 较差
   - 定价：□ 太高　　□ 有点高　　□ 合适　　　　　□ 便宜

5. 您对本书的综合评价和建议（可另附纸）。
   _____

● 您的资料：

您的姓名 _____　性别 _____　年龄 _____　职业 _____
学历 _____　电话（写明区号）_____　手机 _____
电子邮件 _____ 邮编 _____
通信地址 _____

● 我们的联系方式：

地　　址：北京市朝阳区安华西里三区18号楼405室　张希喜
邮　　编：100011　　　　　　　E-mail：zhangxx666@cnpc.com.cn
销售部电话：010-64252978　　　编辑部电话：010-64523714